잠자는 목양교사를 깨운다
(상)

임계빈 지음

하나님의 사람을 **엘맨**
만들어 가는 ELMAN

잠자는 목양교사를 깨운다 (상)

초판 1쇄   2024년 6월 13일
지은이   임계빈
펴낸이   이규종
펴낸곳   엘맨출판사
등록번호   제13-1562호(1985.10.29.)
등록된곳   서울시 마포구 토정로 222
           한국출판콘텐츠센터 422-3
전화   (02) 323-4060, 6401-7004
팩스   (02) 323-6416
이메일   elman1985@hanmail.net
           www.elman.kr

ISBN   978-89-5515-768-0   04230

이 책에 대한 무단 전재 및 복제를 금합니다.
잘못된 책은 구입하신 서점에서 바꿔드립니다.

값 19,000 원

잠자는 목양교사를 깨운다
(상)

임계빈 지음

하나님의 사람을 만들어 가는 **엘맨** ELMAN

목차

1장

능력 있는 교사진 모집

- 교사 모집 절차가 끝난 다음
- 교사를 거절하는 사람의 처리
- 계속적인 관심
- 신입 교사입니까?

유능한 교사의 확보

수 년 전에 만화 영화를 보았는데, 브라운이라는 사람이 등장하여 사무실에서 젊은 여성과 이야기를 하고 있는 두 장면이 있었습니다.

첫 장면에서 그는 공립학교 교장으로 등장하여 "스미스 양! 매우 미안합니다만, 우리는 당신의 교직 지원서를 검토해 본 결과 채용할 수 없다는 결정을 내렸습니다. 우리는 적어도 교직에서 5년 이상 경력이 있고, 가능하면 교육학 석사 학위가 있는 분을 채용 해야만 하기 때문입니다"라는 대사를 하였습니다.

두 번째 장면에서 브라운 씨는 교회학교 부장으로 등장하여 다음과 같이 말했습니다. "스미스 양, 당신은 훌륭한 교사가 될 것입니다. 나는 당신이 그리스도인이 된 지 얼마 되지 않았다는 것을 알고 있어요. 그리고 당신이 성경에 대하여도 많이 알지 못한다고 느끼고 있겠지만, 성경을 배우기 위해서는 가르치는 것보다 더 좋은 방법은 없습니다. 그리고 당신은 자신이 이 나이 또래의 아이를 가르쳐 본 경험이 전혀 없다고 말하고 있지만, 나는 당신이 이 일을 하면서 점차 그들을 이해하고 사랑하게 되리라고 확신합니다. 스미스 양, 진정 우리가 찾고 있는 교사는 열심 있고 자발적인 사람이랍니다."

20세기 초 교회학교 교육의 훌륭한 지도자였던 매리온 루우렌시는 '오늘날 우리 교회에서 가장 긴급하고 중요한 급선무는 준비에 전심을 기울이고 일생을 바쳐 헌신 할 교육받은 교회학교 교사를 확보하는 것이다'라고 강조한 바 있습니다. 교사를 모집하는 일은 교회에서 연말이 되면 일어나는 전쟁과 같습니다. 대부분의 교회학교가 여태껏 해오던 교사 모집의 방식들은 다음과 같습니다.

A교회에서는 해마다 7월이면 문제가 생깁니다. 그것은 교회학교의 교사들이 거의 다 대학생이기 때문에 방학 때는 모두들 집으로 돌아가기 때문입니다. 교회학교의 교사가 없으니 어떻게 해야할까요? 여름 동안 교회학교를 그만 둘까요? 아니면 다른 사람에게 부탁할까요? 그렇지 않으면 또 무슨 방법이 있을까요?

B교회에도 문제가 있습니다. 엄 선생님이란 분은 열심으로 교회 여러 면에서 봉사합니다. 한 번은 예배에 참석했을 때 엄 선생님은 교회학교 교장인 친구 옆에 앉게 되었습니다. 그는 엄 선생님의 손을 잡고 말하기를 "잘 만났다. 우리 중등부 2학년 교사가 없는데 엄 선생이 좀 맡아 줘. 한 달 동안만 가르치면 그 동안 우리가 다른 교사를 찾아볼게" 하고 말했습니다. 엄 선생님은 너무 바빠서 의논할 시간도 없었기 때문에 그냥 그 동안만 해주겠다고 대답했습니다. 그런데 벌써 일 년이 지났는데도 엄 선생님은 계속 가르쳐야만 하는 형편입니다. 다른 일도 많고 바빠서 기꺼운 마음으

로 가르치지 못하면서도 친구에게 안하겠다는 말을 할 수가 없습니다. 준비할 시간도 부족하기 때문에 학생들은 점점 줄어듭니다.

감리교신학대학 교회 교육연구소의 1976년 조사연구에 의하면 "가르치는 것을 그만두었으면 좋겠다고 표현한 교사들은 가르쳐 달라는 요청을 거절할 수가 없었기 때문이라"고 말하고 있습니다.

그러나 이런 방법에 의한 것보다는 권유에 의한 방식으로 교사가 되는 사람이 많았던 것이 현실입니다. 오인탁과 정웅섭은 교사가 되길 권유한 사람과 권유 방식을 조사하였습니다. 그 결과, 교회학교 교사의 25%는 목사가 권유해서 교사가 되었고, 동료교사들의 권유도 29%나 되었습니다. 이 밖에도 장로, 집사, 권사(이들 중에는 교회학교 교장, 총무, 부장, 교육 위원장 등도 해당됨)와 전도사의 80% 이상이 교회의 임원이나 교역자들이 권유해서 모집되는 것으로 나타났습니다.

교회학교 교사 모집은 새로운 학년이 시작되기 3~4개월 전 교회 신문이나 주보에 또는 예배 광고시간에 공식적인 광고를 냄으로 시작됩니다. 교회학교 교사라는 위치와 역할이 봉사 이전에 책임과 준비가 따르기에 다른 부서(예: 성가대)보다도 선뜻 자원하는 경우가 드뭅니다. 이러한 결과가 의미하는 것은 앞으로 교사를 개발하는 데 관심과 노력을 기울여야 하며, 교회의 교역자와 임원 및 현직 교사들은 기회가 있을 때마다 교사로서 자질과 능력과 사명이 있는 사람들을 잘 발굴하여 권유하는 데 주의를 기울일 필요가 있다는 것입니다. 그러나 보다 근본적인 해결책은 교회에서 교사 모집이 공식화되고 체계화될 필요가 있다는 것입니다.

그렇다면 위의 권유자들이 어떻게 권유하여야 교사들이 봉사할 결심을 하게 되는지 분석할 필요가 있습니다. 교사 후보들에게 가장 효과적 권유방식은 다음과 같은 것으로 나타났습니다. 첫째, 하나님께 대한 가장 훌륭한 봉사는 교회학교 학생을 가르치는 일입니다(전체 응답자 66명의 28.5%). 둘째, 교회 교육은 교회의 가장 중요한 사명들 가운데 하나입니다(28.1%). 셋째, 당신은 가르칠 능력이 있고 교사가 되면 신앙이 성장합니다(25.4%). 넷째, 교사를 할 사람이 없으니 수고해 달라는 것입니다(16.1%). 반면, 부모가 직분을 맡고 있으니 당신도 교회를 위해 봉사해 달라는 식의 권유 방식은 설득력이 없는 것으로 나타났습니다.

가장 보편적인 교사 선발은 개 교회의 교사 양성과정을 수료한 후 교사로 임명하는 방법과 교육위원회나 교사 수급을 담당하는 기관에서 교사 지원자를 모집하고 선발하는 방법이 바람직하다는 반응을 보였습니다(응답자의 88%). 즉 종래의 교역자들이나 교육부서의 장이 임의로 선발하던 방식과 지방회(노회) 또는 총회 차원에서 교사자격 시험을 보게 하는 선발 방법도 그다지 호의적이지 않은 것으로 나타났습니다.

교사 모집에 있어서 문제점

교회학교 교사들을 위한 교육을 생각하기 전에 훈련시킬 교사들이 있어야 한다는 것은 명백한 사실입니다. 교사를 모집한다는 것은 교회 교육에 있어서 가장 어렵고 좌절되기 쉬운 과업입니다. 그 어려움이란 중심 되는 문제 그 자체라기보다는 오히려 다른 문제들의 징후일지도 모르겠습니다. 교회에 따라 다르긴 하지만 각 교회는 위에서 말한 문제와 꼭 같지는 않더라도 교사의 문제가 있습니다. 우리가 그런 문제에 관하여 깊이 생각해본다면 그러한 문제는 교회의 교사 모집과 훈련 방법 때문에 생긴다는 것을 알 수 있습니다. 교사의 모집과 훈련에 있어서 문제가 되어 보이는 듯한 여러 이유 중에 특히 모집에 대해서 몇 가지 생각해 보려고 합니다.

① 어떤 교회는 교인들의 헌신과 봉사의 정신이 박약한 데 있습니다. 한번 어느 교장이 어떤 사람에게 가르칠 것을 부탁했을 때 그분은 놀란 표정을 하며 말하기를 "제가 얼마나 바쁜 사람이란 걸 모르시나요? 전 교회의 모든 예배에 다 참석하고 있어요. 그러면 충분하지 않아요?"라고 말했습니다. 때때로 우리 기독교인은 예배에 참석하고 전도하는 것만으로 우리의 사명을 다한 것으로 착각합니다. 예수님은 그를 따르는 사람들에게 가서 그에 대해서 듣고 본 것을 모든 사람에게 전하라고 명령하셨습니다. 이 말씀의 뜻은 믿지 않는 사람들에게 복음을 전하라는 것만이 아니라 "모든 사람", 즉 믿고 있는 사람들에게도 그들 자신의 계속적인 훈련이 있어야 한다는 의미도 포함되어 있는 것입니다.

② 많은 교회에서 교인들은 교회 교육의 중요성을 인식하지 못한다는 것입니다. 어린이들에 의해 방해받는 일이나 문제가 생기지 않는 한 그리고 교회 예산에 큰 부담을 주지 않는 한 교인들은

교회 교육에 대해 다 잊어버리고 있게 됩니다. 대부분의 교회에서는 어른들이 먼저 자기들을 위해서 아름다운 예배당과 좋은 시설을 마련하고 나머지 것이나 이미 있던 것들을 아이들의 교육을 위해서 사용하는 일이 많습니다. 사실 어른들이 자기 아이들의 교회 교육을 그만큼 경시하면 아이들 자신들도 교회 교육을 중요한 것이라고 느끼지 못하게 됩니다. 또한 어른들은 가끔 가르치는 일을 싫어하는데 그것은 그 일이 별로 중요하지 않거나 명예를 가져다 주지 않기 때문입니다. 그들은 오히려 성가대에서 노래하는 것이나 안내하는 일을 더 원합니다. 교회는 교인들이 이웃 사람들의 종교적인 성장이 자기 자신의 책임인 것을 알도록 도와주어야 합니다.

③ 교사 모집이 빈번히 문제 되고 있는 이유는 교회가 필요로 하는 장래의 교사를 위해 조직적인 계획이 되어 있지 않기 때문입니다. 많은 교회에서 빈자리가 생기기 전에는 그 자리에 올 사람을 찾아보지 않기 때문에 새 사람을 찾아야 할 때는 여러 주일이 걸립니다. 그러는 동안 다른 바쁜 교사들은 아주 많은 일을 해야 하고 그 때문에 이런 일이 생길 때마다 교인들은 책임을 지는 어떤 일을 받아들이기를 꺼려합니다. 누구든지 둘 혹은 세 사람이 해야 할 일을 혼자 맡고 싶어 하지는 않기 때문입니다.

④ 교사를 하게 되면 바빠지고 힘들다는 잘못된 생각입니다. 물론 교사로 봉사하면 바빠지는 것이 사실입니다. 남들보다 교회도

일찍 나와야 하고 늦게 집에 가게 되고, 성경도 더 많이 봐야 할 뿐만 아니라 성경을 가르쳐야 한다는 부담이 있습니다. 그러나 이것은 하나님이 기뻐하시는 거룩한 부담입니다.

⑤ 교회학교 교사들의 자긍심 부족과 지원 부족입니다. 예수님은 한 영혼을 천하보다 귀하다고 말씀하셨습니다. 그렇기 때문에 어린 소자를 실족케 하면 차라리 연자 맷돌을 목에 달아서 깊은 바다에 빠뜨리는 게 낫다고 하셨습니다. 우리는 그 어린 소자들의 영혼을 책임지고 가르치는 교사들이라는 자긍심을 가져야 합니다.

⑥ 다른 봉사보다 눈에 띄지 않고 열매가 보이지 않는다는 점입니다. 그렇습니다. 성가대는 화려한 조명과 박수를 받는 직분입니다. 그러나 교사는 남이 알아주지 않는 교회의 3D 직분입니다. 그리고 당장 교육의 효과가 나타나는 것도 아닙니다. 그러나 이보다 더 귀한 직분은 없다는 사실을 알아야 합니다. 당장 눈앞의 영광보다는 장차 올 영광을 기대해야 합니다.

⑦ 교사는 특별한 재능을 가진 사람만 한다는 점입니다. 물론 교회학교에는 특별한 재능이 있는 사람이 필요합니다. 그러나 그것은 소수에 불과합니다. 교사는 어린이를 사랑하는 마음만 있으면 됩니다.

⑧ 교회 교육에 대한 교회의 투자 부족과 지원 부족입니다. 많은

교회가 교회학교는 교회 재정이나 축내는 기관이라는 생각을 많이 합니다. 그러다 보니 교육에 대한 투자가 언제나 인색합니다. 교육 관계자들이 재정 청원을 할 때마다 받는 스트레스는 이만저만이 아닙니다. 이러한 인식은 빨리 고쳐져야 합니다.

⑨ 교육 공간 및 교육 시설의 부족입니다. 한국 교회의 문화는 본당 중심의 문화, 어른 중심의 문화입니다. 그러다 보니 모든 시간과 공간이 우선순위에서 어른들에게 밀려 있습니다. 교인들이 교회 교육의 중요성을 깨닫지 못해 어른들을 위해서는 아름다운 예배당이나 좋은 시설을 마련하면서도 교회학교 교육을 위해서는 헌 교실이나 이미 있는 기존 시설에 할애하며 교회 내의 중직들이 직접 나서서 가르치지 않고 청년들이나 젊은 층들에게 일임하는 것도 가르치는 일을 별로 중요하게 생각하지 않는다는 점입니다. 어른들은 가장 좋은 장소, 가장 좋은 시간대, 가장 좋은 시설을 사용하는 반면 교회학교는 정반대입니다.

⑩ 충분히 준비할 시간이 없다는 점입니다. 현대 사회는 너무 바쁘게 돌아갑니다. 봉사할 시간은커녕 자신의 신앙을 관리할 시간도 없습니다. 그러다 보니 교사할 엄두도 내지 못합니다.

⑪ 교사에 대한 지속적인 훈련이 부족하다는 점입니다. 교사들이 가장 힘들어하는 것 중에 하나가 끊임없이 쏟아내야 하는 자기 헌신이 필요하지만 반면에 공급받지 못하는 영적 고갈입니다. 교

육에 대한 투자가 없다 보니 교사들 훈련은 생각지도 못하는 교회가 너무나 많습니다.

⑫ 교회학교 교육에 대한 분명한 비전과 교육철학이 없다는 점입니다. 교육시설과 투자가 없어도 교육에 대한 비전과 교육철학만 있다면 한번 해볼 만합니다. 그러나 이것마저 없으면 교회학교 교육은 힘들어집니다.

위와 같은 문제 때문에 교사 모집이 많은 어려움을 겪고 지원자도 적습니다. 한국 교회는 시간과 공간, 사람과 재정까지 어른 중심으로 이루어져 있습니다. 그러다 보니 교회학교 교육은 모든 것의 우선순위에서 밀려나 있습니다. 어른들이 화려하고 아름다운 본당에서 예배를 드리는 동안 초라한 교육관에서 무슨 일이 일어나는지 알지 못합니다. 대표 기도하는 장로들의 기도를 들어보아도 교회학교를 위해 기도하는 장로들은 거의 없습니다. 성가대를 위해서는 매주 빠짐없이 기도하면서 말입니다. 이러한 것들이 교사들의 자긍심을 갖지 못하게 하고 교사 중요성을 희석시키는 요인이 됩니다.

잘못된 교사 모집 방법

일반적으로 우리는 교회학교 교사를 모집 하는 데 있어서 다음과 같은 세 가지 주요한 실수를 범하고 있습니다. 첫째, 모든 교인이 하나님 앞에서 어떤 모양으로든 그리스도를 섬겨야 할 의무가 있다는 사실을 이해하도록 도와 줄 수 있는 철저한 교육 프로그램을 운영하지도 않고 너무 경솔하게 교사를 선발하고 있습니다. 둘째, 충분히 알아보고 기도해 볼 여유도 없이 사람들의 관심사와 영적인 은사가 무엇인지에 대한 생각도 없이 너무 조급하게 요구합니다. 셋째, 새로운 봉사 부서와 임명 기간에 대한 분명한 언급도 없고, 또 새로 임명된 교사의 업무에 대한 정규적인 평가도 없이 너무 서둘러서 임명합니다.

잘못된 교사 모집 방법들은 다음과 같습니다.

① 교인들에게 의무감을 가지도록 함으로써 교사로 유도합니다. 예배시간에 교인들에게 이렇게 말합니다. "어린이 청소년을 자녀로 두신 분들은 손들어 보세요. 여러분이 교사가 되어주셔야 합니다. 여러분의 자녀를 여러분이 맡아주지 않으면 교회학교가 어떻게 유지되겠습니까? 예배가 끝난 후 모두 교사지원서를 작성해 주시기 바랍니다." 이런 식으로 종교적인 부담이나 의무를 지우는 것은 도움이 되지 않습니다.

② 성경을 사용하여 율법적으로 교인들을 때림으로써 교사로 유도합니다. "성경은 부모가 자녀를 주의 교훈으로 양육하라고 말씀하고 있습니다. 그런데 여러분은 왜 교회학교를 돕지 않는 것입니까?" 이것 또한 도움이 되지 않습니다.

③ 죄책감이 들게 함으로써 교사로 유도합니다. "교사로 더 많이 봉사하십시오. 교사로 열심히 주님을 섬겨 주십시오. 그러지 않으면 주님께서 실망하실 겁니다." 이처럼 죄책감을 자극하면서 들볶는 것도 도움이 되지 않습니다. 죄송한 마음에 교사를 하더라도 오랫동안 교사로 사역하지는 못할 것입니다.

　C교회는 연말이 되었는데도 교사충원을 끝내지 못했습니다. 혹시나 하는 마음으로 주보에 광고도 내어봅니다. 교회 주보와 게시판에다가 "급! 교사 모집, 누구든지 지원 가능합니다"라는 문구로 간절히 홍보합니다. 이도 여의치 않으면 다른 사역으로 봉사하고 있는 교인을 과감하게(?) 스카우트 해옵니다. 그래도 교사가 모자라면, 교사할만한 분에게 가서는 도와달라고 애걸을 합니다. 때로는 교사로서 헌신해야 할 것들을 감추면서 "그저 주일날 애들 잠시 봐주는 정도예요. 누구나 할 수 있어요."라는 식의 감언이설로 교사로 영입합니다.
　대부분의 교회에서 이런 일은 해마다 악순환이 되어 일어납니다. 여러분 교회는 어떻습니까? 교사부족으로 인한 위기와 필요에 근거한 모집은 실패를 불러올 뿐입니다. 우리가 이러한 전통적인 교사 모집의 방식을 바꾸지 않으면, 교회학교는 늘 정체에 빠지게 될 것입니다. 그렇다면 어떻게 하면 효과적으로 교사를 모집할 수 있을까요?

교사 모집 시 주의할 점

① 구원의 확신과 복음에 대한 분명한 자기 고백이 있는 자를 모집해야 합니다. 교회학교 교사는 지식 전달자가 아닙니다. 앵무새와 같이 공과나 성경에 있는 내용을 전달하는 전달자만 되어서는 안 됩니다. 예수 그리스도가 나의 구주가 되신다는 고백과 함께 복음에 대한 열정을 가지고 있어야 합니다. 구원의 확신이 없는 교사가 어떻게 학생들을 예수 그리스도에게로 인도할 수 있겠는가?

② 학생들을 사랑하는 자이어야 합니다. 교사의 최대 무기는 사랑이라 할 수 있습니다. 부활하신 주님께서 베드로에게 나타나셔서 확인하신 것이 무엇인가? 바로 사랑입니다. "네가 나를 사랑하느냐?" "내가 주를 사랑합니다." 이 고백을 듣고서야 내양을 먹이라 내 어린양을 먹이라고 말씀하셨습니다. 사랑 없이 의무감으로 일할 수도 있습니다. 그러나 그런 교사를 통해서는 학생들이 변화될 수 없습니다. 학생들은 선생님을 통하여 예수 그리스도를 배우고 세상을 배운다는 사실을 기억해야 합니다.

③ 학력, 재능 위주의 교사 모집을 피해야 합니다. 주의 일은 학력이나 재능으로 하는 것이 아닙니다. 어디까지나 성령의 도우심으로 하는 것입니다. 우리 자칫 학력 위주, 재능 위주로 교사를 모집해서 교회학교를 운영하는 경우를 많이 보게 됩니다. 그러나 학력과 재능이 있다 해도 교육에 대한 관심과 어린이들에 대한 애정

이 없다면 실패하고 맙니다. 한글을 겨우 깨우친 사람도 대학 나온 사람보다 더 훌륭히 감당하는 것을 보게 됩니다.

④ 지도하게 될 학생들을 고려해서 교사를 모집해야 합니다. 각 연령층에 맞는 교사를 모집해서 배치해야 합니다. 사람에 따라서 좋아하는 연령층이 있습니다. 또 가르치는 사람도 자기에게 맞는 연령층의 학생들이 있습니다. 영아부 어린이를 좋아하는 사람이 있는가 하면 고등부 학생들을 좋아하는 사람도 있습니다. 따라서 지도하게 될 학생들을 고려해서 교사를 모집하고 배치해야 합니다

⑤ 기초적인 능력과 재능 있는 교사를 적절히 배치합니다. 교사에게는 기초적으로 갖추어야 할 능력이 있습니다. 교육에 대한 기본적인 이해와 능력을 가지고 있어야 합니다. 전혀 능력이 없는 사람이 교사로 지원한다고 해서 시킬 수는 없습니다. 아이들을 가르치는 일은 어떤 일보다도 중요합니다. 또 너무 재능 있는 교사들이 한 부서에 많이 몰리게 해서도 안 됩니다. 전체 교회학교의 균형 있는 성장을 가져올 수 없습니다.

교사 모집 성공에 이르는 일곱 단계

교회에서의 교사 모집에 대한 한 가지 방안을 생각해보자. 선견지명이 있는 계획은 쉽게 할 수 있는 일이 아니고 누군가가 많은 수고를 해야 하는 일입니다. 교회 안에서 다른 분들과 자진해서 협

조해야 하고 그들과 함께 책임을 나눌 수 있어야 합니다. 대부분의 교회에서는 위원회 같은 것이 필요할 것 같습니다. 이런 위원회의 목적은 교회가 필요로 하는 교사를 발굴하고 양성하는 일입니다. 이렇게 함으로써 특정인을 위한 경쟁을 피할 수 있는 동시에 능력 있는 사람을 사장하는 일도 없을 것입니다. 또한 하나님의 교회에 봉사하는 일에 일부분의 사람만이 아닌 건 교인이 참여할 수 있게 되며 교인들이 교회의 특정한 부서의 일만이 아니라 전체 교회의 일에 다 관심을 가지게 된다는 것입니다.

많은 교회들이 교사 모집 방식을 새로 마련해 왔으며, 케네스 O. 강겔의 저서「교회 교육을 위한 지도력(Leadership for Church Education)」에 실린 "교회 교사 모집" 부분에 제시된 일곱 단계를 적용함으로써 상당한 효과를 거두었습니다. 이 일곱 단계에 대해 간단히 소개 하려고 합니다.

① 교회학교의 전체적인 필요와 일들을 파악하도록 하라.

교육위원회가 교회의 전체 프로그램에 대해 알아야 할 필요가 있듯이 당신도 교회학교에 대해 알아야 할 필요가 있습니다. 또한 교회학교 각 부서의 조직도를 가지고 있어야 하며, 그 직분에는 어떤 자격을 필요로 하는 지, 또 그것이 얼마나 빨리 채워져야 하는 지를 알고 있어야 합니다. 이와 같은 전체적인 파악을 처음 시작하는 것도 아주 힘든 일이지만, 그것을 정규적으로 계속해서 유지 시켜 나가는 것도 매우 중요합니다.

② 재능과 능력을 파악하도록 하라.

이것을 "은사와 소명파악"이라고 부르는 편이 더 나을 것 같습니다. 우리는 사람들이 각자 갖고 있는 영적 은사를 어떻게 이해하고 있으며, 하나님께서 자신을 불러 교사로 세우셨다는 사실을 어떻게 믿고 있으며, 그들이 여러 분야의 교회사역에서 어떤 경험을 했는가를 알고 싶어 합니다. 이것은 모든 성도들이 교회를 정규적으로 오가면서 해야 할 계속적인 작업이기 때문입니다. 만일 당신이 잠재 능력이 있는 일꾼에 대한 최근의 기록을 가지고 있다면 그것은 당신이 특별한 교사 충원 문제에 직면하게 될 때 매우 도움이 되는 자료가 될 것입니다.

③ 교회의 전반적인 교육 행사를 교인들에게 계속적으로 알려 주고 붐을 조성하라.

이를 위해 교회 게시판이나 회보, 주보에 내는 광고, 공예배시 광고 등 교회학교가 하고 있는 일을 성도들에게 알릴 수 있는 가능한 모든 방법을 활용하라. 교인들에게 교회학교에 대한 큰 관심을 갖게 하라. 담임목사의 협조를 얻어 교육 행사에 있어서 중요한 이 영역에 대한 열정을 불러 일으켜라.

④ 모든 상황을 교회 교육 프로그램의 궁극적 목표에 맞추어라.

여기서 당신은 교회의 교육 목표가 무엇인지 깊이 생각해 보아야 합니다. 교회학교의 목표가 어린이들과 중고등부 학생들을 그리스도께로 인도하는 것인가? 혹은 그리스도인들을 세워 성숙하게 하는 것인가? 성경은 교회학교가 이 두 가지를 균형 있게 이루어가라고 가르칩니다. 어느 한 가지 목표에만 지나치게 초점을 맞추는 교회학교는 균형을 잃게 될 것이고, 교육 프로그램을 왜곡시킬 염려가 있습니다. 전도와 양육이라는 두 가지 중심 목표 이외에 교회학교는 예배와 교제 그리고 봉사의 기회도 제공해야 합니다. 지도자가 성도들에게 교회학교에서 봉사해 줄 것을 요청할 때, 그들에게 이 광범위한 사역과 그것이 교회에 가져다주는 가치에 대해 설명해 줄 필요가 있습니다.

⑤ 사람에게 중점을 두고 접근을 하라.

여기 중요한 모토가 하나 있습니다. 특별한 사람에게 특별한 시간을 정해 놓고 특별한 일을 요구하라. 설문에 응한 많은 교회학교 지도자들이 곤경에 처해 있는 점이 바로 이것입니다. 교사 임명 기간을 묻는 질문에 답한 사람 중 51%가 1년(아주 적절한 기간임)으로 하고 있다고 표시했던 반면, 36%는 "무한정"(좋지 않음)이라고 대답했습니다. 사람 중심(person-centeredness)의 개념은 교사들이 교회학교 지도자를 위해 일하고 있다는 생각을 갖지 않도록 하기 위해 대단히 중요합니다. 롱 아일랜드(Long Island)에 있는 두 곳의 큰 저택에서 일하던 정원사들이 어느 날 마을 철물점에서 만나 이야기를 나누었습니다. "나는 자네가 은행가(banker)를 위해 일하고 있다는 얘기를 들었네." 한 사람이 먼저 말을 건넸습니다. "내가 은행가를 위해 일한다고? 그는 매일 아침 5시 30분에 일어나서 만원 열차를 타고 복잡한 도시로 들어간다네. 그렇게 해서 그는 그의 저택을 유지하고 우리에게 봉급을 주고 있지. 내가 그를 위해서 일하고 있는 것이 아니라, 그가 나를 위해서 일하고 있는 것일세." 관리하는 일이 교육을 위해 봉사하는 과정이라는 의미에서 볼 때, 교회학교 지도자는 교사들을 위해 일하고 있다고 말할 수 있습니다.

⑥ 당신이 충분히 생각한 후 교사들의 잠재적인 능력과 은사에 맞게 일을 분담해 주라.

지도자는 교사로부터 기대하는 바가 무엇인지를 알 수 있을 만큼 할 일에 대한 구체적인 설명을 해 주어야 합니다. 마찬가지로 교사도 그가 교회학교 지도자로부터 무엇을 기대할 수 있는지를 알아야 할 필요가 있습니다. 그래야만 모든 사람이 자기가 교회학교 사역에서 어디에 위치해 있는지를 알게 됩니다.

⑦ 교사가 일을 맡겠다고 결정할 때까지는 서두르지 말라.

만일 우리들이 진심으로 하나님의 뜻이 이루어지기를 원한다면, 우리가 기대하고 있는 교사가 자기에게 분담된 일을 받아들일 것인가 말 것인가에 대한 결정을 내리는 데 있어 그것을 하나님의 손에 맡겨 드릴 수 있어야 합니다. 그로 하여금 그 일을 연구하게 하고, 그 가운데 그의 역할을 기도하면서 깊이 생각하게 해야 합니다.

교회학교 전문가인 해롤드 J. 웨스팅(Harold J. Westing)은 다음과 같이 말합니다. "… 교사들이 성도들 가운데서 존경을 받고 있을 때, … 당신이 원하는 수준의 교사들을 임명하기는 훨씬 더 쉬워진다. 한 동안 적절한 기준을 유지해온 교회들은 교사가 되고 싶어 하는 사람들의 예비 명단을 가지고 있다는 사실을 발견하곤 한다".

교사 모집에 필요한 자세

여러분의 교회학교에서 교사 모집은 고역스러운 짐인가? 기쁨인가? 이 차이는 어디에 있는가? 그것은 교사 모집에 대한 여러분의 태도와 철학에 달려있습니다.

1) 교사는 일거리가 아닌 축복을 나누는 자리입니다.
하나님은 한 사람의 성도일지라도 예배만 드리고 아무런 봉사도 하지 않는 영적인 실업자가 되기를 바라지 않으십니다. 하나님은 모든 자녀에게 걸 맞는 갖가지 은사를 주셨습니다. 이는 그리스도의 몸을 세우고 하나님께 영광을 돌리는 일에 사용하라고 성령께서 교회의 지체들에게 허락하신 특별한 영적인 능력입니다. 은사가 주는 참된 기쁨은 그것을 다른 사람과 나눌 때 맛볼 수 있습니다. 은사를 사용하지 않고 쌓아 두기만 하는 것은 자신을 포함한 어느 누구에게도 도움이 되지 않습니다.

우리가 성도들을 교사로 모집하는 것은 교회학교의 일거리로 그저 도우미를 모집하는 일이 아닙니다. 그것은 가르치는 은사(롬12:7,고전12:28,엡4:11)로 다음세대를 섬기는 특권에 참여하도록 초대하는 일입니다.

2) 교사는 은사 종합선물 세트의 현장입니다.

가르치는 은사라고 하더라도 개인에 따라 아주 다양하게 나타 날 수 있습니다. 예를 들면, 연령에 따라 가르치는 은사가 다르게 나타날 수 있습니다. 어떤 교사는 학령 전 아이들을 잘 인도하고, 어떤 이는 고등부 학생들을 잘 지도하는 경우를 봅니다. 그리고 아이의 인원에 따라 은사가 달라질 수 있습니다. 어떤 이는 3~4 명 정도의 적은 인원을 잘 지도하고, 또 다른 교사는 많은 규모의 아이들을 능숙하게 지도합니다. 그리고 은사에 따라 교사 사역의 형태가 달라질 수 있습니다. 예를 들면, 교사들을 잘 이끌 수 있 는 리더십의 은사를 가진 교사가 있습니다. 혹은 소그룹을 잘 지 도하는 은사의 소유자도 있습니다. 혹은 교회학교의 행정을 잘 하 는 분도 있습니다.

또한 교회학교 교사들이 모두 가르치는 은사만 있어서도 안 됩 니다. 다른 은사를 가진 분들도 있어야 합니다. 예컨대, 아이들을 탁월하게 권면하는 은사가 있거나, 적절하게 격려하고 칭찬하는 은사도 있습니다. 아이들을 잘 돌보거나, 아이들의 말을 잘 경청 하거나, 아이들과 유머와 대화를 즐겨하거나, 아이들에게 효과적 으로 전화하거나, 그들을 위해 기도하거나, 놀아주거나, 율동 혹 은 찬양하기를 좋아하거나, 환경 꾸미기를 좋아하거나, 심지어 아 이들 입맛에 맞게 요리나 간식을 잘 만드는 성도들도 있어야 합니 다. 이러한 다양한 은사들로 가득한 '은사 종합선물 세트'는 우리 아이들을 더욱 행복한 하나님의 자녀로 자라도록 해줄 것입니다. 우리는 이런 다양한 은사들을 나눌 수 있는 복된 현장으로 성도들을 초대하는 것입니다.

3) 교사는 수단이나 도구가 아닌 목적입니다.

우리는 교회학교 교사를 봉사의 일을 위한 '수단'이나 '도구'로 생각해서는 안 됩니다. 오히려 교사 자체가 '목적'이 되어야 합니다. 그들은 사역하는 것만으로도 충분한 가치가 있습니다. 비록 그들이 우리가 원하고 기대했던 만큼 성과를 올리지 못한다 하더라도 그들은 자신의 은사를 가지고 봉사하는 과정에서 성장하고 행복을 맛보기 때문입니다. 우리가 교사로 성도를 모집하는 것은 교회학교 사역을 즐길 수 있는 사람들을 찾기 위한 지속적인 초대입니다. 이는 교사 자신에게도 만족감을 주는 일입니다. 이런 점에서, 성공적인 교사 모집은 '교회의 필요'에 근거한다기보다 오히려 자신의 은사와 강점을 가지고 봉사함으로써 보람과 기쁨을 얻고자 하는 '성도의 필요'에 근거합니다.

교사 사역을 통해 성도들이 누리는 자기 성장과 축복은 얼마나 멋진 것입니까! 우리는 그들에게 의미 있는 섬김의 기회를 소개하는 것입니다. 교사 사역을 통해 그들은 자신이 교회와 하나님을 위해 가치 있는 공헌을 하고 있다는 자부심과 함께 누군가에게 필요한 존재가 되고 유익을 끼치는 사람임을 느끼게 될 것입니다.

4) 교사 모집은 우리의 일이 아니라 하나님의 일입니다.

교사를 모집하는 일은 우리의 일이 아니라 교사 사역으로 신실한 사람들을 부르시는 하나님의 일입니다. 하나님은 우리보다 우리의 바람을 더 잘 알고 계십니다. 하나님은 우리보다 다음 세대를 더 사랑하십니다. 하나님은 우리가 할 수 있는 것보다 사람들의 마음을 더 잘 움직이십니다.

모집자로서 우리는 다만 하나님의 도구일 뿐입니다. 우리의 일은 교사 모집에 놓여 져 있는 장애물을 없애는 것이며, 이로써 성도들은 교사로서 성공적으로 하나님의 영광을 위해 봉사할 수 있게 되는 것입니다. 이러한 태도를 지니게 될 때, 우리는 성도들을 봉사하는 일로 부르시는 분은 하나님이심을 알기 때문에 온갖 사탕발림으로 모집하지 않습니다. 우리는 구걸하는 자가 아니라 하나님의 일에 그들을 부르는 초대자입니다.

5) 하나님께서 교회학교에 필요한 교사들을 예비하셨음을 믿어야 합니다.

우리는 "우리 부서에 교사 몇 명만 더 있다면..." 하고 안타까워하곤 합니다. 그런데 이렇게 말하기만 할 뿐, 후보교사를 제대로 찾지 않습니다. 그 이유는 교사할만한 사람은 더 이상 없을 것이라고 믿기 때문입니다. 이것은 참으로 잘못된 믿음입니다. 성도들이 교사로 지원하지 않는 큰 이유는 대부분 우리에게 있습니다. 우리가 교사할 만한 사람이 없다고 믿고 요청하지 않기 때문입니다.

예수님은 추수할 일꾼을 보내달라고 간구하라고 말씀하셨습니다. "그러므로 추수하는 주인에게 청하여 추수할 일꾼들을 보내 주소서 하라 하시니라"(마9:38,눅10:2). 이 약속에 미루어볼 때, 하나님은 사역에 필요한 일꾼들을 예비해 놓으신다는 것을 확신할 수 있습니다. 하나님께서 추수할 일꾼을 보내지 못 할 분이라면, 예수님은 우리에게 "추수할 일꾼들을 보내어 달라고 구하라"고 말씀하지도 않았을 것입니다. 하나님은 하신 말씀을 반드시 이루도록 예비하는 분이십니다.

하나님은 다음세대를 위한 사역에 함께 할 성도를 예비해 주심을 믿어야 합니다. 다만 우리는 우리의 필요를 믿음으로 아뢰고, 하나님의 도움 없이는 우리의 사역을 완수할 수 없음을 간구해야 합니다. 그때 하나님은 예비 된 교사들을 모집하는 일에 함께 하실 것입니다.

6) 교회학교 교사직은 하찮은 일이 아니라 헌신을 요구하는 일입니다.

교사 모집이 교회에서 어려운 일이 되어버린 이유 중의 하나는 교사직에 대한 기대치를 너무 낮추어 버렸기 때문입니다. 우리는 성도들에게 교사 사역에 대해 많은 것을 요구하지 않을 때, 교사 모집이 더 잘 될 것으로 생각하기 쉽습니다. 그러나 그렇지 않습니다. 만약 어떤 것이 공짜라거나 너무 값이 싸다면, 그것을 소유할만한 가치가 없을 것입니다. 여러분이 교회에서 "아무나 교사가 될 수 있다"는 메시지를 전달한다면, 교사직을 너무 값싸게 파는 일이며 교사 직분의 중요성을 감소시키고 말 것입니다. 최근에 한 거리에서 인상적인 타이어 판매점을 보았습니다. 타이어 파는 가게들이 흔히 쓰는 광고는 "앗! 타이어 신발보다 싼 곳"입니다. 그런데 이 가게는 이렇게 점잖게 대꾸하고 있었습니다. "타이어는 신발이 아닙니다. 타이어는 생명입니다!".

교사 모집에서도 흔히들 맛없는 미끼를 던지면서 교사로 유혹
(?)합니다. "아무나 할 수 있습니다!"라고 기대치를 낮추면서 모집
합니다. 교사란 주일날 잠시 짬을 내어 아이들을 봐주는 사람이며,
교회학교에서 아이들을 가르치는 일은 쉬운 일이며, 교사직은 어
떤 특별한 훈련을 요하는 것이 아니라고 말한다면, 교사 사역의 가
치를 우리 스스로 손상시키는 일이 되고 말 것입니다. 아무나 할
수 있고 아무런 훈련을 요하지도 않는다면 어떻게 그 일이 중요한
것이 되겠습니까?

교사는 누구나 할 수 있는 것은 아닙니다. 교사직분을 헐값으로
내놓지 마십시오. 사람들은 하찮은 일보다는 도전해볼만한 일에
대해 반응합니다. 사람들은 어떤 일이든 자신이 하려는 일이 중요
하다고 느끼길 원합니다. 지도자가 교회학교를 시시한 것으로 여
기면, 그 교회학교도 시시하게 될 것입니다. 그러나 높은 기대를
가질 때 교회학교는 탁월하게 되며 교사 모집은 보다 쉽게 이루
어 질 것입니다. 교사가 부족하다고 할지라도 긍지를 가지고 사역
할 사람들을 원해야 합니다. 그리고 교사로서의 진지한 헌신과 책
임, 그리고 훈련을 기대하고 그것을 분명히 표현하면서 교사로 초
대해야 합니다.

7) 교사 모집에 있어서 담임목사가 중요합니다.

교사 모집 과정에서 목회자의 역할이 매우 중요한데, 이 점에 관
해서는 웨그마이어(N. Wegmeyer)가 좋은 통찰을 줍니다. 웨그

마이어에 의하면, "교회 회중들은 기본적으로 의미 있는 참여와 특히 자신이 원하는 사항에 대한 참여를 요구하고 있다". 이것을 보다 구체적으로 표현하면, 그들은 "의미 있는 지식 정보에 대한 욕구가 있으며 타인을 돕는데서 얻는 만족감을 원하며... 새로운 기술을 터득하는 흥분감에 싸이며... 문제 해결 노력으로 오는 안도감을 즐기며... 자기 이미지 수립에 대한 기쁨을 원하며, 예배와 봉사를 통해 하나님에게 영광을 돌리는 경외감을 원합니다." 목회자는 이 점을 감안하여 교인의 참여를 증진시켜야 합니다. 그리고 인간들은 자신이 결정한 만큼의 범위에서 행동합니다. 자기 스스로 결정한 사항은 소중하므로 적극적으로 이것을 행동화하려고 하는 반면, 타율적인 지시에 의한 업무에는 일반적으로 소극적입니다. 또한 회중의 참여와 결정과정에서 목회자의 공헌이 중요한 몫을 합니다. "목회자는 그들의 참여와 협력의 관건을 쥐고 있습니다." 그러기에 목회자는 "교회 회중 인력에 관한 정확한 정보를 가지고 있어야 하며"... 회중들에게 "평신도의 위치와 사명을 설정해 주어야 하며"... 참여의 근거로서의 "신학적 통찰을 제공해야 한다"는 것입니다.

교회의 담임목사님은 교사 모집을 위해 가장 잘 도울 수 있는 위치에 있습니다. 담임목사님은 강단에서 교회학교 사역이 얼마나 중요한지를 직간접적으로 알리고 교사와 관련된 긍정적인 사례들을 이야기 해주어야 합니다. 그런데 적지 않은 목사님들이 강단에서 교회학교 이미지를 추락시키곤 합니다. 예를 들면 헌신을 주제로 설교하면서 교사들이 지각을 하고, 맡은 아이들을 제대로 돌보지 않는다는 이야기 합니다. 오래된 교사들을 알도 못 낳는 '묵은 닭'에 비유하곤 합니다. 설령 그렇다 치더라도 이런 식의 말씀은 교사의 사기를 떨어뜨릴 뿐만 아니라 성도들에게도 교회학교와 교사에 대한 나쁜 이미지를 심어주는 것입니다. 담임목사님이 자신의 교회학교를 깎아내리는 것은 아름답게 보이지도 않을 뿐 아니라 브랜드를 스스로 추락시키는 일입니다.

살벌한 세상의 기업들로 치면, 경쟁기업들은 서로가 부정적인 시각으로 타사 브랜드를 평가하고 소비자에게 알리려고 갖은 수단을 씁니다. 심지어 악성루머까지 퍼뜨립니다. 경쟁 브랜드가 실제로 치명적인 과오나 결함이 있다면 더 말할 것도 없습니다. 그런데 교회는 자기 스스로를 갉아먹습니다. 이처럼 어처구니없는 일을 해서야 되겠습니까?

담임목사님은 교회학교의 브랜드 가치를 의도적이고도 지속적으로 높여야 합니다. 성도들이 교회학교를 친근하게 느낄 수 있도록 그 역할을 해야 합니다. 강단에서 자주 교사들을 치켜 세워주고 항상 신뢰를 보여주어야 합니다. 그리고 기회가 되는대로 교회학교의 희망을 팔고, 교회학교의 가치를 전달해야 합니다. 때로는 교회학교를 말씀으로 우아하게 '뽀샵' 해 주시면, 성도들은 교사 사역에 대한 좋은 이미지를 가지게 될 것입니다.

교사 모집을 위한 10가지 전략

교사를 모집하는 일은 쉬운 일이 아니며 종종 우리를 낙담에 빠뜨립니다. 그렇기 때문에 교사 모집은 인내를 가지고 전략적으로 해야 합니다. 교사 모집의 원리에 관해서 컬리(I. V. Cully)는 오늘의 미국교회의 실정 위에 서서 서술하고 있습니다. 먼저 어린이 교회학교를 창설하거나 또는 재건하는 경우, 우선은 "임시적으로 교사 없이 운영하면서, 예배를 교육의 기회로 삼도록 노력하다가", 1~2 사람의 인재를 구해서 교사를 삼아 이른바 "무학년제 교회학교"를 조직 운영할 것을 권하고 있습니다. 그 후에 적절한 기회를 보아 "특별한 교육기술을 가진 보조 교사를 모집하여", "학습의 단위별로나 연간 주제에 따라 또는 특수한 프로젝트 단위로" 교육적 책임을 위임합니다. 마침내 모든 여건과 준비가 성숙했을 때, "연령 그룹으로 분반하고 차츰 단계적으로 교사수를 증가시킬 것"을 권하고 있습니다.

컬리는 또한 교회학교 청소년부를 위한 교사를 모집하는 경우를 언급하고 있는데, 원칙상으로 "청소년들의 기독교적 성장 발달에서 생기는 기쁨과 문제성을 이해하는 사람", "그의 신앙이 청소년들에게 감화를 줄 수 있는 사람", 그리고 "유연성과 기술을 지니며 불찬성이나 반대를 아량 있게 수용할 수 있는 사람"을 선정하라고 권합니다.

브라운(C. C. Brown)은 교사 모집의 원리에 대해서 몇 가지 물음을 통하여서 답하게 함으로 교사 선택의 기준을 다음과 같이 제시하고 있습니다.

질문 1) 누구에게 교사될 것을 요청할 것인가?

그 답으로 특출한 사람/2~3인으로 된 교사팀/단기 교사/주제별 교사/임시 교사/예비 교사 등을 듭니다. 그리고 교사를 물색할 때 유의할 점들을 첨가하고 있습니다. 첫째, 깊게 관심 있게 찾을 것. 둘째, 광범위하게 구해 볼 것. 셋째, 인재와 맡을 일을 연결시켜 볼 것. 넷째, 책임감을 진작시킬 것 등입니다.

질문 2) 언제 가르치기를 요청할 것인가?

그 답으로 그것은 가능한 한 "속히!"입니다. 임무를 시작하기 수개월 전에 해야 합니다. 선정 후 예비교육에 차질이 없도록 미리 서두르는 편이 좋습니다.

질문 3) 그들에게 무엇을 요청할 것인가?

첫 단계에서 교사에게 거는 교회의 기대를 목록화 하여 체크하게 합니다. 둘째 단계에서 교회가 교사에게 약속하는 사항을 열거해서 제시합니다. 셋째 단계에서 서약서를 작성합니다.

질문 4) 교사될 것을 어떻게 요청할 것인가?

첫째, 작성할 서약서에 관해 토론합니다. 둘째, 사용할 교육과정을 소개합니다. 셋째, 지도하게 될 학생 명단을 소개합니다. 넷째, 지망 교사의 질문을 받습니다.

질문 5) 그들이 거절하는 경우에는?

거듭거듭 강요하는 행위는 삼가 합니다. 그들의 결정을 존중하여 유용합니다.

질문 6) 누가 그들에게 요청할 것인가?

어느 개인이 하기에는 크고 두려운 문제입니다. 책임 있는 그룹이 하도록 합니다.

교사 모집 10가지 전략

1) 기도로 모집하라.

교사 모집은 일꾼을 보내달라고 하나님께 간구하는 것으로부터 시작합니다. 기도는 교사를 얻기 위한 가장 중요한 자원입니다. 예수님은 일꾼을 선택하실 때 기도로 시작했습니다. 예수님은 사도가 될 사람들로 열두 명을 선택하셨습니다. 이 일은 대단히 중요한 일이었기 때문에, 주님은 기도로 밤을 지새우셨습니다. "이때에 예수께서 기도하시러 산으로 가사 밤이 새도록 하나님께 기도하시고 밝으매 그 제자들을 부르사 그 중에서 열둘을 택하여 사도라 칭하였으니"(눅6:12~13)

예수님은 40일 광야에서의 기도와 금식기간동안 하나님께 어떤 것에 대해 기도하였는지에 대해서 기록이 없으므로 정확히 알 수는 없습니다. 그러나 주님은 적절한 사람들을 얻을 수 있기를 간청하셨을 것으로 추측할 수 있습니다. 왜냐하면 예수님이 광야를 나오신 후에 하신 첫 번째 일은 일꾼(제자)들을 모집하셨기 때문입니다. 이처럼 주님은 일꾼 모집의 첫째 순서가 기도임을 직접 보여주셨습니다.

기독교 신앙인에 있어서 기도는 필수적인 것입니다. 이 말은 실제로 실시해 본 후에라야 정확한 말뜻을 이해할 수 있을 것입니다.

① 담임 목사나 교육 목사의 개인적인 기도에서의 기도제목 : "훌륭한 교사를 보내 주소서."

② 교사들에게 기도 제목 부여 : "우리와 같이 일할 수 있는 좋은 교사를 허락하여 주옵소서."

③ 기도원이나 특별한 장소에서의 기도회 실시

ㄱ. 통성으로 같은 제목 가지고 기도, ㄴ. 돌아가면서 한 마디씩 기도하고 교장이나 교육 목사가 종합하는 기도, ㄷ. 개인적인 기도 시간을 마련해 주고 기도하게 함.

④ 회중들에게 기도 제목 : "좋은 교사가 교회학교에서 일하게 하옵소서."

위와 같이 담임 목사나 교육 목사, 교장이 중심이 되어서 기도하는 분위기가 조성될 때 훌륭한 교사들이 자원하여 헌신할 수 있는 기회가 주어지게 됩니다.

기도는 교사 모집을 하는 첫 시기에 한 번하고 마는 그런 것이 아니라 지속적인 간청이 되어야 합니다. 교회학교 사역에 필요한 사람을 위해 계속 기도하시기 바랍니다. 성도들의 마음속에 다음 세대를 위한 영적인 부담감이 생길 수 있게 해달라고 기도하십시오. 성령 충만한 사람들이 교회학교 사역에 함께 하기를 기도하십시오. 그럴 때에 우리는 하나님께서 일꾼들을 공급해 주시리라 기대할 수 있습니다.

2) 개인적으로 요청하라

성도들이 교사로 자원하지 않는 이유 중의 하나는 우리가 개인적으로 찾아가 제대로 요청하지 않기 때문입니다. 물론 성도들은 교사 모집에 대한 광고를 듣기도 하고 교사 모집 홍보지나 게시물도 보았을 것입니다. 하지만 아무도 일대일로 그들을 만나서 도움을 요청하지 않습니다. 사람들은 자신이 알고 신뢰하는 사람으로부터 듣는 직접적인 호소에 반응합니다. 성도들이 교사로 자원하는 큰 이유는 자신이 알고 있는 누군가가 직접 요청하였기 때문입니다. 그렇다면 우리가 할 일은 분명합니다. 성도들 가운데 예수님을 사랑하고, 신실하며, 우리 주변의 교제권 속에 있는 자들을 관찰해야 합니다. 그리고 기도하는 가운데 그들을 만나서 요청해야 합니다. 그러나 숨 쉴 틈도 주지 않고 즉석에서 교사가 되어달라고 요청해서는 안 됩니다. 예배 후에 교회복도에서 지나치듯이 잠깐 만나 교사로 요청해서는 안 됩니다. 두 사람만의 조용한 시간을 내어서 만나야 합니다.

3) 적극적인 태도로 모집하라

교사로 요청할 때 피해야 할 일은 교사할 사람들이 없다며 애처로운 소리를 늘어놓거나, 당신이라도 도와달라며 넋두리를 늘어놓는 것입니다. 예수님은 제자로 부를 때 "나를 따라오라"(마4:19)고 과감하게 도전하셨습니다. 그러자 베드로는 그물을 버려두고 주님을 따랐습니다. 물론 우리는 예수님처럼 그런 놀라운 권위를 가지고 있지 않습니다. 그러나 교사를 구할 때에는 그런 마음으로 해야 합니다.

예수님이 모집한 제자들도 생계를 꾸리느라 바쁜 사람들이었습니다. 그들은 시간적으로 여유가 있어서 제자가 된 것이 아닙니다. 가족이 있었고, 무척이나 고단한 일을 하고 있었고, 여러 가지 의무를 지닌 자들이었습니다. 성도들도 이와 같습니다. 그러므로 이미 바쁜 사람들을 모집할 때 소극적인 자세로 모집해서는 안 됩니다. 용기를 잃지 말고 적극적으로 모집해야 합니다. 또한 우리 자신이 교사 사역을 좋아하고 즐기고 있음을 보여주어야 합니다. "이 사역은 남들이 알아주지도 않는 힘든 일이지만 딱 1년만 교사 좀 해주세요." "누구에게도 고맙다는 말을 듣기 힘든 일이죠. 그러나 누군가가 십자가를 져야 합니다." 이런 식으로 빈약한 자기 이미지를 가지고 있다면 교사 모집은 제대로 될 수 없습니다. 급하게 되었다며 비어있는 자리를 메워달라고 울상인 모습으로 모집하지 마십시오. 교사를 모집할 때에는 축복된 교회학교 사역의 파트너가 되어 달라고 요청해야 합니다. 교사로서 필요한 은사들을 사용하는 축복을 함께 나누는 자리로 초대하는 것입니다.

4) 비전으로 모집하라

성도들은 '일'이 아니라 '비전'으로 모집되어야 합니다. 성도들은 "제발 도와 달라"는 식으로 애원하는 일에 대해서 흥미를 느끼지 않습니다. 그들은 교사의 일이 의미가 있다고 기대할 때 교사가 되려고 할 것입니다. 교사 사역이 주일날 한두 시간 그저 아이들이나 봐주는 일이 아니라, 다음세대들을 복음으로 부르고 주님의 제자로 키우는 가치 있는 사역임을 알게 해야 합니다.

우리는 성도들을 다음세대를 세우는 비전으로 초대하는 것입니다. 교사 모집은 다음세대를 향한 우리의 꿈과 필요에 동의하는 사람을 얻는 일입니다. 교사 사역의 일거리에 그들이 필요하기 때문에 요청하는 것은 상대방의 마음을 움직이지 못합니다. 사람들은 중요한 비전에 동참하도록 초대받을 때 마음을 엽니다. 그것은 할 만한 가치가 있는 일이기 때문입니다.

예비 교사들을 만나서 다음세대를 향한 비전을 전달하십시오. 예수님은 하나님나라에 대한 꿈을 보여주면서 제자들을 비전으로 모집하셨습니다. 예수님은 하나님의 나라에 대해 이야기하셨고, 사람들은 여기에 반응했습니다. 하나님의 나라는 바로 손앞에 있었고, 그것은 그들로 하여금 흥분과 기대를 불러일으키기에 충분하였습니다. 우리도 그렇게 교사를 모집해야 합니다.

큰 그림으로 모집하라. 만약 여러분이 교회학교의 지도자라면, 예수님처럼 비전 전달자가 되어야 합니다. 교회에서 교회학교 사역의 중요성을 전달하는 것은 지도자의 중요한 일입니다. 다음세대의 삶에 있어서 교사들이 가지는 영향력에 대해 말하는 것도 여러분이 해야 할 중요한 일입니다. 예를 들면, "2학년 아이들을 가르치시겠습니까?"가 아니라 "다음세대들을 그리스도의 제자로 성장하도록 하는 일을 돕기 위해 우리와 함께 하시겠습니까?"라고 말할 수 있어야 합니다. 이 차이는 무엇입니까? 후자는 사람들을 큰 그림으로 부르는 것입니다. 만약 작은 그림만을 보고 있다면, "우리는 분반을 유지해야 하고, 그것을 운영할 사람이 필요합니다."라고 말할 것입니다. 그러나 큰 그림을 볼 수 있다면, 여러분의 요청은 이전과는 전혀 달라질 것입니다.

5) 항상 모집하라.

데살로니가전서 5장 16~18절을 교사 모집 버전으로 고친다면, 이렇게 될 것입니다. "항상 모집하라 쉬지 말고 모집하라 범사에 모집하라 이것이 그리스도 예수 안에서 너희를 향하신 하나님의 뜻이니라."

한 신문기자가 코카콜라 회장에게 다음과 같은 질문을 했습니다. "코카콜라를 모르는 사람이 아무도 없는데, 왜 돈을 들여가며 매일 광고를 합니까?" 여기에 대해 다음과 같이 대답했다고 합니다. "지금 이 순간에도 코카콜라를 모르는 수많은 아이들이 태어나고 있기 때문이고, 코카콜라를 아는 사람들이 날마다 죽어가고 있기 때문입니다."

교사 홍보와 모집도 이와 같습니다. 교회에 새가족이 올 수도 있고 가장 헌신적인 교사조차도 떠날 수 있습니다. 그러므로 교사 모집은 연말이나 연초에만 하는 것이 아니라 일 년 내내 해야 합니다.

6) 빈자리를 채우는 대신에 특별한 재능을 가진 사람을 특별한 위치에 임명하라.

교회에서 사람들을 모집할 때 종종 자기의 약점 즉 잘하지 못하는 곳에 일하도록 모집할 때가 있습니다. 성경과 신학적인 내용을 잘 가르칠 수 있다고 느끼는 사람은 거의 없습니다. 그러나 많은 사람들이 사진, 미술, 음악, 연극, 동화 등에는 특별한 흥미와 능력을 가질 수 있습니다. 왜 많은 사람들이 사람을 모집할 때 그들의 솜씨와 흥미를 학생들과 나누도록 부탁해서 그들의 강점에 중점을 두고 모집하지 않는지? 이를 위하여 교육위원회나 지도자들이 교회 안의 모든 사람들의 흥미와 기술을 조사하는 것이 필요합니다.

7) 사람들을 모집할 때 봉사의 명백한 시작과 끝을 정하고 모집하라.

그 기간은 최대한 2~3년 최소한 한 단원이나 또는 몇 개월이 될 수도 있겠습니다. 모든 사람들은 그들이 얼마 동안이나 교사로 봉사해야 하는지를 정확히 아는 것을 더 좋아합니다. 모든 사람이 1년 또는 2년을 가르쳐야 한다고 기대하는 것은 좋은 후보자를 모집할 수 없게 하는 것입니다. 사진 기술을 가진 한 사람은 그의 기술을 사용할 수 있는 한 학습 센타에서 한 단원을 마칠 동안 다른 교사팀과 일할 수 있습니다. 더 긴 기간을 봉사할 수 있는 사람들까지도 그들이 얼마동안이나 가르치게 될 것인가를 알게 될 때 도움이 됩니다.

8) 사람들이 홀로 가르치도록 모집하는 대신에 팀 티칭 제도나 팀 플레닝(집단 계획) 제도를 수립하라.

사람들이 교실에서 올가미에 걸린 것처럼 느끼거나 고립된 듯 느끼는 것은 그들로 하여금 사기를 저하시키는 요인이 됩니다. 이러한 느낌들은 교사들이 한 사람 또는 그 이상의 다른 교사들과 팀을 짜서 일하게 될 때 극복될 수 있습니다. 10명 이하의 학생들로 구성된 작은 반에서도 팀 티칭은 장점이 있습니다. 교사들이 한 반에 둘 이상일 때 다양한 기술이나 흥미를 그 반의 가르침에 적용할 수 있습니다. 또한 그 중 한 교사가 주일을 부득이해서 지키지 못해도 그 반의 연속성을 깨트리지 않을 수 있습니다. 또한 함께 가르칠 교사들의 팀을 만드는 것이 불가능 하더라도 혼자 가르치는 선생님을 돕기 위해 같이 계획할 수 있는 사람들의 팀을 만들 수도 있습니다.

9) 모르는 남녀 간에 데이트(blind date)처럼 사람들을 아무 팀에나 배치하는 대신에, 사람들에게 그들 자신이 누구와 같이 일하기를 원하는지 결정할 수 있도록 강습회를 통해 함께 일할 수 있는 기회를 주라.

자기와 같이 가르칠 사람을 선택할 수 있는 사람들은 그들이 단지 어느 팀에 소속해야 한다고 지시 받는 것 보다 좋은 팀 관계를 발전시키며 더 강한 동기를 갖게 될 것입니다. 종종 사람들은 그들의 친구를 같이 가르치도록 모집할 수도 있습니다. 특별한 사람들이 같이 일할 가치나 문제를 주의 깊게 평가하지 않고 사람들로 같이 가르치게 하는 일은 공정하지 않고 비현실적인 것이라 생각합니다.

10) 일반적으로 사람들에게 가르침에 대하여 교섭하는 대신에, 예정된 교사에게는 명확한 기대의 말이 전달되어야 합니다.

교사들은 그들이 어떻게 기대되고 있는가를 알 때 그들 자신을 더욱 잘 평가할 수 있습니다.

교사 모집의 절차와 단계

1) 교사의 모집 계획수립

각 교회는 상이한 문제와 지도력의 필요성을 가지고 있어서 그 교회 자체의 필요대로 생각해야 하며 그것은 현재를 위해서 뿐만 아니라 미래의 일들을 위한 계획으로서 최소한 앞으로의 일 년 간을 위한 것이어야 합니다. 물론 무슨 일이 생길지는 확실히 몰라도 앞으로 빈자리가 얼마나 생길 가능성이 있는지 짐작할 수는 있습니다. 앞으로의 일을 잘 내다봄으로써 갑자기 당하는 어려움을 피할 수 있을 것입니다.

교회는 하나님께로부터 받은 사명을 이룰 수 있도록 모든 활동을 서로 협조하는 태도로 해야 됩니다. 교회의 사명은 크기 때문에 계획이 있어야 일원화 될 수 있습니다. 위원회에서 조심스럽게 계획안을 짤 때 확실한 교회의 방향과 목적이 결정되고 교회의 모든 책임과 참된 모습을 알게 되는 것입니다. 또 계획을 세우는 일을 통해서 교회 생활의 새로운 결과가 나오는 것을 볼 수 있습니다. 그렇기 때문에 계획을 세우는 데는 성실한 참여와 전념을 다하는 태도가 요구됩니다.

① 무엇이 필요한지 살펴라.

첫째, 교육 대상자들을 파악하라. 어떤 사람을 교육할 것인가 하는 교육 대상자들의 파악이 있어야 거기에 맞는 교사를 모집할 수 있습니다. 둘째, 교육 인원이 얼마나 되는지를 파악하라. 교육할 대상이 몇 명이나 되는지 파악해만 교사를 모집할 수 있습니다. 교육 인원은 현재 출석하는 사람만 포함시켜서는 안 되고 전체 제적 수를 파악해서 포함시켜야 합니다. 셋째, 교사들이 몇 명이 필요한지 파악하라. 교육할 전체 인원이 파악되면 소그룹으로 나눕니다. 이 때 소그룹의 인원수는 5~7명이 적당합니다.

② 교사들을 파악하라.

기존 교사들에게 다음해에도 계속해서 봉사할 것인지를 파악하라. 쉬고 싶다는 교사들이 있다면 한두 번 권면해보고 억지로는 시키지 마라. 억지로 하는 것은 본인도 힘들 뿐만 아니라 같이 사역하는 교사들도 힘 빠지는 일입니다.

③ 교회에 알리라.

각 부서마다 충원되어야 할 교사수를 교회 전체에 알립니다. 교회학교 교육 상황을 교회 전체가 알 필요가 있습니다.

④ 주목을 끌라.

교회학교 교육의 중요성에 대해 교회 전체 앞에 알려서 교육에 관심을 갖도록 합니다. 교회학교 교육은 특정한 사람만 관심을 가져서는 안 되고 교회 전체가 관심을 갖고 지원을 해야 합니다. 직접 봉사할 수 없으면 기도의 후원자가 되게 하라. 필자가 초등부를 담당할 때 한 반에 다섯 명의 기도후원자를 받아서 기도하게 했습니다. 이들이 기도하기 시작하면서부터 아이들이 변하기 시작하고 각 반이 배가 운동이 일어나는 것을 경험했습니다.

⑤ 인재를 찾으라

담당 교역자는 담임 목사나 교구 목사의 도움을 받아 교회학교 교사로 봉사가 가능한 예비 교사를 추천받습니다. 한 부서에 몸담고 있는 교역자나 부장은 전체 교인들을 알기에는 역부족입니다. 그렇기 때문에 교구 교역자의 도움이 절실히 필요합니다. 숨은 인재를 찾아라. 우리가 이 일을 하는 데는 아래와 같은 세 가지 태도로 임해야 될 것입니다. 하나는, 교인들은 저마다 다른 재능을 가지고 있을 뿐만 아니라 그들은 그들이 가진 재능이 어떤 것인지 자신들이 더 잘 알고 있다는 것이며, 또 하나는 사람들은 봉사와 헌신을 할 만한 능력이 있는 분들이라는 것입니다. 마지막으로 각 사람들은 하나님과 인간을 위해 교회를 통한 봉사와 헌신의 기회를 가져야 된다는 것입니다.

⑥ 권면하라

가장 친분이 있는 사람이나 교역자가 직접 찾아가 교회학교 교육의 중요성을 말하고 함께 봉사할 것을 권하라. 너무 지나치게 권면을 해서 억지로 교사를 하게 하지는 말아야 합니다. 2~3개월 전에 시작하는 교회가 많으나 가능한 한 5~6개월 전에 시작하면 좋을 것입니다. 왜냐하면 학기가 시작되기 전까지 교사 예비교육을 실시하고 교사로 임명해야 하기 때문입니다. 계획 수립은 교육위원회 산하에 인사위원회를 두고 기도로 충분히 준비하며 구체적으로 작성해야 합니다. 교사 모집계획 수립에 있어서는 기존교사의 다음해 계속 봉사 여부를 우선 파악하고, 매년 교회학교 인원 증가 비례표를 작성한 후 다음해에 증가할 인원수를 예상하여 교사 모집 인원수를 정합니다. 이때 교회학교 어린이들의 영적상태를 고려하여 교사 증원수를 확정해야 합니다. 계획팀은 확정된 인원보다 최소한 서너명 정도의 여유를 두어 예비교사로 확보해 두는 것이 바람직합니다.

2) 교사선택의 기준 검토

교회학교 교사는 하나님의 말씀을 가르치는 귀중한 소명임에 틀림이 없습니다. 교사선정 기준은 정확하게 실천되어야 하며 매년 검토되어야 합니다. 기준이 지켜지지 않으면 교사의 긍지가 사라지고 좋은 교사상이 정립되지 않습니다. 그러므로 교회학교 교사는 ① 신앙적으로 살아가는 사람이어야 하며, ② 가르칠 수 있는 능력이 있어야 하며(이해력, 자기표현, 창조력), ③ 자신이 먼저 배우고자 하는 사람이어야 합니다(신앙, 성경, 교수법, 새로운 방법들), ④ 헌신적이며 책임적인 사람이어야 합니다(하나님과 사람을 위해서 자신을 희생하면서도 보람을 찾는 사람), ⑤ 학력은 고졸 이상이어야 하며(가능한 대졸이면 더 좋습니다), ⑥ 연령은 20세가 넘어야 하고, ⑦ 교회에서 구원을 확신하며 세례 받은 사람이어야 합니다.

교사 모집 단계

단계/구분	이론	실제
1	분위기 조성(6~8월) 1. 담임목사의 교육적 분위기 촉발 2. 교육위 기초자료 수립 3. 교장, 교육목사의 공동계획, 진행, 평가	교사 모집 계획(9월) 1. 교육위 교사선정 기초작업 2. 교사선정 기준검토 3. 교사 모집 : 훈련계획 심의 4. 교육주일 : 교육강조
2	준비 (9~10월) 1. 교사 모집 분위기 구체화 2. 교사선정 규정 3. 교사 교육적 직책기록 4. 예비교사물색~전교인 대상 5. 예비교사 인적기록 작성	교사 모집(10~11월) 1. 교사발굴 2. 모집공고 3. 교사 모집 과정표 배부
3	면담 (10월말) 1. 면담초청(개인별) 2. 면담자 : 담임, 교육목사 3. 면담후 1주간 기도와 결단의 시간 부여	교사대학(12~2월) 1. 강의 2. 현장교육 3. 교사자격증 수여
4	도입(11~12월) 1. 예비훈련(교사대학실시) 2. 임명식	면담 및 임명(2월) 1. 면담(개별로) 2. 임명전 영적훈련 3. 임명식

3) 업무분석

사람들은 새로운 일에 대해서 알고 싶어 하고 또 알아야 합니다. 바쁜 사람들은 그 일이 그들의 시간과 힘을 요구할 만큼 중요하다고 생각될 때에만 과외로라도 일을 맡습니다. 만일 우리가 교회의 교사를 기르는 일이 미리 계획해야 할 만큼 중요하다고 생각한다면 다른 사람들도 그런 영향을 받을 수 있는 것입니다. 일을 분석하는 데 가장 중요한 것은 정확하고도 공정해야 한다는 것입니다. 사람들은 어떤 편한 일보다는 좋은 계획에 대해 더욱 관심을 가질 것입니다.

교사의 업무를 분석함에 있어서 꼭 알아 두어야 할 일 : ① 정기적으로 참석할 것을 강조합니다. ② 정기적인 학과에 철저하게 준비할 것을 강조합니다. ③ 직원회의 모임, 훈련 과정에 대한 출석을 강조합니다. ④ 유용한 자료의 근원(resources)을 찾습니다(즉 특별한 지식이나 기술을 가진 사람, 도구, 책 등). ⑤ 보충자료를 얻는 방법의 고찰. ⑥ 일의 진행과정을 기록해 둘 것. ⑦ 교사가 부재중일 때의 처리 방법 모색(예, 다른 교사가 대치하든지 등..). ⑧ 계속적인 영적 성장에 대한 강조. ⑨ 다른 기관과의 관계, 의무, 보관할 것 등을 기록하며 정보를 제공합니다.

4) 전략적으로 홍보하라.

브랜드를 높이기 위해서 전략적으로 홍보해야 합니다. 성도들에게 교회학교의 활동들을 소개하거나 홍보하는 다양한 기회들을 만들고 있습니까? 교회학교의 중요성과 의미를 심화하고 공유하는 기회들을 가지고 있습니까? 예를 들면, 교회학교 진흥 캠페인(promotional campaign)을 계획하고 실시하고 있습니까? 얼마나 자주 효과적으로 교회학교의 행사와 이벤트들을 공개하고 있습니까? 부모님을 초대하여 교회학교 비전과 정책을 소개하고 있습니까? 교회학교에서 일어나고 있는 좋은 일들, 긍정적인 일들, 열정적인 스토리들을 모든 가능한 방법과 매체를 통해 전달하고 있습니까? 교사 모집을 위한 팜플릿, 브로슈어 등을 효과적으로 활용하고 있습니까? 성도들은 교회학교가 체계적이고 열정이 있다는 것을 느낄 때 교사 사역에 참여하려는 마음이 더욱 생길 것입니다.

5) 교사 선정

교사의 선정은 선택된 사람과 그 사람이 맡을 일을 위해 기도하고 관심을 가지고 해야 합니다. 참된 교사는 봉사할 준비가 되어 있어야 합니다. 즉 그들은 권력이나 영광에 대한 욕망을 잊을 수 있어야 하며 하나님의 능력이 교사를 통해서 영광을 받아야 하는 것입니다. 그것은 개인적인 권위나 지배가 어떤 것에 주어져서는 안 되는 반면에 교사들은 어린이들과 학생들에게 피차 배우고 같이 예배하며 책임을 질 수 있도록 격려되어야 합니다.

다시 말해서 교회학교 교사를 선정하는 데는, 성숙한 성인을 고려해야 한다는 뜻입니다. 현재 대부분의 교회는 선생으로서 대학생들을 쓰고 있는 것 같습니다. 그로인해 앞에서의 A란 교회의 문제가 생긴 것입니다. 사실은 가장 성숙된 사람만이 선생이 될 수 있는 준비가 되어 있는 것입니다.

교회학교를 위한 바람직한 교사 중 하나는 부모입니다. 왜냐하면 학생 교사는 대부분 유동적이지만 성인 교사들은 학생들만큼 변동이 크지 않기 때문입니다. 교회 교육이 가장 효과적이기 위해서는 모든 가정에 관심을 두어야 합니다. 교회학교를 서로 분담함으로써 부모들은 가정에서까지도 아이들의 기독교 교육을 계속할 수 있는 것입니다. 앞에서 인용한 감리교신학대학 교회 교육연구소 1976년 조사연구에 의하면 "나이든 교사들이(26세 이상) 젊은 교사들보다 이동이 심하지 않으며 또한 그들은 젊은 층보다 교사직을 할 마음의 준비가 되어 있음이 나타납니다". 이러한 현상으로 볼 때 우리는 교회학교를 위하여 나이든 교사들을 많이 등용하도록 노력하여야 할 것입니다.

우리들은 누구나 교회 교사들이 가져야만 하는 자질 문제를 기록한 목록표를 가질 필요가 있다고 생각합니다. 그러나 너무나 긴 목록표는 유용성이 없습니다. 왜냐하면 모든 사람들을 똑같은 형태로 만들 수는 없으며 그것이 바람직하지도 않기 때문입니다. 교사를 선택할 때는 세 가지의 자격만 염두에 두면 되겠습니다. 첫째, 헌신적인 사람이고 계속 성장하는 교인이어야 합니다. 둘째, 다른 사람에 대해서도 관심을 가지고 따뜻한 친교를 펼 수 있는 능력을 가져야 합니다. 셋째, 학생을 지도하는 데 있어서 필요한 기술들을 즐겨서 배울 수 있어야 합니다.

교사 후보의 명단 작성

번호	이름	생년월일	성별	학력	교회 신급	교사경력 유무	직업	기타
1								
2								
3								
4								
5								
6								
7								
8								
9								

새 교사 후보는 교인 전체에서 찾습니다. ① 교회의 임원 중에서 ② 지도자 훈련에 등록한 교인 중에서 ③ 대학부, 청년부, 혹은 선교회 중에서 ④ 교인 중 일반 학교 교사를 하고 있는 자 ⑤ 새 교인 또는 전입 교인 중에서 찾습니다.

• 면담을 위하여 교사 후보의 인적 상황 기록표를 종합 작성한다.

교회 학교 교사를 위한 기록표 (시안)				
이름		성별	남.여	생일
주소			전화	
교회생활	1년 이상 2년 이상 3년 이상 5년 이상			
교육경력	중졸 고졸 대재 대졸			
교회 교육 경력	교사 경력 없음 있음 1년 이상 3년 이상 5년 이상			
경험유무/영역	교회학교 교사로서 나의 공헌이 가능한 영역			
유무	인간 관계를 통한 교육 ( )			
유무	음악을 통한 교육 ( )			
유무	성서와 신앙을 가르치는 교육 ( )			
유무	행정과 사무를 통한 봉사 ( )			
유무	기타 ( )			
	20 년 월 일 작성자 _____			
교회 학교란				
면담				
교사 임명	년 월 일			
임명된 부서	부 직			
기타				
	20 년 월 일 교회 학교 _____			

6) 예비교사 면담과 배치

면담은 구두시험이 아닙니다. 주님의 마지막 부탁이신 교회 교육에 창조적으로 초청하는 것입니다. 이 과정을 거쳐서 교회학교 교사로서 뜻있는 결단을 촉구하는 것입니다. 그러기에 면담은 신앙적 분위기와 격려하는 분위기이어야지 강요하거나 억지로 부담을 주어서는 안 됩니다. 실제로 교사란 어떤 수고의 댓가를 받는 직책이 아니며, 억지로 해서도 안 되는 직책입니다. 면담을 거쳐서 교사 후보로 초청된 사람은 하나님과 사람, 그리고 교회 앞에 성실하게 결단할 수 있도록 면담 자체가 교육적이며 신앙적인 분위기 이어야 합니다.

(1) 교사 후보의 초청

교사 후보로 선정된 사람들에게 교육 목사나 교장은 정중하게 면담에도 초청해야 합니다.

① 편지 : 관공서에서 발송하는 공문 형식이 아닌 카드나 그림 같은 것을 사용해서 받는 사람에게 딱딱한 감정이 아닌 새롭고 신선한 느낌을 줄 수 있는 편지를 보내서 정중하게 면담을 요청합니다.

② 전화 : 너무 사무적인 전화 내용보다는 교회학교에 대한 관심을 묻고 또 교회학교에 대한 상황과 교육의 필요성을 간단히 소개한 후 전화 받는 본인이 교회학교에 대한 상황과 교육의 필요성을 알도록 간단히 소개한 후 교회학교를 위한 교사 후보로 선정되었음을 알리면서 그를 위한 면담을 의뢰합니다.

③ 개인적인 만남 : 우연히 만나게 되었든지 아니면 예배 후에 일

부러 만났든지 잠시 만나서 교사 선정에 따른 면담을 요청합니다.

전화 통화를 했든지, 직접 만났더라도 면담의 시간과 장소를 더 확실히 하기 위해서 편지를 통해 알려주면 좋을 것입니다.

(2) 면담의 분위기 조성

대부분의 예비교사들은 지도자들의 태도에 따라 반응하며 교회학교에 대해 좋은 감정을 가지고 있다는 것을 생각해보면 긴장을 푸는데 많은 도움이 될 것입니다. 지도자가 안정되고 긴장하지 않은 상태로 예비 교사들을 대한다면, 예비 교사들도 대부분 긴장하지 않은 상태로 지도자를 대하게 될 것입니다. 이런 분위기가 의사소통을 위해 가장 좋은 분위기입니다.

① 사각형 테이블 앞에 자리를 마련하기보다는 테이블 주위에 앉을 수 있는 자리를 마련합니다. 사각 테이블은 의사소통의 장애물이 될 수 있습니다. 테이블 위에 교적부와 미리 작성한 내용의 서류들을 놓습니다. 친근감 있는 목소리로 얼굴에 미소를 띠우며 자신을 소개합니다. 딱딱하지 않은 내용의 이야기를 나누는 것이 모두의 긴장을 푸는 데 도움을 줄 것입니다. 그렇지만 더 많은 시간을 논의하는 데 보내기 위해 처음에 시작하는 말은 간단히 해야 합니다. 예비 교사가 면담을 요청한 경우라면, "(면담 요청 내용)에 대해 이야기하시려고 이 면담을 요청하신 것으로 압니다. 제가 거기에 대해 어떤 것들을 알려드리기 전에 문제가 어떤 것이라고 느끼고 계시는지 먼저 그대로 저한테 말씀해주시면 좋겠습니다"라는 말을 꺼냄으로써 논할 내용의 초점을 잡을 수 있습니다.

② 예비교사의 지금까지의 내력을 알아보라. 만나서 면담할 때 예비 교사로부터 교사 동의서와 교사지원서(교사교적부)를 받습니다. 이는 행정적으로 꼭 필요한 일입니다.

③ 면담자인 담임 목사나 교육 목사는 면담에 임하기 전에 앞에서 제시한 '교회학교 교사를 위한 기록표'를 미리 보고 교사 후보에 대한 생활환경을 사전에 알고 있는 것이 면담에 도움을 줄 수 있습니다.

④ 면담의 시간은 차를 마시면서 30분 이내에 마치는 것이 좋으며 동시에 2~3 명을 초청하는 것은 삼가야 합니다.

⑤ 기록을 남겨놓기 위해 면담 양식 서류를 준비하라. 시중에 나와 있는 면담 양식은 면담의 주제와 특별히 중요한 내용을 적을 수 있는 칸들이 있습니다. 아니면 교회 스스로가 만들어볼 수도 있습니다. 이러한 도구는 논할 내용의 초점을 확실히 해주고, 앞으로 있을 면담에도 도움을 줄 수 있을 것입니다.

⑥ 담당 교역자와 함께 이야기하는 것이 더 유익한 것인가 결정하라. 예비 교사들에게도 같은 기회를 주어야 합니다. 담당 교역자를 모시고 이야기하려면 미리 계획을 세워야 할 것입니다.

(3) 면담의 방법

① 면담자들(함께 동석한 담임 목사, 교육 목사, 교장)은 교사 후보와 함께 모두가 하나님의 종인 것을 알게 하고 그 교사 후보를 교회학교 교육을 위한 하나님의 일꾼으로 정중하게 초청하는 형식이 되어야 합니다.

② 면담의 진행은 서론적 이야기 → 면담의 배경 설명 → 교회교육의 중요성 → 교사직에로의 초청하는 식으로 진행되어져야 합니다. 여기에서 성급하게 대답부터 들으려고 유도해서는 안 되며 자연스럽게 면담이 진행되는 동안에 교사 후보가 대답할 수 있도록 도와주어야 하며 그 대답을 들었을 때에는 민감하게 대처해야 합니다.

③ 면담자는 교사 후보가 자유스럽지만 신중하게 결단할 수 있도록 도와주어야 합니다.

④ 면담 후 5~7일간의 여유를 주고 그 기간 동안 기도하면서 결단하도록 당부하며 면담자의 기도로 마칩니다.

교회학교 교사의 구분

교사구분	교사역할 (사역의 영역)
정교사 (분반목자)	반을 맡아 아이들을 양육, 지도
인턴교사 (예비목자)	정교사 목회를 배우는 과정으로, 정교사 수련과정
협력교사 (보조교사)	정교사 목회의 보조를 담당

특기교사		자신의 재능, 특기, 전문성, 관심분야를 살려 봉사 · 다양한 분야의 특기자 ex) 환경꾸미기, 장식, 동화구연, 인형극, 사진찍기, 까페꾸미기 등 ·특기에 따른 동아리 지도 ex) 스포츠, 찬양, 악기연주 등의 동아리 지도 팀별(예배팀, 행정팀, 프로그램팀, 양육팀, 홍보팀, 새친구팀)사역
단기교사		계절 성경학교, 수련회, 일일교사 등, 특정 기간 동안 봉사
후원 교사	기도	교회학교 교사. 그리고 아이들을 위한 기도요청시 중보기도
	재정	교회학교를 위해 정기후원(헌금), 특별후원
	교통	자가용 카풀 봉고차 운행
	봉사	각 부서 특별행사 혹은 정기적인 봉사

(4) 면담, 다음을 유의하라

첫째, 교사지원서(교사교적부)에 기록하는 개인 신상정보가 유출되지 않는 점을 분명히 알려야 합니다. 교사지원서에는 이전 출석 교회란이 있어서 타 교회에서 온 성도일 경우에는 이전 교회가 정통교단 소속의 교회인지를 인터뷰 후에 반드시 확인해야 합니다. 둘째, 사람이 당장 필요한 부서나 분반에 마치 사람을 팔듯이 배치하려는 유혹에 빠져서는 안 됩니다. 자원교사의 은사와 장점에 어울리지 않는 자리에 억지로 채우려고 하지 마십시오.

가능하면 교회학교 총 지도자가 인터뷰를 진행하는 것이 좋습니다. 부서별로 교사를 모집할 수 있지만, 그럴 경우에는 자원교사를 타부서로 보낼 수도 있어야 합니다. 자원교사에게 부적합한 역할을 맡기기보다는 차라리 그 자리를 비워두는 편이 좋습니다. 지도자가 자원교사를 만나는 이유는 그를 가장 적절한 자리에 배치하기 위해서라는 사실을 잊어서는 안 됩니다.

마지막으로, 우리는 자원교사로부터 "알고 보니 제가 교사하기에는 힘들 것 같습니다."라는 말을 들을 준비도 하고 있어야 합니다. 우리가 요구하는 헌신과 의무에 대해 어려워한다면 그를 받아들여서는 안 됩니다. 돌발적이고 헌신 없는 참여로 인해 전체 교사들의 사기를 떨어뜨리는 것보다 이것이 더 나은 결정이 될 것입니다. 때로는 그들에게 좀 더 적절하다고 여겨지는 다른 사역의 기회를 찾도록 도와줄 수 있어야 합니다.

(5) 면담 후의 확인 점검

① 그 다음날 예비 교사 집으로 감사 카드를 보내라. 예비 교사들에게 시간을 내주고 관심을 보여준 데 대해 감사하는 것을 잊어서는 안 됩니다.

② 면담을 평가해보라. 다음 면담을 위해서, 특별하게 논의된 내용을 면담 기록에 덧붙여 적어둡니다.

③ 한두 주일이 지난 후 성도에게 그동안의 진행을 나타내 주는 보고서를 보내라. 더 나은 방법은 전화를 거는 것입니다. 또 다른 면담을 요청할 수도 있고, 아니면 경우에 따라 진보의 내용을 알려주고 축하의 말을 해줄 수도 있습니다.

④ 담당 교역자에게도 일의 진행을 알리라. 개인적으로 보고서를 작성하거나 면담 기록의 복사본을 제출하면 될 것입니다. 이러한 서류들은 훗날 그 교사가 참석하지 못하게 되는 경우가 생기게

될 때에도 일에 차질이 생기는 것을 막아줄 것입니다.

교사 면담을 잘 계획을 하며 미리 준비하는 것은 그 만남을 성공적으로 이끌 수 있도록 도와줄 것입니다. 그리고 더욱 중요한 것은 교회학교와 예비 교사 사이의 의사소통을 더욱 확실히 해줌으로써 사명 성취도를 확실히 높여준다는 것입니다.

교사 모집을 위한 가이드

① 가르친다는 것은 어떤 의무 이상의 것입니다. 그것은 봉사하고 또 성장할 수 있는 기회입니다. 앞에서 언급한 조사연구에 따르면 "교사들이 가르침을 통하여 얻는다고 생각되는 기본적인 유익은 그들 자신이 성경에 대하여 좀 더 배운다는 것입니다". 그러므로 자신의 성장의 가능성을 모집과정에서 보여준다면 그들의 결단하는 데 도움이 되리라고 생각합니다.

② 당사자가 해야 할 의무와 그의 위치(지위)를 솔직하게 알려줄 것. 위의 조사연구에 의하면 "교사가 되어달라고 부탁할 때 올해 교회학교에서 가르칠 교사가 부족하다는 소극적인 표현을 사용하며… 얼마동안 가르쳐달라고 하는 기간의 문제는 거의 언급되지 않았습니다". 또한 "거의 85%의 경우 모집 과정에서 교회가 가지고 있는 교사들에 대한 기대는 토의되지 않고 있다는 것입니다." 교회가 그들에게 기대하는 일이 무엇이며 그들의 위치를 확실히 알려 주면 많은 의문과 불만을 피할 수 있습니다.

③ 교회 전체의 일과 채용된 교사가 해야 할 일과의 관계를 규

명해 줄 것.

④ 만일 당사자가 거부한다면 그는 교사로서 적당치 않거나 그 위치에 적합한 사람이 아닙니다. 당사자로 하여금 모든 교사(직원)들은 그를 지원할 것이며, 그들은 그들의 일에 대한 경험을 통하여 배워야 한다는 것을 생각하게 할 것입니다.

⑤ 그가 유능한 조력자임을 확신시킬 것.

⑥ 당사자에게 던져진 요구를 철저하게 생각할 수 있는 충분한 시간을 주어야 합니다. 그러나 반드시 어느 특별한 시간을 정해서 그의 의견을 듣도록 해야 합니다.

⑦ 만일 그 사람이 응낙하면 그에게 사의를 표하고, 그 다음에 그가 할 일을 알려 줄 것입니다(그가 사용되고부터 일어나는 일에 대한 적응책).

⑧ 만일 당사자가 채용되기를 거절하면, 당사자가 미안한 마음이 들지 않도록 격려해 주고, 다른 기회에 도와줄 것을 부탁합니다.

7) 교사 채용

어떤 분에게 교회에서 봉사할 것을 부탁하기 전에 위원들은 사람들이 부탁을 받아들이거나 혹은 그렇지 않는 경우에 왜 그렇게 되는가 하는 것을 이해해야 합니다.

받아들이지 않는 경우

① 시간문제 : 개인적으로나 교회적으로 이미 하고 있는 일로 시간을 낼 수 없기 때문입니다. 만일 교회의 일로 시간을 더 낼 수 없

는 사람에겐 부탁을 하지 않는 것이 좋습니다. 개인적인 일로 바쁜 사람에겐 그가 늘 바빠서 교회 일에 참여하지 못하면 그에게 교회의 일도 그가 하는 일만큼 중요한 것을 알도록 하고 그것이 크리스천으로서 우선해야 하는 일임을 이해시키는 것입니다.

② 자신감의 부족 : 바꾸어 말하면 모르는 것에 대한 걱정이나 두려움 때문입니다. 교회는 이런 사람들을 훈련시키기 위해 그들을 돕고 격려할 수 있는 어떤 프로그램을 준비하도록 해야 합니다. 그러므로 위원들은 부탁할 때 이런 분들이 확신을 가지고 받아들이도록 권고하여야 할 것입니다.

③ 개인적인 문제 : 건강이 좋지 못하거나 주일에도 직장에 나가 일해야 되는 것 등입니다. 이런 경우에 교회는 계속 부탁해서 그분을 괴롭게 하기보다는 그분의 문제를 해결할 수 있도록 열심을 다해야 합니다.

④ 교회 사정과 형편 : 교회의 시설 부족, 협력과 도움, 훈련 등의 부족으로 사람들이 부탁을 받아들이지 않는 것입니다. 이런 경우는 교회 편에 책임이 있는 것이므로 이런 문제들을 먼저 해결해 놓은 다음에 부탁해야 될 것입니다.

받아들이는 경우

① 책임 : 한 사람이 적당치 않거나 없으니까 자기가 해야 한다는 책임감 때문에 하는 것입니다. 앞에서 말한 조사연구에 의하면 나이든 교사들은 젊은 교사들보다 책임감을 더 많이 가집니다. 그러므로 이 사실은 교사 모집 시 지도자들이 나이든 교사들에게 호

소할 근거를 제공해 준다고 보겠습니다.

② 영향력에 대한 고려 : 좋은 크리스천의 본을 보이고 매일 매일의 생활에 적용하도록 하는 것입니다.

③ 개인의 성장 : 자기 자신의 신앙과 능력을 발전시킬 수 있는 것입니다. 다시 말하면 교사는 가르침을 통해 자신이 더 많이 배우게 됩니다.

④ 보상 : 그리스도가 우리를 위해 돌아가셨기 때문에 우리는 그에게 진 빚을 갚아야 한다는 태도에서입니다.

⑤ 봉사 : 받은 은혜가 크므로 봉사로써 그 은혜를 다른 사람에게 나누어 주어야 한다는 생각입니다.

사람들이 부탁을 받아들이거나 그렇지 않게 되는 이유는 위에서 말한 것 중에 어느 한 가지 만에 의해서가 아니라 여러 가지 복합적인 동기에서 나오는 것입니다. 그러나 하나님께서는 우리들이 생각하는 것, 즉 좋거나 나쁜 동기를 관계하지 않고 있는 그대로의 상태에서 일하시는 분입니다. 우리는 다른 사람의 동기를 만들어 줄 수는 없지만 좋은 동기를 유발시키도록 환경을 설정할 수는 있습니다. 그들의 지도력 개발은 이런 좋은 동기, 즉 그들이 하나님께 응답하는 데서 나오는 것입니다. 그러므로 이상의 동기를 이해해야 함은 중요한 일입니다.

교사가 되어달라고 부탁하기 위해서는 개인 상담이 가장 효과가 있는 방법인 것 같습니다. 앞에서 말한 엄 선생님에 대해 생각해 보면 그분은 의논할 기회 없이 갑자기 부탁을 받고 응락 한 것을 후회하는 것 같습니다. 그러므로 부탁을 하는 사람은 개인적인 면담을 통하여 일의 성격과 요구하는 바가 무엇인가를 명확히 말해줌과 동시에 부탁을 받은 사람의 형편과 요구도 신중히 들음으로써 피차 도움을 줄 수 있고 받을 수 있어야 한다는 것입니다. 청탁을 받은 사람에게는 할 일이 명확할 뿐만 아니라 하겠다는 흥미가 생긴 만큼 도전적인 면이 있는 일이 좋을 것입니다. 또한 교사들은 그가 선택받았다는 데 대한 영적 체험을 해야 합니다. 왜, 어떻게 선택된 것이라는 것을 알면 그는 부름 받음의 중요성을 보다 더 확실히 느낄 수 있기 때문입니다.

8) 교사서약

교사의 임명 전에 담임 목사 혹은 교육 담당자가 면담을 한 후에 서약을 받으면 좋습니다. 서약시에는 기간을 정하는 것도 봉사기간을 명백히 하는 효과가 있습니다.

서약 내용

1. 나는 교회 및 교육부의 목회방침을 따르겠습니다.
2. 나는 주일 성인예배와 부서예배에 모두 참석하겠습니다. 피치 못할 사정으로 본 교회에서 주일예배가 어려울 경우에는 담당교역자에게 사전에 연락하겠습니다.
3. 나는 예배에 지각하지 않으며, 정기적인 주일 교사모임에 참석하겠습니다.

4. 나는 교사 임명 후 해당부서에서 최소 1년은 봉사하겠습니다.

5. 나는 교사들과 함께 서로 격려하며 협력하는 가운데 기쁨으로 동역하겠습니다.

6. 나는 주님을 알지 못하는 어린 영혼들을 그리스도께 인도하는 일에 최선을 다하겠습니다.

7. 나는 맡은 양떼들을 최선을 다하여 영적으로 돕겠습니다. 중보기도, 목장모임, 심방(전화 및 문자심방, 가정 심방, 학교 등의 야외심방, 홈스테이 등)에 힘쓰겠습니다.

8. 나는 양떼들의 부모와 가정을 존중하고, 그들과 유기적인 관계를 형성하는 일에 노력하겠습니다.

9. 나는 자질향상을 위해 배우는 일에 최선을 다하겠습니다. 교회가 요구하는 교사 교육에 참여하겠습니다.

* 특기 및 후원 교사의 과제 : 해당 교사는 부서 교역자 및 스탭과 긴밀한 커뮤니케이션 가운데, 많은 사역을 성실하게 수행해야 합니다.

저는 00 교회의 교사로서 상기 내용을 준수하겠으며, 최선을 다해 봉사할 것을 약속합니다.

동의자 성명 :   서명 :

년 월 일

교사의 서약서

1. 목적
선생님은 교육자이다. 그의 관심은 그에게 맡겨진 학생들의 구원과 성장을 위함이다.

2. 관계
교사는 목사의 관리 하에 있으며, 책임 하에 있다. 그는 교회의 교역자들과 협력적인 관계를 가져야 한다. 그리고 학생들에게 길잡이, 격려자, 영적 조언자, 모범이 되어야 한다. 교사는 교회학교의 사역에서 개개인을 향한 첫 번째 대표자이다.

3. 개인적인 의무
가. 영적인 삶을 유지하라.
 (1) 교회의 정기적인 예배에 참석하라.
 (2) 매일매일 기도의 시간을 가져라.
나. 자기 발전을 계속하라.
 (1) 매년 교회 수련회에 참석하고, 수업 계획서를 준비하라.
 (2) 체계적인 말씀 읽기와 성경 공부를 통해 교회학교에 대한 준비를 철저히 하라.
 (3) 세미나, 집회, 기도회, 그리고 매주 교사 모임에 참가하라.
 (4) 가르치는 것을 주기적으로 평가하고 효과를 늘리기 위한 방법을 연구하라.

4. 공적인 의무

　가. 교실 안에서

　　(1) 학생들의 수준과 관심에 맞는 수업을 하라.

　　(2) 학생들이 배워야 할 진리에 깊이 관심을 갖게 하라.

　　(3) 각 학생들의 구원과 그들이 그리스도 안에서 성장할 수
　　　　있는 기회를 제공하라.

　　(4) 자료를 정리하고 학생들과 만나기 위해서 성경 공부 시
　　　　작 최소 15분 전에 도착하라.

　　(5) 출석과 개인 자료 기록들을 철저히 관리하라.

　나. 교실 밖에서

　　(1) 정성을 다해 각 수업을 준비하라.

　　(2) 반을 위해서 친교 활동을 계획하라.

　　(3) 가르치는 대상에 대해 완전히 이해하라.

　　(4) 학생들을 위해 빠짐없이 기도하라.

　　(5) 반을 위한 기도제목을 만들어라.

　　(6) 교사 모임이나 교사 기도회에 참석하라.

　다. 학생에 대하여

　　(1) 학생의 이름, 필요, 가족 관계에 대해 기억하고 각 학생
　　　　과 개인적으로 가깝게 지내라.

　　(2) 한 학기에 최소한 한번 이상 가정 방문을 해라.

　　(3) 학교, 가정에서 학생들의 행동을 관찰하라.

　　(4) 학부모들에게 신뢰감을 쌓아가라.

9) 예비 교사훈련

새로 부탁한 교사들에게 안정감을 주기 위하여서는 준비를 위하여 읽을 책들을 제공해 주고 일을 하기 위한 재정적인 뒷받침이 필요하며 친절한 안내가 필수적입니다. 그러므로 교사 선정에 앞서 이런 것들을 미리 계획해야 합니다. 조사연구에 따르면 "계속 가르치고 싶지 않다는 교사들은 청탁을 받았을 때 처음 떠오른 생각이 '아는 게 없다'는 것이었습니다." 또한 교사가 되어달라는 요청에 대한 첫 대답을 보면 "아는 게 없다"는 응답은 젊은 교사 중에서는 38%이며 나이든 교사 중에서는 30%로 나타나고 있습니다. 그러므로 훈련과 충분한 자료를 제공하면 위와 같은 문제는 감소될 수 있을 것입니다.

1980년도에 한국 기독교 교육 연구원에서 조사한 "한국교회 학교 교육 실태 조사서"에서 교사들의 자질을 알기 위해 교사가 되기 전에 어떤 준비 과정을 거쳤는지 알아보았더니 다음과 같은 결과가 나왔습니다.

응답자별	교사 (N=477)	교육 지도자 (N=253)	전체 (N=386)
교육 받은 일이 없다	28.3	21.3	25.1
친구가 하던 일을 어깨 너머로 보았다	12.4	3.6	8.9
교회 내의 교사 양성반을 거쳤다	13.2	13.0	13.7
혼자 책을 읽으며 배웠다	22.6	18.2	20.6
대학 수준의 교직 과정을 했다	4.8	15.8	9.7
외부의 교사 강습회에서 수강했다	16.1	18.2	16.3

교사 통신 강좌를 마쳤다	0.4	2.0	0.9
일반 학교에서 가르친 경험이 있다	1.1	5.1	2.8

이상의 통계를 종합해 볼 때

① 전체 응답자의 25퍼센트 이상이 아무런 준비도 없이 교사가 되었음을 알 수 있으며, ② 친구가 하는 것을 보거나 스스로 배운 것이 30퍼센트 이상이므로 절반 이상의 교사가 특별한 준비 없이 교사의 일을 시작했다는 것이며, ③ 학생을 직접 가르치는 교사의 63.3 퍼센트가 특별한 훈련이나 준비 없이 교사의 일을 시작한 것으로 나타났으며 ④ 이러한 경향은 교회의 크기와 관계없이 같은 결과를 나타내고 있는데 큰 교회에서도 준비 과정 없이 혼자 공부하고 나섰다는 것이 52.2 퍼센트(전체 평균 54.6퍼센트)로 대동소이함을 말해 주고 있습니다.

세계 교회학교가 탄생 된 지 200년이 넘었고 한국에 기독교가 입국한 지 100년이 넘어 교육의 중요성이 더욱 심화 된 이때 일반 학교에서는 교사가 되기 위해서 초등학교는 최소한 4년제 대학을, 고등학교는 대학원을 필해야 교사 자격증을 준다는 것에 비교하면 교회학교 교사의 자격에는 너무 미비하다고 할 수 있을 것입니다.

(1) 신임교사의 예비교육의 목표

모든 교육이 그러하겠지만 특히 교사 예비교육에 있어서는 처음부터 교육의 목표를 분명히 할 필요가 있습니다. 그원은 교사 교육은 교회에서 교육 지도자로 봉사할 일꾼을 발견, 훈련하는 과정인데, 그것은 두 가지 목표를 가진다고 했습니다. 첫째 목표는 "기독교적 유산을 전수하기 위함"입니다. 이 목표는 ① 복음의 공식적 교수를 통해서, ② 삶의 모범을 통해서, 그리고 ③ 기독교적 삶의 합동적 실험을 통해서 이룩됩니다. 두 번째 목표는 "인간들을 그리스도에게로 이끌기 위함"인데, 이 목표는 ① 예수그리스도를 중심으로 하는 친교, 그리고 그와의 관계를 통해서, ② 주께 자신을 전적으로 위탁하는 헌신의 삶을 통해서 성취됩니다.

매년 10월 말쯤 담임 목사와 교육 목사의 면담이 끝난 후 한 주간쯤 기도와 생각할 수 있는 기간을 준 후 기도와 결단의 시간을 거쳐서 교사로 헌신할 것을 다짐하는 사람들에게 교사직에로의 도입하는 단계를 가지도록 합니다. 여기서 교장이나 부장 그리고 현직 교사들은 새로 결단하는 교사 후보에게 환영하는 자세와 새 경험에로 유도해 주는 과정이 필요한 데 이것은 새 교사가 교사직에 대한 신앙적 긍지와 헌신에 대단히 중요한 역할을 하게 됩니다. 여기 도입의 단계에서는 ① 교사가 되기 전에 예비 교육(기초 교육, Pre-service Training)에 참석해야 함을 가르치고, ② 교회학교의 체제와 조직 그리고 운영에 대한 간단한 오리엔테이션을 실시하며, ③ 11, 12월의 두 달 동안 여러 교실에 들어가서 그곳에서 진행되고 있는 교수 진행, 학습 진행, 교수법, 교육 분위기 특별히 잘된 것은 무엇인가? 문제점은? 등을 파악하고 평가해 보도록 합니다. ④ 교사 후보를 정기 교사회에 참여케 해서 교사회에서 이루어지는 교안 작성, 교사 교육 등에 참관케 합니다. ⑤ 예비 지도 기간 중에 새 교사를 환영하고 또 동료로서 사귀는 환영 예배 및

환영회를 가지는 것이 좋습니다. ⑥ 무엇보다도 이 도입 단계에서
는 교사가 신앙적인 결단으로 교사직에 머무르도록 유도하는 것
이 바람직스럽습니다.

교실 참관시 예비 교사의 평가 사항

번호	물음	좋다	그저 그렇다	나쁘다	기타
1	교수 진행은 잘되고 있는가?				
2	학습 진행은 어떤가?				
3	교수법은 바람직한가?				
4	교육 분위기는 어떤가?				
5	특별히 잘못된 것은 무엇인가?				
6	지적해야 될 문제점은?				
7	그 밖의 문제점은?				

(2) 예비교육의 내용

모든 교육이 다 그러하겠지만 특히 신임 교사 예비교육은 분명
한 교육의 목표를 가지고 임해야 합니다. 이 예비교육을 통해 어떤
교사가 되어 학생들을 지도할 것인가 분명한 교사상을 확립하도
록 해야 합니다. 첫째, 예비교육을 통해 기독교 교육의 분명한 목
적을 가르쳐야 합니다. 교사는 무엇을 가르쳐야 하는지 분명하게
제시합니다. 둘째, 참다운 교사상을 갖도록 합니다. 교회 교육은

가르치는 교육이 아니라 보여주는 교육이라고 했습니다. 즉, 교사의 본이 얼마나 중요한지 깨닫도록 합니다. 가장 모범적인 교사는 예수 그리스도임을 알아 예수님의 교육 방법, 그 분의 삶을 배우는 데 최선을 다해야 합니다. 셋째, 자기에게 맞는 교수법을 계발하도록 합니다. 이제는 교사가 일방적으로 가르치는 주입식 교육은 학생들에게 큰 호응을 얻지 못하고 있습니다. 이 예비교육을 통하여 다양한 교수법을 제시해서 자기에게 가장 알맞은 교수법을 몸에 익히도록 해서 학생들 앞에 서도록 해야 합니다. 넷째, 신임 교사들의 재능을 개발시켜줘야 합니다. 신임 교사들이 가지고 있는 여러 가지 재능을 발굴해서 그 재능을 발전시킬 수 있도록 서로 같은 재능을 가진 교사들과 함께 연구모임을 갖고 발표도 할 수 있도록 하는 것이 바람직합니다. 다섯째, 예비교육을 통해 교사들이 교사직에 대한 자긍심을 갖도록 교사들을 격려하는 시간을 갖습니다. 이는 담임목사가 직접 예비교육 시간에 나와서 교사들을 개인적으로 만나서 격려하는 것이 바람직합니다. 여섯째, 철저한 기초교육을 하는 것이 중요합니다. 학생 이해 및 상담, 예배의 중요성과 지도, 학생들 앞에서 대표 기도하는 법, 학생 심방, 학생 생활 지도, 교수법 등을 배울 수 있어야 합니다. 일곱째, 예비교육을 통해서 교사들이 이 사역에 온전히 헌신할 수 있도록 헌신의 시간을 갖도록 합니다. 아무리 좋은 교육을 받았다 할지라도 거기에 대한 결단과 헌신이 없다면 금방 식고 말 것입니다. 결론적으로 가장 훌륭한 교사가 되기 위해서는 훌륭한 교사에게 배워야 합니다. 우리의 가장 훌륭한 교사는 바로 성령입니다. 우리는 그분의 도움 없이 어떠한 가르침도 베풀 수 없습니다. 성령이 내 안에 거하시고 그분이 나를 강건케 하시면 우리는 우리에게 주어진 교사의 직분을 훌륭하게 감당해낼 수 있을 것입니다. 우리는 바울이 디모데에게 권면한 말씀을 기억해야 할 것입니다. "우리 안에 거하시는 성령으로 말미암아 네게 부탁한 아름다운 것을 지키라"(딤후1:14). 우리는 연약해서 이 복음사역의 현장에서 쉽게 좌절하고 쓰러질 수밖에 없습니다. 그러나 우리 안에 거하시며 우리의 연약함을 도우시는 성령의 도움으로 능히 감당해낼 수 있을 것입니다.

예비 교사 교육내용

1강 (4/12)	교회학교. 왜 중요한가?	4강 (4/22,26)	주님. 제가 목자입니다! (교회학교 교사론2)
2강 (4/15)	교회학교는 어떻게 움직이는가?(교회학교의 정책, 조직, 행정)	5강 (4/29)	반목회, 양떼와 함께하라!
3강 (4/19)	주님, 제가 목자입니다! (교회학교 교사론1)	6강 (5/6,10)	반목회, 부모와 함께하라!

훌륭한 교사는 태어나는 것이 아니라 만들어진다는 사실을 기억해야 합니다. 자기 성장과 자기 발전을 위해 끊임없이 연구하고 자기계발을 해야 합니다. 그리고 교회는 이들이 성장할 수 있도록 지속적인 교사 교육을 해야 합니다.

10) 임명

선발과 훈련을 마친 후에는 임명하는 절차만 남아 있습니다. 그러나 본인이 원하고 훈련을 마쳤다고 해서 무조건 임명장을 주면 된다고 생각하는 것은 잘못입니다. 임명식을 하기 전에 신앙적 결단이 필요합니다.

교회학교란 일반 학교와는 달라서 지식만 전달하는 학교가 아니라 신앙을 가르치고 하나님의 말씀을 전해서 온전한 사람으로 변화시키는 곳이므로 교사 자신이 먼저 영적인 헌신의 각오로 출발해야 합니다. 특별히 교사의 임명 전에 결단의 시간을 갖는 것이 필요합니다.

기독교 교육 연구원에서 나온 통계 자료에 의하면 교사가 된 동기가 다음과 같이 나오고 있습니다.

응답자별	교사(N=477)
1. 신앙인의 마땅한 위치로 알아서	49.5
2. 주위의 권유 때문에	18.9
3. 기도하는 중에 소명 의식을 얻었기 때문에	18.2
4. 어떤 부서든 속하고 싶어서	3.6
5. 어린이나 젊은이를 좋아하기 때문에	7.6
6. 좋아하는 사람이 이 일을 하고 있기에	0.6

신앙인이 마땅히 해야 될 자세와 기도하는 중에 교사직을 사명의식으로 깨닫고 맡은 사람이 전체의 67.7퍼센트로 전체의 3분의 2가 넘는 것을 보면 교사의 시작은 분명히 신앙적인 결단에서 맡은 것임을 알 수가 있습니다. 그러므로 주일 아침에 임명식을 가

진 이후에 오후 시간을 마련하여 특별히 기도원이나 훈련원 센터를 이용하여 영적인 결단의 시간을 갖게 해야 하며 혹은 토요일 밤에 영적인 시간을 준비해서 결단하게 하는 방법도 좋은 일이 될 수 있습니다.

교사의 헌신과 서약서의 필요성

하나님은 이스라엘을 애굽에서 불러내셔서 가나안으로 들이시면서 가나안에서의 삶에 대해 신앙적으로 훈련을 시키시고 동시에 그 삶에 대한 세계관까지 조약을 만들어 율법으로 주셨습니다. 이 율법은 하나님의 백성으로 어떻게 살아야 할지에 대한 기준임과 동시에 우리의 행동을 지켜주는 교육적 효과도 지니게 되었습니다. 이것은 하나님이 그의 백성들을 지도하시는 방법으로 여겨집니다. 교사가 하나님의 일꾼으로 부름을 받게 되면 그 일에 있어서 하나님과 계약을 맺는 것으로 볼 수 있습니다. 그러므로 교회학교는 교사의 사역에 관하여 지침을 제공해 주고 관리를 해 주어야 할 책임이 있습니다.

교회학교는 교사가 주어진 기간에 사역을 시작하기 전에 그 규칙과 책임들을 일러주고, 교사는 그 내용들에 대해서 동의한 후에 교사직을 수행해야 합니다. 우리는 그동안 부족한 교사의 자리를 억지로 메우기 위해 무리하게 교사를 세웠기 때문에 이러한 과정을 소홀히 여겨왔습니다. 아마도 이런 과정을 거치면 교사지원자가 줄어들지 모른다는 의식이 교회학교 지도자들 사이에 있을 수도 있습니다. 그러나 시작이 어려워도 이렇게 시작하면 얼마가지 않아서 절도 있게 일하는 교사회가 형성될 수 있으며, 동시에 교육의 수준도 높일 수 있게 됩니다.

교사헌신 서약서는 이러한 상호동의 과정을 거친 뒤, 교사가 하나님 앞에서 자기의 임무를 숙지하고 성실하게 그 직을 수행하겠다는 약속을 하는 서류입니다. 어떻게 보면 지나치게 형식적일지 모르지만 이러한 방법도 상당히 합리적이며 효율적입니다. 삼 십 명의 교사 중에 이 십 명만 이 서약서에 사인을 한다고 해도 그렇게 시작하면 내년에는 삼 십 명 모두 서약한 교사들로 채워질 수 있을 것이며, 교육적으로 엄청난 힘을 가지게 될 것입니다.

교사헌신 서약서의 내용

이러한 교사헌신 서약서를 활용하는 방법에 있어서는 교회지도자마다 조금씩 다릅니다. 어떤 교회에서는 교회학교 교사 헌신예배를 통해서 이 서약서를 공중 앞에 낭독하고 공식적으로 서약하기도 하고 어떤 교회에서는 서류에 사인하게 함으로 그 효력을 발하기도 합니다. 그러나 가능하면 사인한 서류와 함께 헌신예배를 통해 공식적으로 서약을 하면 훨씬 도움이 될 것입니다. 연초에는 누구나 진실하게 열심히 잘하려고 하지만, 시간이 지나면서 그 결심이 흐려지기 십상입니다. 이럴 때 헌신 서약서는 그 교사의 마음을 붙들어 메는 좋은 도구가 될 수 있습니다. 교사는 헌신 서약서를 교사수첩 앞쪽에 붙여 두고 그것에 따라 하나님 앞에서 살고 있는지 수시로 점검해 보아야 합니다. 이러한 자아반성은 하나님 앞에서 교사로서의 모습을 갖추어 가는데 큰 역할을 할 것입니다. 이러한 교사헌신 서약서는 담임목사나 교육목사 또는 교회학교 행정책임자에 의해 작성되어질 수 있으며, 교회에서 교사의 신뢰도를 높이는데 주안점을 두어야 합니다. 이러한 과정을 거쳐서 교사가 되면 교회회중이나 학부모 그리고 학생들 모두가 교사를 존경하게 될 것입니다.

교사헌신 서약서의 실제

교사헌신 서약서는 하나님 앞에서 교사로서 어떻게 살겠다는 각오와 고백을 담고 있으므로 교회마다 그 양식이 조금씩 달라질 수 있습니다. 다음의 견본은 엘머 타운즈(Elmer L. Towns) 박사의 "효과적인 교회학교 성장방안"이란 책에서 인용한 것으로 방향제시에 도움이 될 것으로 보여 소개합니다. 이를 근간으로 개 교회에서 교사헌신 서약서를 작성해 보기를 바랍니다.

교사헌신 서약서 1

교회학교를 통하여 나의 주님께 봉사하는 것이 가장 고귀한 특권임을 인식하면서, 그리고 나의 사역에 있어서 성령의 도우심과 인도하심을 신뢰하면서, 나는 이 언약을 헌신적으로 지킬 것으로 서약합니다.

1. 나의 모든 악한 것은 그 모양이라도 버리고, 옷차림, 대화, 품행 그리고 기도생활을 확립함에 있어서 삶의 순결과 세상

과의 구별됨에 대하여 내가 가르친 바 대로 살기로 노력한다
(살전5:22).

2. 나는 교회출석에 신실하며 모든 학생이 도착하기 전에 일
   찍 나와서 그들을 맞을 수 있도록 훈련한다. 만약 질병이나
   기타 응급한 사항으로 인하여 내가 학생들을 가르칠 수 없게
   될 때에는 가능하면 일찍 부장이나 교역자에게 연락을 한다
   (고전4:2).

3. 나는 정성들여 수업을 준비하며 각각의 수업마다 기도로 준
   비한다(살전5:17).

4. 나는 교회학교와 교회는 분리될 수 없다는 것을 인식하면서
   모든 학생들에게 교회의 공식예배에 참석하게 하고 나 스스
   로 모범을 보일 것이다. 기도의 중요성을 믿으며, 다른 주일
   봉사만큼이나 주간 기도회 모임에 열심히 참석한다.

5. 나는 교회론, 기독론, 신론, 구원론의 교리에 관하여 교회의
   공식지침에 따라 가르친다(행20:27).

6. 나는 전심으로 교회학교의 결석생 관리 프로그램 계획에 협
   조하며 최소한 일년에 한차례 이상 모든 학생들의 집을 방문
   한다(마18:12).

7. 나는 교사회, 교사 훈련 프로그램 등 교회학교 교육 프로그
   램에 열심히 참석한다(딤후2:15).

8. 교사로서 나의 약속은 교회학교를 시작하는 달부터 12개월
   간에 걸친 것으로 이해한다. 그리고 시작 한 달 이후에 교사가
   되더라도 기본적으로 그 해 학기말까지 교사직을 수행하는

것으로 하고 그 다음 해를 위한 재 약속은 이 교사헌신 서약
서의 충실한 이행여부에 따라 결정됨을 이해한다(고전3:9).

9. 나는 교회학교가 교회의 가르치는 기능 중의 하나로서 가장
효율적이고 수준 높은 사역이 되도록 나의 동료교사들과 서
로 협조하면서 교회나 교회학교의 모든 결정에 기쁘게 순종
한다(마28:19,20,요15:16).

교사 임명시 헌신을 다짐하는 약속 2

1. 이 직분(교사직)은 하나님께서 주신 직분인 줄 알고 모든 신
앙 생활에서 모범으로 감당해 나가겠습니다.

2. 매주일 아침에 빠지지 않고 정해진 시간보다 일찍 출석하여
학생을 맞이하고 부득이 결석하게 될 때에는 가능한 조속히
알리겠습니다.

3. 언제나 학생의 영적인 성장에 온 관심과 노력을 기울이겠
습니다.

4. 매주일 공과를 충실히 준비하되 간절한 기도와 함께 준비하
겠습니다.

5. 내가 먼저 예수가 주님이심을 믿으며, 교회는 그의 몸이신 것
을 믿고 가르치겠습니다.

6. 적어도 1년에 1회 이상 학생의 가정을 방문하고 결석자가 생
기면 수시로 찾아보도록 하겠습니다.

7. 나는 기쁨으로 본 교회와 교회학교를 위하여 일할 것이며 다른 교사들과 협력할 것이며 이미 결정된 사항에는 순종하며 따르겠습니다.
8. 이 모든 사항을 지켜나갈 때 타의 모범이 되면서 시행해 나갈 것을 주님과 회중 앞에서 약속합니다.

20 년 월 일

○○ 교회 교회 학교 교사 ○ ○ ○

본인들에게 일일이 서명을 받고 임명시에는 교사 대표가 낭독을 하도록 한다.

교회학교 교사의 서약 3

나 자신의 부족함을 채워주시는 예수 그리스도의 힘을 믿으며, 교회학교 교사 임명을 위한 교회의 요청을 받아들입니다. 나는 신실하게 다음의 조항 모두를 지킬 것을 서약합니다.

1. 나는 내 마음에 확실한 하나님의 은혜와 예수 그리스도를 구주로 고백하는 스스로의 믿음을 통해 새로 태어났고 하나님의 자녀가 되었음을 고백합니다. 나는 그리스도 예수 안에서 새로운 창조물이 되었고 하나님의 능력으로 성령의 인도하심에 순종하겠습니다.

2. 나는 항상 세상의 유혹과 죄악으로부터 떠나 "귀히 쓰는 그 릇이 되어 거룩하고 주인의 쓰심에 합당하며 모든 선한 일에 예비함이 되도록"(딤후 2:21) 모든 종류의 술과 담배로부터 멀리하는 크리스천의 삶을 살도록 노력할 것입니다.

3. 나는 매일 기도하고 성경을 공부하며 전심으로 학생들의 구 원과 영적인 성장을 위해 하나님께 간구할 것입니다.

4. 나는 수업을 정성스럽게 준비하고 수업에 대한 정확한 이해 없이 가르치려 하지 않을 것입니다.

5. 나는 성실히 교사 성경 공부에 참석하고 학생들보다 먼저 와 교실에서 그들을 맞이하겠습니다.

6. 나는 하나님이 허락하시는 만큼 아직 구원받지 못한 사람들 을 그리스도께 이끌고자 기도하겠습니다. 그들에게 주일 예 배, 기도 모임, 성경 공부에 참석하도록 독려할 것입니다. 그 들 앞에 나 자신이 모범이 되도록 서약합니다.

7. 나는 교회의 모든 예배, 교역자와 임원 모임, 그리고 교역자 들의 훈련 코스에 참가할 것을 약속합니다.

8. 나는 하나님 안에서 모든 교회학교 동역자들에게 신앙적 경 의와 친절을 보이겠습니다.

9. 나는 교회학교 성경 공부 중 선교에 대한 사역을 위해 온 힘 을 다하겠습니다.

10. 나는 교회학교에서의 확실한 교리의 중요성을 배우고, 하 나님의 말씀에 대한 나의 믿음을 다음의 교리 신조와 함께 확 신합니다.

교회학교 교사 헌신예배

○ 오르간 전주
○ 예배의 부름:

사회자 : 우리는 우리에게 주어진 특수한 과업에 우리 자신을 헌신하기 위하여 이 자리에 모였습니다.

회중(교사들) : 주여, 우리에게 열린 마음과 생각을 주옵소서.

사회자 : 우리는 커다란 과업을 위하여 부름을 받았습니다.

회중 : 주여, 당신의 도우심을 구합니다.

사회자 : 하나님은 그의 목소리를 청종하는 자에게 말씀하십니다.

회중 : 주여, 말씀하옵소서. 저희가 듣겠나이다!

○ 찬송
○ 고백과 갱신의 기도 : (한 목소리로)

오! 하나님,

우리는 그리스도를 하나의 이념으로만 받아들이고 홀로 승리를 가져다 줄 수 있는 그리스도의 영을 기다림이 없이 세상에서 그 이념만을 가지고 일하려고 하였습니다. 우리는 모든 사람을 형제로 사랑하라는 것을 계명으로는 알고 있으면서도 우리의 마음 깊이에서부터 그러한 사랑을 가능하게 하는 훈련을 쌓으려고 하지 않았습니다.

우리는 그리스도에게 복종하고 그를 따르기를 원하면서도 때때로 그리스도의 뜻과 목적에 완전한 복종과 헌신의 길에서 나를 내세웠음을 고백합니다.

우리의 성실성의 부족과 저희를 위한 당신의 뜻을 알려고 함에 게을렀음을 용서하소서.

당신이 누구인지 보게 하시고 당신께서 우리에게 요구하시는 바가 무엇인지 알게 도우소서. 날마다 당신의 뜻에 헌신하기 위하여 자신을 훈련시킬 용기와 힘을 주소서. 그리하여 나를 부인함으로써 당신을 발견하게 하소서. 당신을 만남으로 우리의 형제들에게 사랑을 베푸는 것을 배우게 드우소서.

예수 그리스도의 이름으로 기도합니다. 아멘.

○ 성경봉독 : 빌 1:9~11

○ 간증 : (각기 3~5분 동안 교회학교 교사 중 3인)

1. 내가 아동들을 가르친다는 의미는 무엇인가?

2. 청소년을 가르친다는 의미는 무엇인가?

3. 장년부 교사라는 의미는 무엇인가?

○ 특별음악

○ 연도문 : 우리의 사명

인도자 : 우리는 예수 그리스도를 통하여 계시된 하나님의 사랑을 어린이들에게, 청소년들에게 그리고 성인들에게 증거 하기 위하여 부르심을 받았습니다.

회중 : 우리는 섬김을 위한 하나님의 부르심에 응답합니다.

인도자 : 우리는 우리가 아는 것밖에는 증거 하지 못하나 우리가 끊임없이 그리고 믿는 마음으로 하나님을 찾을 때 하나님에 관한 지식은 점점 성장함을 믿습니다.

회중 : 우리는 지식과 진리 안에서 점점 자라기를 원합니다.

인도자 : 하나님을 안다는 것은 그를 사랑하고 그에게 순종하는 것입니다.

회중 : 주여 우리는 당신의 사랑과 순종으로의 부르심에 "예" 하고 대답합니다.

인도자 : 특별한 사명은 우리의 재능과 충성을 기대합니다.

다함께 : 나는 하나님께서 부르신 그 사명을 위하여 나 자신을 바치겠습니다.

(이 시간에는 각 사람에게 미리 준비해 나누어 준 카드에 하나님의 부르심에 순종하겠다는 서약을 하게 한다).

인도자: 우리는 이제 자기의 신앙을 기쁨으로 증거했으며 다른 사람을 신앙으로 인도하는 사명에 순종한 믿음의 선배들의 끝없는 대열에 동참합니다. 우리는 우리를 둘러싼 구름 같은 증인들을 봅니다. 우리를 부르시고 우리와 함께 하시겠다고 약속하신 주 예수 그리스도를 바라보며 우리 앞에 놓여진 길을 달려가게 하소서. 우리는 성소를 떠날 준비가 되었습니다. 어디를 가며 무엇을 하오리까?

회중 : 우리는 세상에서 하나님의 백성이 되어 사랑과 순종으로 하나님을 섬기겠나이다.

인도자 : 평화와 기쁨이 영원히 당신과 함께 하소서. 아멘.

회중 : 아멘.

○ 후주(後): (기쁨과 승리의 음악으로 한다.)

위의 내용은 감리교신학대학교 한국선교/교육연구원에서 구성한 내용입니다.

임명장

성명 : 0　0　0

생년월일 : 19 ． ． ．

위의 사람을 하나님의 뜻에 따라 주님의 몸된 ○○ 교회를 위하여 교회 학교 교사직에 임명합니다.

20 ． ． ．

○○ 교회 담임 목사　0 0 0

교회 학교장

11) 교사 임명 기간

우리는 교사 임명 기간에 대해 다른 전문 교육기관으로부터 암시를 얻을 수 있습니다. 유치원에서부터 최고 학부인 대학원에 이르기까지 거의 모든 교사 임명은 일년 단위로 이루어집니다. 사실 대부분의 학교들이 '종신 재직권'이라 불리워지는 영구 임명제를 채택하고 있습니다. 그러나 그것은 훈련과 경험을 쌓아온 진정한 의미의 전문가들에게만 적용됩니다. 이 전통적인 종신 재직 제도 조차도 지금은 점점 많은 캠퍼스에서 진부하고 부적당한 것으로써 도전받고 있습니다. 이런 증거에 비추어 볼 때, 어떻게 한 교사에게 반을 무한정 맡아 달라고 요청할 수 있겠는가? 그것은 잘못된 생각입니다. 우리는 교사직에 임명받은 것을 확신하고 있는가? 학생들이 교사를 좋아하고 그 교사가 그 나이 또래의 아이들을 잘 참아 내리라는 것을 확신할 수 있는가? 만일 교사에게 30년이라는 기간이 요구되는 반을 맡아 달라고 한다면 그 교사는 어떤 두려운 책임감을 느끼게 되겠는가? 교사 임명은 매년 다시 이루어져야 합니다. 물론 해마다 교사진을 완전히 교체하라는 뜻은 아닙니다. 교사들이 자기 사명을 잘 감당했을 때, 그들은 다음 해에 다시 임명되고, 그 다음 해에도 임명되어 그 기간은 몇 년 더 연장됩니다. 그러나 그것이 자동적으로 이루어지는 것은 아닙니다.

교사 모집 절차가 끝난 다음

교회는 마땅히 교사의 수고에 대해 공식적이고도 구체적인 표현으로 감사를 해야 합니다. 교회는 그들 신임 교사들을 공중 앞에 인지시키고 격려하여 교사로서 일하도록 동기를 부여해 주는 일이 중요합니다. 대부분의 교인들이 교회 교사들의 수고를 직접 보지 못하기 때문에 그들에 대한 감사를 잊어버리는 경우가 많습니다. 그렇기 때문에 교사의 수고에 대해 감사의 표시를 하는 것은 심적인 후원을 받고 있다는 흐뭇함을 그들이 가지도록 하는 좋은 길입니다. 강겔은 교사 모집 후 교사 인지(recognition)의 과정에서 교사들에 대한 칭송의 표시(demonstration of appreciation)가 효과적이라 합니다. 그 잇점은 ① 교사들이 자신들의 봉사가 온 교회 교우들에게 주목되고 있음을 느낄 수 있으며, ② 초임교사들이 교회의 교육적 사명에 대한 중요성을 감지할 수 있으며, ③ 이로써 또한 모든 회중이 교육목회의 중요성을 인지할 수 있다는 점입니다. 그 구체적인 방법들은 다음과 같습니다.

- 연차적으로 칭송/환영 축하회 개최 연초에 드리는 교사 헌신예배
- 목회자/교육 목사의 격려 편지
- 교회 출판물에 칭송 격려 말씀 게재
- 금년의 교사, 이 달의 교사 선정, 표창
- 게시판을 활용해서 격려
- 외부 교사대회에 파송 참석케 함
- 연차적 교사 칭송 모임, 격려 야유회 크리스마스를 기해 선물 증정
- 정기적으로 계속적으로 진심어린 감사 표시

블레이저도 신임교사에 대한 동기 진작의 방법을 다양하게 제시하고 있습니다. 교회는 신임교사에 대한 정성어린 오리엔테이션을 통해서 그들의 요구와 필요를 확인함으로써 그들의 개인적 결

단의 성장을 도움으로써 그들을 교수 계획과정 속에 적극 참여시
킴으로써 그들의 교수 계획을 칭찬해 줌으로써 동료교사나 선배
교사의 지원을 통해서/개인적 흥미와 관심의 표현을 북돋음으로
써 그들에 대한 분명한 기대를 표현함으로써/착실한 평가 작업을
통해서 그들을 격려할 수 있는 것입니다.

교사를 거절하는 사람의 처리

물론, 교회학교에서 어떠한 일을 맡아 달라고 요청받은 사람들
이 정중하게 그 제안을 거절하는 경우가 있을 것입니다. "도와 드
리고 싶은데 나는 시간이 별로 없다." "하고 싶지만 경험이 너무 없
다." "나는 재능이 별로 없다." "나는 성경을 잘 모른다." "나는 나
이가 너무 많다. 혹은 적다." "아이들만 보면 울렁거린다." "하고
싶은데 곧 시집갈 것 같다." 등등...

결과적으로, 여러분의 노력에도 불구하고 예상한 것보다 훨씬
적은 성도들이 교사로 지원할 수 있습니다. 그렇다고 해서 성도들
을 영적으로 미성숙한 자들로 여기거나 그들의 믿음의 수준을 판
단하려고 해서는 안 됩니다. 성도들이 교사직을 받아들이지 않더
라도, 우리는 그 결과를 받아들여야 합니다. 그리고 조금 더 인내
하며 기다려야 합니다.

이러한 상황에 대처할 수 있는 적절한 대답이 있습니다. 특히 그
사람이 교회에서 아무 일도 맡고 있지 않은 비활동적인 사람일 경
우에 더욱 적합합니다. "그래요, 우리는 그 분의 뜻이라고 주님께

서 확신시켜 주시지 않은 일에 당신이 참여하는 것을 원치 않습니다. 그러나 나는 당신도 모든 그리스도인들이 어떤 형태로든 지역 교회에서 봉사해야 한다고 믿고 있으리라 생각합니다. 그러니 당신이 우리 모임 가운데서 주님을 위해 일하고 싶으시다면 언제든지 얘기해 주시기 바랍니다. 나는 당신에게 그 문제를 다시 생각해 보시도록 몇 주간 더 여유를 드리겠습니다. 그건 그렇고 여기 하나님께서 우리 교회에서 다른 사람들과 더불어 당신을 어떻게 사용하실 수 있는가를 확인 하는데 도움이 되는 영적 은사에 대해 다룬 책이 있습니다."

계속적인 관심

교사 모집의 일은 계속적인 임무입니다. 교회가 존재해 있는 한, 교사를 찾는 일도 필요합니다. 그것은 기도와 조직적인 계획의 교사 모집을 통해서 교회 전체가 하나님의 사랑과 능력을 알 수 있게 되기 때문입니다.

교사를 모집하는데 있어서 가장 큰 도전은 하나님을 기다리는 일입니다. 때로는 하나님은 우리가 원하는 대로 그렇게 신속하게 응답하지 않으십니다. 다윗은 하나님의 성전을 짓기를 원했지만, 솔로몬이 나타나기까지는 이룰 수 없었습니다. 하나님은 우리가 교사후보로 생각했던 그 사람을 부르실 것입니다. 그러나 그 시간은 항상 우리 생각대로 옳은 것은 아닙니다. 더 오랜 시간이 필요할지도 모르는 일입니다. 교사 모집의 결과에 대해서 하나님을 인정하고 의지하십시오. 그리하면 하나님은 여러분의 교회학교가 나아갈 길을 지도하실 것입니다(잠3:5~6).

신입 교사입니까?

교사가 된지 얼마 안 되는 사람도 항상 신중한 준비를 하는 것을 습관화 하면 훌륭한 교사가 될 길을 출발했다고 할 수 있습니다. 많은 교회학교 교사들이 준비할 시간을 갖고 있지 않습니다. 누구나 준비가 충분하지 못하면 살아있는 수업을 진행 할 수 없습니다. 유명한 대학의 교수도 한 시간의 수업을 위하여 여러 시간을 준비한다고 합니다. 교회는 신입 교사들이 성장하도록 체계적인 훈련을 기획할 필요가 있습니다.

1) 신입 교사 훈련의 필요성

신입 교사는 한 번도 교사를 해 본 일이 없는 교사입니다. 곁눈으로 교사의 일을 보았겠지만 직접 가르치고 영혼을 관리해 본 일이 없는 사람입니다. 신입 교사를 훈련 없이 그대로 반을 맡기는 것은 총을 쏘는 연습 없이 전쟁터에 보내는 것보다도 더 위험천만한 일입니다. 신입 교사의 훈련(필수적인 과목은 전도법, 구원 상담법, 성경 교수법, 반 관리법 등)을 통하여 다음과 같은 것들을 숙지 할 수 있습니다.

첫째, 자기의 임무를 신속하게 파악하게 됩니다. 이미 언급한 교사의 목표와 직무가 무엇인지 정확하게 파악하는 계기가 될 수 있습니다.

둘째, 학생들을 올바로 알고 관리하게 됩니다. 아이에게 먹고 자고 입는 문제를 해결한다고 부모가 되는 것은 아닙니다. 부모는 마땅히 돌볼 책임이 있습니다. 교사는 단순히 성경만을 가르치는 사람은 아닙니다. 교사는 관리자이며 인도자입니다. 목자입니다. 양 무리를 관리하기 위하여 양을 잘 알아야 합니다. 그러할 때 그의 양들을 잘 관리 할 수 있습니다.

셋째, 기존 교사들과 신속하게 동화가 가능합니다. 처음 교사로 임명 받은 교사는 거리감을 갖게 되고 쉽게 기존 교사와 동화하기 어렵습니다. 그 결과 힘을 잃고 좌절하는 자리에 이를 수 있습니다. 신입 교사의 훈련은 이런 단점을 보완 할 수 있는 좋은 기회입니다.

2) 신입 교사의 할 일과 하지 말아야 할 일

처음 교사를 맡은 자들이 해야 할 일과 하지 말아야 할 리스트를 살펴보려 합니다.

• 신입 교사가 할 일 (0)
• 신입 교사가 하지 말 일 (×)

① 교사 일을 시작 하기 전
(0) 교재 전체를 보고, 가르치려는 단원을 잘 알 것.
(×) 첫 공과를 전체 코스를 모르는 채 가르치는 일.

(0) 학생들의 이름, 주소, 전화번호, 가족사항 등 그 외에 가능한 정보를 알도록 할 것.

(×) 학생의 인적 사항을 차차 알면 된다는 생각.

(0) 가르침을 시작 하기 일주일 전에는 꼭 방문을 할 것.

(×) 학생을 방문하지 않은 채 반에 들어가는 일.

② 첫 주일

(0) 반 학생에게 자신을 소개. 자기 이름을 알도록 써 줄 것. 자신에 대하여 소개하고 학생의 이름을 각각 불러본다.

(×) 그저 선생으로만 알리고 한 개인으로는 알리지 않는 일. 그저 손가락으로만 학생들을 지시하는 일.

(0) 잘 준비된 공과 교안을 갖고 시작. 학생이 활동하면서 배울 수 있도록 한다. 친구의 역할을 수행하며 수업을 감당한다.

(×) 첫 공과는 그리 중요하지 않다고 생각한다. 학생은 교사에 대하여 반항하는 자라고 생각한다.

③ 장기 계획을 세울 것

(0) 적어도 3~4주 정도 가르칠 것을 준비한다. 그래야 그림 또는 시청각 자료를 규모 있게 준비할 수 있다.

(×) 준비도 급하게 그 주간마다 하고 미리 자료를 소화하지 못한 채 가르친다.

④ 교사용, 학생용 그리고 다른 재료들

(0) 주초 또는 한 주일 전에 읽어 두되 자세히 읽고 준비한다. 가장 중요한 것은 학생에게 맞는 강조점을 골라 계획을 세우는 것이다.

(×) 공과 재료 전부를 다 가르치려고 한다. 별 준비 없이 모두 다 가르쳐 버리려고 한다. 계획한 것은 융통성이 없이 꼭 해야 한다고 생각한다.

⑤ 주일 아침 일찍 도착

(0) 반의 분위기를 살피고 활동 자료를 준비하며 일찍 도착한 학생을 반겨준다.

(×) 시간이 다 되어서 숨 가쁘게 도착하거나 몇 분 늦게 들어선다.

⑥ 예배실과 분반을 할 장소를 깨끗이 준비한다(0).

⑦ 학생들이 앉는 자리

(0) 가르치려는 학습 방법에 따라 적절하게 배치한다.

(×) 학생들이 앉는 대로 그냥 둔다.

⑧ 학생과 함께 활동한다.

(0) 그들을 위해 해주는 것이 아니라 계획, 활동에 있어 함께 참여하게 한다.

(×) 교사 자신이 처음부터 마지막까지 혼자하고 학생은 앉아

서 듣기만 한다.

⑨ 교사의 태도

(O) 질서 있게 하도록 단단히 타이르되 친절한 태도와 음성으로 한다.

(×) 큰 소리 또는 책망이나 놀리는 식으로 인도하며 학생들의 하고 싶은 대로 하는 것을 학생들이 좋아할 것으로 생각한다.

⑩ 학생들의 성실성 기대

(O) 숙제는 꼭 해올 것을 기대한다.

(×) 학생들이 못해 올 것으로 생각한다. 숙제를 시키고도 체크하지 않는다.

⑪ 출석은 규칙적으로

(O) 빠지는 일이 없도록 하되 만약 결석할 때는 미리 대신 부탁을 한다. 때때로 내가 하는 일을 학생들에게 인지시킨다.

(×) 때때로 결석한다. 주일 아침 당일에 갈 수 없다고 통보한다. 혹은 아무 말 없이 결석한다.

⑫ 가정과의 협조를 요청

(O) 학생의 식구들도 흥미를 갖고 있다고 가정하고 가능한 한 속히 가정을 방문한다.

(×) 학부모들이 흥미를 얻을만하게 아무 것도 해놓지 않은채 학부모의 비협조에 대하여 불평만 한다.

⑬ 다른 교사들과의 관계

(O) 교회학교 사무직원들과 협동하고 때때로 도움을 청한다.

(×) 자기의 일은 아무 다른 사람과 연관이 없는 것처럼 생각하고 행동한다.

⑭ 자신의 발전

(O) 자신의 발전을 위해 좋은 교육과 훈련의 기회를 갖는다. 독서, 교사회, 강습회, 세미나 등

(×) 자신을 만족할만한 선생으로 생각하고 더 발전할 필요가 없다고 생각하며 일체의 훈련 모임 등에 불참한다.

초보자의 특징적인 실수

1. 시작 토론이나 광고를 할 때 주의를 끌지 못한다.
2. 학생들을 위해서 너무 많은 일이나 생각을 한다. 예를 들어 너무 많이 이야기한다거나 스스로 질문에 대답한다거나 모든 시범을 다 하는 것 등.
3. 습관적으로 학급 토론을 이끌도록 특정한 몇 명을 지적한다.
4. 전체적인 조절을 유지하지 않은 채 개인으로 일하려고 시도한다. 전체 모임을 인식하는 데 실패한다.
5. 칠판, 보조 자료 또는 다른 자료를 이용하는 데 실패한다.
6. 판에 박힌 문구를 너무 많이 사용한다.
7. 조명과 통풍에 신경을 쓰지 않는다.

8. 수업 토론을 할 때 창문 앞에 선다.

9. 창의적인 생각이나 상상력을 사용하지 않은 채 관리자로부터의 조언만 따른다.

10. "우리" 대신에 "나"를 사용한다.

11. 말할 때 교실 앞을 불안하게 걸어 다닌다.

12. 힘이 빠진 목소리로 말한다(낮고 일정한 톤으로).

13. 매일 수업 계획을 제출하려고 한다.

14. 존경을 얻기도 전에 "조직적인 사람"이 되려고 한다.

15. 게시판이나 방의 구조에 책임이 없다고 생각한다.

16. 책의 일정한 분량을 수업으로 정해 놓고 시험의 위협을 동기로 제시한다.

17. 고지식한 학생의 습관을 사용한다. 예를 들어 너무 캐주얼한 옷, 부적절한 유머 익살, 속어의 지나친 사용 등.

18 똑바르지 않은 발음이나 틀린 문법을 계속적으로 사용한다.

19. 가르치는 데 확신을 보이지 않거나 가르치는 것에 열정을 보이는 데 실패한다.

20. 변명하거나 모든 학생의 교육 책임을 만족시킬 수 없는 계획을 입안하려고 한다.

21. 질문, 자료를 다루는 것이나 숙제를 내주는 등의 세부 사항까지 철저히 계획하지 않는다.

22. "수업 내용"을 알지 못해서 학생들이 교사보다 뛰어나다.

23. 숙제를 명확하게 하지 않는다. 학생들이 모두 이해했는지 검사하지 않는다.

24. 교사가 간단한 문제들에 너무 많은 시간을 사용해서 지정
    된 시간을 넘긴다.
25. 비판했을 때 박해당하는 것으로 생각하거나 한 명의 찬성
    이 마치 자신의 가르침이 최고 수준이라는 것을 증명하는 것
    으로 여긴다.

참고문헌

• 감리교신학대학 한국선교교육연구원, 교회 교육 핸드북, 감
  리교 신학대학, 1977.
• 그릭스 도날드, 교사 훈련을 위한 지침서, 김광률 역, 대한예
  수교장로회 총회출판국, 1989.
• 김문철, 교회 교육 교사론, 종로서적, 1991.
• 김인환, 기다려지는 주일학교 만들기, 기독신문사, 2010.
• 김청봉, 성장하는 교회학교는 무엇이 다른가, 드림북, 2016.
• 박홍철, 변화하는 교사, 새로워지는 주일학교, 도서출판 영
  문, 1998.
• 브루스 윌킨슨 엮음, 마음을 여는 가르침 상,하, 정현 역, 디
  모데, 1994.
• 엄문용, 교회의 현장교육, 대한기독교출판사, 1985.
• 여의도순복음교회편, 교사대학 교재, 서울서적, 1984.
• 오인탁/정웅섭 공저, 교회 교사 교육의 현실과 방향, 대한기
  독교출판사, 1987.

• 이선희, 교회학교 교사 교육, 나침반, 1994

• 임계빈, 성장하는 주일학교는 이런 교사를 원한다. 엘맨, 1998.

• 케네스 O, 강겔, 주일학교 지도자 핸드북, 양한주 역, 파이디 온선교회, 1991.

• 클레이턴 셤퍼트 B, 성공하는 교회학교, 배한솔 역, 쿰란출판사, 2006.

• 피어스, M. M. 교회학교 운영 지침서, 김재은 역, 종로서적, 1991.

• 한치호, 교회학교 교사 핸드북, 기독교문서선교회, 1991.

• 핸드릭스 하워드 G, 교사입니까, 김의원/조남수 공역, 아가페, 2014.

• 후레갈 밥, 교회학교 핸드북, 강수도 역, 요단출판사, 1983.

2장

교사 교육 (훈련)

3) 교사 전문교육

교사 교육의 필요성

과거에는 차 정비업소에 가면 '닦고 조이고 기름치자'는 구호가 붙어 있고는 했습니다. 끊임없이 닦아주고, 느슨해진 부품들을 조여 주고, 기름을 쳐야만 녹슬고 망가지고 고장 나는 것을 방지할 수 있습니다. 자동차를 정비해야 하는 것처럼 교사도 마찬가지입니다. 물론 한 인격체인 교사를 교통수단으로서의 자동차와 단순히 비교할 수는 없습니다. 그러나 낡지 않도록 늘 새롭게 해줌으로써 그 가치를 보존한다는 점에서는 동일합니다.

교사는 가르치는 자이기 전에 배우는 자임을 명심해야 합니다. 교사가 배우기를 멈추면 가르치는 것도 멈추어야 합니다. 교사는 끊임없이 배우기를 갈망해야 하며 교회는 이러한 교사들의 욕구를 충족시켜줄 수 있어야 합니다. 현 교회학교의 문제 중 대표적인 것이 교사 교육의 부재입니다. 어렵게 교사를 모집해놓고 교사 교육을 시키지 못한다면 교사들은 쉽게 지치고 맙니다.

만약 교회학교가 이런 일을 게을리 한다면, 자질을 갖춘 교사를 준비하지 못한 채 팀은 점점 부실해질 것입니다. 여러 가지 이유가 있겠지만, 적지 않은 교회학교가 계절 성경학교를 앞두고 교사강습회 하는 정도로 만족해 합니다. 이것은 마치 정비소는 아예 가지도 않고 주유소에서 당장 필요한 기름 넣고 세차만 하는 것과 같습니다. 그렇게 차를 끌고 다녔다가는 머지않아 중고시장에 내어놓거나 폐차해야 할 운명에 처하게 될 것입니다. 이런 점에서 교사들을 교육하는 일은 교회학교의 성패와 직결되어 있다고 할 수 있습니다. 다음 세대를 키우는 헌신된 교사, 준비된 교사들은 태어나는 것이 아니라 만들어 집니다. 훈련을 통해 계발된 교사들의 자질과 능력이 서로 어우러져서 승리하는 드림팀을 이루게 되고, 그 결과 교회학교는 건강하게 성장할 수 있습니다.

「교사 훈련을 위한 지침서」를 쓴 도날드 그릭스는 한때 만약 올바른 교육과정만 발견할 수 있다면 가르치는데 있어서 우리의 대부분의 문제들은 해결될 것이라고 생각한 적이 있었습니다. 그러나 내가 교사들을 위한 안내서나 학생들의 교과서 형식으로 된 교육과정을 보기도 하고 연구를 하면 할수록 절대로 옳은 교육과정을 발견할 수 없다는 것을 점점 더 깨닫게 되었습니다.

서점에는 대단히 좋은 교육과정들이 많이 있습니다. 그러나 가장 좋은 교육과정에도 여기저기에서 부족한 단원이나 과목들을 볼 수 있는 것입니다. 어떤 한 사람의 평가에 의하면 유치부부터 성인에 이르기까지 일관성 있는 훌륭한 교육과정이 없다는 것입니다. 우리들 중 두 사람이 같은 교육과정을 평가한다면 우리는 아마도 서로 다른 장점과 약점을 지적해 낼 것입니다. 그것은 개인차의 본성이며 교육과정의 본성이기도 합니다.

비록 내가 완전무결한 교육과정을 찾아내는 것을 기대하지 않는다 하더라도 나는 그 교육과정이 교사의 75%에게는 대단히 중요한 것이라고 확신합니다. 대부분의 교사들은 처음부터 스스로 교육과정을 쓰려고 하거나 쓸 능력도 없습니다. 그러므로 우리는 우리 교회의 기독교 교육 목표와, 교사와 학생들의 기대를 반영시키는 교육과정을 선택해야 하는 것입니다. 그러나 우리가 교육과정을 선택하고 나서도 우리는 단지 우리의 일을 시작한 것뿐입니다.

모든 교회의 가장 중요한 과제는 가르칠 동기를 가진 교사들을 모집하는 일입니다. 교사를 모집한 후에는 그들이 솜씨 있고, 창의력 있고, 유능한 교사들이 될 수 있도록 후원과 훈련을 해줌으로서 가르칠 수 있는 준비를 갖추어 줘야 합니다.

"커리큘럼의 90%는 교사의 손에 달려 있다"라는 말이 있습니다. 비록 교육과정이 채택되었다 하더라도, 교사들이 교육과정에 대해 결정 하는 즉 마치 그들이 교육 과정 편집자인 것처럼 생각하고 평가할 수 있도록 교사들을 훈련시키는 것이 가장 중요합니다. 이것을 할 수 있는 교사들은 교회가 무슨 교육과정을 선택하더라도 그것에 생기와 열정을 불어 넣을 수 있을 것입니다.

오인탁과 정웅섭의 연구에서 689명의 교사에게 교사가 되기 이전에 어떤 교육을 받았는가에 대해 질문하였습니다. 그 결과 두 가지의 반응이 나타났습니다. 첫째, 교회의 역사가 긴 교회일수록 교사의 계속교육(하기 교사강습회나 연합적 강습회)은 이루어지고 있으나 예비교육은 교회 역사에 관계없이 대다수가 예비교육 없이 교사가 되었다고 응답 하였습니다 (응답자의 37.1%). 둘째, 출석 교인수가 3,000명 이상인 큰 교회일수록 자체 내의 충실한 예비교육을 실시하고 있다는 점입니다.

교단 차원에서 교사 교육을 하고 있는 교단은 예장(통합)으로서, 1983년에 교사양성제도를 위한 실험연구를 거쳐 1985년 총회본

부에서 교사 사범대학을 시작하였습니다. 기성 교단도 1988년부터 총회 차원에서 교사대학을 운영하고 있습니다. 기감은 교단 헌법에서 "교사는 교사 교육원에서 수업하여 교사자격증을 2년 이내에 얻어야 한다."와 "교사 교육원에 수업을 못하는 교사도 2년 내 교사 통신과정을 필하고 교사자격증을 얻어야 한다."(제15장 장정부칙, 5조 다 라 함)는 규정이 있어 엄격한 선발기준을 갖고 있습니다. 예비교육을 실시하고 있는 교회들의 교사 교육방식은 특강과 강의 형식이 가장 많고 공과공부 현장에 참여하고 관찰하게 하는 실습 위주의 교육방식도 상당수가 되었습니다. 이와 같은 예비교육에 대한 교사의 만족도는 학력이 높고 큰 교회 교사일수록 만족도가 높게 나타났습니다.

다음은 교사들의 계속교육에 관한 조사결과입니다. 교사나 지도자의 교육에는 끝이 없습니다. 교육은 세계적인 추세가 연장 교육을 강조하고 있습니다. 어쨌든 교사가 교육을 통하여 계속적인 성장을 거듭할 때 그것은 바로 교회 성장의 밑거름이 됩니다. 그렇기 때문에 교회가 가장 바람직한 상태에 머물렀다고 인정된 그 상태에서도 계속 교육은 꼭 있어야 하는 것입니다. 교회 내의 훌륭한 교사일수록 더욱 연구하고 발전하려는 의욕이 있음을 볼 수 있습니다.

한국 기독교 교육 연구원에서는 교사의 자질을 알아보기 위해서 "교사가 된 후 어떤 교육 과정에 참여했는가?"를 물었더니 다음과 같은 결과가 나왔습니다.

응답자별	교사 (N=477)	교육 지도자 (N=253)	전체 (N=786)
교재나 자료를 통해서 혼자 공부한다.	63.5	62.5	63.0
정기적으로 교사 준비 공부에 참여하고 있다.	9.2	7.1	8.7
노회, 지방회 같은 연합적 교사 대학에서 배우고 있다.	17.6	22.1	18.8
때때로 동료 교사와 같이 준비한다.	5.0	3.2	4.2
교사 통신 강좌에 참여한다.	6.2		0.1
별로 하는 일이 없다.	4.2	2.0	3.3

① 전체 응답자의 63 퍼센트가 교재나 자료를 가지고 혼자 공부하고 있으며, ② 정기적으로 교사 준비 교육에 참여한 자는 8.7 퍼센트뿐이고, ③ 교사의 계속 교육면에서 가장 높은 비율은 노회나 지방회 같은 연합적 교사 대학에 참석하는 것으로 나타났으며 (18.8 퍼센트), ④ 이를 교사와 지도자로 나누어 볼 때 교재나 자료를 통해서 동료 교사와 함께 또는 정기적인 교사 준비 공부에 참석하는 경우는 교사들이 지도자들보다 약간 높은 비율이며, ⑤ 강습회 참가는 교육 지도자 쪽이 더 높은 비율로 나타났습니다.

이처럼 교사가 된 이후에도 계속 받는 훈련을 계속 교육이라고 하며 개체 교회 안에서 실시하는 교육을 개 교회에서의 계속 교육, 노회나 지방회 별로 연합해서 실시하는 교육을 연합적 계속 교육이라고 하며, 이 단계를 넘어서 전문적으로 자기 훈련하는 것을 자기 훈련 또는 전문 교육이라고 부릅니다. 반복된 훈련인 전문 교육에는 지적인 자기 성숙, 영적인 자기 성숙의 단계를 거쳐서 능숙한 교사가 되는 것입니다.

오인탁, 정웅섭의 공동연구에서는 교사들이 받은 교육의 형태에 관해 질문하였습니다. 그 결과 교회가 작을수록(교인수 100~400명 이하) 교회 자체적으로 주관하는 교사 수련회와 교사 강습회와 같은 계속교육의 형태를 보이고 있고(응답자의 60%), 1,000명 이상의 대형 교회에서는 교단의 교사대학 또는 제도화된 공식적 교사 계속교육에 참석시키고 있는 것으로 나타났습니다(25%). 교사의 계속교육 이수시간을 보면, 영아부에서 중등부 이하까지는 4~8시간 이내가 가장 많았고, 대형 교회의 경우는 20시간 이상의 교사 교육도 실시하는 것으로 나타났습니다. 교사들이 바라는 가장 바람직한 계속 교육의 형태는 제도적이고 정기적인 교육이고, 그 다음으로는 정기적 교육(교사대학)과 비정기적 교육(교사수련회, 세미나 같은)의 병행 형식입니다(응답자의 82%). 교사들이 계속교육을 통해 배우고자 하는 지식은 성경과 신학 지식, 교수·학습 방법, 공과 지도법, 인간 이해의 순으로 나타났습니다.

교사 교육의 필요성

많은 사람들이 교회학교의 문제와 위기에 대해서 말하고 있습니다. 그러나 헌신적인 교사, 자질 있는 교사가 있다면 그 위기는 얼마든지 극복할 수 있습니다. 프라이스 권(Price Gwynn) 박사는 그의 저서 「개체 교회에서의 지도력 교육」(Leaderships Education in the Local Church)에서 말하기를 "교사는 모든 교육과정

의 열쇠"라고 합니다. 아무리 시설이 좋고 훌륭한 교재가 있다고
해도 교사가 그것들을 사용할 줄 모른다면 효력을 발생할 수가 없
는 것입니다. 반면에 경험이 풍부한 교사는 대수롭지 않은 재료와
제한된 시설을 가지고도 그의 학생들로 하여금 새로운 삶의 영역
들을 경험하게 도울 수 있습니다. 그러므로 우리는 권 박사가 "교
사는 열쇠"라는 말에 동의할 수 있는 것입니다. 그러나 유능한 교
사가 되는 길은 그의 삶의 차원, 연구하고 배우려는 태도 그리고
그의 책임에 대하여 헌신하고자 하는 마음에 달려 있는 것입니다.

　사람들은 날 때부터 교사로 태어나는 것은 아닙니다. 훌륭한 교
사는 태어난 것이 아니라 만들어진다는 사실을 기억해야 합니다.
몇몇 사람들은 다른 사람들보다 천부적인 소질을 가질 수도 있지
만 그러나 교사가 되고자 하는 동기를 가진 모든 사람에게 가르치
도록 훈련을 시킬 수 있고 좀 더 유능하고 자신 있는 교사로 준비
할 수가 있습니다. 교사는 자기 성장과 자기 발전을 위해 끊임없이
연구하고 자기계발을 해야 합니다. 그리고 교회는 이들이 성장할
수 있도록 지속적인 교사 교육을 해야 합니다. 교회의 어떤 교사진
이나 교육 프로그램의 성공 여부는 직접적으로 교사들에게 제공
된 훈련과 후원의 양과 질에 의하여 추정 되어 지는 것입니다. 적
극적으로 교사를 찾아내고 그들을 훈련시킨다는 것은 막중한 과업
이지만 노력한 만큼 효과를 거둘 수 있는 일이기도 합니다. 교회는
교사들이 성장하고 개인적으로 연구하고 배우기를 기대할 권리가
있으나 그만큼 지도자들은 교육의 책임을 수락한 자들에게 배우
고 성장한 경험들을 만들어 주도록 힘써야 합니다. 하버드 대학교

의 조오지 팔머(George Palmer) 박사는 "비록 적은 것이라도 잘 가르치려면 그것에 대하여 많은 지식을 가져야만 한다. 지식이 감퇴함이 없이 시종일관 가르칠 수 있는 사람은 없다"라고 말합니다.

교사 교육은 교사에게 부가적인 일이거나 어쩔 수 없이 해야 하는 일이 아닙니다. 다른 교회에서도 하니까 겉치레로 해치워 버려야 할 연례행사도 아닙니다. 교사 교육은 교사들의 효과적인 사역을 위해 투자하는 기회입니다. 또한 그것은 같은 비전과 열정을 품고 승리하는 드림팀을 만들어 가는 중요한 과정입니다. 모든 교회는 크거나 작거나 간에 그 교회 교사들을 위해 필요한 훈련이나 후원을 제공할 교사 교육을 위한 전략을 수립해야 합니다.

지도자는 교사들이 자원하여 훈련에 충실히 임할 것이라고 기대해서는 안 됩니다. 누구나 편안한 것을 추구하고 힘들고 귀찮은 훈련은 싫어한다는 사실을 직시해야 합니다. 그러나 지도자는 이러한 육적인 성향에 쉽게 타협해서는 안 됩니다. 아무리 교사가 부족해도 헌신적이고 준비된 한 명의 교사가 오히려 준비되지 않은 열 명의 교사보다 낫다는 신념을 가지고 교사들을 설득하면서 충분히 협력을 구할 수 있어야 합니다. 설사 얼마간의 교사들이 시간과 노력을 요구하는 교사 교육을 따라가지 못해 탈락된다 하더라도 원칙을 지키고 처음부터 체계적인 교사훈련이 교회학교의 전통으로 자리 잡도록 해야 합니다.

교사 교육을 해야 하는 목적

첫째, 교회학교의 비전을 공유하기 위해서입니다. 교사들로 하여금 교회학교의 비전을 갖도록 하고 이 비전에 동참하도록 하는 것입니다. 유능한 지도자는 교사들에게 교회학교의 비전과 핵심 정책을 정기적으로 알려야 합니다. 또한 이를 어떻게 이루어야 하는지를 가르치는 훈련과정을 통해 열정을 불러일으킵니다.

둘째, 교사들로 하여금 사명감을 가지고 교사직을 수행하도록 돕기 위해서입니다. 교사 교육은 "왜 교사로서 이 사역을 해야 하는가?"하는 질문에 대해 분명한 대답을 제공해 주어야 합니다. 교사 교육은 교사들로 하여금 그들이 누구이며 그들의 자리가 의미하고 있는 바가 무엇인지를 일깨워 주어야 합니다. 또한 교사 교육의 과정에서 교사들은 열정과 능력을 지닌 다른 교사들에 의해 자극과 도전도 받게 됩니다.

셋째, 교사에게 필요한 자질과 능력을 함양하도록 도와주기 위해서입니다. 교사 교육은 교사의 기본적인 자질과 기술을 함양하도록 함으로써 우수한 교사를 양성하고자 하는데 그 목적이 있습니다.

넷째, 교사들을 인정하고 격려하기 위해서입니다. 교사 교육의 모임을 통해 서로가 서로에게 동기를 부여하고 힘을 얻습니다.

다섯째, 교사들 사이에 따뜻한 교제와 관계를 강화함으로써 팀워크를 세우기 위해서입니다. 교사 교육의 목적은 교사 개인의 훈련에도 있지만 팀개발 또한 중요한 목적입니다. 교사들이 만나 서로를 알아가며, 함께 어울려 즐길 수 있는 기회를 가지는 것은 팀워크를 세우는데 있어서 중요한 일입니다.

교사 교육의 유형

1) 학교교육 체제(schooling system)로써의 교회학교

오늘날의 교회 교육 유형은 학교교육 체제에 따른 소위 교회학교(church school), 또는 교회학교라고 할 수 있습니다. 조직을 볼 때에도 교장이 있고 교감이 있으며, 교회에 따라 약간의 차이가 있을 수 있지만 대부분 학년 주임 교사제와 서무과 또는 서기부도 두고 있습니다.

이러한 학교 체제 속에서 교사는 분반이라고 불리는 한 학급의 담임교사이며 학교의 수업시간과 마찬가지로 말씀과 삶이라는 교과서를 강의하는 역할을 담당합니다. 물론 강의 방법도 출석을 부른 후 도입, 전개, 적용의 순으로 교과를 가르친 후 수업 종료 시간에 맞춰 서둘러 마치는 방식입니다.

이러한 학교교육의 유형에 따른 교사상은 일차적으로 효과적인 지식의 전달자를 추구한다고 할 수 있습니다. 즉 교과 내용의 개념을 어떻게 명확하고 효과적으로 인식시키느냐에 관심의 초점이 있습니다. 이를 위해서 교사에게 요구되는 두 가지 측면이 있는데 하나는 교과 내용에 대한 이해이고 다른 하나는 그것을 효과적으로 전달할 수 있는 교육적인 기술입니다. 흔히 수학 교육, 영어 교육, 물리 교육을 생각하듯이 교회 교육을 생각하는 것입니다. 학교교육에서 수학을 잘 알고 그것을 잘 교육할 수 있는 교사를 찾고 있는 것입니다. 기독교를 잘 알기 위해서는 신학을 배워야 하고 잘 교육하는 기술을 획득하기 위해서는 교육학을 배워야 한다고 생각합니다.

2) 사범대학으로서의 교사대학

이상과 같은 학교 체제로서의 교회학교에서의 교사 양성 방법은 당연히 일반 학교 체제가 그러하듯 사범대학으로서의 교사대학일 수밖에 없습니다. 주지하는 대로 학교교육에 있어서 교사가 되기 원하는 사람은 사범대학(교육대학)에 가야하고 일정한 학점의 교직 과목을 이수해야 합니다. 마찬가지로 학교교육 체제를 추구하는 교회학교에서의 교사 양성도 교사대학을 수료하고 교사 자격증을 획득하는 식의 사범대학 또는 교직과목 이수 방식입니다. 기독교를 보다 잘 이해하기 위한 신학과목들, 예컨대 성경신학, 조직신학, 기독교 윤리, 교회사 등의 과목을 이수하고 교회 교육학에 관련된 과목들과 교수 학습 방법론을 이수하도록 하는 것입니다.

3) 교회 봉사로서의 교회학교 교사

오늘날 교회에서 교회학교 교사는 여러 가지 봉사 가운데 하나로 인식되고 있습니다. 교사는 어떤 사역(ministry)으로 이해되어야 합니다. 하지만 학생들을 양육하고 훈련시키고 가르치는 교사직 자체의 수행에 초점을 두고 이를 위해 헌신하기보다는 하나의 교회 봉사라는 의미로 생각하는 경향이 있습니다. 즉 교회학교 교사로서 학생들의 영혼을 책임지고, 그들을 향해 집중적인 사랑을 쏟는 것이 아니라 주어진 분반 공부 시간의 진행자로 일을 수행하면 된다는 사고방식을 갖고 있다고 할 수 있습니다. 이러한 경향은 교사의 겸임문제에도 여실히 나타나는데, 많은 교사들이 교회의 다른 봉사와 겸임을 하고 있습니다. 특히 부서가 올라갈수록 겸임의 비중이 높아지는 경향이 있는데, 이러한 상황에서 생명력 있는 교회 교육을 기대하기는 어려울 것입니다.

4) 오늘날의 교사 교육 : 공급 없는 수요

오늘날의 교사 교육의 유형은 생산은 부족하고 수요만 많은 교사 양성이라는 특징을 지니고 있습니다. 교회마다 교사 부족 상태를 경험하고 있는데, 어떤 교회에서는 교사가 부족한 나머지 고등학교를 졸업하기도 전에 교사로 임명하기도 합니다. 당장 교사가 없는 상황을 해결하기 위해서는 불가피한 조치겠지만 이 경우 교사 부족의 악순환이 심화될 뿐입니다. 교회마다 교사 발굴과 교사 양성을 위한 여러 가지 조치들이 취해지고 있지만 지속적으로 교사 후보생을 생산해 내는 구조 – 그것이 청년·대학부 활성화를 통한 것이든 평신도 제자 훈련을 통한 것이든-로의 변화가 없이는 근본적인 해결이 될 수는 없을 것입니다. 그런 점에서 넓은 의미의 교사 교육은 교사대학 자체만이 아닌 목회구조 전반과 관련된다는 인식을 가져야 할 것입니다.

교사 교육의 세 가지 차원

교사 교육은 교사대학과 동일한 개념이라기보다는 그것을 포괄하는 개념입니다. 즉 교사 교육은 보다 넓은 의미로서, 바람직한 교사가 되기 위한 여러 가지 차원의 교육 활동을 포함하는 개념인 것입니다. 교회 교육이 지식(knowledge), 신념(belief), 신앙(faith)의 모든 차원에 관심이 있다고 볼 때, 이 세 가지 차원에서 교사가 준비되어있어야 하며, 교사 교육에도 이 세 가지 차원이 포함 되어야 할 것입니다.

1) 교사 교육에 있어서 지식 교육 : 교사대학

교사 교육에 있어서 지식 교육은 필수조건입니다. 기독교 신앙도 하나의 지식 체계를 이루고 있고 복음도 어떤 지식들의 논리적 연결 구조를 지니고 있는데, 이를 그들의 심리에 맞게 잘 조직하고 전달하는 기술은 교사 교육에 있어서 가장 중요한 영역 가운데 하나입니다. 이를 위해 교육학의 여러 분야들. 예컨대 교육 과정, 교수 학습 방법론, 교육 행정, 아동 청소년 발달심리, 학습 심리 등을 배우고 익힐 필요가 있습니다. 또 우리가 다루어야 할 기독교적 지식 체계가 어떤 것인지 배우기 위해 신학의 제 분야들, 즉 조직 신학, 성경 신학, 교회사, 기독교 윤리, 실천신학 등을 공부해야 합니다. 이러한 과목들을 배울 수 있도록 커리큘럼화 되어 있는 것이 교사대학입니다.

종종 은혜스럽게 가르치면 되고 영혼을 사랑하는 마음만 갖고 가르치면 된다라는 생각으로 교사대학에 대해 부정적인 생각을 갖고 있는 사람들이 있습니다. 그러나 그것은 잘못된 생각입니다. 하나님이 이러한 학문들을 은혜로 주셨으며, 이러한 지식들을 잘 사용하기를 원하시고, 진정 학생들의 영혼을 사랑한다면 그들에게 어떻게 가르칠 것인가를 더 탐구하고 보다 효과적인 교수 방법을 모색하는 것은 당연한 이치라고 할 수 있습니다.

교사의 전문성을 높이려면 교사대학은 지금보다 더 강조되어야 하고 더 많은 교사들이 이 교육에 참여해야 합니다. 그러나 한 가지 우리가 인정해야 하는 것은 교사대학은 교사 교육의 필요조건 임에는 틀림없지만 그 자체만으로 필요충분조건은 될 수 없다는 사실입니다. 왜냐하면 교회 교육에서 다루어야 할 영역이 지식만이 아니듯이 교사 교육에 있어서도 교사대학으로는 온전히 이룰 수 없는 영역이 분명히 존재하기 때문입니다.

2) 교사 교육에 있어서 신념교육 : 공동체 교육

교사 교육에 있어서 신념교육의 차원이 있는데 단지 지식을 배우는 것이 아니라 교사됨이 형성되어 가는 과정입니다. 이를 공동체 교육이라고 부를 수 있습니다. 여기서 말하는 공동체 교육은 교사대학의 한 과목으로서, 공동체 훈련과는 그 개념이 다릅니다. 교사들이 교육 공동체에 참여함으로써 자연스럽게 사회화(socialization)되고 문화화(enculturation)되는 과정 속에서 교사의 자질이 형성될 수 있는 교사 교육의 다른 한 차원을 의미합니다. 사실 교사에게 필요한 자질이나 인격, 품성, 그리고 지도력, 대인관계의 방식, 상담의 태도 등은 단기간의 지식 교육으로 이룰 수 없는 영역입니다. 평상시의 지속적인 교사 모임을 교육적인 구조로 바꾸고 교회 교육부서 자체를 교육적인 공동체로 형성해 가면서 그 과정(process) 속에서 획득되어질 수 있는 덕목들이라고 할 수 있습니다. 그렇기 때문에 교사 교육의 범위를 넓혀서 평소 교사와의 만남과 교육부서의 제반 교육 활동을 교사 교육의 관점에서 고안하고 계획할 필요가 있습니다. 교사 월례회 때마다 단지 업무 보고나 회의 진행만 하는 것이 아니라 학생들의 변화를 점검해 본다든지 상담 사례를 나누거나 실패된 분반공부의 경험들을 발표하고 그 대안을 함께 모색해 보는 것도 좋은 방법이 될 것입니다. 사실 이러한 교육적인 분위기가 교사 교육을 수행하게 되고 교사들의 태도에 점진적인 변화를 가져오게 됩니다.

또한 연구교사 제도를 통해 교회 교육 현장을 창조적으로 바라보는 훈련을 함양하는 방법, 매주 갖는 교사들의 사랑방 좌담회를 통한 선·후배 교사들 간의 인격적인 교류 등도 공동체교육을 통한 교사 교육의 중요한 영역이 될 수 있을 것입니다. 그러나 이러한 공동체 교육이 교사 교육에 있어서 필요한 부분임에는 틀림없지만 이 영역 역시 그 자체만으로는 교사 교육의 필요충분조건은 아닙니다.

3) 교사 교육에 있어서 신앙 교육 : 교사 부흥회, 교사 수련회

교사 교육에 있어서 신앙교육의 차원이 있고, 영성적인 차원이 있습니다. 교회 교육이 일반 교육과 다른 가장 중요한 특징은 신앙의 차원이 있다는 것이고, 성령의 사역 없이는 불가능한 영역이 존재한다는 점입니다. 그렇기 때문에 아무리 교육학적 방법론과 기술이 있다고 하더라도, 그리고 오랜 교사 경력을 갖고 있다 하더라도 경건의 능력과 생명력 있는 영성이 상실되어 있는 교사는 결코 좋은 교사가 될 수 없습니다. 분명한 구원의 확신과 기도의 생활을 통해 늘 성령의 도구가 될 수 있는 교사만이 학생들의 중심적인 변화를 일으키는 교회 교육의 참된 실천자가 될 수 있습니다. 뿐만 아니라 주님의 은혜에 대한 감격, 교사로의 부르심(calling)에 대한 확신과 열정, 한 영혼, 한 영혼을 사랑하는 시선이 없이는 자원하는 심령으로 교사직에 지속적으로 충실하기가 어려울 것입니다.

이러한 교사의 영성(spirituality)을 평소의 교사 경건회 시간을 통해서 개발할 수도 있지만 집중적으로 다룰 수 있는 교사 부흥회나 교사 수련회도 꼭 필요한 교사 교육의 영역입니다. 분기마다 일일 부흥회, 철야 기도회, 일일 수련회 등을 계획할 수도 있고 연중 1~2회 3일이나 3박 4일의 교사 부흥회나 교사 수련회를 갖는 것도 좋은 방법이라고 생각합니다.

그러나 한 가지 기억해야 할 것은 이러한 영역이 중요하다고 해서 이 자체만으로는 역시 교사 교육의 필요충분조건이 될 수 없다는 사실입니다. 앞에서 언급한 대로 교사 교육에 있어서 지식 교육, 신념교육, 신앙 교육이 모두 이루어질 때 교사 교육의 필요충분조건이 충족되었다고 할 수 있을 것입니다.

한국교회 교사 교육의 진단

박상진의 교사 교육 현황조사에서 나타난 바를 통해 한국교회 안에서 이루어지는 교사 교육의 실태를 분석해 볼 때, 다음 몇 가지 근본적인 문제를 지니고 있음을 발견할 수 있습니다. 이 문제들은 질병의 원인과 같은 것으로서 이 원인을 해결할 때 증상이 치유될 수 있을 것입니다. 한국교회의 교회학교 교사 교육의 문제는 일곱 가지로 요약될 수 있습니다.

1) 이론위주의 교사 교육

기존의 교사 교육은 교사대학의 성격을 띠고 있고, 대부분의 교사 교육은 이론적인 내용을 전달하는 방식을 취하고 있습니다. 성경신학, 조직신학, 교회사 등을 포함한 신학 이론적인 과목과 교회 교육학, 교육철학, 발달심리 등 교육 이론적인 과목 등을 가르치고 있습니다. 심지어는 실천적인 과목인 교수방법, 시청각교육, 반목회 등도 워크샵이나 실제적인 경험을 하도록 하는 것이 아니라 그 주제와 관련된 이론을 가르치는 경향이 있습니다. 이론은 영어로 theory인데 이는 극장이라는 단어인 theater와 같은 어원을 지니고 있는데 바로 테오로이(theoroi)로서 관람함(looking on)의 의미를 지니고 있습니다. 즉 이론은 객석에서 앉아있는 관객이 무대 위에서 공연하는 것을 보는 것입니다. 직접 참여하는 것이 아니기에 실제적인 변화로 나타나기가 어렵습니다. 마치 공연이 끝나면 이내 원래의 자기 모습으로 돌아가듯이 변화되지 않은 원래의 교사 모습으로 되돌아가고 마는 것입니다. 이러한 이론과 실천의 괴리를 극복할 수 있는 교사 교육이 되지 않는 한 교사 교육은 교사의 삶과 가르침의 현장을 변화시키는 능력으로 나타나지 못할 것입니다.

2) 지식위주의 교사 교육

기존의 교사 교육은 지식위주의 성격을 지니고 있어서 감성과 의지, 상상을 불러일으키는 데에는 취약하다는 문제점을 지니고 있습니다. 무엇을 안다고 할 때, 무엇에 관해서 아는 것(knowing about)과 무엇을 아는 것(knowing)은 다릅니다. 하나님을 아는 것에 있어서도 하나님에 관해서 아는 것과 하나님을 아는 것은 전혀 다릅니다. 무엇에 관해 아는 것은 그것에 관한 정보를 인식하는 것입니다. 그러나 무엇을 진정으로 아는 데에는 감성과 의지, 상상이 동반됩니다. 물론 전통적인 교사 교육에 감성과 의지, 상상의 영역이 전혀 없었다고 말할 수는 없을 것입니다. 그러나 교사대학으로서의 교사 교육은 여전히 인지적인 편중성을 지니고 있음을 부인할 수 없습니다. 교사 교육에서 중요한 것은 가르침의 내용이 무엇인지를 인지적으로 아는 것도 중요하지만 느끼는 것도 중요합니다. 아이들에 관해서 아는 것도 중요하지만 아이들에 대해서 느끼고 어떤 방식으로 아이들을 대할 것인지를 의지적으로 결단하는 것이 동반되어야 합니다. 상상(imagination)은 지, 정, 의를 다 포함하고 있다는 점에서 지식위주의 교사 교육을 극복하는 대안적인 교사 교육의 중요한 주제가 될 수 있습니다.

3) 전달위주의 교사 교육

기존의 교사 교육은 가르쳐야 할 내용을 전달하는 구조를 지니고 있기 때문에 관계적인 면이 매우 약합니다. 만약 교사 교육에 대해 교육내용을 가르치는가 아니면 교사를 가르치는가 하는 두 가지 질문을 던진다면 전자에 해당되는 면이 더 강하다고 할 수 있습니다. 자치통감에 보면 경사(經師)는 만나기 쉽지만 인사(人師)는 만나기 어렵다는 말이 있습니다. 경서를 가르치는 교사는 많지만 인간을 가르치는 교사는 귀하다는 내용입니다. 우리가 교회 교육에서 교사와 학생의 관계를 중요시한다면 이는 교사 교육에서부터 실천되어야 할 것입니다. 교사 교육이 인격적인 관계 구조로 변화될 때 거기에서 인격적인 관계를 중요시하는 교사가 배출될 수 있습니다. 어미 게가 자신은 옆으로 걸어가면서 자녀 게들에게 똑바로 걸어가기를 바라는 것이 어불성설이듯이 교사 교육이 학생교육의 귀감이 되어야 할 것입니다. 교사 교육이 전달위주의 교육이 아니라 인격적인 관계를 중시하는 교육이 될 때, 진정한 교사됨을 배울 수 있습니다. 교사 교육의 구체적인 내용보다도 어떤 의미에서는 그러한 관계자체를 통해서 배우는 것이 훨씬 중요하다고 할 수 있을 것입니다. 왜냐하면 예수님의 제자교육이 그러했듯이 교회 교육은 관계를 통한 교육이기 때문입니다.

4) 일방적인 교사 교육

기존의 교사 교육은 주로 강사가 일방적으로 강의하는 방식으로 진행되어온 경향이 있습니다. 여전히 지식을 더 많이 알고 있는 강사가 그 지식을 모르고 있는 학생(교사)들에게 지식을 전수하는 은행 저축식 교육(bankingeducation)의 형태를 띠고 있습니다. 그러나 교사 교육은 성인교육으로서 페다고지(pedagogy)보다는 안드라고지(andragogy)의 관점에서 접근하는 것이 바람직할 것입니다. 교사 교육에 있어서 가르치는 자와 배우는 자가 더불어 탐구하며 교사됨을 추구하는 구조가 필요합니다. 교사 교육자가 일방적으로 지식을 전달하는 것이 아니라 쌍방적인 대화가 이루어질 수 있는 교사 교육이 필요합니다. 교사 교육의 커리큘럼에 있어서 가장 중요한 것은 이런 대화, 나눔일 것입니다. 교사 개개인이 경험하고 시행착오 하였던 내용들을 서로 나누고 피드백을 받고 또한 격려하는 구조가 필요합니다.

5) 교수위주의 교사 교육

기존의 교사 교육은 교수(teaching) 위주, 그 중에서도 특히 언어적인 가르침으로 제한되는 경향이 있어 왔습니다. 만약 커뮤니케이션(communication)의 관점에서 교사 교육을 이해한다면 우리는 훨씬 더 풍성한 교사 교육을 시도할 수 있을 것입니다. 일반적으로 커뮤니케이션은 언어적인 커뮤니케이션과 비언어적 커뮤니케이션을 다 포함합니다. 언어는 전체 커뮤니케이션의 일부입니다. 삐에르 바에 의하면 언어적 전달내용이라고 할 수 있는 형상(figure)은 영향력에 있어서 전체의 7%밖에 해당되지 않는다고 합니다. 나머지 93%는 배경(ground)으로서 음향, 조명, 진동, 몸짓, 표정, 그리고 관계적인 요소라고 할 수 있습니다. 교사 교육을 커뮤니케이션의 관점으로 접근한다는 것은 교사 교육을 교사에게 영향력을 끼침으로 변화시키는 과정으로 이해할 수 있고, 이러한 영향력을 가능케 하는 모든 영역이 교사 교육의 관심영역이 될 수 있고 또한 커리큘럼의 범위(scope)가 되어야 합니다.

6) 기술위주의 교사 교육

기존의 교사 교육은 지식을 강조할 뿐 아니라 기술(technique)을 강조하는 경향이 있습니다. 이에 비해 교사의 영성(spirituality)은 상대적으로 덜 강조되는 경향이 있어왔습니다. 어떻게 하면 보다 잘 가르칠 수 있는가에 관련된 방법(이나마도 이론적인 강의로 제한되었지만)에 치중한 나머지 교사의 인격적인 성숙과 영성적인 깊이를 더해갈 수 있는 면은 소홀히 다룬 것입니다. 이를 철학적으로 표현하면 교사 교육이 인식론(epistemology)과 교수론(pedagogy) 위주로 흐른 나머지 존재론(ontology)의 측면을 약하게 취급했다는 비판을 받을 수 있습니다. 교사 교육의 근간은 더 많이 알고 더 잘 가르치는 것만이 아니라 교사 자신의 존재가 변화되는 것에 있습니다. 이런 점에서 교사 교육에 있어서 영성교육은 한두 과목의 교과내용으로 인식될 것이 아니라 계속적으로 다루어져야 하는 교사 교육의 기반이요, 기초훈련에 해당한다고 할 수 있습니다.

7) 학교 교사 교육

앞에서 열거한 기존의 교사 교육이 지니는 문제점들은 구조적으로 교사 교육이 학교식 모델 (schooling model)이라는 점에 기인합니다. 학교식 모델은 지식을 일방적으로 전달하고 주입하는 데에는 효과적인 구조라고 할 수 있지만, 인격을 변화시키고 영성을 심화시키며 실천적인 역량을 확장하는 데에는 적합하지 않은 구조라고 할 수 있습니다. 학교와 교실을 생각하면 질서정연하게 놓여 진 책상과 걸상, 그리고 높은 교탁과 칠판, 거기에 하나의 교과서와 획일적인 교수와 평가 등을 떠올리게 됩니다. 이러한 학교모델이 지니는 효율성과 편의성은 여러모로 인정되고 그로 인해 근대시대동안 많은 공헌을 한 것도 사실이지만 이제는 그 구조의 한계가 여실히 드러나고 있습니다. 교회 교육에 있어서도 이 학교모델이 교회학교, 주일학교의 형태로 들어왔고, 교사 교육에 있어서 교사대학의 형태로 자리 잡고 있지만 지금은 그 부작용이 오히려 교회 교육의 존재기반을 무너뜨리고 있습니다. 교회 교육도 기존의 교회학교의 대안을 모색하고 있는 이 때에 교사 교육도 교사대학이라는 학교식 모델의 대안을 모색할 필요가 있습니다.

이상의 한국교회 교사 교육의 진단을 종합한다면 지금까지의 교사 교육은 근대주의 교육의 한계를 지니고 있다는 것입니다. 계몽주의 이후 근대주의 교육이 교육의 현장에 많은 공헌을 하였듯이 전통적인 교사 교육도 교회 교육에 중요한 공헌을 하였지만, 21세기의 새로운 변화 속에서 전통적인 교사 교육은 그 한계를 드러내고 있는 것입니다. 이러한 근대주의 교육으로서 교사 교육은 이제 그 한계를 극복할 수 있는 대안적 교사 교육을 요청하고 있습니다.

교사 교육에 대한 새로운 조망

1) 학교교육(schooling) 교사에서 소그룹(small group) 지도자로의 변화

앞에서 언급한 대로 교회 교육이 학교교육의 모형을 따르는 것은 장점이 있으면서도 교회 교육의 모든 차원을 포함하기에는 근본적인 한계를 지니고 있습니다. 사실 분반 공부는 어느 면으로나 학교 교실에서 이루어지는 교과 수업과는 다르다고 할 수 있고 오히려 소그룹으로 인식할 때 보다 효과적인 교회 교육을 이룰 수 있습니다. 이렇게 볼 때 교사 양성도 소그룹 지도자 양성의 성격을 띠는 것이 바람직할 것입니다. 소그룹 지도자로서의 교사를 교육한다는 것은 교과에 대한 지식이 아닌 교사 자신의 삶의 변화에 초점을 맞추고 또한 효과적으로 소그룹을 인도할 수 있는 교사 교육을 한다는 의미입니다.

2) 학문(academy) 추구가 아닌 훈련(discipline)

교사 교육이 실천을 위한 것이라면 학자들이 학문을 추구하는 것과는 다른 방식의 교육이 필요합니다. 학문은 계속 기존의 지식에 대해 회의하고 보다 관심 영역을 세분화시키고 분석(analysis)하는 것이라면, 교회 교육 현장은 확실한 입장과 방법, 그리고 분석보다는 통합(integrity)을 요구합니다. 이러한 실천을 위한 교사 교육은 학문(학자들이 하는 일)을 그대로 전달하는 것이 아니라 그것을 토대로 다시 한 번 교사 교육을 위한 커리큘럼을 구성하여 이를 교사들이 내면화할 수 있도록 훈련하여, 단지 교사들이 교육에 관한 지식을 갖게 하는 것이 아닌 교사의 삶과 교사직 수행 자체가 변화될 수 있도록 도와야할 것입니다.

3) 사역(ministry)으로서의 교사

교사는 단지 봉사자가 아닌 사역자입니다. 어감상의 차이인지는 모르나 사역은 보다 학생들에게 자기 삶을 집중시키는 것을 의미합니다. 교사직을 자기 생에 대한 하나님의 부르심으로 이해하고, 주일 아침 시간의 일부를 할애하는 것 이상으로 자신의 삶을 분여하는 것을 의미합니다. 이것은 사실 스승과 제자의 관계 유지보다는 아버지와 자식의 관계 유지에 해당된다고 할 수 있는데, 바울이 지적한 대로 오늘날도 일만 명의 스승보다는 아버지와 같은 사역자로서의 교사가 요구되고 있습니다. 이렇게 볼 때 교회 교육의 교사에게는 근본적으로 헌신이 요구됩니다. 헌신되지 않은 교사는 학생들에게 중심적으로 변화를 일으킬 수 없고, 반면에 헌신된 사역자 팀으로 교사회가 이루어질 때 선교적 사명을 감당할 수 있습니다. 기존의 교회학교는 지나치게 정적 구조(static structure)였습니다. 예컨대 초등부는 유년부의 아동을 받아 소년부로 옮겨주는 과정으로 생각되었습니다. 그러나 그 학년에 해당하는 아동들에 대한 선교적 구조(mission structure)로 바뀌어져야 합니다. 이것이 인구 자연 감소 현상을 극복할 수 있는 교회 교육의 양적 부흥의 비결이기도 합니다. 이를 위해서 필연적으로 요구되는 것이 바로 사역자로서의 교사들인 것입니다.

4) 교사 양성을 위한 평신도 훈련과 청년·대학부 활성화

넓은 의미의 교사 교육은 전교회적 차원에서 성도들을 세우는 모든 과정이라고 할 수 있습니다. 교사 양성 과정에는 크게 두 가지가 있습니다. 하나는 새신자로 교회에 등록하여 신앙생활을 하다가 교회학교 교사를 맡게 되는 경우이고, 다른 하나는 그 교회 중·고등부를 졸업하고 청년·대학부에 다니거나 이를 졸업한 후 교회학교 교사가 되는 경우입니다. 교사 교육이 교사의 발굴이나 양성을 포함하는 넓은 개념이라면 교사 교육을 위해서는 교사대학 자체의 강화 못지않게 교사 지원자(후보생)를 배출해 내는 과정의 활성화가 필요합니다. 예를 들면, 개체 교회에서 행해지는 새신자 교육을 포함한 다양한 평신도 양육프로그램, 성경 공부, 제자훈련, 그리고 청년·대학부의 양육과정 등은 교사로서 갖추어야 할 여러 자질과 능력을 개발해내는 포괄적인 교사 교육이라고 할 수 있습니다. 교회의 교육목회가 활성화될 때 잠재적인 미래의 교사들을 훈련하는 일들은 자연스럽게 일어나는 것입니다.

교사 지원자가 계속적으로 배출되기 위해서는 전체 목회 구조, 특히 청년·대학부와 평신도 훈련 과정이 활성화되어야 합니다. 청년·대학부는 그런 의미에서 어느 교회학교 부서보다 더 중요하다고 할 수 있습니다. 다른 부서는 교회학교 교사를 공급받지만 청년·대학부는 오히려 교사들을 공급할 수 있기 때문입니다. 이 시기에 회심을 통해 신앙적인 자아정체감이 확립되고 체계적인 양육을 통해 헌신된 삶을 살 수 있도록 한다면 이미 가장 내실 있는 교사 교육을 받고 있는 셈이 됩니다. 그렇기 때문에 교사 교육과 함께 관심을 갖고 목회적인 투자를 아끼지 않아야 할 부서가 청년·대학부라고 할 수 있습니다.

뿐만 아니라 기존의 교인들과 계속적으로 새 교우들을 몇 단계에 걸쳐 훈련시킬 수 있다면 교사 발굴의 중요한 통로를 확보하게 됩니다. 교회학교 교사 공급을 청년·대학부에 지나치게 의존할 것이 아니라, 평신도 신앙 성숙의 한 과정으로써 다른 사람에게 복음을 전하고 말씀으로 섬길 수 있는 훈련을 활성화시킴으로써 더 많은 성인들이 교사로 지원할 수 있도록 구조화 할 필요가 있습니다. 결국 청년·대학부나 평신도 훈련 과정은 교사 교육의 기초 과정을 형성한다고 할 수 있습니다.

5) 교사 교육의 다양화

한국교회의 교회학교는 여러 가지 면에서 다양성을 지니고 있습니다. 도시 농촌 지역 규모, 목회적 입장, 재정, 시설 등이 다양합니다. 그렇기 때문에 교사 교육도 다양하지 않으면 교사 교육의 적합성이 문제가 될 수밖에 없습니다. 다양한 커리큘럼과 교사 교육 교재, 연수 프로그램이 개발되어 각 교회가 어느 정도 선택할 수 있도록 하는 것이 바람직할 것입니다. 통일성과 체계성이 약화되지 않는 범위 내에서 획일적인 교사 교육은 지양되어야 하고 각 교회의 다양성에 맞는 교사 교육이 이루어져야 합니다.

사실 총회 교육부의 교사대학(1,2,3단계)이 교사 교육을 체계화시키는 데 지대한 공헌을 하고 있지만, 교회 단위로 시행하기에는 소요 시간 인적 물적 자원의 미비 등의 문제로 모든 교회에서 시행하기에는 어려움이 있습니다. 그러므로 이를 고려한 다양한 교사 교육 프로그램이 제시될 수 있다면 큰 도움이 될 것이 분명합니다. 또는 현재의 교사대학 커리큘럼을 그대로 두면서도 각 교회로 하여금 그중에서 어느 정도 선택할 수 있도록 융통성 (flexibility)을 인정하는 것도 한 가지 해결 방법이 될 것입니다.

6) 교사의 영성과 전문성

"또 그의 종 다윗을 택하시되 양의 우리에서 취하시며 젖양을 지키는 중에서 그들을 이끌어 내사 그 백성인 야곱 그의 소유인 이스라엘을 기르게 하셨더니 이에 그가 그들을 자기 마음의 완전함으로 기르고 그의 손의 능숙함으로 그들을 지도하였도다"(시 78:70~72). 교사 교육에 있어서 두 가지 중요한 요소가 있다면 이스라엘의 교사, 다윗에게서 볼 수 있는 대로 마음의 성실함과 손의 공교함이라고 할 수 있습니다. 어느 한 요소만을 다루는 것은 불충분한 교사 교육이 될 것입니다. 늘 하나님 앞에서 마음이 성실할 수 있도록 경건한 삶을 살고 그러면서도 보다 효과적인 교육을 위해 부지런히 배우고 익히는 교사만이 변화를 일으키는 능력 있는 교사가 될 수 있을 것입니다.

교사 교육의 새로운 패러다임 : 리더십 모델

교회학교 영적 부흥을 위한 새로운 교사 교육은 단순히 기존의 교사 교육의 문제점을 보완한다든지 수정하는 정도를 의미하지 않습니다. 이는 패러다임의 전환을 의미합니다. 패러다임의 변화는 일종의 근본구조의 변화요. 대전제와 기본원리의 변화라고 할 수 있습니다. 21세기 교회 교육 배경을 이루는 교육의 새로운 경향들의 도전에 응전하면서, 신앙을 위한 교사 교육이기를 바라는 복음적 개혁신학의 요구에 부응하는 교사 교육의 새로운 모델은 무엇인가? 전통적인 학교식 교사 교육 모델의 한계를 극복하고 보다 공동체를 강조하며 지식의 전수만이 아닌 삶의 모든 영향력을 교사 교육의 관심으로 삼을 수 있는 교사 교육의 새로운 모델은 무엇인가? 박상진은 이러한 교사 교육의 대안적 모델로 교사 교육의 리더십 모델을 제안합니다.

여기서의 리더십 또는 리더십 개발의 의미는 과거에도 종종 시도되었던 교사의 한 기능으로서 리더십이나 교사 교육의 한 부분으로서 리더십 훈련의 의미가 아니라, 교사의 전체 자질과 역할을 리더로서 규정하고 그러한 리더십을 개발하는 전 차원을 교사 교육으로 보려는 것입니다.

왜 리더십 모델인가?

전통적 교사 교육의 대안이 왜 리더십 모델인가에 대해서는 21세기 교회 교육의 배경을 이루는 새로운 경향에 응전하는 측면과 복음적 개혁신학의 신앙을 위한 교사 교육 요구를 수용하는 측면 양쪽에서 논의를 해야 합니다. 21세기에 등장한 새로운 교육의 경향들은 교회 교육의 패러다임의 변화를 요청하고 있습니다. 근대주의 교육모델이라고 할 수 있는 학교형 패러다임이 지닌 한계를 지적하면서, 이의 대안적 패러다임을 요구하는 것입니다. 학교형 패러다임은 앞에서 살핀 대로 근대주의 교육배경이라고 할 수 있는 모더니즘, 활자 인쇄 커뮤니케이션, 주지주의, 개인주의, 객관

주의 인식론에 뿌리박혀 있습니다. 그러나 21세기의 변화로 인하여, 특히 포스트모더니즘, 멀티미디어 커뮤니케이션, 감성에 대한 강조, 공동체에 대한 강조, 그리고 새로운 인식론으로의 변화로 인하여 학교형 패러다임은 더 이상 오늘날을 사는 학생들에게 적합한 교육구조가 되지 못한다는 것이 드러나고 있습니다.

특히 교사 교육에 있어서 학교형 패러다임의 한계에 대해서는 거의 논의되고 있지 않는 실정입니다. 이런 상황 속에서 리더십 모델을 그 대안으로 제시하는 데에는 분명한 이유가 있습니다. 21세기의 변화는 새로운 역동적인 유형의 교육구조를 요청하고 있는데 그것은 학교가 교육공동체로 변화하는 것입니다. 그리고 그러한 공동체를 이끌 교사를 양성하는 교사 교육은 바로 리더십 개발의 형태를 갖게 됩니다. 결국 리더십 개발로서 교사 교육의 새로운 모델은 학교의 변화, 학생의 변화, 교사의 변화와 유기적으로 연계되어 있다고 볼 수 있습니다. 이러한 리더십 모델이 교회학교 교사 교육의 대안이 될 수 있는 것은 특별히 다음의 다섯 가지 강조로 인한 결과입니다.

첫째, 공동체(community)에 대한 강조는 리더십 모델을 요청합니다. 학교와 학급을 공동체로 인식할 때 교사는 그 공동체의 리더가 되는 것입니다. 공동체의 리더로서 교사를 세우는 가장 좋은 방법은 교사 교육을 공동체적으로 하는 것입니다. 단지 공동체에 관한 이론을 수동적으로 배우는 것이 아니라 공동체의 일원이 될 때 공동체를 가장 잘 배울 수 있고, 그런 사람이 공동체를 이끌 수 있는 리더십을 갖게 됩니다.

둘째, 전인(total being)에 대한 강조는 리더십 모델을 요청합니다. 리더십 모델은 전인과 삶 전체를 강조하는 가장 좋은 모델입니다. 전통적인 학교형 패러다임은 지식만을 강조하는 경향이 있습니다. 이는 머리만을 강조하고 인지적 능력만을 강조하고 IQ만을 강조하는 왜곡된 교육을 가져왔습니다. 그러나 공동체 안에서 리더와 구성원들은 전 삶을 공유하며, 지적인 영역만이 아니라 정서적이고 의지적 행동적인 면을 나눕니다. 이러한 학생들의 전 삶에 대한 관심은 교사 교육에 있어서 교사들의 전 삶에 대한 관심으로부터 출발됩니다. 리더십 개발은 좁은 의미의 기술(skill)의 개발이 아니라 삶 전체로 관심을 확장하는 것이고, 구성원의 삶의 모든 영역 속에서 변화를 경험하도록 하는 것을 의미합니다.

셋째, 영향력(influence)에 대한 강조는 리더십 모델을 요청합니다. 21세기의 교육은 수업을 통해 일어나는 학습에만 관심을 갖는 것이 아니라 학생(구성원)들의 모든 삶의 영역에서 받게 되는 영향력에 관심이 있습니다. 영향력에 초점이 모아지면 이는 리더십과 직결될 수 있는데, 리더십이 조직의 목적을 달성하기 위해 조직의 과업과 구성원에게 끼쳐지는 리더의 영향력이기 때문입니다. 이러한 영향력은 공식적인 수업시간에만 일어나는 것이 아니고 교육적으로 의도하지 않은 비공식적 과정(잠재적 교육과정)을 통해서도 일어나는데 이는 리더십 모델에 의해서 가장 잘 설명될 수 있습니다. 교사 교육에 있어서도 실제적으로 교사를 변화시키는 것은 교사가 교육의 과정을 통해서 받은 영향력이고, 이를 가능케 하는 것은 리더십 개발로서의 교사 교육입니다.

넷째, 커뮤니케이션(communication)에 대한 강조는 리더십 모델을 요청합니다. 전통적인 학교형 패러다임에서는 교수(teaching)를 강조하는 경향이 있는데, 교수 외에도 얼마든지 커뮤니케이션이 일어나고, 이를 통해 변화가 일어납니다. 이런 의미에서 모든 커뮤니케이션은 교육의 과정이 됨에도 불구하고 기존의 학교형 패러다임은 이를 소홀히 다루고 있습니다. 리더십 개발은 언어적, 비언어적 커뮤니케이션을 모두 포함하고, 쌍방적 커뮤니케이션과 커뮤니케이션의 네트워크를 강조합니다. 매체(media)에 있어서도 전통적인 학교형 패러다임에서는 문자와 말 강의를 강조하고 그것들로 제한되는 경향이 있지만, 리더십 모델에서는 모든 미디어가 커뮤니케이션의 수단이 됩니다. 교사 교육에 있어서도 전통적인 학교식 교사 교육은 강의위주지만 교육리더를 세우는 리더십 개발로서의 교사 교육에서는 비언어적 커뮤니케이션을 포함해서 멀티미디어를 통한 다양한 커뮤니케이션을 강조합니다.

다섯째, 관계(relationship)에 대한 강조는 리더십 모델을 요청합니다. 전통적인 학교형 패러다임의 한계는 교육의 필수요소인 교사, 학생, 교육내용 간에 분리가 일어난다는 점입니다. 비인격적 구조로 인하여 교사와 학생이 분리되고, 학교가 뿌리박혀 있는 객관주의적 인식론으로 인해 교사와 교육내용 학생과 교육내용이 분리되고, 개인주의로 말미암아 학생과 학생들 사이가 분리됩니다. 그러나 리더십 모델은 관계를 강조하고, 관계 안에서 서로를 성장시키는 구조입니다. 리더십 개발로서 교사 교육에 있어서도 가장 중요한 것은 관계를 통한 교육입니다. 리더에 관해서 배우는 것이 아니라 공동체 안에서 리더 역할을 경험하고, 그 공동체의 관계 안에서 배우는 것입니다.

　이상과 같은 21세기 교회 교육에 주는 도전이 교사 교육의 리더십 모델을 요청할 뿐만 아니라 복음적 개혁신학의 요구도 전통적인 학교 교사 교육의 대안으로 리더십 모델을 요청합니다. 복음적 개혁신학의 요구는 신앙을 위한 교회 교육으로 요약되는데, 지식전수나 신념형성이 아닌 신앙을 중심으로 하는 교회 교육의 구조로 리더십 모델이 가장 적절하기 때문입니다. 지식전수나 신념형성은 강의나 수업, 교수를 통해서 이룰 수 있지만, 신앙은 이런 학교식 체제로는 이룰 수 있는 것이 아닙니다. 만남이 있어야 하고 삶이 공유되어야 하며 공동체적인 교통이 필요합니다. 예수님이 열 두 제자와 함께 소그룹 공동체를 이루고 그 안에서 삶을 공유함으로 신앙의 차원까지 변화시킨 것처럼 리더십 모델이 신앙을 위한 교회 교육에 적합한 구조입니다. 이것은 21세기의 새로운 교육의 경향들에서 나타난 전인에 대한 강조, 공동체에 대한 강조, 관계에 대한 강조, 커뮤니케이션에 대한 강조, 영향력에 대한 강조와도 일맥상통합니다. 21세기에도 지속되는 복음적 개혁신학의 요구와 변화하는 21세기의 교육의 경향에 적극적으로 응전하는 이 리더십 모델 이야말로 전통적인 교사 교육에 대한 최선의 대안이 됩니다.

교사의 리더십과 리더십 개발로서 교사 교육

교회학교 교사는 교회 전체 공동체 안에서는 목회자의 리더십 안에 있지만, 교회 교육에서는 목회자와 다름없는 리더십을 지닙니다. 소위 반 목회라는 개념은 이런 목회적 리더십을 강조하는 표현이라고 할 수 있습니다. 교회학교 교사는 분반공부 시간에 공과책을 가르치는 교수 기능만을 수행하는 사람이 아닙니다. 소그룹 공동체의 리더로서 공동체 구성원의 전인적 삶에 관심을 갖고 그들을 하나님의 사람으로 세워나가야 할 사명이 있습니다. 교사의 리더십과 리더십 개발로서 교사 교육이 갖는 중요한 특징들을 열거하면 다음과 같습니다.

첫째, 교회학교 교사의 리더십은 좁은 의미의 지도력 개발과는 구별되어야 합니다. 교사리더십은 전체 교사의 역할을 포함하는 개념으로서 분반공부 지도라고 하는 수업 지도성은 물론이고, 반 목회로 일컬어지는 조직 지도성, 그리고 학생들의 문제를 상담함으로 치유하는 상담 지도성, 잠재적 교육과정까지를 포함한 교육 지도성, 그리고 동료 교사들과의 팀웍과 교사회 전체에 공헌하는 것을 포함하는 행정 지도성, 학부모들과의 관계는 물론 학생의 사회생활에까지 영향을 미치는 지역사회 지도성 등을 포함하는 개념입니다. 이렇게 광의의 개념으로 교사의 리더십을 이해할 때 교사의 리더십 개발로서 교사 교육은 종전의 교사대학으로서 교사 교육이 지니는 내용의 범위보다 더 광범위한 영역을 지닙니다.

둘째, 교육리더로서 교사의 개념은 단지 교수(teaching)에 초점을 맞춘 교사의 개념보다 교육현실을 훨씬 더 잘 설명할 수 있습니다. 교육이 이루어지는 현장은 공식적으로 계획된 가르침이 이루어지는 것보다 매우 복잡한 양상을 갖습니다. 의도된 계획과는 다른 역동적인 상호작용이 일어나기 때문에 그 모든 현상 속에서 리더십을 갖도록 하는 것이 보다 실제적인 도움이 될 수 있습니다. 전통적인 교사는 형식적인 교육과정을 전제한 개념이라면, 교육리더로서 교사는 형식적 교육과정만이 아니라 잠재적 교육과정 속에서도 그들을 이끌어가는 능력을 함의하고 있습니다. 교사 리더십의 개발을 위한 프로그램에는 잠재적 교육과정에 대한 이해와 실제적인 리더십이 발휘될 수 있도록 하는 교육내용이 포함되어야 합니다.

셋째, 교사의 리더십은 영향력이 미쳐지는 모든 것을 포함합니다. 교회 교육 안에서의 영향력은 교사, 학생, 교육내용, 그리고 환경 간의 모든 상호작용을 통해 일어나게 되는데, 이 모든 영향력을 바람직한 영향력으로 변화시켜 삶의 변화를 일구어낸 책임이 리더로서 교사에게 있습니다. 교사는 모든 바람직한 상호작용을 극대화하기 위해서 교사 자신이 직접적인 영향을 미치지 않는다고 할지라도 조직 안의 요소들의 역동적인 상호작용을 효율적으로 활용할 수 있어야 하는 것입니다.

넷째, 교사의 리더십은 교사 자신의 지속적인 신앙성숙과 분명한 기독교적 리더십의 발휘를 통해 강화되어집니다. 이를 위해서는 교사가 학생들의 양육자가 되기 전에 자신도 피양육자가 되어서 지속적으로 보다 그리스도를 닮는 리더로서 성장하여야 합니다. 리더십의 강도와 크기는 어느 정도 섬김의 깊이가 이루어졌는가, 열정적으로 사랑하는가, 그리고 하나님 앞에서 자신의 소명을 인식하느냐에 달려있습니다. 얼마나 교사가 리더십을 행하느냐보다 더 중요한 것은 얼마나 교사가 진정한 리더가 되느냐 하는 것입니다.

다섯째, 교사의 리더십은 모든 커뮤니케이션을 통하여 이루어집니다. 여기에는 공과책이라는 인쇄활자나 강의라는 언어적 커뮤니케이션만이 아니라 멀티미디어를 통한 다양한 표현, 음향과 조명, 분위기와 환경, 교사의 표정과 눈 맞춤, 그리고 제스처 등을 포함합니다. 그렇기 때문에 교사리더십의 개발은 이런 다양한 커뮤니케이션 방식에 익숙하여야 하며, 상황에 가장 적합하고 강력한 커뮤니케이션 방식을 사용할 수 있도록 준비되어야 합니다.

여섯째, 교사의 리더십은 전통적인 교사상보다 훨씬 더 인격적인 관계(personal relationship)를 강조합니다. 교사와 학생이 하나의 팀을 이루며 공동체를 형성하면 할수록 리더십은 강해지고, 그 영향력도 강해집니다. 인격적 관계를 강조하는 리더로 세우기 위해서는 리더십 개발단계에서부터 인격적인 관계가 강조되어야 합니다. 이는 기존의 교사대학처럼 일시적으로 모이는 형태가 아닌 지속적인 만남과 관계형성이 보장되는 유형으로의 변화가 필요함을 의미합니다.

일곱째, 교사의 리더십과 그 영향력은 지적인 영역만으로 한정되지 않습니다. 감정적인 영향력이 매우 중요하며, 행동을 통한 영향력이 보다 강력할 것입니다. 이런 점에서 리더십은 지정의를 포함하는데 전통적인 교사 교육은 다분히 지적인 영역에 국한되는 경향이 있어왔습니다. 리더십 개발에서 지,정,의는 모두 중요하게 다루어져야 할 것입니다.

여덟째, 교사의 리더십 모델은 학생들의 집단을 하급 또는 분반으로 이해하는 것이 아니라 공동체로 이해할 것을 요청하고 있습니다. 학생들은 바닷가의 모래와 같이 서로로부터 독립적인 개별적 존재가 아니고 그물망(web)이나 네트워크(network)처럼 상호연계되어 있는 공동체적 존재입니다. 교사는 그러한 공동체의 지도자로서 모든 요소들의 상호교류를 증진하고, 보다 견고한 공동체 형성을 위하여 노력하여야 합니다.

아홉째, 교사의 리더십 모델은 전통적인 교사 교육보다 훨씬 더 참여를 강조합니다. 학교식 교육에서는 학생들이 관객과 같은 피동적, 수동적 존재로 인식하는 경향이 있습니다. 그러나 교사의 리더십 모델은 학생들이 비전을 갖고 참여하고 함께 경험함으로서 변화될 수 있도록 돕습니다. 교사 교육에 있어서도 교사들이 직접 참여하여 그들의 리더십을 개발할 수 있도록 고려하여야 합니다.

열 번째, 교사의 리더십 모델은 교회학교 교육과 분리된 채, 별도의 교사 교육을 실시하는 것이 아니라 교사가 교회 교육의 대상으로서 직접 교육을 경험하도록 교육하는 것을 추구합니다. 즉 교회 교육에 관하여 가르치는 것(teaching about Church education)이 아니라 교사 교육 안에서 교회 교육을 체험하는 프락시스 모델이 되어야 합니다.

리더십 모델로서의 교사 교육

리더십 모델로서의 교사 교육에는 다음과 같은 다섯 가지의 변화가 있습니다. 리더십 모델은 이 다섯 가지 새로운 교사 교육으로 구성됩니다.

1) 공동체적 교사 교육

교사 교육은 결코 교사대학과 동일시 할 수 없습니다. 교사대학은 전체 교사 교육의 한 부분, 한 기능에 불과합니다. 대학이라는 학교식 구조로서는 지식의 전달에는 효과가 있으나 교사의 인격성숙과 영성훈련, 그리고 실천적 교수능력의 함양에는 적합하지 않습니다. 웨스터호프가 지적한대로 학교-수업형 패러다임(schooling -instructional paradigm)보다는 신앙공동체 문화화 패러다임(faith community-enculturation paradigm)이 교사 교육에 있어서 더 바람직할 것입니다. 새로운 교사 교육이 추구하는 교사상은 단순히 지식전달자이거나 전통적인 스승상이 아닙니다. 우리가 교회 교육이 보다 공동체적 구조가 되어야 하고 관계가 강조되어야 한다고 믿는다면 교사 교육의 구조가 먼저 공동체적 구조를 지녀야 합니다.

여기에서 말하는 공동체적 교사 교육은 교사대학의 한 과목으로서 공동체훈련과는 그 개념이 다릅니다. 교사들이 교육공동체에 참여함으로 자연스럽게 사회화(socialization)되고 문화화(en-culturation)되는 과정 속에서 교사의 자질이 형성될 수 있는 교사 교육의 차원을 의미합니다. 사실 교사에게 필요한 자질이나 인격, 품성, 그리고 지도력, 대인관계의 방식, 상담의 태도 등은 단기간의 교사대학식 교육으로 이룰 수 없는 영역입니다. 평상시의 지속적인 교사모임을 교육적인 구조로 바꾸고 교회 교육 부서 자체를 교육적인 공동체로 형성해 감으로써 그 과정(process)속에서 획득되어 질 수 있는 덕목들이라고 할 수 있습니다. 그렇기 때문에 교사 교육의 범위를 넓혀서 평소 교사와의 만남과 교육부서의 제반 교육활동을 교사 교육의 관점에서 고안하고 계획할 필요가 있습니다. 이것을 자연스럽게 이끌어가는 주체는 한국교회 상황에서는 교육부서 담당 교역자 교육목사 담임목사 등입니다. 이것은 여기서 논의되는 교사 교육의 새로운 모델이 이러한 교사 교육을 직접 수행하는 교역자들에게도 먼저 실천적으로 전달되어야 하는 것을 의미합니다. 다시 말해 교사 교육의 이전 단계로 교역자가 교사에게 교육리더십을 가지게 되는 것입니다. 리더십 모델에서는 우리가 갖고 있는 학교 사고방식을 극복하고 공동체적으로 교사 교육을 접근함으로 전혀 새로운 교사 교육의 지평을 열수 있을 것입니다.

2) 양육중심의 교사 교육

교회학교 교사 교육이 리더십 개발로서 공동체 안에서 학생들을 양육하고 전인적인 관심을 갖고 그들을 섬기는 리더로서의 교사를 양성하는 것이라면, 한국교회의 교사 교육은 오늘날 상아탑식의 대학이라는 학교형 패러다임에서부터 기본적으로 한국교회가 필요로 하는 교육리더를 양육하는 양육형 패러다임(nurturing paradigm)으로 전환하여야 합니다. 한국교회가 요청하는 교사상이 있고, 교사의 자질과 능력이 있는데 교사 교육은 이를 갖출 수 있도록 양육하는 과정이 되어야 합니다. 물론 신학적, 교육학적 지식과 기술도 필요하지만 이는 전체 교사 양성과정의 일부일 뿐입니다. 교사 교육은 획일적인 과정이라기보다는 각 교사의 삶의 여정을 돕고 하나님 나라의 일꾼으로 세워나가는 과정입니다. 지식 전수의 교사 교육에서 양육체제의 교사 교육으로 패러다임 전환이 이루어지기 위해서는 몇 가지 변화가 요청됩니다.

첫째, 교사 교육은 신앙성숙의 과정이 되어야 하며, 영적 지도자가 되는 과정이어야 합니다. 종전의 교사 교육에서는 교사들의 신앙적인 성숙은 개인적이고 사적인 일로 간주하며, 교사라고 하는 지위가 요청받는 기능을 가르치는 데에 초점을 두어 왔습니다. 그러나 교사 교육의 목적이 소공동체의 신앙적 리더의 양성이라면 무엇보다 신앙성숙이 교사 교육 커리큘럼의 근간을 이루어야 합니다.

둘째, 교사 교육은 관계적인 구조 안에서 이루어져야 합니다. 리더십 개발로서의 교사 교육은 교육담당자와 학생으로서의 교사와의 인격적인 만남이 전혀 이루어지지 않는 대형 강의실에서 이루어질 수 있는 성질의 것이 아닙니다. 때로 대규모 강의방식이 필요할 때도 있지만, 양육이 이루어지기 위해서는 피드백이 가능한 소그룹 형태가 바람직하며 교수는 이 소그룹의 리더로서의 역할을 감당하게 됩니다. 굳이 학교용어를 사용한다면 담임제로 부를 수도 있는데, 과목내용의 교수 외에도 생활전반을 통해 변화를 추구하여야 할 것입니다. 과거에는 공식적인 교육과정(formal curriculum)만을 중시하는 경향이 있었는데, 수업시간 외에 이루어지는 잠재적 교육과정(hiddencurriculum)을 통해 더 깊은 양육이 이루어질 수 있습니다.

셋째, 실천현장에서의 양육과 지도가 필요합니다. 교사들의 실제적인 교육적 기술과 능력이 평가되고 이것이 피드백 되어 보다 온전한 교사 교육이 이루어지도록 실천현장에서의 점검이 필요합니다. 예컨대 교육실습의 과정이나 인턴교사로서의 사역, 그리고 교사로서의 삶과 경험을 교육적인 관점에서 평가하고 추후 지도하는 것을 통해 보다 실천적인 능력이 있는 교육리더로 양성될 수 있습니다. 전통적인 교사 교육이 전혀 교사의 영성이나 양육을 다루지 않은 것은 아닙니다. 한 두 교과목이나 교사특강, 교사헌신예배 교사수련회 등을 통해서 다루고 있습니다. 그러나 기본 구조는 여전히 지식전수의 구조를 지니고 있으면서 교사의 영성은 보완적으로 다루는 경향이 있는 것입니다. 새로운 교사 교육은 이 구조를 바꾸어 기본적 구조를 양육체제로 하고 이에 더하여 다양한 과목을 통하여 보완하는 형태가 바람직합니다. 이는 교사 교육에 있어서 존재론적인 영역이 교수론적인 영역보다 더 중요하다고 생각하기 때문입니다. 교사의 가르침 이전에 교사의 삶이 교육합니다. 이는 전달매체가 전달내용이다 라는 마샬 맥루한의 커뮤니케이션 원리와 상통합니다. 그런 점에서 교사가 무엇을 소유(having)하도록 하는 것에 초점을 맞추기 이전에 교사의 존재(being)가 새로워질 수 있도록 돕는 것이 중요합니다. 교사 교육의 가장 근본적인 뼈대는 교사의 교육입니다. 이는 교사가 가르치는 내용을 숙지하거나 가르치는 방법을 익숙하게 터득하는 것 이전에 교사 자신의 신앙고백이 분명하고 지속적으로 하나님과의 교제를 갖고 그 하나님께 헌신하고 지속적으로 소명을 확인할 수 있는 것이 보다 중요함을 의미합니다. 이런 점에서 종전에는 교사 교육의 범주에 전혀 포함시키지 않았던 교사의 기본적인 신앙생활의 양육이 어쩌면 가장 중요한 교사 교육의 커리큘럼으로 인정되어야 합니다. 이는 일반 교육과는 다른 교회 교육이 지니는 독특성 때문이라고도 할 수 있습니다. 교회 교육에서의 교사 교육은 네 가지 중요한 차원을 갖습니다. 교회 교육에서 교사는 하나님과의 관계, 학생과의 관계, 내용과의 관계, 매체와의 관계라는 네 가지 중첩적인 관계를 지닙니다. 종래의 교사 교육은 상당부분 교육내용과의 관계 또는 매체와의 관계에 집중하는 경향이 있었고 보다 근본적인 하나님과의 관계와 학생과의 관계에서 성숙할 수 있는 교사 교육이 이루어지지 못했습니다. 리더십 모델에서는 탐구와 방법적인 기술을 포함하면서도 지속적인 신앙양육이 이루어질 수 있는 교사 교육의 형태가 될 필요가 있습니다.

3) 소그룹리더를 세우는 교사 교육

교회학교에서 교사는 단순한 교사(teacher)가 아니라 리더(leader)입니다. 교사라고 할 때에는 주로 교과를 가르치는 기능을 가장 중요시 합니다. 그래서 수학교사가 되기 위해서는 사범대학의 수학교육과를 입학하는데, 그 과정에서 가장 강조하는 것은 어떻게 하면 수학을 잘 가르칠 수 있는가 입니다. 그러나 교회학교의 교사는 단순한 교과교사가 아닙니다. 학생들에 대한 목회적 리더십을 수행하는 소그룹의 리더로서의 역할이 중요합니다. 교과목 교사보다는 담임교사의 역할과 가깝고, 중고등학교의 과목별 전문교사의 개념보다는 초등학교에서 전 교과를 다 가르치면서 한 학급을 맡아 지도하는 교사가 보다 근접한 유형이라고 할 수 있습니다. 리더십 개발로서의 교사 교육은 미리 설정된(pre-set) 교육 과정에 철저히 매이는 방식이 되어서는 안 됩니다. 학문중심교육 과정이나 교과중심교육과정은 가르칠 학문이나 교과가 고정되어 있어서 그것들을 가르치는 것이 목적이 되고 학생들은 그 도구가 되기가 쉽습니다. 그러나 리더십 모델에서는 구성원들의 필요에 민감할 것이 요청됩니다. 교육은 교과중심이라기보다는 구성원중심으로 이루어집니다. 그러나 이는 과제나 과업을 무시하는 것을 의미하지는 않습니다. 구성원의 필요와 가르칠 내용으로서의 주제를 가장 잘 연결 시킬 수 있는 능력을 갖는 것을 의미합니다. 이를 위해서 교사 교육은 성경에 충실하여야 하며 동시에 구성원들과 그들이 속해 있는 문화에 대해서 민감해야 합니다. 리더십 개발은 구성원들을 리더로 세우기 위해서 경직되는 것이 아니라 융통성(flexibility)을 갖는 것입니다. 이는 리더로서의 교사의 역할이 교재의 내용을 전달하는 한 가지가 아니라 실로 다양하기 때문입니다. 헥과 윌리암스(Heck & Williams)는 21세기 교사의 역할이라는 책에서 리더로서 교사의 다양한 역할을 설명하고 있는데 이를 요약하면 다음과 같습니다. "인간으로서 교사/보호하는 역할, 동료로서 교사/지원하는 역할, 동역자로서 교사/보완적인 역할,

이해자로서 교사/양육하는 역할, 학습촉진자로서 교사/상호작용의 역할, 연구자로서 교사/ 실험하는 역할, 프로그램 개발자로서 교사/창조하는 역할, 관리자로서 교사/계획하는 역할, 교사되기/열망하는 역할, 의사결정자로서 교사/문제해결의 역할, 전문지도자로서 교사/도전하는 역할 등입니다". 이제는 교사를 단순히 교과를 잘 가르치는 역할로서만 인식할 것이 아니라 복합적인 역할을 지닌 교육리더(educationalleader)로서 인식하고, 리더를 세우는 교사 교육을 실천하여야 할 것입니다.

4) 커뮤니케이션 중심의 교사 교육

기존의 수업(instruction)중심으로 이루어졌던 교사 교육이 리더십 모델에서는 커뮤니케이션(communication)중심으로 확대됩니다. 수업이라는 개념은 강사가 다분히 일방적으로 언어를 매개로하여 지식을 전달한다는 의미를 담고 있습니다. 그리고 수업이라는 공식적인 공간과 시간 안에서 이루어지는 가르침을 의미합니다. 그러나 커뮤니케이션의 관점에서 생각할 때 학생에게 영향력(influence)을 주는 모든 과정이 교육적 관심의 대상이 됩니다. 리더십 모델로서의 교사 교육은 바로 교사들에게 커뮤니케이션을 통해 영향을 주어 보다 좋은 리더로 세우는 것이고, 이 과정에서 이루어지는 모든 커뮤니케이션 과정이 리더십 개발로서의 교사 교육 안에 포함되어집니다. 이런 관점에서의 교사 교육은 교사대학이나 교사세미나와 같은 공식적인 수업 상황에서만 일어나는 것이 아닙니다. 교회생활에서 교역자와 교사들 간의 자연스러운 대화의 시간과 만남의 시간, 멘토링이나 소그룹 모임과 같은 관계를 통해 얼마든지 교사 교육이 이루어질 수 있습니다.

커뮤니케이션에는 언어적 커뮤니케이션이 있고 비언어적 커뮤니케이션이 있는데 리더십 개발로서의 교사 교육은 언어적 커뮤니케이션에 국한되지 않습니다. 비언어적 커뮤니케이션, 예컨대 몸짓, 제스처, 눈 맞춤, 또한 지도자의 열정, 확신, 사랑, 겸손, 성실, 개방성, 친절, 이 모든 것이 교사됨을 가르치고, 교사를 진정한 리더로 세우는 교사 교육의 내용이요 과정(process)이 됩니다. 또한 커뮤니케이션에는 일방적 커뮤니케이션이 있고 쌍방적 커뮤니케이션이 있는데, 종전의 수업이 주로 일방적 커뮤니케이션에 기초되어 있다면, 커뮤니케이션 모델은 쌍방적 커뮤니케이션을 강조합니다. 왜냐하면 커뮤니케이션(communication)이라는 단어 안에 이미 공동체(community)가 들어 있기 때문에 쌍방향이고 다 방향이어야 한다는 것이 전제되어 있습니다. 리더로서 교사 교육 담당자가 항상 송신자(sender)가 되고 추종자로서 교사가 항상 수신자(receiver)가 되는 것이 아니라 서로가 송신자가 되고 수신자가 되어서 커뮤니케이션함으로 서로를 세워나가는 구조가 되어야 합니다.

일반적으로 교육과정을 말할 때에 세 가지 교육과정으로 분류하는데, 공식적 교육과정(formal curriculum), 잠재적 교육과정(hidden curriculum), 그리고 영의 교육과정(null curriculum)입니다. 그런데 커뮤니케이션 모델은 공식적 교육과정만이 아니라 잠재적 교육과정, 심지어는 영의 교육과정도 진지하게 고려합니다. 교사대학의 과목에 포함된 것들을 공식적 교육과정이라고 한다면 휴식시간이나 교사 상호간의 관계 속에서 학습되는 것이 잠재적 교육과정이며, 교사 교육에서 다루어야 함에도 잠재적으로도 취급되지 않는 영역을 영의 교육과정이라고 말할 수 있습니다. 흔히 교사 교육을 생각할 때 무슨 과목을 개설할 것인가를 떠올리는데, 이는 많은 교사 교육의 영역 중 작은 한 부분임을 인식해야 합니다. 커뮤니케이션과 영향력의 관점에서 교사 교육을 접근하면 무엇을 잘 가르치는 것보다 더 중요한 것은 과연 배우는 학생들로서 교사들에게 어떤 커뮤니케이션이 일어났고, 그들에게 어떤 영향이 나타날 것인가라는 학습(learning)에 더 초점이 있습니다. 이런 의미에서 교사 교육은 언어적, 비언어적 상호작용을 포함하며, 다양한 커뮤니케이션의 형태가 포함됩니다. 커뮤니케이션 모델에서는 미디어 사용에 있어서도 문자미디어만이 아니라 다양한 미디어를 활용함으로 멀티미디어 커뮤니케이션이 이루어지는데, 말이나 문자, 인쇄활자 등과 같은 미디어는 물론, 시청각 미디어와 그보다 더 복합적인 기능을 수행하는 전자미디어들을 사용하는 커뮤니케이션을 통해 교사 교육이 이루어질 수 있습니다. 이는 시각이나 청각만을 의존하던 커뮤니케이션 방식에서 시각과 청각을 동시에 사용하고, 인간의 오감을 다양하게 활용함으로 더 강렬한 영향을 미칠 수 있음을 의미합니다. 그리고 지적인 커뮤니케이션만이 아니라 감정의 커뮤니케이션을 통한 교육도 가능함을 인정하는 것입니다. 이때까지의 교육이 머리의 교육이었다면 리더십 모델은 마음의 교육으로의 변화를 지향합니다. 이러한 커뮤니케이션 모델은 감동이 있고 마음으로부터 배우는 교사 교육을 가능케 할 것입니다.

5) 실천과 참여의 교사 교육

학문과 현장, 이론과 실천 사이의 깊은 괴리가 교사 교육에서도 심각한 문제점으로 나타나고 있습니다. 교사 교육이 학문중심 이론중심이기에 언제나 교사 교육은 원론적인 수준에 머무르는 경향이 있고, 교사 교육 담당자는 개 교회 교사들이 이것들을 실천에 응용해 주기를 기대하지만 현장은 현장의 논리에 의해서 움직여지기에 결국 그들이 그동안 사용해온 방식에 머무르게 됩니다. 그러나 리더십 개발로서의 교사 교육은 기본적으로 실천과 참여를 중요하게 여깁니다. 리더십 개발의 생명은 실제적인 리더의 역량을 발휘할 수 있도록 변화시키는 데에 있습니다. 교사로 하여금 리더십에 대해 배우게 하는 것이 목적이 아니고 교사로 하여금 리더가 되게 하는 것이 목적이고, 교육의 현장에서 변화의 능력으로 나타나는 것이 목적입니다. 이를 위해서는 교사 교육이 실천에서 시작하여 실천으로 끝나야 합니다. 이론은 실천의 변화를 위한 것이기에 실천과 괴리된 이론은 더 이상 생명력을 지니고 있지 않습니다. 이는 이론이 필요 없음을 의미하는 것이 아닙니다. 현장에서부터 문제가 도출되어 이를 이론적으로 성찰하고 다시금 현장에서 변화를 일으킬 수 있는 모습으로 교사 교육에서 다루어져야 합니다.

원래 교육은 앎(knowing)과 삶(living)이 분리되지 않는 통전적 형태였습니다. 원시 수렵사회에서는 물고기를 잡는 방법을 배우는 것은 바로 앎이었고 삶이었습니다. 그러나 학교제도가 발달하면서 학교는 삶으로부터 앎을 분리시키게 되었습니다. 학교는 부유한 계급의 자녀들이 삶에서부터 분리된 공간에서 유희로서의 삶을 추구하는 장이 되었습니다. 그러나 진정한 교육은 앎과 삶이 하나 되게 하는 것입니다. 리더십 개발로서의 교사 교육은 이론과 실천, 앎과 삶이 분리되는 것이 아니라 이것이 하나임을 입증할 수 있어야 합니다.

이런 의미에서 교사 교육은 과감히 강의식 형태가 아니라 워크숍(workshop) 형태로 전환될 필요가 있습니다. 그리고 실제적으로 교사가 주도적으로 참여하여 실습할 수 있는 구조로 바뀌어야 합니다. 최근 대학에서 많이 사용하기 시작하는 수업클리닉도 참조할 수 있을 것입니다. 교사 개개인의 가르치는 모습을 비디오에 담아, 내용 전개방식이나 언어 전달방식을 물론, 표정, 제스처, 유머 기술 등을 개선할 수 있는 작업이 이루어져야 합니다. 이런 점에서 임상을 강조하는 의사 양성과정은 교사 양성과정에서 중요하게 고려하여야 합니다. 의과대학 시절부터 실습을 중요시하며 인턴 과정과 레지던트 과정을 통해 구체적인 실습과 임상훈련을 합니다. 그런 실천적 노력이 현장에서의 변화 능력을 가장 잘 보장할 수 있는 것입니다. 리더십 개발로서의 교사 교육은 다름 아닌 교사가 실천의 장에서 능력 있는 리더로 활동하는 것을 보증하는 것이 되어야 합니다.

교사 교육의 형태

일단 교회가 교사를 모집하고, 인정하고, 지원하는 전략을 수립할 때는 그 전략 속에 체계적인 교사 교육 프로그램을 포함시키는 것이 중요합니다. 많은 교회학교는 교사 교육을 장기적인 안목에서 계획하고 실천하는 것이 아니라 즉흥적, 단발적, 형식적, 일률적, 비체계적으로 시행하고 있습니다. 우리는 일관성 없는 교사 교육에서 벗어나서 지속적이고 연계성을 갖춘 종합적인 교사양성 시스템을 갖추어야 합니다. 이를 위해 교회학교 리더들이 중심이 되어 논의하고 계획을 세워야 합니다. 교사 교육의 새로운 모범과 방향을 정립하고 이를 실행해야 합니다. 이러한 일은 개인 한사람에게 일임하는 것보다 '교사 훈련부' 혹은 '교사 교육위원회'를 구성하여 필요한 자원들을 준비하고 훈련과정과 프로그램을 기획 · 실행 · 평가하는 것이 효과적입니다.

강습회의 여러 가지 형태

아래의 것들은 교회 자원 교사들에게 제공될 수 있는 강습회의 여러 가지 형태들입니다. 이 제안들은 평가되지 않은 것으로 그 가치에 따라 순서대로 나열한 것은 아닙니다.

1) 정규적 교사 회의의 한 부분으로서 간단한 훈련 시간.
만약 교사들이 매월 또는 다른 정규적인 시간에 모인다면 교수에 관한 특별한 자료, 방법, 활동, 기술, 개념들을 연구하는데 그 회의의 30~90분 정도의 시간을 할애할 수 있습니다.

2) 한 학년을 담당한 모든 교사들을 위한 예습 시간.

한 교회 또는 몇 교회에서 같은 교육 과정을 사용할 때 각 단원마다 한 번씩 모여서, 교사들이 서로에게서, 또는 교육 지도자에게서 다음 단원에 관계된 예습을 할 수가 있습니다.

3) 자습 또는 지도 훈련.

교사 개개인이나 2~3명 교사로 된 소집단에서 사용될 수 있는 알맞은 인쇄 자료, 녹음 자료, 시각 자료를 찾을 수가 있습니다. 그것으로 교사들이 훈련의 과정과 더 넓고 깊은 이해의 과정에 그들이 편리한 대로 모여 연구할 수 있습니다.

4) 하루 밤 강습회

한 집단의 교사들을 위해 2~3시간 정도의 모임이 계획될 수 있습니다. 이것들은 제일 추진하기 어려운 것입니다. 먼저 모이는 모임과 다음 번 모임 사이에 연속성이 거의 없습니다.

5) 연속적인 접근 모임 (The series approach)

한 정해진 기간 동안 몇몇 모임들이 매주 또는 매달 진행됩니다. 각 모임들은 서로 다른 것들과 관련이 있어서 이 연속적인 모임이 기본 주제나 기술의 체계적인 발전을 제공하게 됩니다.

6) 집중적 발전적 방법

6개 또는 그 이상의 모임이 비교적 짧은 기간, 주간, 한 주간, 3주간 동안 매주 이틀씩이나 하루씩 모이도록 추진됩니다. 교수-학습 과정의 기본 요소들을 지적하고 연습하고 평가합니다.

7) 소집단, 연구실 방법

비슷한 연령 그룹의 학생들을 맡은 교사들의 소집단들이 가지는 몇몇 시간들, 초점은 지도자와 교사로서 지적되는 교사들의 특별 요구들에 둡니다. 과제는 수업시간의 관찰과 실습이 포함 됩니다.

8) 반복할 수 있는 경험들

교실에서 반복 사용될 수 있는 특별한 경험들을 제공하는 한 시간 이상의 시간들을 말합니다. 초점은 내용 교수내용, 또는 기재와 자료의 사용에 둡니다.

9) 동료제도

모든 교회학교 교사들은 적어도 같은 연령층을 가르치는 일반 학교 교사를 한명 정도는 알고 있을 것입니다. 많은 일반 교사들이 주일날도 교회학교에서 가르칠 수 없다고 느낍니다. 그러나 바로 이 같은 교사들 중 대다수가 일정한 시간에 교회학교 교사들과 의논하는 일에는 기꺼이 응할 수 있을 것입니다. 만약 교회학교 교사들이 그들에게 한 해 동안 "동료"가 되어 주도록 부탁한다면 아주 좋은 일들이 많이 일어날 것입니다. 교회학교 교사는 일반 학교 교실에 몇 번 참관할 수 있습니다. 두 교사가 서로 가끔 만나서 의논과 계획을 할 수 있을 것입니다. 일반 학교 교사도 교회학교에 참관할 수 있고, 도움이 되는 평가나 비판을 제공할 수 있습니다.

10) 지방대학 또는 야간 학교 과정

많은 지방의 학교나 대학들이 지역 사회 프로그램에서 가르치는 많은 사람들을 위한 과정들을 제공하고 있습니다. 몇몇 지방 대학에서는 요구가 있는 대로 그 과정들을 제공할 것입니다. 그것은 확실한 숫자의 사람들이 그 과정에 등록하겠다고 약속하면 이루어질 것입니다.

위에서 제시한 여러 방법들을 볼 때, 우리는 교사에게 제공할 수 있는 기회가 한정되어 있지 않다는 사실은 명백합니다. 한 형태의 강습회가 단지 한 교사의 요구를 채워줄 수 없을진대, 하물며 그 한 가지 형태가 다른 모든 교사들의 요구를 충족시켜 줄 수 없다는 사실은 명백한 일입니다.

교사 교육의 기회를 제공하는데 책임을 지는 사람은 누구나 아래와 같은 것이 포함되는 전략을 세워야 합니다. 그것은 여러 방법이 포함되고, 자기의 요구를 채워줄 가치 있고 흥미 있는 것을 선택하며 응답하도록 격려되고, 그 시간과 위치가 가장 편리한 이상의 요소들입니다.

만약 교사들을 더 온전케 하려면 그가 있는 처지 즉 특별한 요구와 책임을 가진 교사를 위해 잘 계획되고 선전되고, 실행되는 전략을 개발해야 하는 것입니다.

전문적 지도자가 없는 교회의 교사 교육

모든 교파의 대부분의 교회들은 교인의 수와 교회 학교의 등록 수에 따라 작은 교회 내지 중간 교회로 구분할 수 있습니다. 교인의 수가 350~400명까지의 교회를 중심으로 생각합니다. 이 크기의 교회들은 파트타임 전문 교육 지도자가 별로 없고 풀타임 지도자는 거의 없는 실정입니다. 그러나 이러한 작은 교회내의 교사들도 교육 지도자를 고용할 수 있는 큰 교회에서처럼 후원과 지도자를 요구하게 됩니다.

교사들이 보다 더 잘 가르치기 위한 통찰력, 기술, 자료와 동기 등을 제공하려면 보다 많은 시간, 에너지, 돈과 헌신을 투자하지 않으면 교회 안의 가르침의 효과를 향상 시킬 수가 없습니다. 아래의 것들은 그들의 교사들에게 교사 교육을 제공하기 위하여 작은 교회들에 의해 고려될 수 있는 몇 가지 개관입니다.

1) 한 도시의 다른 교파 교회들이 한 지방의 같은 교과 교회들이 인적 자원, 돈, 자료들을 합하여 다음과 같이 할 수 있습니다.

① 모든 교회를 위한 파트타임 또는 풀타임의 교육 전문가를 고용합니다.

② 교사 교육 프로그램을 계획, 선전 실행하기 위해 교육 위원회를 설치합니다.

③ 모든 교회에서 사용할 새로운 자료를 공급하고, 모든 교육기

재들을 한데 모아 교육 기재 자료 센터를 세웁니다.

④ 교사에게 특별한 능력이나 특별한 제목의 영역의 훈련이나 도움을 제공할 수 있는 여러 교회의 인적 자원을 찾고 모읍니다.

2) 한 교회는 그들 교회 교육의 지원자로 봉사하도록 가르치는 능력을 가진 2~3사람을 지명하고 특별한 훈련을 제공할 수 있습니다. 미국에서는 the National Teacher Education Project 에서 제공하는 the Teaching Skills Institutes 는 교사 교육 프로그램을 인도하려는 사람을 위해 기본 훈련을 제공해 주는 뛰어난 프로그램입니다. 이러한 형태의 프로그램에 참여하여 훈련을 받고 그들이 자기 교회로 돌아가서 자기 교회의 지도력을 제공하려 할 때 도와 줄 수 있도록 한 사람 이상을 파송시키는 것이 중요합니다.

3) 교회 교육에 흥미 있고, 능력이 있는 적은 교회의 목사는 교회 교사 교육을 위해 몇 사람을 자기와 같이 일하도록 모집할 수 있습니다. 목사는 한 단원을 예습시킬 수 있고, 다른 사람들이 같은 단원의 교사 활동과 자료들에 대해 공부 시킬 수 있습니다.

4) 교사 양성 책임자나 위원회는 각기 교사를 위한 동료들을 찾도록 할 수 있습니다.

5) 교사 양성 책임자는 교사들이 계획하고 조화된 방법으로 사용하기 위해서 자기 교파 사무실, 자료 센터, 서점 등에서 자료를 빌리거나 대출 받을 수 있습니다.

• 브라운(C. C. Brown)도 소교회의 교사 기초 훈련을 네 가지

유형으로 나누고 있습니다.

1) 외부 기관 주최 교사 강습회 웍샵 참여: 지방회, 노회, 총회 주최 모임.

2) 교회 안에서 자체 훈련 실시 : 출판된 교사훈련 자료들에 의지해서 소규모로 교육합니다. 자체 교육을 담당할 지도자는 목회자, 일반학교 교사, 타교회의 DCE를 초청합니다.

3) 기독교 교육 관계 정기 간행물을 구독하여 훈련에 활용 : 교회가 교육 잡지를 구입 교사들에게 주어 집에서 각자 읽고 스스로 배우도록 이끕니다.

4) 교사 헌신예배를 결단과 훈련의 기회로 삼습니다 : 예배 순서 중에 "헌신 약속문"을 읽으며, 예배 후에 축하회도 계획하여 격려합니다.

이상에서 제시된 어떤 것이라도 그것 자체로 사용될 수 있지만 몇 가지 전략이 함께 조화되어 사용된다면 최대한의 효과를 제공할 수 있을 것입니다. 이상의 개관에서 가장 중요한 문제는, 교회 안에 한 사람 또는 몇 사람이 교사 양성의 요구를 깨닫고, 도움이 될 프로그램을 진행할 책임을 져야 한다는 것입니다. 각 교회에서는 전체적으로 조화된 전략을 개발할 필요가 있습니다. 또한 몇 개의 교회가 함께 협력한다면 그것은 가장 바람직한 일이 될 수 있겠습니다.

「교사 훈련을 위한 지침서」를 쓴 도날드 그릭스는 여러 교파를 대표한 30~300명의 교사들을 위한 강습회를 자주 진행하면서 나는 스스로 아래의 방법이 최고의 것이라 결론 맺을 수 있었습니다.

1) "우리는 이 일에 모두 함께 있다"(We are all in this together)라는 자세를 가지라.

아무도 전문가는 아닙니다. 다른 사람보다 낫거나 보다 못한 우리는 모두 교사들입니다. 우리들 각자는 가르침에 있어 더 많은 능력을 갖기를 원합니다. 교사들이 자신에 대해, 타인에 대해, 그들의 과제에 대해 안정감을 갖도록 워샾을 계획할 때 비형식적으로 계획하라(Keep the workshop low-key).

2) 청중에게 있어서는 강의는 3시간 워샾에서 30~40분은 최대한의 시간입니다. 강의를 최대한 줄이라.

3) 가르치는 활동과 자료를 사용하는 일을 직접 경험하도록 하라. 이러한 직접적인 경험들은 중요한 교육 원리들을 지적하기 위한 기초로 사용하라.

4) 그들 자신이 가르치는 상황에 사용하거나 적용할 수 있게 가르치는 활동들을 계획하라.

5) 작은 그룹에서 사람들이 상호작용할 수 있도록 많은 기회를 제공하라. 작은 그룹의 연구, 창의적 활동의 결과를 전체 그룹에게 나누거나 보고하도록 계획하라.

6) 워샾 하는 동안 교육 기재를 다양하게 사용하라.

7) 교사들이 그들의 집에 가져갈 수 있도록 자료들을 복사하라.

8) 사람들이 책을 읽거나, 미리 보기 위해서 자료와 교재를 놓을 수 있는 여러 개의 상을 준비하라.

9) 워샵을 할 수 있는 큰 방을 이용하라. 사람들이 의자에 편안히 앉을 수 있게 방을 정돈하라.

10) 시각전달을 위해 빔 프로젝트를 사용하라. 미리 준비된 내용들, 작은 그룹의 보고, 기본 개념 등을 사용하라.

11) 강습회의 전달된 내용뿐만 아니라 그 과정 자체가 가르치도록 강습회를 잘 계획하라.

12) 참여자들이 말하거나 행동한 후, 그들이 긍정적인 지지를 받도록 그에게 잘 응답하라.

13) 마음을 개방하고 참여자들이 자유롭고 창의적으로 그들 자신들이 활동 하도록 격려하라.

14) 강습회 시간에 말해 지는 것들은 경험 있는 교사에게는 강습회에서 받은 것들 위에 다른 것들을 쌓을 수 있는 것이어야 하고, 경험 없는 교사에게는 받은 것을 실행해 볼 수 있는 실제적인 것이어야 합니다.

가르침이 예술인 것처럼 교사 교육도 계획되고 인도되어지는 예술입니다. 많은 사람들이 매우 실제적인 도움을 제공하는 여러 종류의 강습회에 참석해 오고 있습니다. 교사 강습회에 참석한 후 참석자들은 다음 주 그들의 교실에서 그들이 새로운 것을 할 수 있도록 도움을 받을 특권이 있습니다. 교사 강습회를 인도하는 이들은 매 강습회를 위한 주의 깊은 준비와 도움이 될 지도력을 제공하기 위해 높은 기준을 세워야 합니다. 너무나 많은 교사들이 너무 빈약하게 계획되고, 엉성하게 진행된 워샵에 참여해 왔습니다. 이와 같은 것은 더 이상 하지 말아야 합니다.

교사 교육의 10가지 형태들

아래의 형태들은 교사 교육 강습회를 위해 보다 중요한 주제라고 생각합니다. 아래의 강습회들은 최소한 3시간이 소비됩니다. 그러나 더 짧은 시간이라면 각 강습회의 계획 중 한 부분을 뽑을 수도 있고 또 그 이상의 시간이면 보다 철저하게 할 수 있습니다. 각 강습회는 한 사람에 의해 지도될 수도 있고 2~3 인도자의 팀도 가능합니다. 각 설명 안에 제안한 것은 같은 주제로 강습회에서 사용해 본 것입니다. 만약 당신이 당신의 상황에 잘 맞거나 관심 있는 것을 참고하려면 제시하는 것 중에서 첨가하거나 빼도 좋을 것입니다. 당신은 위에 쓰여 진 목적에 의해 여러 가지 방법으로 강습회를 계획할 수도 있습니다.

1) 학습 계획(Planning for teachng).
(교사들을 위한 3시간의 워샾)
교사들은 그들의 학습 내용을 결정할 때 보통 주어진 공과에 의존합니다. 공과 집필자가 전국을 대상으로 쓰기 때문에 각기의 교사와는 잘 맞지 않을 것입니다. 대부분의 공과는 가르치는 것보다 더 많은 양을 제공합니다. 그러므로 교사는 주어진 상황에서 무엇을 가르칠 것인가를 결정하는데 있어 도움을 필요로 합니다. 모든 연령층의 학습 경험은 그들 자신의 연구와 발견의 과정에서 학생이 참여하거나 동기 부여 받기 위하여 창의적으로 계획할 필요가 있습니다. 이 워샵은 창의적인 학습 계획을 교사가 할 수 있도록 매우 구체적이고 도움이 되는 단계에 중점을 둔 것입니다.

· 이 워샵을 통하여 교사는 다음과 같이 할 수 있을 것입니다.

① 가르칠 기본 개념을 지적하고 제한된 시간 안에 무엇을 가르칠 것인가를 선택할 수 있습니다.

② 교사의 계획과 학생의 활동을 지도할 구체적인 교수 목표를 설정할 수 있습니다.

③ 기본 개념을 정하고, 목표를 성취하기 위한 교수 자료와 활동들을 선택할 수 있습니다.

④ 그들의 학습안 작성에 평가할 수 있는 몇 개의 도움이 되는 기준을 사용할 수 있습니다.

⑤ 그들 자신의 공과에 관련되는 학습 계획을 위해 특별한 과정을 사용할 수 있습니다.

⑥ 학습안 게임 (The planning game) 을 사용하여 학습 계획을 실습할 수 있습니다.

2) 교회 교육에 있어서의 팀 티칭

(3시간 워샵)

기독교 공동체의 하나의 모습은 교회의 선교와 전체 봉사를 위해 사람들이 함께 책임감을 나눈다는 것입니다. 교회 교육에서 교사를 위해 제공될 팀 티칭이 학생들의 학습을 촉진하는 것으로의 긍정적인 가치가 많이 있습니다. 특히 공개 수업, 개인화된 가르침, 연령층에 따른 그룹의 학습이 크게 강조되기 때문에 교사들이 팀 티칭을 통해 가르친다는 것은 좋은 훈련이 될 것입니다.

· 이 웍샾에 참여한 사람들은 다음과 같이 하게 됩니다.

① 그들 자신의 상황에 적용할 수 있도록 팀 티칭을 실제적으로 정의할 수 있습니다.

② 팀으로 계획하고 결정하는 경험을 합니다.

③ 팀으로 계획하고 가르칠 수 있는 몇 가지 방법을 선택하고 제시합니다.

④ 교사의 역할에 있어 그의 요구를 토의 합니다.

⑤ 효과적인 팀 계획과 가르침을 위한 10단계의 체크 리스트를 고려합니다.

· 이 웍샾에서의 자료는 "교사 1. 2. 3 게임"(Teacher Survival)을 사용할 수 있습니다.

3) 어린이의 눈을 통해서 본 하나님

(God through the eyes of child)

교사들이 가르치는 대상의 입장에서 하나님, 예수, 교회, 성경과 세상을 이해하면 교사와 부모들은 더 효과적으로 가르칠 수 있습니다. 어린이들은 그들의 하나님 이해에 있어 단순한 개념에서 시작하여 발달합니다. 그들은 성인들이 사용하는 개념을 이해할 수가 없습니다. 그러므로 성인들은 어린이의 눈을 통하여 추상적인 개념을 볼 수 있도록 노력해야만 합니다.

· 이 웍샾에 참여한 자는 다음과 같이 할 것입니다.

① 어린이의 개념의 발달에 대한 간결한 강의를 듣습니다.

② 하나님 사고에 대해 어린이들이 어떻게 성장하고 발전하는지를 탐구합니다.

③ 어린이들이 그들의 부모나 교사에게 질문하는 어려운 어떤 질문들을 지적합니다.

④ 교회나 가정에서 어린이들을 가르칠 때 사용될 수 있는 여러 종류의 자료들을 예습합니다.

⑤ 어린이들이 해 본 창의적인 쓰기 활동을 통하여 하나님, 예수, 교회, 성경, 세상에 관한 그들 자신의 다양한 표현을 경험합니다.

4) 교사, 학생의 상호작용을 증진시키기

(5~6시간 웍샵)

교회에서의 많은 가르침은 교사와 학생의 구어(The spoken words)에 의존합니다. 교회 학습에 많은 참관자들은 교실에서 일어난 대화 중 75~90%가 교사에 의한 말이라고 보고합니다. 학생들은 그들 자신의 학습에 활동적으로 참여할 수 있을 때, 그 학습은 가장 큰 동기를 주는 게 사실입니다. 교사가 언어활동을 통하여 학생들의 참여를 증진시킬 수 있는 여러 가지 방법들이 많습니다.

· 이 웍샵에 참여자들은 다음과 같이 할 수 있을 것입니다.

① 교실 내 활동을 위한 구어, 기록된 지시들을 개발하는데 있어 몇 가지 기준들을 사용할 수 있습니다.

② 질문의 일반적인 3가지 범주를 지적하고 각 범주에 해당되는

질문들을 준비할 수 있습니다.

③ 상호 작용에 학생들이 참여할 때 따르는 12가지 원리들의 체크 리스트를 개발할 수 있습니다.

④ 교사들이 지시하는 말, 강화, 질문법을 촉진시키기 위해 상호 지지나 평가하는 과정에 따른 교사와 같이 일할 수 있습니다.

· 이상의 목표들을 성취하기 위해서 참여자들이 직접적으로 필요한 능력을 개발시킬 몇 개의 녹음된, 필름으로 된, 계획된 자료와 활동들이 사용될 수 있습니다.

5) 성경을 연구하고 가르치는 데 있어서의 창의적인 방법들

(3~10시간 웍샾)

성경은 어린이, 청년, 성인들을 교육하는 데 있어서 교회 교육의 기본 교과서입니다. 모든 사람들은 그 자체의 메시지가 그들 자신의 생활에 적용되도록 성경을 읽고, 연구하고, 해석하는 데 있어 도움을 필요로 합니다. 그것은 및 구절을 읽거나, 토의하거나 선택된 몇 구절을 암송하거나, 학습지 빈 칸에 채우는 것으로는 충분치 못합니다.

성경은 창의적으로 연구하거나 사람들이 몇 가지 기본 기술을 개발하거나 기본 자료들을 이용할 수 있는 것을 요구합니다. 성경을 배우기 위한 가장 효과적인 방법은 성경을 탐구하거나 그 메시지를 현재 상황에 적용시키는 과정에 직접으로 참여케 하는 일입니다.

· 이 웍샾에 참여한 결과 사람들은 다음과 같이 할 수 있습니다.

① 성경에 대한 그들 자신의 연구를 위의 몇 가지 기본 자료들과 기술을 사용할 수 있습니다(성구 사전, 성경 사전, 주석, 성경 지도 등).

② 귀납법과 연역법의 가르침의 형태를 비교할 수 있습니다.

③ 어느 연령 그룹이든 성경을 가르칠 때 적용하는 몇 개의 기본 원리들을 지적할 수 있습니다.

④ 그들 자신의 교실에서 성경연구 방법의 6~10가지 중 몇 개를 반복하여 사용할 수 있습니다.

⑤ 성경을 가르치는데 다양한 교육 기재 및 자료를 사용할 가치를 들 수 있습니다.

⑥ 그들 자신의 교실에서 성경을 가르칠 때 필요한 자료들을 결정할 수 있습니다.

· 이 워샵에서 경험하는 성경 연구의 방법들은 "Twenty ways-teaching the Bible"의 책에 포함된 방법을 사용할 수 있습니다.

6) 교수 활동을 통한 성경 "번역"

(6~9시간 워샵)

기독교회의 한 가지 중심 되는 활동은 성경을 각 나라 사람들의 언어로 번역해 온 것입니다. 오늘날 우리나라에서 성경을 번역하는 중요한 또 하나의 영역은 바로 교회학교 교실입니다. 모든 연령층의 학생들은 그들이 이해할 수 있고 응답할 수 있는 언어로 된 성경을 듣고 읽고 경험하기를 요구합니다. 교회학교 교사는 여러 면에서 보면, "번역자"(Translator)로 봉사합니다.

효과적인 번역자가 되기 위하여 교사들은 능력을 개발하고 자료를 사용하고, 좋은 소식을 전하기 위한 전략들을 강구해야 합니다. 이 웍샾은 그들 자신의 교실을 위해 사용하는데 적당하고 반복할 수 있는 다양한 가르치는 활동들을 참여자에게 제공해줄 것입니다.

· 이 웍샾에 참여자들은 다음과 같이 하게 될 것입니다.

① 교회 학교 교사를 위한 기본적 역할로서 번역자의 역할을 생각합니다.

② 모든 교사들이 각기 수업을 준비하고 가르치는 과정에 있어 결정해야 할 10가지 중요한 결정을 예습합니다(참고, 교사 훈련을 위한 지침서 2장).

③ 구약과 신약에 초점을 맞춘 창의적 학습 활동 시리즈에 참여합니다.

④ 성경을 가르치기 위한 모델로 두 분명한 고안된 활동들을 직접적으로 경험 할 수 있습니다.

⑤ 창의적인 가르침을 위해 유용하고 다양한 자료들을 탐구합니다.

· 이 웍샾은 3학년부터 성인반까지를 위해 특별히 계획할 수 있는 것들입니다. 어린이들의 교사들은 자신의 개인 성경연구를 위해 도움이 될 통찰력을 발견할 수 있고, 그들 자신의 가르침에 여러 기본 원리들을 적용할 수 있을 것입니다.

7) 교육 기재의 창의적인 사용

(교사를 위한 3~6시간의 웍샵)

오늘날 사람들은 기재의 세계 속에 살고 있습니다. 가정, 학교, 교회 및 다른 기관들은 다양한 기재의 영향을 경험하고 있습니다. 사람들은 이러한 과정에서 그들의 감각 모두를 사용하게 되면 보다 효과적으로 전할 수 있고, 배울 수도 있습니다. 교사들은 이미 많은 기재들을 갖게 되고 적은 노력으로 많은 다른 자료들을 구 할 수 있게 되었습니다.

이 웍샵은 교사가 그들의 학습을 준비할 때 기재를 사용할 수 있는 방법과 같은 기재를 사용할 때 학생을 참여시키는 방법에 초점을 맞추고 있습니다.

· 이 웍샵에 참여한 교사들은 다음과 같이 할 수 있을 것입니다.

① 몇 가지 교육 기재들과 자료들을 사용할 수 있습니다.

② 앞으로 학습을 계획할 때 관계되는 몇 개의 기본 개념들을 창의적 형식으로 표현할 수 있습니다.

③ 기재를 사용하고 선택할 때 기준을 지적할 수 있습니다.

④ 그들의 교회가 구입하여 사용할 수 있도록 몇 가지 기재들을 선택하고 추천할 수 있습니다.

⑤ 여러 가지 기재를 사용하는 다양한 방법을 기억할 수 있습니다. 또는 그 이상 아래 자료들이 이 웍샵에 촛점을 맞추기 위해 선택되어 질수 있을 것입니다. 기록할 수 있는 스라이드(Write-On slides) 카메라로 찍은 스라이드, 카셋트 녹음기, 오버헤드 프로젝타, 필립 스트림, 16mm 필림 스트림, 교수용 그림, 축음기 레코드 등.

8) 학습에 학생들을 참여 시키는 법

(6시간 웍샾)

학생은 그들 자신의 학습 과정에 참여되었을 때 가장 효과적으로 배웁니다. 학습 활동에 학생을 참여시키는 여러 가지 열쇠 즉 동기, 생활 경험에 관련시키기, 다양한 교수 활동, 교실에서의 교사의 역할 등이 있습니다. 교사들은 계획하고 가르치는 과정에서 학생의 참여에 영향을 줄 중요한 결정들을 할 수 있습니다. 교사들은 결정의 순간을 깨닫고, 도움이 된 결정을 할 능력을 학생들이 하도록 도와 줄 수 있습니다.

· 이 웍샾에 참여자들은 다음과 같이 하게 됩니다.

① 학생 참여도에 영향을 미치는 몇 가지 중요한 결정들을 지적합니다.

② 교실 활동을 위한 언어, 기록된 지시들을 개발하는데 몇 가지 기본 원리들을 사용합니다.

③ 귀납적, 연역적 교수 형태를 비교합니다.

④ 3개의 일반적인 질문의 범주와 각 범주에 질문들을 준비 할 수 있습니다.

⑤ 학생들이 그들 자신의 학습에 참여할 때 사용되는 12가지 원리들의 체크 리스트를 개발합니다.

⑥ 성경을 가르칠 때 사용되는 다양한 방법을 경험합니다.

⑦ 상호작용에 학생들이 참여할 때 따르는 12가지 원리들의 체크 리스트를 개발합니다.

9) 교회 교육에 있어서의 가치교육

(3~6시간 웍샾)

교회에서의 교육은 언제나 학생들로 기독교적 가치를 형성하도록 도와주는데 관심을 기울여 왔습니다. 전통적인 가치 형성의 방법은 도덕화였습니다. 가치 명확화라고 불리우는 Sidney Simon에 의해 개발된 더 효과적인 방법이 있습니다. 이 방법은 그들 자신의 가치를 명확히 하거나 형성하는 과정에 있어서 사람들이 직접 참여하도록 하는 것입니다. 교사가 그들의 학생들이 동기, 참여, 배움을 증진시키도록 사용할 수 있는 특별한 전략이 수십 개나 있습니다.

· 이 웍샾에서 참여자들은 아래와 같이 하게 됩니다.

① 가치 형성의 방법인 도덕화와 가치 명확화 간의 차이를 비교합니다.

② 7가지 단계들을 사용하는 결과 사람의 가치형성이 이루어진다는 것을 지적 합니다.

③ 학생들과 같이 사용할 수 있는 6~10가지 다른 가치 명확화 전략을 경험합니다.

④ 전체 그룹에 제시한 가치 명확화를 그들 자신의 전략을 계획하는데 사용할 수 있습니다.

⑤ 그들이 정기적으로 가르치는 상황에 적용할 수 있는 가치 명확화 전략의 사용에 대한 토의를 합니다.

· 이 웍샾 가치 명확화 작업에 성경적, 신학적 개념들이 관련되도록 시도되어질 수 있습니다. 이 웍샾은 모든 연령층의 교사에게

적용될 수 있으나 특히 젊은이에게 적당할 것입니다.

10) 학습 센터(Learning Center)를 통한 개별화된 교육
(3~10시간 웍샾)

공개 수업, 학습 계약, 개별화된 교육, 학습 센터 등은 일반교육에서 광범위하게 받아들여지는 교수 방법입니다. 이 방법의 초점은 학생의 능력, 흥미, 요구에 적당한 학습 활동을 계획하고, 자기의 배움이 증진되도록 무엇을 해야 좋을지를 직접 정하도록 참여의 동기를 주는 것입니다. 교사의 역할은 주로 학습 활동을 계획하고, 감독하고 온전케 하는 사람입니다. 교사는 개별화된 학생에게 보다 더 응답하기가 쉬워집니다.

· 이 웍샾에 참여한 결과로 사람들은 다음과 같이 될 것입니다.

① 하나 또는 그 이상의 학습 센터나 자아 교수 형태를 직접 경험합니다.

② 교회 안의 가르침에 있어 개별화된 방법의 함축된 의미를 토의합니다.

③ 한 학습 센터 활동이나 자습 활동을 계획합니다.

④ 개별화된 학습을 계획하기 위해, 그것을 도와주는 다양한 자료를 모읍니다.

단계별 교사 교육

전문 지식과 일반 지식으로 분류한 교사 교육 내용

구분	세분	과목	내용
전문 지식	성경지식	구약 개론 신약 개론 조직신학 성경 해석	형성, 사상, 흐름, 내용 형성, 사상, 흐름, 내용 기독교 교리 성경 이해, 성경 해석
	교육지식	교육 철학 교육 신학 교사론 교육 심리 학습자 이해	교육 철학, 교육 방법, 교육 사상 교육 신학, 교육의 흐름 교사의 기준, 역할 성장과정, 동기 유발 교육을 하기 위한 학습자 이해
	교수 기술	교수 원리 공과 교수법 교안 작성법 시청각 사용법 동화구연법 문제아 지도법 어린이 제자 훈련 어린이 양육 주의 집중 및 율동 교육 평가법 상담법 어린 구원 상담 상담 기술	교수 방법, 교수 절차 공과 교수의 종류 교안의 정의, 교안 작성 방법 주의사항, 시청각 종류 종류, 기술 문제아의 원인, 치료 방법 제자 훈련을 위한 방법, 종류, 전략 양육 방법, 양육 방법의 주요 내용 주의 집중을 할 수 있는 방법, 종류 평가를 위한 방법, 평가 기술, 제안 방법, 종류, 상담 기술, 역할극 방법, 종류, 상담 기술, 역할극 상담을 위한 대화 기술, 진리를 유도
	행정	반 운영과 관리 기독교 교육 행정 신입반 어린이 관리	효율적인 반 운영, 관리 교육 계획하는 방법, 운영 계획, 절차 교육내용, 교사의 행동

일반 지식	기타 교육방법	설교법 심방법 전도법 예배법	설교의 방법, 주의 사항 심방의 종류, 주의 사항, 제안 전도의 종류, 기술 전략 예배의 종류, 방법, 절차
	교단 이해	교단 교회사	국내외의 형성 배경, 중요 교리

교사 교육의 과정과 목표

기초교육과정 (101 교사 교육)	계속교육과정 (201 교사 교육)	전문교육과정 (301 교사 교육)
교사의 교육적 사명을 일깨우고, 교회학교 사역에 필요한 기본적인 내용을 터득하도록 돕는다.	교사의 지속적인 성장을 위해 심도 있는 내용을 제공하며, 교회에서 활용할 수 있도록 실천력을 기른다.	보다 전문적이고 전략적인 교육과정을 제공함으로써 우수한 교사 및 지도자를 양성한다.

교사 교육의 단계별 실제 교육 과목

기초 교육	계속 교육	전문 교육
1. 오리엔테이션 2. 교사론 3. 교육 신학 4. 교육 철학 5. 기독교 교육과 사회 교육의 차이점 6. 율동과 찬양 7. 구약 개론 8. 신약 개론 9. 조직신학 10. 성경 해석 11. 학습자 이해 12. 교단 교회사 13. 어린이 양육	1. 교수 원리 2. 공과 교수법 3. 교안 작성법 4. 시청각 사용법 5. 동화구연법 6. 설교법 7. 심방법 8. 어린이 전도법 9. 예배법 10. 교육 평가법 11. 주의 집중 및 율동 12. 기독교 교육 행정 13. 상담법 14. 어린이 구원 상담 15. 반 운영과 관리	1. 교육 심리 2. 상담 기술 3. 문제아 지도법 4. 어린이 제자 훈련 5. 상담 사례 발표

• 예비 교육의 율동과 찬양, 계속 교육의 주의 집중 및 율동 시간은 이론 중심이며 실제는 모임 때마다 분위기 조성과 교육적 효과를 위해 실시합니다.

• 과목의 우선 순위와 과목 설정은 교회와 교사의 필요와 여건에 따라 바꿀 수 있습니다.

교사 기초 교육

1) 기초교육의 목표

교사를 모집한 후에 따르는 과제들에 대해서 컬리는 네 가지를 지적합니다. 첫째, 격려하고 강화시키는 단계인데 여기서 교회 당국은 그들을 격려하고 그들의 사기를 높이기 위한 특별한 노력을 해야 합니다. 둘째, 교육을 위한 투자를 하는 단계인데, 교육에 필요한 교실 공간과 시설과 교구들을 장만할 적절한 예산을 세워 이를 집행해야 합니다. 셋째, 개인중심의 교사훈련을 하는 단계인데, 신임교사들에게 개인적인 수준, 요구, 필요에 부응하는 교육(즉 예비교육)을 제공합니다. 다양한 서로 다른 바탕에서 처음으로 시작하는 교사들이기에 개별성을 감안한 교육이 효과적입니다. 넷째, 팀 교수법에 의한 교사 교육이 따르는 단계인데, 신임교사가 2~3명으로 한 팀이 되거나 경험 있는 교사와 신임교사가 한 팀이 되어 서로 도움을 나누며 지원을 함께하는 교사 교육입니다. 발전된 형태의 교사 기초교육이라 하겠습니다. 더 나가서 교사 형성을 위한 기초교육 (pre-service training)의 단계에서 강조해야 한 사항을 컬리는 다음과 같이 정리하고 있습니다. 첫째, 교사 기초훈련은 결국 신임교사들을 돕고 격려하는데 그 목적이 있습니다. 둘째, 기초 교육과정에서는 자원 제공자가 특히 결정적 도움을 주어야 합니다. 셋째, 신임교사 교육에서 부장 등 선임교사가 동석하는 경우 감독자의 인상을 배제한 순수한 도움을 주어야 합니다. 넷째, 신임교사들의 수준, 능력을 넘지 않는 훈련의 내용을 가져야 합니다. 다섯째, 신임교사들이 자주적으로 서로의 관심을 나누고 서로를 알아, 성장의 기회를 서로 갖도록 해야 합니다. 여섯째, 교육기간 동안 특히 예배와 학습의 쇄신을 위한 기회를 제공해야 합니다.

그원은 미국 NCC 지도자 훈련부가 제정한 교사 교육의 목표도 소개하고 있는데, 큰 시사점을 발견할 수 있습니다.

1) 인간은 경험을 통해 배웁니다. 교회의 지도력은 정규교육과정과 모임을 통해서, 또한 교회의 지속적인 활동 속에 통합된 훈련에서 계속적으로 이끌어지는 경험들을 통해서 개발 발전됩니다.

2) 하나님의 계시는 크리스천 가르침의 기초가 됩니다. 동시에 하나님의 권능과 은총의 교통 속에 있는 사람들의 경험에 관한 기록들도 교육에서는 중요합니다. 그러므로 교회의 교사는 성경과 그 밖의 종교 문헌에 관한 연구를 해야 합니다.

3) 우리는 다른 사람들과의 연대와 연합을 통해서 배웁니다. 그러므로 교사들은 예배, 봉사, 계획, 훈련의 경험들을 그룹 속에서 집단 경험으로써 나누어야 합니다.

4) 교육에서는 내적 욕구나 내적 동기가 성공에 기본적인 필수 조건입니다. 그러므로 인간은 자기 자신의 능력 및 관심과 적절히 연관되는 관계 속에서 학습과제를 수용하도록 격려되어야 합니다.

5) 타인들을 이끄는 데 가장 중요한 점은 바로 교사/지도자의 행태와 인격성입니다. 그러므로 교사 교육의 주요 목적은 교사의 삶을 인격적으로 풍요케 하는 일입니다.

2) 기초교육의 계획

교사 기초교육의 계획(planning)에 대해서 살펴봅니다. 에드워즈(M. A. Edwards)는 기초교육 이전의 훈련으로 "방문을 통한 훈련"을 언급하고 있습니다. 이것은 본격적인 계획된 예비교육 프로그램이 시작되기 전에, 신임 교사들을 주일 아침 교회학교의 실제 교실로 방문하게 하는 방법입니다. 이 기초훈련 전 훈련을 통해 배울 수 있는 점은 가르침의 중요성, 가르치는 기쁨, 가르침의 방법을 분위기를 통해 느끼고 아는 일이며, 학생들의 반응과 학급의 역동성을 확인하며, 교사에 대한 교회의 지원을 실감하는 일입니다. 우리에게 시사해 주는 바가 있다고 보여집니다.

허셸과 헥맨은 교사 교육의 계획을 다음과 같은 네 과정으로 보았습니다.

첫째 과정 : 훈련 내용 결정, 두 길이 가능한데, 둘을 병행함이 바람직합니다.

• 한 가지 방법은 "교수 스타일"과 학습의 특수한 방법을 위해 필요한 "교수 기술"을 결정하는 것입니다.

• 다른 하나의 방법은 교육 받을 신임교사들의 필요와 요구를 물어 알아내어 훈련 내용을 결정하는 것입니다.

둘째 과정 : 훈련의 기회 선정 - 형식적 측면과 비형식적 측면, 양면에서 고려할 수 있으며 가능한 한 다양한 기회들을 활용할 필요가 있습니다.

셋째 과정 : 교육자/훈련자의 선정 - 여러 길이 있을 수 있습니다.

1) 목회자, 교육목사, DCE, 2) 작은 교회에서는 인접한 지역의 및 교회들이 합동으로 전문가를 강사로 초빙, 3) 일반학교 기관에

재직하는 교육자 초빙.

넷째 과정 : 훈련재료의 선택과 구입

기초 훈련 계획과 관련된 세부적인 사항으로 샬러와 티드웰은 기초교육 대상자들을 훈련의 과정으로 끌어들이는 데 필요한 아이디어를 말하고 있습니다. 요약하면, 1) 초청장의 발송은 깊은 배려하에 정중히 합니다. 2) 교회가 교사들에게 요구하는 것을 처음부터 분명히 제시합니다. 3) 기초 교육의 개요, 곧 시간, 시기, 내용, 방법, 일정 등을 명시합니다. 4) 최저 참석 의무 시간 수, 회수, 의무사항 등을 명확히 알립니다. 5) 기초 교육 수료가 자동적으로 어떤 직위의 수임이 아님을 분명히 합니다. 6) 피교육자 등록제를 실시합니다. 또한 기초 교육 수료자에게는 수료식 형식의 교사 인지 절차가 필요합니다. 예배 형식을 가미하여 그들을 교사로 인정하며 칭송하고 격려하는 일이 필요합니다.

3) 개 교회에서의 기초 훈련

이러한 형태의 훈련은 교사가 되기를 원하는 이에게나 그 당시 원하지 않는 이에게나 다 베풀 수 있는 것입니다. 교회의 교육 프로그램은 진정 그것이 효과를 거두려면 전 교회의 지지를 필요로 하나 대다수의 교인들은 자기 교회가 어떤 교육 프로그램 가지고 있는지, 어떻게 그것이 개체 교회의 현장에서 수행되어지는가에 대하여 다만 막연한 생각을 가지고 있을 뿐입니다.

개 교회에서의 기초 훈련의 목적은 교회 교육 프로그램의 목적, 목표 그리고 범위에 대한 이해를 주는 것입니다. 교사훈련에서 어떤 과목들이 가르쳐질 것인가에 대한 것을 전 회중에게 알려줌으로써 누구나 관심이 있는 사람이라면 등록하도록 합니다. 그러나 사람들에게 출석하도록 특별히 초청도 해야 하는 것입니다. 어느 누구도 처음엔 자기가 그 훈련에 출석해야 한다고 생각하지 않을지 모르나 일단 등록한 다음엔 성실하게 출석할 책임감을 가져야 합니다.

유능한 교사가 되는 길은 하루아침에 갑자기 되는 것이 아닙니다. 그의 삶 자체가 배움에 근거되어 있고, 날마다 연구하는 헌신적인 자세가 될 때에 가능하게 되는 것입니다. 이제 교회는 교사들이 개인적으로 연구하고 배우기를 기대하기 보다는 그들이 배우고 성장할 수 있는 구조를 만들어줌으로 더욱 성숙한 교사가 되도록 해야 합니다. 교사가 되겠다고 지원하고 나선 후보 교사들을 교육 시키는 것을 기초 교육 또는 예비 훈련이라고 합니다. 기초 교육에도 개 교회에서 주관이 되어 실시하는 것을 개 교회 기초 훈련, 여러 교회가 연합적으로 실시하는 것을 연합적 기초 훈련이라고 부릅니다.

(1) 기초 교육에서 교사들이 알아야 할 사항 유능한 교사가 되기 위한 자질들

① 비전(vision) : 교사는 장래에 대한 꿈을 갖고 배우려는 학생들 앞에 서야 합니다. 이 꿈은 교육을 통해서 장차 이 땅에 하나님

나라가 실현될 수 있다는 교육적인 꿈인 것입니다. 교사는 이 꿈 때문에 순간순간의 수고와 고통을 기쁨과 보람으로 바꾸면서 인내해 나가는 것입니다.

② 주의 사랑 : 주님을 사랑하는 것은 그에 대한 헌신적 봉사로 시작되기 마련입니다. 때로는 낙심될 만한 일이 있고 오해 받는 슬픈 시간이 있어도 자기를 구속해 주신 주님의 사랑에 흠뻑 취하게 될 때 기쁨과 승리감을 되찾을 수 있게 되는 것입니다.

③ 적극적 사고 : 교사는 자신은 부족하지만 "내게 능력 주시는 자 안에서 모든 것을 할 수 있다"는 믿음 안에서 적극성을 지녀야 합니다. 만일 자기 자신을 경멸하고 스스로 받아들이지 못한다면 늘 부정적이고 소극적이 되어 남을 지도할 수 없게 됩니다.

④ 관용성 : 남을 존중히 여기되 특히 "어린 아이가 내게 오는 것을 금치 말라"는 예수님의 말씀을 기억하면서 어린아이들을 좋아하는 마음을 지녀야 합니다. 다른 사람들과 경쟁하기 보다는 협력하고 도와주며 남의 잘못과 실수를 쉽게 용서하고 감싸주면서 용기를 북돋워 주는 마음이 있어야 합니다.

⑤ 통찰력 : 구체적인 상황 속에서 분위기를 빨리 파악하고 거기에서 가르칠 만한 기회를 적절하게 포착할 줄 아는 교사가 유능한 교사가 될 수 있습니다. 특히 학생들의 흥미나 심리, 환경에서 그들이 느끼는 감정들을 민감하게 포착하면서 거기에 알맞는 적절한 학습을 가지고 지도해 갈 수 있다면 더 좋은 교사라고 하겠습니다. 이렇게 항상 넓은 시야를 갖고 사회와 주변의 환경을 살펴보는 재능이 교사에게는 있어야 합니다.

⑥ 창의성 : 가르치는 데에는 모방이 중요합니다. 그렇다고 무조건 똑같이 반복해서는 안 됩니다. 새로운 창조력을 발휘해서 자율적이고 주체적인 교육에 힘쓸 때 효과적인 가르침이 될 수 있습니다.

⑦ 인내 : 가르치는 데에는 늘 좋은 일만 생기는 것이 아닙니다. 때로는 견디기 힘든 어려운 고비도 여러 번 반복됩니다. 그럴 때마다 침착하고 낙천적인 성격으로 인내해 나가는 것이 필요합니다. 초조하고 조급하여 자주 화를 내거나 속단해버리는 교사는 학생들을 통솔할 수 없습니다. 인내력은 자신의 반복되는 반성과 훈련의 결과로 얻어지는 것입니다.

⑧ 개방성 : 혹 자신의 잘못이나 실수를 어느 누군가가 충고해 주었을 때 그것을 순수하게 받아들일 수 있다면 그는 성숙한 인격의 소유자라고 할 수 있을 것입니다. 그렇듯이 훌륭한 교사는 자기 동료는 물론 심지어 학생들에게까지 배우려는 자세로 자기를 개방할 때 좋은 인간관계를 유지할 수 있으며 거기에서 더 좋은 교사가 될 수 있습니다.

⑨ 충성심 : 주님께서는 "죽도록 충성하라 그리하면 생명의 면류관을 주시겠다"고 약속해 주셨습니다. 가르치는 사명을 주님의 최고 명령이라고 생각하고 가르치는 데에 최선을 하고 충성을 다하는 자야말로 일등 가는 교사라고 할 수 있을 것입니다.

이상과 같은 특별한 자질을 날 때부터 가지고 태어난 사람은 많지 않습니다. 지금은 부족하고 모자라다고 할지라도 자기 훈련과

절제를 통해서 연단 받고 노력할 때 주님께서 잘 하였도다 착하고
충성된 종이라고 부르실 날이 오게 될 것입니다.

(2) 기초교육의 내용

교사 교육의 내용 문제에서 우선 보아야 할 점은 내용을 어떻게
선택, 형성할 것인가 하는 내용 형성의 계획입니다.

스텐젤(Stenzel)과 피니이(Feeney)는 교사 교육을 위한 내용 형
성의 계획과정을 세 단계로 설정하고 있습니다.

단계 1 : 사실(정보) 수집 단계

- 세 가지 기초적인 방법이 사실 수집을 위해 활용됩니다. 그것
은 1) 질문하는 일, 2) 관찰하는 일, 그리고 3) 연구하는 일입니다.
이 세 길을 통해 교사훈련 계획자는 개인과 그룹 양편을 위한 훈련
과 개발에 필요한 내용들을 모을 수가 있습니다.

단계 2 : 수집한 정보의 분석 단계

- 여러 형태의 교사 교육에 적절한 내용들을 선택, 개발하기 위
해서는 수집된 정보 사실에 대한 조심스런 분석이 요청됩니다. 분
석이라는 작업은 정보 자료에 나타난 문제들을 깊이 있게 들여다
보는 일입니다.

단계 3 : 훈련/교육의 기본 틀을 확정하는 단계

- 교사 교육의 문제들을 분석한 결과로 나타난 자료들을 근거로
해서 교육의 기본틀(framework)을 짜게 되고 이 틀에 따라 교육
내용이 선택되는 것입니다.

교사 교육에서 다루어야 할 지식을 에드워즈(M. A. Edwards)는 세 종류로 분류하고 있습니다. 그것은 1) 신앙적 지식 : 신앙적 가치와 신앙의 형태에 관한 지식들, 2) 내용적 지식 : 종교로서의 기독교에 관한 지식인데, 특히 사실적 측면에 관한 자료들, 3) 기술적 지식 : 교수-학습에 필요한 기술에 관한 지식들입니다.

교회의 일반 지도자와 교사들 모두를 위한 일반적인 의미의 기초 훈련의 내용이라는 뜻에서 샬러 (Schaller)와 티드웰(Tidwell)은 교육의 내용을 1) 성서에 대한 종합적 탐구와 이해, 2) 교수-학습에 관한 연구, 3) 각 연령층의 발달 특성과 욕구, 4) 기초적 교리에 관한 이해, 지도된 교수 경험으로 정하고 있습니다.

동일한 일반적 의미의 지도자 훈련을 위한 기초 커리큘럼 내용을 그레이브스(A. W. Graves)는 기독교 신앙/신조/교회사/교파적 구조에 대한 기초 이해/국내 선교/외국 선교/조직 운영/연령층의 발달 특성과 욕구/그룹의 특성, 그룹 역학의 원리/계획 기술/의사소통 기술/교수-학습 과정 등 다양하게 열거하고 있습니다.

초점을 특히 교사의 기초 교육이라는 데 맞춰서 교육의 내용을 보는 경우, 약간 오래된 느낌이 있는 그윈(P. H. Gwynn)은 표준적 지도력 과정/성서의 형성 배경/예수와 그의 교훈/학생 이해/학습의 방법들/아동 성서 지도/교회 청년 프로그램 등을 제시했습니다. 교사의 기초적 욕구와 필요를 채울 수 있는 교육 내용으로 아담스(M. & J. Adams)는 다음과 같은 주제들을 들고 있습니다.

- 성서의 지식 : 그 메시지와 우리 삶.
- 인간과 그 관계에 대한 이해, 기술.

- 그룹과 그룹의 기능을 효율화함으로 과제와 목표를 성취하는 기술.

- 학습 원리와 교수-학습 방법들.

한편 JEDP의 한 지침서에서 헥맨(Heckman)과 페렌(Ferren)은 기초교육의 내용을 교사들이 갖추어야 할 능력과 기능이라는 면에서 다음과 같이 열거했습니다.

1) 왜 지도자/교사가 되었는가?

- 교사의 동기, 신앙과 위탁, 가르치는 인격.

2) 무엇을 배워야 하는가?

- 학습 주제 파악, 그룹 방법, 성서적·역사적·신학적·사회학적·심리학적 지식과 내용들.

3) 어떻게 지도할 것인가?

- 교안 작성법, 창작활동, 그룹 활동법.

4) 인간은 어떻게 성장하는가?

- 정신적·신체적·정서적·사회적 발달, 인생주기와 문제들, 종교적 준비성과 성장.

5) 어떻게 배우는가?

- 변화와 학습 지도자의 역할과 과제, 행동 반성 모델.

6) 그룹의 행태는?

- 그룹 다이나믹스, 리더쉽 기능, 인간관계.

7) 자료 선택은 어떻게?

- 교수-학습자료의 선택과 활용법. 자료 목록 활용법.

8) 회중교육 계획은 어떻게?

- 문제제기, 문제해결, 목표 명확화, 환경 형성.

헥맨과 페렌이 제시한 이 교사 교육 내용의 주제들은 가장 현대적이고 포괄적이며 표준적인 것이라 생각됩니다.

(3) 기초 교육에서 가르쳐야 할 분야

① 사명 의식 : 기초 교육 과정에서는 교사 자신의 신앙이 성장하도록 기도하며 계속적으로 연구하면서 사명 의식을 고취하는 기회가 주어져야 합니다. 다시 말해서 하나님의 은혜와 사랑에 깊이 잠겨 볼 수 있는 프로그램이 기초가 되어야 한다는 말입니다. 만일 교사가 지식이 풍부하고 교육 방법이 훌륭해도 그가 하나님의 구원을 확신하지 못하고 또 그것을 체험하지 못했다면 그 교육은 참다운 의미에서 기독교 교육이라고 할 수 없을 것입니다.

② 기독교 교육의 목적 : 교사가 무엇을 가르쳐야 하는지 교육의 방향을 알지 못한다면 나침판 없는 배와 같이 모든 수고가 헛되고 말 것입니다. 일반적으로 교사가 공과만 잘 전달하면 되는 것으로 인식하고 있는데 이것은 무척 위험한 생각입니다. 예비 교사 교육 즉 기초 교육의 단계에서는 기독교 교육의 목적을 분명히 깨우쳐 줄 필요가 있습니다. 그래야만 교사 자신이 뚜렷한 기독교 교육에 임할 수 있기 때문입니다.

③ 목적을 성취하기 위한 과정 : 그 교육 목적을 달성하기 위해서는 어떤 절차를 밟아야 할 것인지, 즉 기독교의 신앙과 생활이 어떤 단계를 통해서 학습되는지 생각해 볼 수 있는 과목을 포함시

켜야 합니다.

④ 인간 성장의 단계 연구 : 교육이라는 것은 성장하고 발달해 가는 과정을 돕는 일이라고 할 수 있습니다. 그러므로 교사가 되려는 사람에게 인간 성장의 각 단계의 변화와 그 단계에서의 관심과 흥미는 무엇인가를 알아 둘 필요가 있습니다. 따라서 인간이 어떤 단계를 거쳐서 성숙한 크리스찬으로 변해 가는지를 상고할 기회가 있어야 하는 것입니다.

⑤ 내용 파악 : 소위 커리큘럼(curriculum)이라고 하는 교과 과정을 단계별로 파악해야 합니다. 예를 들면 감리교에서 나오는 계단 공과에서는 3년을 주기로 "하나님과 교회" "하나님과 세계" "교회와 세계"의 주제로 반복됩니다.

⑥ 다양한 교수 방법 : 여러 가지 교수법을 파악해서 필요에 따라 구체적으로 응용할 수 있어야 합니다.

⑦ 원만한 인간관계 : 개별적으로 훌륭한 교사라고 해도 동료 교사들 간에 인간관계가 원만치 못하다면 안 됩니다. 하나님과의 바른 관계 속에서 교사들 간에도 서로 협동하고 섬기며 일해 갈 수 있는 훈련을 받아야 합니다.

이상의 여러 가지 과제를 전문가를 통해서 학습 받고 훈련받을 때 훌륭한 교사가 될 수 있습니다.

(4) 기초 교육의 실제

① 개인 상담 : 개인 상담을 통해서 교사의 기초 교육을 도울 수

있습니다. 상담자는 담임 목사와 교육 목사뿐 아니라 선배 교사가 직접 맡아도 됩니다. 성서 해석, 신학 문제, 공과 계획, 학습 지도 방법, 생활 지도에 대해서 교육 지도자뿐 아니라 현직 교사 중에서 경험이 풍부한 사람으로부터 개인 상담 형식으로 만나게 되면 자연스러운 분위기 속에서 부담 없는 대화가 좋은 교육이 될 수 있습니다.

② 교회 내의 성경 연구반의 일부를 교육 과정으로 활용 : 교회 내의 여러 소그룹 성서 연구반(청년회, 대학생회, 교사회, 청년 성서 연구반 등)을 이용해서 교사 양성에 필요한 교육을 할 수가 있습니다. 여러 개의 과목들을 개 교회 형편에 따라 코스를 만들어서 교회 내외의 지도자를 선정하여 비록 소규모이지만 교사 예비반을 둘 수 있습니다. 특별히 학습 지도 방법들은 교사로 지망하는 자에 한하여 따로 훈련하는 방향으로 몇 시간을 운용할 수가 있습니다.

③ 개인 실습 지도 : 교육 지도자 또는 부장은 교사가 되기를 원하는 사람들에게 모범적이라고 여겨지는 현직 교사를 개인적으로 소개해 주어 개인적으로 실제 교육을 받게 하는 일입니다. 3개월 혹은 6개월간 선배 교사를 도우면서 같은 반에 들어가서 견습 또는 실습을 통해서 양육을 받게 됩니다. 물론 개인 상담도 하고 개인 독서 지도를 받을 수도 있습니다.

④ 도서관을 통한 교육 : 교회 안에 도서관을 설치하여 교사나 교육 지도자들이 충분히 연구할 수 있도록 뒷받침을 해야 할 필요가 있습니다. 비록 작은 교회라고 할지라도 교회 교육에 필요한 몇 권의 책과 책을 읽을 수 있는 아담한 분위기는 계속 교육에 더

없이 좋은 여건이 될 수 있습니다. 교사 중에서 감명 깊게 읽은 책을 안내판에 소개하여 함께 읽게 한다든지 참고 될 만한 책을 매주 소개해서 주중에 교사들이 읽은 다음 다 모여서 토론할 수 있다면 좋습니다. 한국에는 기독교 교육에 대한 책이 그리 많지 않기 때문에 도서관을 만들어 책을 비치한다는 것은 그리 큰 어려움은 아닐 줄 압니다. 더군다나 생산을 위한 투자는 바람직한 일이기 때문입니다.

· 교회 도서실을 위한 책의 종류

㉠ 참고서 : 주석류, 성구 사전, 성서 사전, ㉡ 성서에 대한 책 : 성서 지도, 성서 개론, 성지 순례, ㉢ 기독교 신앙 : 신학, 수필, 간증, ㉣ 교회사 : 교사의 역사, 세계 종교들, ㉤ 연령층 이해 : 아동, 청년, 장년, ㉥ 상호 인간 관계, ㉦ 각 연령층을 위한 이야기들, ㉧ 예배, 음악, 그림 : 설교집, 예화집, 동화집, ㉨ 사회, 경제 문제들 : 시사 잡지 (신앙 잡지), 전문지, ㉩ 레크레이션, ㉪ 기독교 가정 : 부모 교육

· 기독교 출판사에서 발행하는 기독교 출판사의 도서 목록을 가지고 있으면 알맞은 책을 구입 하기 쉽습니다. ㉠ 기독교 교육협회, ㉡ 대한 기독교 서회, ㉢ 종로서적, ㉣ 요단출판사, ㉤ 생명의 말씀사, ㉥ 두란노, ㉦ 파이디온, ㉧ 각 교단 교육부, ㉨ 디모데출판사.

⑤ 교수-학습 시범 참관 : 인쇄물을 읽거나 강의를 받음으로서 행동의 변화를 가져올 수도 있지만 백문이 붙여 일견이라고 다른 사람이 하는 것을 직접 보면서 경험할 때 행동에서 변화를 받게 되

는 것입니다. 여기에서 유념할 것은 관찰만으로는 부족하다는 것입니다. 왜 그렇게 하는지를 설명해주어야 합니다. 실제로 어떻게 가르칠 것인가에 대해 불안해하기 쉬운 교사에게 참관을 권유하면 불안감을 다소나마 떨쳐 버리게 됩니다.

가) 3~4 주전에 미리 새 교사에게 부탁해 둡니다.

나) 그날 공과를 미리 읽고 참관하도록 교육생들에게 준비하게 합니다. 다 끝난 후에는 교사와 만나 질의응답을 하며 평가해 봅니다.

다) 가능하면 교육 담당자에게 이론적 근거를 듣고 책 소개를 받습니다.

라) 형편에 따라서는 다른 교회에 가서 참관할 수도 있습니다.

⑥ 교사 양성반 : 기초 교육에서 가장 바람직한 형태로서 각 교회 내의 교육 위원회가 주관하는 교사 예비반입니다. 매주일 아침이나 오후 일정한 시간을 정하고 매주 1회씩 교사가 되기를 원하는 사람을 교육 시키는 과정입니다.

13주 정도의 코스를 아래와 같이 해 볼 수 있습니다.

일정	과목	내용
1주	개강 예배, 오리엔테이션	
2주	성서 개론	신구약 개론
3주	예수의 생애와 교훈	
4주	신학 입문	신론, 기독론, 성령론, 기독론
5주	교회사	교회사, 한국 교회사, 교파사
6주	기독교 교육 원리	기독교 교육, 일반 교사론
7주	기독교 교육 심리	학생 이해
8주	교육 지도	예배론, 설교론, 지도 실제
9주	교수-학습론	교수-학습 이론 및 방법
10주	교회 학교 행정	
11주	기말 고사	
12주	실습	
13주	종강 예배	

⑦ 원탁 회의 : 아주 작은 교회에서 교사 양성이란 이름을 걸고 준비시킬 수 없는 형편일 경우 현직 교사와 교사 지원자가 원탁 테이블을 중심으로 둘러앉아서 가) 교사가 된 동기, 나) 교사 경험에서 아주 어려웠던 점, 다) 즐거웠던 점, 라) 현대의 문제점, 마) 도움이 된 책, 바) 좋다고 생각되는 방법 등을 서로 이야기해 보는 데

서 많은 것을 배울 수 있게 됩니다. 이런 단계를 거쳐서 교사와 교사 간에 더 깊은 인간관계를 가질 수 있으며 기초 교육에 큰 효과를 거둘 수 있습니다.

⑧ 연구회 (workshop) : 몇몇 테이블을 마련해 두고 미리 연구해서 준비를 맡은 경험 있는 교사나 또는 전문가가 학습 지도 방법을 시범으로 보여 줍니다. 각 테이블을 책임 맡은 자가 그 자료를 준비 전시하고 테이블을 찾아오는 사람에게 설명 해 주고 실제로 해 보게 한 다음 느낌을 말하도록 합니다. 실질적인 방법 중 하나로, 행동으로 쉽게 옮기는 방법입니다.

⑨ 패널 토의 : 경험이 많은 4~5명의 교사들에게 각자 자기의 경험이나 지식을 이야기 하도록 합니다. 사회자는 미리 발제할 주제를 발제자에게 알려 주어 그 분야를 이야기하게 하고 질문을 받도록 하면 흥미 있는 가운데서 쉽게 배울 수 있습니다.

⑩ 타 교회학교 탐방: 모범적으로 교회학교를 운영하는 교회를 탐방 하기 전에 아래 사항을 베포하여서 마땅히 참관하여 배울 것들을 배워오도록 하여야 합니다. 탐방하려는 교회에 교회학교 담당자에게 연결하여 교회 교육을 소개하고 교육이 진행되도록 해야 합니다.

교회학교 탐방 보고서

* 탐방 일시 :
* 탐방자 및 탐방부서 :

* 방문교회 부서의 체계(조직) :
* 방문교회 부서의 공간 배치 및 공간활용 (사진자료 첨부) :
* 관심영역에 대한 보고(교회 및 교육부 비전, 장기전략, 핵심사
  역, 교육목표, 교육계획, 예배, 교사의 열정) :
* 교사 교육, 행정체제, 특화프로그램, 부모와의 협력사역의 정
  도, 새친구 관리, 제자훈련, 동아리활동, 소그룹운영 등) :
* 방문교회 또는 부서의 인상적인 사항 :
* 탐방에서 배운 결과, 우리 부서에서 변화가 필요한 사항 및
  개선사항 :
* 우리 부서에서 적용하면 좋을 프로그램 및 시스템 :
* 기타 나누고 싶은 생각 :
* 기타 사진자료 :

⑪ 강습회 : 개 교회 훈련 방법 중 가장 많이 사용하는 것이 강습
회입니다. 4, 5일간의(혹은 2, 3일간) 저녁 시간을 정해 놓고 시간
표를 편성한 후 기초 훈련을 실시합니다. 대체로 본 교회 교육 지
도자와 외부의 전문가들의 협조를 받아서 하게 됩니다. 여기서 한
가지 유의해야 할 점은 모든 시간을 외부 강사의 초청으로 강의를
듣는 것으로 끝나서는 안 된다는 것입니다. 강습회에서 실제의 문
제를 다루어야 하며 그러기 위해서는 앞에서 열거한 여러 가지 형
태를 경험자와의 대화를 통해서 연결 시킬 때 실제로 가르치는 데
에는 많은 도움을 얻게 됩니다.
  · 여기 강습회에서는 4가지로 내용을 나눠 볼 수 있습니다.

가) 교회 교육의 목표, 나) 성서 개론, 다) 학생 이해 혹은 기독교 교육 개론, 라) 학습 지도 방법.

어느 한 쪽으로만 치우치지 않도록 해야 하며 강습회 내용을 정하기 전에 교사 후보들로부터 형편을 들어 보는 것도 중요합니다.

3주 정도의 코스를 아래와 같이 해 볼 수 있습니다.

주제	과목 1	과목 2
교회 교육의 목표	기독교 교육 개론	교회 교육의 목표
성서 개론	신약 개론	구약 개론
학생 이해	학생 발달 이해	상담학
학습 지도 방법	교수-학습 방법론	설교법(동화법)

(5) 강습회에서 사용할 만한 방법들

강습회의 진행 과정 자체가 어떤 형태냐에 따라서 교사가 가르치는 방법도 그것을 따라가기 때문에 그 진행 방법이 자율적이며, 활동적이 되도록 교육 책임자는 신경을 많이 써야 합니다.

날	주제	첫 시간	둘째 시간
첫째 날	교육의 목적	패널 토의 : 교사의 간증이나 연구 발표(발표 후 토론)	교회 교육의 목적(강의)(강의 마친 후 '내가 알고 있는 기독교 교육의 목표' 에 대해 발표 하도록)
둘째 날	학생 이해		① 유치부, 유, 초등부, 중, 고등부 교사들에게 각각 '내가 경험한 학생들의 특성'을 연구 보고토록 한다(토론 후 강의 있으면 더 좋다). ② 학생 이해에 관한 책을 몇몇 교사들에게 미리 읽게 한 후 발표토록 한다 (그후 교육 지도자가 종합해 본다). ③ 신문이나 잡지에 나오는 발달 심리에 관한 글이나 그림을 모아 보도록 하고 잘 정리된 사람의 것을 전시하고 읽어 주도록 한다. ④ 전문가를 통해서 강의를 듣도록 한다.
셋째 날	학습 지도 방법		① 성서 분류 목록 ② 성서 지도 ③ 예수의 생애 등을 목사님을 통해서 설명을 듣고 그에 대한 환등기나 V.T.R을 보면서 지식을 축적한다. ④ 성서 개론에 대한 책을 소개하고 읽도록 한다.
다섯째 날	교안 작성법		교수-학습론에 대한 강의를 들은 후 실제 공과를 갖고 각자가 만들어 발표해 보도록 한다.

이상의 방법 외에도 다른 형태의 교육을 실시할 수도 있습니다.

4) 연합적 기초 훈련

개 교회마다 교사들에게 기초 훈련을 시키자면 여러 가지 문제가 뒤따를 수밖에 없습니다. 시설, 예산, 인적 자원 등.. 그래서 그 문제들을 극복하기 위해서 교단적 혹은 지역적 차원에서 연합적으로 실시하게 되면 더 큰 효과를 얻어 낼 수가 있습니다.

작은 교회에서의 기초교육 방법과 유형에 관한 문헌들이 보입니다. 그리그스는 다음과 같은 다섯 가지 형태를 들고 있습니다.

1) 한 지역의 여러 교파 교회들이나, 인근 지역의 동일 교파 교회들이(3~4개 교회 정도) 연합, 인재와 재정과 자료 등을 조합하여 함께 교사 교육을 하는 형태.

2) 훈련 경험이 있는 2~3명의 지도교사를 선정하여 교단이나 중앙에서 하는 교사 교육 모임에 파견, 훈련을 받고 돌아와 교회에서 전달 교육케 하는 형태.

3) 작은 교회의 목회자 중에서 교육 경험이 있는 목회자가 보조 지도자 2~3명과 함께 교육하는 형태.

4) 교육 책임자가 동료 교사들을 2인 1조씩 (buddy)으로 묶어 자체 교육케 하는 형태.

5) 교육 책임자가 중앙으로부터 교육 교재, 자료 개인 학습 지도서 등을 구입 내지 대여받아 와서 자기 학습을 통한 교사 교육을 주관하는 형태.

(1) 연합적 훈련의 잇점

① 더 전문적이 될 수 있습니다.

② 자체에서 못한 교육을 해 낼 수 있습니다.

③ 타 교회 교사들과 유대 관계를 가지면서 협동할 수 있습니다.

(2) 연합적 훈련을 갖기 전에 할 일

① 연합 훈련을 위한 계획 수립

② 전체 커리큘럼 설정 및 행정에 대한 제반 사항 결정

가) 교사 교육의 목표

나) 교육과목 설정

다) 교육 방법 (기간과 시간)

라) 예산

마) 각 과목 강사

③ 프로그램 인쇄, 포스터 배부, 광고지, 입학 원서 배부

(3) 유의해야 할 점들

① 장기적인 계획에서 실시해야 합니다.

② 영적인 훈련도 첨가되어야 합니다.

③ 교육의 전체적 목적을 명심해서 폭넓은 차원에서 운영 되어
져야 합니다.

④ 교사 간의 친교와 흥미를 잃지 않도록 해야 합니다.

⑤ 개 교회가 인정해 줄 수 있고 또 그들이 교회에 공헌할 수 있
도록 상호 제도화되도록 해야 합니다 (학점이나 수료증 제도).

⑥ 기초 교육을 받은 교사에게 계속적인 관심과 지도를 배려해
야 합니다.

⑦ 창의적이고 효과적인 방법을 사용해야 합니다.

⑧ 우수한 강사를 모셔야 합니다.

⑨ 반복된 과목이나 중복된 과목이 없도록 세심한 주의를 기울

여야 합니다.

(4) 교사 교육 기초 과정

반드시 일정 해야 될 필요성은 없으나 대개 다음과 같은 범위에서 취사 선택 하고 시간을 조정할 수 있습니다.

번호	과목	내용	시간
1	성서 개론	성서란 무엇인가?	2
2	신약 개론	기독교란 무엇인가?	2
3	교회론	교회란 무엇인가?	1
4	교회사	교회의 발자취	1
5	교회와 사회	교회의 선교 대상	2
6	인간 발달 단계	학생은 누구인가?	2
7	기독교 교육의 원리	기독교 교육 목표	2
8	예배 지도	예배와 교육	2
9	학습 지도법	어떻게 가르치나?	2
10	교사론	교사의 일상 생활	1
계			16

총 16시간을 하루에 4시간씩 4일간 하든지 하루에 4시간씩 4주간 실시할 수도 있습니다.

1	성서 개론	성서란 무엇인가? 하나님의 계시란? 기독교 교육에서 성서의 위치 신약과 구약의 연관성 성서 전체의 내용	
2	신학 개론	우리가 믿는 것은 무엇인가? 하나님은 어떤 분인가? 예수님은 누구신가? 구원이란 무엇인가?	
3	교회론	교회란 무엇인가? 교회가 어떻게 형성되어 왔나? 교회의 기능은? 신교와 구교의 차이는? 교회와 타종교와의 차이는? 이단이란 무엇인가?	
4	교회사	교회의 역사	
5	교회와 사회	교회는 사회에 어떻게 참여해야 하나? 사회 심리	
6	인간 발달 단계	학생 발달 심리 학생 종교 심리 가정의 영향	
7	기독교 교육의 원리	교회는 무엇을 목표로 가르칠 것인가? 기독교 교육의 흐름은? 커리큘럼이란?	
8	예배 지도	예배란 무엇인가? 연령에 따른 예배 지도 예배의 순서는?	

9	학습 지도법	교수-학습 방법들은 무엇인가? 어떻게 공과를 준비할 것인가? 성서의 본문은 어떻게 사용할 것인가? 이야기, 드라마, 토의, 창작 활동을 통한 학습 시청각 교재 사용법 청소년 프로그램, 아동, 장년 프로그램?	
10	교사론	교사관 교사의 일상 생활	

(5) 연합적 기초 훈련 실시 후의 평가

때때로 이런 교육이 있은 후 강사들과 함께 하는 자체 평가도 있어야 하겠고 무엇보다도 중요한 것은 교육에 참여한 자들의 솔직한 반응을 설문지 형식이든 아니면 좌담회 형식을 통해서 파악해 볼 필요가 있습니다. 그래야만 다음 기회에 더 좋은 프로그램을 만들 수 있기 때문입니다.

목표는 달성되었는지? 학생의 참여도는? 특히 배운 과목이 어떻게 교회 교육에 반영될 수 있는지를 교회 책임자들은 파악해 놓아야 합니다.

피드백을 위한 질문

- 이번 교사 교육 중에서 가장 중요하다고 생각하거나 인상 깊었던 것은 무엇입니까?
- 이번 교사 교육 중에서 처음 알게 된 내용이나 개념은 무엇입니까?

- 어떤 부분이 가장 혼돈스럽습니까? (가장 이해가 안되는 것
  은 무엇입니까?)
- 배운 것을 어떻게 적용하고 실천하겠습니까?(개인별/부서별)

교사 계속 교육

최근에 와서 세계적으로 사업계, 산업계, 학문 분야 그리고 특히
교육계 등 여러 분야에서 연장교육이 강조되고 있습니다. 지식이
점점 더 확대되어 감에 따라서 세상에서 무엇이 진행되고 있는지
를 알기 위하여 우리의 삶은 보다 많은 모험을 해야 하며 그것들을
습득하기 위한 노력을 해야 합니다. 교회 교육처럼 이러한 훈련이
긴급히 요청되고 중요시되는 분야는 없을 것입니다. 지금까지 더
배울 필요가 없다는 교회학교 교사들은 볼 수가 없었습니다. 모든
교사들은 그들의 중요한 과업을 완수하기 위하여 자신들을 훈련
시키는 데 항구적인 노력을 해야 합니다. 교사가 된 이후에도 정
기적인 훈련이 필요합니다. 교사들을 계속 교육시킴으로써 그들
은 자신의 자질을 향상시키고 교사로서의 전문성을 개발할 수 있
습니다. 개 교회는 교사들에게 이러한 기회들을 마련해 주어야 하
며 교파별 혹은 연합적으로 하는 훈련과정들에 참여하도록 격려
해 주어야 합니다. 그들은 계속적인 교육을 통해 교회의 단순한 자
원봉사자가 아니라 전문성을 갖춘 봉사자로 성장하는 것입니다.

1) 계속 교육의 원칙

① 교회에서는 모든 교사들이 계속 성장하고 발전하도록 이끌어 주어야 합니다. 교사들은 기독교 신앙에 관한 폭넓은 지식과 함께 그리스도에 대한 정열과 인격이 성장해야 하며 자기에게 맡겨진 사명을 다하기 위해서는 가르치는 기술면에서도 더욱 발전해야 되는 것입니다.

② 교사가 가르친다는 것은 가르치는 것 이상의 의미와 목적이 있습니다. 교사 한 사람 한 사람은 하나의 인격자이지 도구가 아니다 라는 말입니다. 다시 말해서 교회로서의 가르치는 사명을 다해야 하겠지만 그 이전에 그들 신앙을 잘 간수하고 연명해 나가야만 가르치는 일에도 보람과 기쁨을 얻을 수 있다는 것입니다. 반면에 교사가 계속 연구하고 발전하는 것은 자기 발전과 더불어 교회 발전에도 큰 몫을 차지하게 됩니다. 그러므로 교회에서는 교사들에게 더욱 배울 수 있는 기회를 제공 하는데 최선을 다 해야만 합니다.

③ 그렇다고 교사들의 계속 교육이 막연하게 교양 교육만 되어서는 결코 안 됩니다. 그들이 갖고 있는 요구, 또는 필요에 대하여 계획적이고 구체적인 훈련을 시켜야만 합니다. 남들이 하니까 우리도 한다는 식의 교육이거나 하지 않으면 안 되니까 억지로나 형식적으로 실시한다면 효과적인 면에서 큰 성과를 거둘 수가 없습니다. 뚜렷한 목적을 세우고 교육을 실시해야 한다는 말입니다.

④ 교육과 훈련이 이론에서 멈추어서는 안 됩니다. 그 이론을 실천에 옮길 수 있는 시범이 중요한 것입니다. 이론과 실제를 종합하는 과정이 꼭 있어야 하는 것입니다.

⑤ 교사 교육은 교회적으로 행해져야 할 중요한 일입니다. 그러므로 전교회 지도자들이 관심을 갖고 서로 협력하여 포괄적이고 일관성 있게 계획하여 시행하여야 합니다.

2) 계속 교육의 목표

재직 훈련 (In-service training)과 계속 교육 (continuing education)은 같은 개념입니다. 본서에서는 계속 교육으로 통일하여 부르기로 합니다. 교사 계속 교육의 필요성에 관해서 에드워즈 (M. A. Edwards)는 이렇게 서술했습니다. "새 지식, 새 기술의 계속적인 발전은 어느 분야의 일꾼들에게나 계속적인 교육과 훈련을 요청한다. 기독교 교육의 분야에서는 신학사상의 발전, 그것에 따르는 교육과정(커리큘럼) 내용과 교육 방법의 개선이라는 상황이 교사의 계속 교육을 요청합니다. 새로운 교육적 아이디어와 교육 경험으로 항상 새로운 실험적 교육이 필요합니다. 한편 그레이브스(A. W. Graves)는 교사 훈련의 필요성을 1) 한 조직체의 활성을 위해 필요하며, 2) 조직의 목표 성취를 위해서, 3) 교회의 멤버십 형성을 위해서, 그리고 4) 교회의 유효한 리더쉽 형성을 위해서도 계속 교육은 필요하다고 언급합니다.

루드(W. R. Rood)는 그의 "대화" (dialogue)를 주축으로 하는 교육이론과의 관련에서 교사 교육의 목적을 "교사로 하여금 대화할 수 있는 사람으로 형성하는 데 있다"라고 정의합니다. 대화가 가능한 교사라는 것은 교수학습의 과정을 생기 있고 의미 있게 하는 능력과 기술이 있는 교사를 의미합니다. "교수과정"(teaching process)이라는 관점에서 볼 때 교수-학습에서 대화의 중심은 학습자입니다. 또한 가르침이라는 관점에서 볼 때는 내용이 중심이 됩니다. 하지만 교육의 전략이라는 점에서는 교사가 관건이 됩니다. 그러므로 "교육적 우월성의 증진과 유지를 위해서 교사진은 항상 생기와 분명함을 견지해야 합니다". 바로 여기에 교사 교육의 필요성이 있는 것입니다. 루드에 의하면 기독교의 본질은 아마튜어에 의해서만 순수하게 가르쳐질 수 있습니다. 그것은 "amateur"의 어원인 "amare"가 암시하듯 자신이 가르칠 내용을 진정으로 사랑하는 사람이, 곧 아마튜어 교사이기 때문입니다(그런데 앞의 실태조사에 따르면, 한국교회의 교사 계속 교육은 주로 성경 내용 교육에 끝나고 있으며 형식도 강의위주입니다). 이렇게 중요한 위치에 있는 교사는 그들이 교육을 받으므로 가장 잘 가르칠 수 있습니다. "교사 교육에서는 두 가지 사실이 입증되고 있습니다. 그 첫째는 교육 방법상의 변화 시도, 즉 독백적(monological) 강의 중심적 방법에 대한 반대가 일어나 양방적인 대화 중심적 교수-학습이 시도되는 일이며, 그 둘째는 교생실습이나 실험실적인 교수-학습 기술이 개발된다는 사실입니다. 이것 또한 교사 교육의 중요한 의미이며 목적인 것입니다.

한편 스텐젤과 피니이는 교사 계속 교육의 목표를 지도자의 능력 향상이란 시점에서 보고 있습니다. 그들에 의하면 계속 교육에서는 개 교사/지도자의 다음과 같은 사항들을 비판 검토함으로써 그의 능력 향상을 꾀하게 됩니다.

1) 과제 수행을 위해 결정을 내리며 그것을 수행해 나가는 능력

의 향상.

2) 교수-학습 주제에 대한 지식, 이해, 기술의 향상.

3) 교육 목회의 영역 안에서 지도력을 행사하는 능력과 학습자를 돕는 능력의 향상.

4) 교회학교와 회중 속에서 학습자 개인과 학습 그룹을 향해 적극적 태도를 개발하는 일.

5) 학습자와의 관계에서 수용과 사랑과 유연성의 증거를 보일 수 있는 행동 양식을 개발하는 일입니다.

3) 계속 교육의 계획

교사 계속 교육의 계획에 관한 글 중에서 그윈(P. H. Gwynn)은 계속 교육이 교사의 지위, 경력 등에 따라 다르게 계획되어야 한다고 제언합니다. 그는 교육의 기회를 세 차원으로 말하는데,

차원 1 : 초임 교사를 벗어난 지 오래되지 않은 교사나 간단한 텍스트 자료들을 원하는 교사, 단시간의 훈련을 희망하는 교사를 위한 가장 차원 낮은 계속 교육.

차원 2 : 계속 교육의 기회를 많이 갖지 못한 교사, 보다 상급의 학습 자료를 원하는 교사, 어느 정도 충분한 기간의 훈련을 원하는 교사를 위한 약간 수준 높은 계속 교육.

차원 3 : 경력이 많은 지위가 높은 교사, 특수한 자료나 보다 전문적인 자료를 원하는 교사를 위한 최상급의 계속 교육입니다.

이렇게 교육 대상자, 희망자의 위치, 문제, 상황, 욕구에 맞게 여러 차원에서 준비된 계속 교육이라야 보다 충분한 효과를 거둘 수

있습니다.

교사 계속 교육은 그 분야에 있어서도 다양하게 성격적으로 특성화되어 계획되는 것이 바람직하다고 본 코버(K. L. Cober)는 계속 교육에는 세 가지 분야가 요청된다고 합니다. 그것은,

1) 개인적/인격적 성장 분야 : 하나님과의 관계의 성장, 그리스도 이해의 성장, 교회적 삶의 성장 분야.

2) 과제 추구 분야 : 교육적 책임에 따르는 특수과제. 특수 프로그램의 분야.

3) 그룹 행태 분야 : 그룹과의 관계, 클래스 다이나믹스의 분야.

가능한 한 한 단위의 계속 교육에서는 위 분야 중의 하나만을 중점적으로 심도 깊게 다루는 것이 계속 교육의 특성에 맞는 효율 있는 교육이 될 수 있는 것입니다.

휴버는 계속 교육을 계획하는 자리에서 기본적인 사항들을 다음과 같이 열거하고 있습니다.

- 교육/훈련 프로그램에서 주도적 책임적 위치에 있을 그룹을 확인합니다.

- 교육/훈련상의 필요와 요구를 확인합니다.

- 교육/훈련의 과정에서 성장의 기회들을 제공토록 유의합니다.

- 계속 교육에 합당한 대상자를 포함합니다.

휴버는 또한 계속 교육 계획자가 계획에 임해서 관심 해야 할 물음들을 크게 셋으로 요약했습니다. 즉

- 이 프로그램은 반드시 필요한가?

- 이 훈련은 이미 있는 기존 지도력을 충분히 고려한 것인가?

– 참여자들이 그들 자신의 경험을 통해 배울 수 있는 훈련인가?

① 교사 계속 교육은 누가 책임지고 시킬 것인가?

② 교사들에게 현실적으로 필요한 것은 무엇이며 그 방법은 어떻게 알 수 있을까?

③ 그동안 실시해 왔던 방법 중 잘된 점과 잘못된 점은 무엇인가?

④ 지금 당장 보강해야 할 것은 무엇이며 점차적으로 해야 할 것은 무엇인가? 그것들을 위하여 어떻게 장기 계획을 세울 수 있을 것인가?

⑤ 계속 교육을 시행해 나갈 수 있는 재정, 장소, 시간 등의 제반 여건은 어떠한가?

4) 계속 교육의 내용

다음으로 특히 교사 계속 교육이라는 관점에서 고려된 교육 내용 결정을 봅니다(앞의 실태조사에 의하면 계속 교육에서 교사들이 원하는 내용은 주로 "성서 내용과 신학 지식"입니다). 먼저 보수적인 입장에 선 강겔(K. O. Gangel)은 교사 훈련의 내용을 성서 내용/신학/교회사와 선교/인간 행동/교육철학과 원리/조직과 행정/교수법과 미디어/심방과 전도/교회음악/특수기관 교육 등으로 열거했습니다. 그리고 바우맨(L. E. Bowman)은 교육의 주제 내용을 교사가 계속해서 갖추어야 할 능력과 기술이라는 관점에서 다음과 같이 제안하고 있습니다.

1) 가르칠 개념을 정의 내리고 선택하는 능력과 기술, 2) 교수-학습의 실천적이고 실제적인 목표들을 준비하는 능력과 기술, 3) 적절한 교수 전략-연역적이나 귀납적이냐를 선택하는 능력, 4) 학습 현장에서 일어나는 상호 교류작용의 형태를 분석하는 능력과 기술, 5) 교수-학습에서 넓고 다양하게 미디어를 활용하는 능력과 기술.

한편, JEDP의 한 지침서 (Developing the Congregation's Educational Program)는 교사들의 지식/기술 조사를 통해 그들의 요구를 확인하는 형식으로 교육 내용을 시사하고 있습니다. 그 내용 항목들은 1) 성서 이해, 2) 기독교 신앙 해석, 3) 인간 자아 이해, 4) 학습 과정 이해, 5) 성장 가능성 이해, 6) 창조적 경청 기술, 7) 의사소통 기술, 8) 계획 기술, 9) 학습 분위기 조성, 10) 다양한 학습 활동 기술, 11) 교수 자료 사용 기술, 12) 물리적 환경 개발, 13) 기독교적 행동 격려, 14) 평가 기술, 15) 보다 넓은 교육 목표에의 참여

5) 계속 교육의 방법

① 교사들에게 용기를 북돋워 주고 사기를 앙양시켜 주는데 특별한 관심을 가져야 합니다.

② 가르칠 수 있는 시설 즉 아늑하고 온화한 분위기가 있는 교실을 위해서 알맞은 투자를 해야 합니다.

③ 개인적이고 인격적인 훈련을 통해서 특별히 자질 있는 부분을 발굴해 내야 합니다.

④ 가르치는 일에 있어서는 스스로 해낼 수 있는 교사가 될 수 있도록 끝까지 도와주면서 분위기를 촉발 시켜야 합니다.

⑤ 개인적인 성장을 위해서 연구를 계속해야 하며 동료들과 상호 협조하는 동료 의식을 갖도록 해야 합니다.

⑥ 교육의 정책 수립 시에는 교사들이 실무자이므로 교사들에게 우선적인 발언권을 주어야 합니다.

⑦ 교사와 학생, 그리고 부모와의 지속적인 관계를 도모해야 합니다.

⑧ 예배와 분반 공부에 있어서 항상 새로와지려는 원기 회복의 분위기를 창조하도록 격려해야 합니다.

6) 계속 교육의 유형

교사 계속 교육의 유형/방법에 관해서는 여러 문헌들이 상당히 많은 다양한 목록들을 제공하고 있습니다. 교육의 모델들을 열거해 보면 다음과 같습니다.

지도 감독법 (supervision) / 관찰법 / 실험 교실 법 (laboratoryschool)/교사 연구협의회(conference)/공동 작업 법 (workshop)/행동 조사법 (action research)/지교회 교사 교육반/자기 개발법/세미나/교사 상담실/도제식 교육/타 교회 방문/교사 성서 교실/교사 통신 교육 등입니다 (앞의 실태조사에 따르면 한국 교회의 교사 계속 교육은 개 교회에서 주관하는 교사 수련회가 주종을 이루고 있습니다).

위에 열거한 교사 계속 교육의 유형들 중에서 중요한 것들을 구체적으로 이끌어 나가는 방법들에 관한 문헌 내용을 살펴보기로 합니다.

(1) 지도 감독법(supervision)

에드워즈(M.A. Edwards)에 의하면, "지도 감독법"은 계속 교육 과정에서 중요한 방법입니다. 이 방법은 보다 경험이 많은 사람이 경험 부족한 자와 더불어 그의 지식과 기술을 나눔으로써 개인과 조직에 도움을 주는 교육방법입니다. 즉 그것은 훈련자와 훈련 대상자 양방이 보다 효과적인 일을 위해 함께 계획, 실천, 평가함으로써 양방이 공헌하는 교호과정입니다. 기독교 교육 분야에서 지도 감독자는 우선적으로 목회자나 DCE가 되며, 평신도가 될 경우 "지도 감독자/부장"(superintendent), 또는 "지도 상담교사"(counseling teacher) 등이 이에 해당됩니다. 교사 계속 교육의 방법으로서의 지도 감독법의 과정은 셋으로 구분됩니다. 즉 그것은,

1) 학습이 전개되기 전에 교사와 지도 감독자가 함께 대화를 통해 교수-학습을 공동 계획합니다.

2) 교사가 수업을 진행하는 동안 지도 감독자가 수업상황을 관찰합니다.

3) 수업이 끝난 후, 지도 감독자가 관찰한 바를 기초로 하여 대화를 통해 수업을 분석 평가하며, 다음 수업을 공동 계획합니다.

이 세 과정의 순환적 반복을 통해서 교사의 교수 능력이 향상되는 것입니다. 이 지도 감독법의 과정에서 관건은 제 단계에서 지

도 감독자가 교사에게 주는 코멘트가 비판적이며 소극적이 아니라, 지지적이며 적극적이어야 한다는 것입니다. 그러므로 지도 감독자는 교사에 대한 상급자의 비판 판단을 뜻하지 않습니다. 그는 교수-학습 과정에서의 파트너이며, 돕는 교사이며 동역자인 것입니다.

(2) 관찰법 (observation)

교육받는 교사의 관찰법은 주로 시범 학습에서의 관찰의 형식으로 진행됩니다. 에드워즈에 의하면 이 경우 관찰의 과정은 세 부분으로 구분됩니다.

1) 시범 교실에서 가르칠 교사와 수업을 관찰할 계속교육 대상자가 함께 만나 사전에 관찰할 사항(목록)에 관해서 간단히 브리핑합니다. 즉 관찰 항목에 관한 사전 합의가 필요합니다. 가령, 공과 학습 진행/교사-학생의 관계/학생의 참여/연령 특성/학생의 사고 능력/특수한 교수 기술 등이 관찰 항목이 됩니다.

2) 실제적 관찰을 위한 준비가 따릅니다. 관찰자들의 위치, 책상 및 걸상의 위치 결정, 배부할 관찰 기록 용지 등을 준비합니다.

3) 수업 관찰 후의 사후 토의(follow-up discussion)가 매우 중요합니다. 수업 후 잠시 휴식한 다음, 차를 마시며 또는 마신 후 토의에 들어갑니다. 먼저 관찰지에 기록한 내용을 각자 나눈 후 질문과 응답을 거쳐 토의를 진행하고 마지막으로 정리합니다. 관찰 교육은 한 과정이 약 3시간 정도가 됩니다.

(3) 실험 교실법 (laboratory school)

"실험 교실적 훈련법은, 참여의 이해와 기술이라는 것이 학습자가 내포된 참여의 과정을 통해서만 타당성 있게 학습될 수 있다는 가설 위에 기초한다." 이것은 브래드포드(L. P. Bradford)가 제시한 실험 교실법의 전제적 가설입니다. 계속 교육 방법으로서의 실험 교실법은 원칙적으로 훈련자와 참가자가 함께 합숙하면서 집중적인 경험을 통해 훈련한다는 특징이 있습니다. 에드워즈에 의하면 이 방법에는 여러 형태가 있습니다. 즉 주 1회 야간에 6주간에 걸쳐서 주 2회 야간에 3주간에 걸쳐서 5~6일 밤 계속해서, 5~6일 주간에, 또는 3박 4일에서 5박 6일 등 여러 형태입니다. 실험 교실법은 가장 실천적 배움을 강하게 경험케 하는 훈련 방식입니다. 이 방식의 교육 현장에서는 자격 갖춘 교육자, 훈련 받을 교사 그룹과 학생 그룹이 공동으로 참여합니다. 훈련자와 훈련교사 그룹이 함께 학습을 계획하고 학생 그룹을 실제로 가르치게 됩니다. 그 가르침은 물론 실험적 상황에서의 교수-학습입니다. 학생 그룹은 1시간 단위의 학습을 4과정 이상 가지며, 훈련자와 훈련 참가 교사는 이것의 4배 정도의 학습 기회를 갖습니다.

가장 효과적인 실험 교실은 숙박 형식으로 진행됩니다. 표준 1주간으로 공동 식사, 공동 숙박, 자유시간, 친교시간, 담화, 독서, 개인학습 등이 어울려져서 총체적 학습(total learning)의 기회가 됩니다. 참가자들 사이의 관계가 신뢰를 낳고, 훈련 참가자는 지지적 분위기 속에서 새롭고 의미 있는 배움을 이룹니다. 교사 그룹과 학생 그룹 양편이 모두 성장을 느끼며 이를 확인하게 됩니다.

(4) 교사 연구 협의회(Teacher's conference)

교사 연구 협의회의 기본 목적은 교사들로 하여금 교사로서의 보다 효율적인 지도력을 수립하기 위함입니다. 에드워즈에 의하면, 연구 협의회는 일반적으로 세 가지 범주를 목표로 행해집니다. 그것은 1) 개인적인 영적 성장, 2) 교수 행위의 충실화, 그리고 3) 기독교인의 친교 증진입니다.

첫째, 개인적 영적 성장 : 훈련 교사 그룹의 한사람 한사람이 그들 가운데 계시는 하나님의 현존을 인식하며 하나님의 뜻을 깨닫고 그것에 응답함으로써 영적 성장에 이르는 일이 중요합니다. 교사 연구 협의회를 통해 교사들은 공동 예배 계획과 실천, 신학 주제 연구, 성서 명상 연구를 통해 이것을 이루게 됩니다.

둘째, 교수 행위의 충실화 : 교수-학습에 관한 여러 학습과 활동들을 통해 가르침의 능력과 기술을 증진 시킵니다. 이 활동 과정 속에서 교육/훈련 참여자가 계획자와 함께 물어야 할 질문은 1) 왜 이 활동을 하는가? 2) 이 활동이 학생들을 위해 가장 유용한 것인가? 3) 이 활동을 통해 그들이 함께 배우며 함께 살아가도록 이끌어지는가? 하는 것입니다.

셋째, 기독교적 친교의 증진 : 기쁨과 즐거움, 실제적 도움, 하나님 앞에 있다는 느낌 등도 성공적인 연구 협의회의 중요한 내용적 요소입니다. 이런 느낌은 기독교적 친교의 경험을 주는 그룹 교수, 그룹 활동을 통해 가능합니다.

교사 연구 협의회에는 여러 가지 형태가 있습니다. 에드워즈는 네 가지 수준상의 형태를 말하고 있습니다.

① 일반적(general) 교사 연구 협의회

• 목표 : 교회의 교사 전체를 대상으로 기독교 교육에 대한 통전 감각, 사기진작, 교회 교육의 목적 파악, 기초 원리로서의 인간 이해 등을 목표로 합니다.

• 책임 : 목회자, 교육위원회, DCE, 특별 프로그램위원회가 책임 부서입니다.

• 횟수 : 소 교회는 월 1회, 대교회는 연 3~4회 정도 개최합니다.

② 대단위(divisional) 교사 연구 협의회

• 목표 : 어린이 교회학교 교사 또는 중고등 교회학교 단위로 초청하여, 해당 부서의 사업 계획, 평가, 연령 그룹 연구, 그룹간의 협동 모색, 커리큘럼 연구 등을 목표로 합니다.

• 책임 : 어린이 교회학교, 중·고등 교회학교의 책임자들.

• 횟수 : 소 교회는 월 1회, 대교회는 연 2~3회 정도.

③ 부별(departmental) 교사 연구 협의회

• 목표 : 유치부, 유년부 등 부별 교사 단위를 대상으로 하여, 특수 연령층의 욕구, 교수 기술, 공과 공동 예비 연구, 교안작성, 자료연구 등을 목표로 합니다.

• 책임 : 부서별 지도 감독자(부장), 신임교사, 교사회 등.

• 횟수 : 월 1회, 또는 새 단원이 시작될 때.

④ 학년별(grade) 교사 연구 협의회

실제로는 드물지만 고려는 가능합니다.

다음으로 그윈(P. H. Gwynn)은 교사 연구 협의회의 구체적 계획과 준비에 관해서 다음과 같은 사항들을 제시하고 있습니다.

• 임원진 구성 : 회장, 부회장, 총무, 서기, 회계.

• 위원회 조직 : 1) 프로그램위원회, 2) 친교생활위원회, 3) 집행위원회를 둡니다.

• 장기 계획 수립 : 프로그램위원회의 책임 하에, 교육 참가자들의 요구와 교회의 요청 양방을 모두 감안하여 장기계획을 수립합니다.

• 모임의 준비

- 협의회의 시간과 장소를 게시합니다.

- 모임의 지도자 팀을 구성합니다.

- 참가도를 높이기 위한 노력을 합니다.

- 프로그램의 개요를 준비합니다.

- 사전에 부과할 준비과제를 작성합니다.

- 모임 장소의 환경과 분위기를 정비합니다.

- 최종적인 준비 점검 및 보완 등.

한편 에드워즈는 교사 연구협의회의 구체적 진행에 관한 몇 가지 요건과 기술에 관해 언급했습니다. 먼저 연구 협의회의 참여도를 높일 수 있는 요건들을 1) "프로그램의 가치성"이 인지되는 일과 2) 교육 계획과정 속에 참가자들을 포함 시키는 일, 즉 plan for가 아니라 plan with여야 하며, 3) "참여를 위한 절차 및 조건들의 편리함"이라고 지적하고 있습니다. 또한 연구 협의회에서는 참가자 모두의 의견과 생각들을 서로 나누는 일이 중요 요건인데, 그것을 장려하기 위한 기술로서 1) 대화 상대자(conversation partners), 곧 각 참여자가 서로 생각과 아이디어를 나눌 수 있는 상대자를 갖는 일과, 2) 청취팀(listening team), 곧 4~5인으로 구성된 소그룹을 형성하여 주제와 관련된 질문들을 하고 경청한 후 응답토록 하는 일과, 3) 경청을 돕는 질문들(questions to aid listening)을 하는 일과, 그리고 4) 학습 그룹의 보고자에 대한 반응 등을 들고 있습니다. 또한 연구 협의회에서는 교육 참여 교사들이 훈련과정 속에서 어떤 모양으로나 지도력을 발휘함으로써 적극 참여케 하는 것이 바람직합니다. 이것을 위한 방법으로 에드워즈는 최근 발행된 기독교 교육에 관한 정기 간행물의 논문이나 기사를 읽게 한 후에 다음과 같은 절차를 통해 그들의 지도성을 발휘할 수 있게 한다고 제안합니다. 1) 회원 모두에게 특정한 논문/기사를 선택, 읽게 합니다. 2) 읽은 내용에서 유용한 아이디어를 가려냅니다. 3) 참가자들에게 미리 읽을 것을 주어 모임 이전 읽고 오게 해도 좋습니다. 4) 기사를 읽고 생각을 하는 과정에서 모임의 주제에 초점을 맞추도록 유의합니다. 5) 읽은 논문/기사에다 전체 관심을 모으는 것이 중요합니다. 6) 읽은 후 얻은 아이디어를 보고할 보고자를 선정합니다. 7) 기록할 서기를 선정합니다. 8) 서기는 보고자의 모든 발언을 요약, 기록합니다. 9) 새로운 아이디어에 관해 의견을 교환합니다. 10) 정리하는 기도로 끝맺습니다.

모든 교육적 접근에는 평가가 따라야 하듯 교사 연구 협의회도 평가과정이 중요합니다. 에드워즈는 평가는 협의회의 직접 목표와의 관련은 물론 그와 함께 간접 목표(상위 목적)하고도 관련지어 행해져야 한다고 하면서 세 가지 방법을 들고 있습니다.

1) 평가서를 기록하여 평가하는 방법, 2) 관찰자를 세워 관찰 결과로 평가하는 방법. 관찰 결과는 필히 기록해야 합니다. 3) 참가자 전원의 의견 교환, 토의를 통해 평가하는 방법. 덜 객관적입니다.

교사 연구협의회 속에 포함되는 구체적 프로그램의 사례에 관해서는 그윈(P.A. Gwynn)이나, 에드워즈(M. A. Edwards), 그리그스(D. L. Griggs) 그리고 아담스(M. & J. Adams) 등이 크게 도움이 됩니다.

⑤ 공동 작업법 (workshop)

워샵은 "훈련 참가자들이 직접 문제 해결의 과정 속에 공동으로 임하는 학습 경험인데, 이 과정 속에서 훈련 참가자가 인지하거나 이해한 자신의 욕구와 필요를 표현하며, 목적을 설정하고, 적절한 기술들을 선택하며, 책임을 수락하고 수용하는 교육 방법입니다". 이 방법이 지니는 의미는 개체 학습자나 피교육자가 학습 그룹이나 지도자의 도움을 받아 자기 자신의 문제를 스스로 추구, 해결한다는 데 있습니다. 스토크스(O. P. Stokes)는 공동 작업법이 지니는 교육적 가설을 다음과 같이 세우고 있습니다.

1) 인간은 변화 가능한 존재여서 태도, 이해, 인간관계라는 의미의 내적 성장이 가능합니다.

2) 인간은 새로운 이해를 추구하는 존재인데, 이것은 타인과의 관계에서 상호작용을 통해 발견됩니다.

3) 인간 생활은 계속적 성장의 과정입니다. 그러기에 개체는 타인과의 관계의 완전을 추구합니다.

4) 인간은 자신의 학습이 개체의 요구와 문제와 밀접하게 연관될 때, 가장 의미 있는 통전을 가지고 반응합니다.

5) 인간은 경쟁보다는 협력을 통해 보다 풍요롭게 성장합니다.

＊ 공동 작업법은 그 과정상 세 부분으로 구성됩니다.

• 첫째 과정은 "계획과정"입니다.

- 참가자들이 자유로이 토의하고 자신의 문제와 요구와 느낌을 솔직히 표현할 수 있는 분위기 조성.

- 관심과 문제를 서로 나누는 감각 및 상호 존경과 이해의 분위기 개발.

- 참가자 모두의 변화에 대한 기대감 진작.

- 참가자 모두의 요구와 관심을 채울 수 있는 프로그램 채택.

- 지도력의 어려움에 대한 문제 해결적 행동 방향의 개발.

• 둘째 과정은 "작업과정"입니다.

- 훈련/교육 목표의 명확화.

- 교육 참가자의 종래의, 또한 현금의 행동 특성과 원인 이해.

- 변화를 위한 또한 이에 반하는 내재 세력 이해와 외적 세력 이해.

• 셋째 과정은 "정리와 평가 과정"입니다.

- 교육 훈련 후 참가자들이 처하게 된 실제 상황과 훈련 결과를

관련 지음.

- 계속적 재강화(reenforcement)를 공급하여 훈련의 성과를 실제 업무 상황에 적용하도록 도움.

웍샾에 있어서는 참가자의 문제로서의 내용이 참가자들의 상호 교류 작용으로부터 제시되는 가운데 모든 참여자들의 경험들이 하나로 묶어지게 됩니다. 이런 의미에서 공동 작업법은 계속 교육의 효과적인 도구의 하나입니다.

⑥ 행동 조사법 (action research)

에드워즈에 의하면 "행동 조사법은 참가자의 실천을 증진 시키고 당면한 문제에 대한 해석을 발견시키기 위해 정교하게 구성된 교육적 시도입니다". 그 진행 과정은 다음과 같습니다.

1) 느껴지는 문제성이나 또는 천명한 목표를 인식합니다. 2) 문제를 명확화하고 관련 사실을 수집합니다. 3) 가설을 설정하고 예상 사항을 표현합니다. 4) 행동의 계획을 디자인하고 결과를 테스트합니다. 5) 필요한 경우 행동을 위한 훈련을 합니다. 6) 행동 후 관련된 자료를 수집합니다. 7) 데이터를 평가하고 결과를 일반화합니다.

이 행동 조사법의 중요 강조점에 관해서 코레이(S. M. Corey)는 다음과 같이 언급했습니다.

• 이 방법은 긴급한 요구로부터 시작되며, 실제적 상황에서 실천의 증진을 향한 성과들을 적용하고 활용하는 의도로 되어 있습니다.

• 이 방법은 훈련 참가자와 지도자에 의해 공동 계획되는데, 이 경우 전문가의 도움을 받을 수도 있습니다.

• 이 방법에서는 행동 프로그램 과정을 통해 가설 선정과 개선을 지향한 방법들을 가지고 발전적 디자인이 됩니다.

• 이 방법은 특정한 상황 속에서 실천적인 면의 증진과 개선을 가능하게끔 시도되는 방법입니다.

⑦ 개별적 자기 개발 교육

교사들이 각각 개인적으로 독습을 통해서 교사로서의 능력과 기술을 스스로 개발해 나가는 교사 교육 방법입니다. 여러 방법이 있겠으나, 중요한 것은 도서 시설의 활용법과 교사 통신 교육의 활용입니다. 먼저 도서 시설 활용에 있어서는 교회가 도서실 설치 계획을 수립한 후, 그 계획에 따라 도서 예산을 확보하며 도서실 위치를 정하고 설비를 구비합니다.

그윈은 교회 도서실 도서 및 자료 선정의 원칙을 다음과 같이 제시하고 있습니다.

• 교회의 교사, 일꾼들의 요구 및 필요 조사를 한 후 여기 맞춰 선정합니다.

• 여러 연령층, 여러 관심에 따라 고르게 선정합니다.

• 개개인의 영적 성장을 돕는 도서를 우선적으로 선정하고 다음에 교육 서적에 우선순위를 둡니다.

• 큰 사회적 문제들을 다룬 책들을 선정합니다.

• 시청각 교재, 특히 좋은 그림 자료들을 선정합니다.

- 공공 도서관과의 협력 하에 도서 목록을 수집합니다.
- 교단 교육부(출판부)와의 관계 하에 도서를 구입합니다.

다음으로 교사 통신 교육은 주로 교단 교육부나 교육 관계 기관들에서 실시하는 통신 교육제도를 이용하여, 교사 교육의 기회로 삼는 것입니다. 그원은 교사 통신 교육의 잇점을 크게 평가하고 있습니다.

1) 정규적 교사 교육 모임에 참석할 수 없는 교사에게 훈련의 기회를 제공합니다. 2) 시기, 내용 등을 유연성 있게 계획 수립할 수가 있습니다. 3) 개인적 관심과 요구의 차원에서 선택의 가능성이 있습니다. 4) 정해진 교수자로부터 개인적 안내, 지적, 주의를 받을 수 있는 기회가 있습니다. 5) 대상자에게 가장 편리한 조건 선택이 가능합니다. 6) 과정과 관련된 경험들을 시험할 수 있습니다. 7) 참여자가 자신의 자원과 능력을 스스로 활용할 수 있습니다. 8) 다른 형식의 지도자 훈련을 보완하는 것으로 의미가 있습니다. 통신 교육에서 중요한 것은 깊은 연구를 위해 지정 도서나 교재를 신중히 읽고 수용하여 성의 있게 보고서를 작성하는 진지한 자세가 성패를 좌우한다는 점입니다.

⑧ 자문 상담

자문이나 상담은 개인과 개인의 관계를 발전시켜 주는 좋은 강점을 지니고 있습니다. 자문이나 상담은 짐을 서로 나누어지는 결과가 됩니다. 여기에서 주의해야 할 일은 상담자가 언제나 교사 입장에서 교사를 잘 이해해 주는 방향으로 도와 주어야지 꾸짖는다든지 핀잔을 주어서 당황하게 해서는 안 된다는 것입니다.

여기에는 몇 가지 원칙이 있습니다.

가) 교육 목적이나 원칙 또는 행정 원칙은 해설해 줄 수도 있습니다.

나) 교사에게 그 임무가 무엇이며 어떻게 스스로 발전시켜 나가야 할 것인지를 암시해 줄 필요가 있습니다.

다) 교사 간에는 서로서로 협조하는 협조자가 되도록 권합니다.

라) 가르치는 데에 있어서 자료를 제시해 줄 수 있고 기회에 따라서는 교육을 받도록 도와주며 더 잘 가르칠 수 있는 방법을 제안합니다.

마) 교사들이 당면하고 있는 문제들이 개인적인 것이든 교회적인 것이든 늘 세밀하게 알고 있어서 그가 자문을 받을 때 서로 이야기가 잘 되도록 노력해야 합니다.

바) 교사를 하나의 인간으로(인격) 잘 대접해 주어야 하는데 늘 사랑과 관용으로 대하여 교사가 솔직하고 자유스러운 분위기 속에서 일할 수 있도록 도와주어야 합니다.

⑨ 교사 강습회

기초 교육과 같은 형태이지만 배우는 과정을 더 다양하게 하면 됩니다. 여기에도 몇 가지 유의해야 할 점이 있는데

가) 강사 위주로 계획하지 말고 교사에게 필요한 것이 무엇인지 찾아보고 그것에 맞추어서 교과목을 작성해야 하며

나) 가능한 2,3년을 한 시리즈로 하여 전체 계획을 짜야 하며

다) 교육 목표, 교육 내용, 학생 이해, 지도 방법 등을 균형 있게 포함시켜 어느 한쪽으로 기울지 않게 해야 합니다.

교사 강습회의 한 예

해	방법	교양
첫째 해	기독교 교육의 기초 ① 기독교 아동 교육 ② 기독교 청년 교육 ③ 기독교 성인 교육	① 크리스찬의 의미 ② 예수의 생애와 교훈
둘째 해	어떻게 교회 학교를 발전시킬 수 있을까 ① 어린이 이해 ② 청년 지도 ③ 장년 지도	① 기독교 교리 ② 어떻게 성경을 읽고 연구할 것인가?
셋째 해	① 개 교회의 사업 ② 사회 속의 교회 ③ 어린이를 위한 성서 사용 ④ 청년을 위한 성서 사용 ⑤ 장년을 위한 성서 사용	① 기독교의 세계 ② 기독교 청지기 직분
넷째 해	① 교회 학교의 목표와 교육 과정 ② 어린이 신앙 성장 지도 ③ 교회와 가정의 협조 ④ 성인 이해 ⑤ 청소년 이해	① 기도는 어떻게? ② 교단의 역사 ③ 이단 교파 연구

라) 강습회의 형태가 교사에게 실제로 도움이 되는 즉 효과적인 학습 형태가 되도록 해야 합니다.

7) 연합적 계속 교육

교사 교육이 개 교회에서 체계적이고 단계적으로 이루어지는 것이 바람직한 일이지만 여러 가지 형편과 사정상 꼭 그렇게 할 수가 없을 때에는 학교 형식을 갖춘 교육원이라든지, 개체 교회 교사가 연합해서 만든 교회 학교 교사연구회 같은 기관을 이용하여 계속 교육을 실시하는 것도 유용합니다.

(1) 교사 대학 또는 교사 교육원

학생들이 교과서를 갖고 전문가들에 의해서 책임 있게 배울 수 있는 제도를 지방적으로나, 교단적으로 혹은 초교파적으로 구성할 필요가 있습니다. 여기서는 기초 교육과 계속 교육이 종합적으로 이루어져도 좋습니다. 연중 계속할 수도 있지만 봄, 가을의 2학기로 나누어서 계절 학기로 실시한다면 효과적입니다. 학생들은 강사(교수)가 추천한 교재를 갖고 공부한 후 학점을 취득하고 수료증을 받으며 수료증을 교회에 제시하여 교사로 임명받으면 더욱더 바람직합니다. 현직 교사라도 이 교육원에서 수료증을 받으면 정교사가 되도록 제도를 규정지어 놓으면 좋습니다.

① 어디서 주최하며, 어느 장소를 이용할 것인가?

교단적으로 교육을 주관하는 부서나 연합적으로 교육 기관이면 됩니다. 여름에 합숙하면서 특정 교회나 일반 학교 또는 공공시설을 이용해도 좋습니다.

② 어떤 과목들을 가르칠 것인가?

기독교 교육의 목적, 내용, 인간 이해, 교육 방법 등.

③ 어떤 방법으로 실시할 것인가?

가르친다는 것은 교사가 학생에게 전하는 행위가 아니라 학생 자신이 변하게 하는 것입니다. 그러므로 배우는 사람이 교수 학습에 깊이 참여하지 않으면 안 됩니다. 그러므로 교사 대학이나 교육원에서는 웍샾(workshop)이 꼭 필수적이 되어야 합니다.

④ 누가 가르칠 것인가?

인격적으로 존경받는 경험이 풍부한 전문가를 선택하는 것이 좋습니다. 과목에 따라서는 강사가 여러명이어야 하지만 몇몇 과목은 교회의 담임 목사나 교육 목사가 담당해도 되며, 기독교 교육 전문가 또는 일반 교육에서도 전문가를 초빙하여 과목을 맡기는 것이 좋습니다.

(2) 교사 퇴수회

주말을 이용해서 교사들이 개체 교회를 떠나 수양관이나 기도원에 모여 특별 기도회나 성서 연구, 혹은 교사로서 반성과 새로운 다짐을 하는 일은 교사의 자기 성장에 큰 도움을 주는 것들이 됩니다. 특별히 기도원에 모여 기도하는 일은 교사로서의 영적인 힘을 얻기 위해 더 없이 중요한 일이 아닐 수 없습니다. 기도를 통해서 자신에게 맡겨진 사명과 임무를 다 했는지를 스스로 평가해 보는 것입니다. 이런 퇴수회를 통해서 그 동안 개 교회별로 혹은 각반별로 문제 되었던 것을 허심탄회하게 토론해 봄으로 교회 학교의 전반적인 운영이나 개개인의 발전에 지대한 영향을 갖다 주게 됩니다. 개인의 성공 사례 발표나 실패의 경험담도 가르치는 교사에게는 좋은 훈계가 될 수 있습니다.

(3) 교사 세미나

세미나라는 말은 연구 발표자들이 한 제목씩을 갖고 각각 다른 측면에서 발표한 후 다른 회원들이 그룹 토의를 통해 연구하는 모임을 두고 하는 말입니다. 교회가 연합해서 같은 주제이지만 상황과 여건이 전혀 다른 측면에서 토의해 보는 것도 교사들의 계속 교육에 큰 몫을 차지하게 됩니다.

(4) 교회 학교 교사 연구회

방학이나 휴일 또는 토요일 오후나 주일 오후를 이용하여 온 지방의 교사들이 한 자리에 모여 웍샵 형식을 곁들여 연결 모임을 갖습니다. 몇 달 전부터 적절한 주제와 적당한 장소를 결정해 알린 뒤 긴 시간 동안 서로 토의해 보는 데 특별히 교회 학교의 새로운 이론 등을 전문가에 의하여 강의를 듣는 데서부터 시작하여 패널 웍샵 등을 열어 유치부 유년, 초등, 중등, 고등, 청년부 별로 교사들이 모이거나 아니면 취미 별로 본인이 원하는 대로 들어가서 참여하게 합니다. 여러 형태의 학습 방법을 각 그룹마다 열게 하고 전체가 차근차근 발표하면서 경험과 지식을 나누는 일입니다. 밤에는 예배를 통하여 전체가 신앙에 도움을 얻도록 하며 혹시 예배의 형태를 바꾸어봄으로 예배에 대하여 새로운 경험을 얻을 수도 있으며, 성만찬식을 행하면서 그리스도의 사랑을 체험하는 영적인 시간도 맛보는 것입니다. 이런 모임은 오래전부터 미리미리 계획하고 준비해야만 좋은 효과를 얻을 수가 있습니다.

교사 전문 교육(Professional-training) –자기 훈련

교사 전문 교육은 부서의 부장을 비롯한 지도자급의 교사들을 대상으로 하는 교육입니다. 이들은 교회학교에서 중추적인 역할을 감당하는 리더들입니다. 전문 교육은 이들을 제대로 세우고 리더십 팀의 일원으로 성장하도록 돕는 교육은 승리하는 드림팀을 이루기 위해 꼭 필요한 과정입니다.

한국 기독교 연구원에서 조사한 자료에 의하면 교사의 교직에 대한 사명 의식과 태도를 물었을 때 다음과 같은 대답이 나왔습니다.

교사 강습회의 한 예

응답자별	교사 (N=477)	교육지도자 (N=253)	전체 (N=786)
그대로 하고 싶다	57.9	61.7	58.7
가능한 한 그대로 하고 싶다	34.4	28.5	31.9
가능한 한 그만 두고 싶다	4.8	5.5	4.8
곧 그만 두고 싶다	1.3	1.6	1.4

전체 응답자의 대부분인 90.6퍼센트가 그대로 계속 하고 싶다

고 했으며 가능한 한 그만 두고 싶은 자와, 곧 그만 두고 싶은 자는 불과 10퍼센트도 안 되는 것을 볼 때 교사의 자질과 상관없이 지역의 차이나 교회의 크기 여하를 막론하고 높이 평가할 만한 사명의식과 봉사 정신을 지니고 있다고 할 수 있습니다. 그런데 그에 비해서 견줄 만한 활동성과 태도는 만족스럽게 나타나 있지 않습니다. 그것은 교회 안에서 교사들의 계속적인 성장을 위한 교육이나 훈련에 등한시 하고 있다는 결론입니다. 교회에서의 계속적인 지도와 자신들의 끊임없는 노력을 통해서 '가르쳐 지키게 하라' 하시는 주님의 명령에 순종할 수 있게 되는 것입니다.

그런데 오늘의 한국적인 상황을 보게 되면 영적인 문제와 지적인 문제에 대해서 '영성'이 강한 교사일수록 '교육 전문성', '지적인 것'이 약하고 반면에 '전문성'에 능한 교사일수록 '신앙'을 등한시 하려는 경향을 볼 수 있는데 교회학교 교사가 이 영성의 문제와 전문성 즉 지적인 문제를 상호 보완성과 동시성을 지니게 된다면 가장 바람직한 교사가 될 수 있을 것입니다. 여기에서 영성이란 하나님과의 깊은 교제를 의미하는데 그것은 예배, 기도, 성서 연구 등을 통하여 이루어지며, 전문화란 교육 기술과 방법론의 창조성과 과학성 개발을 의미하는데 다른 말로 바꾸어 보면 교사의 '지적인 것'이라고 할 수 있습니다. 본장에서는 교사의 자기 훈련 즉 전문 훈련을 위해서는 영성 훈련과 지적 훈련 그리고 실제로 교수-학습을 위한 교수-학습 진행안 작성을 위한 과정을 소개하고자 합니다.

1) 교사의 영성 훈련

교사는 매일의 삶 가운데서 성령님과의 친밀한 교제를 통해 영적으로 항상 새로움을 가져야 합니다. 앤드류 머레이는 "성령을 떠난 기독교 교육은 무효이다"라고 하였습니다. 가르침은 성령님과 함께 하는 사역입니다. 영혼을 다루는 교사로서 능력 있고 열매있는 사역을 위해서는 성령의 능력을 의존해야 합니다. 만약 교회학교 교육이 신앙교육의 영적인 요소를 간과한 채 단지 지적인 개념만을 가르치고 프로그램의 노예가 되어버린다면 교회학교 교육이 영적인 능력과 열정이 사라지게 될 것입니다. 이러한 교육방식으로는 학생들의 생활의 변화와 영적인 성장을 이룰 수가 없습니다. 따라서, 교사가 가르치는 성경말씀이 학생들에게 역사하기 위해서는 성령의 역사가 절대적으로 필요하다는 사실을 깊이 인식해야 합니다. 교회학교 교사가 자신의 가르침을 통해 학생들의 삶에 영적인 변화를 가져오는 능력 있는 가르침이 되기 위해 필요한 것은 뭘까요? 바로, 부단한 영성훈련을 통해 성령충만함을 유지해야 하는 것입니다. 아주 고급 자동차가 있습니다. 하지만, 아무리 좋아도 한 번 자동차에 연료를 주입했다고 계속 차가 가는 것이 아닙니다. 항상 연료는 공급되어야 합니다. 신앙이라고 하는 자동차, 교사라고 하는 직분의 자동차를 잘 움직이도록 하기 위해 연료공급이 지속적으로 필요합니다.

그러나, 안타깝게도 많은 그리스도인 교사들은 결심만 할 뿐 행동으로 옮기지 않습니다. 행동하겠다고 결심하는 것은 설교나 강의를 통해 얼마든지 가능합니다. 하지만, 실제로 행동하기 위해서는 많은 수고와 노력이 필요합니다. 영성이 세워지기 위해서는 우리 편에서의 부단한 노력이 필요합니다. 그리스도인 교회학교 교사들은 영성의 강화를 위해 운동선수가 훈련하는 것과 같은 부단한 훈련이 필요합니다. 사도 바울도 영성을 있는 제자의 삶을 살기 위해 운동선수처럼 열심히 훈련하라고 도전합니다. "운동장에서 달음질하는 자들이 다 달릴지라도 오직 상을 받는 사람은 한 사람인 줄을 너희가 알지 못하느냐 너희도 상을 받도록 이와 같이 달음질하라 이기기를 다투는 자마다 모든 일에 절제하나니 그들은 썩을 승리자의 관을 얻고자 하되 우리는 썩지 아니할 것을 얻고자 하노라"(고전9:24~25).

영성이 강화되어 하나님께서 쓰실만한 좋은 교사가 되기 위해서는 경건한 습관을 개발하고 연마하는 과정이 반드시 필요합니다. 그리스도인들에게 남아 있는 옛 구습을 좇는 모습들을 매일 매일, 지속적으로 버리고 하나님을 따라 의와 진리의 거룩함으로 지으심을 받은 새 사람을 매일 매일, 지속적으로 입어야 합니다(엡4:22,24). "어떤 나쁜 습관을 버리고 그것 대신에 하나님이 기뻐하시는 영적인 습관을 가질 것인가?" 이것이 바로 영성훈련이라고 부릅니다. 그러나, 영성훈련을 추구하면서 한 가지 잊지 말아야 할 것은 바로 성령님과의 협력입니다. 존 오트버그는 그리스도인의 삶은 여러 가지 면에서 돛단배와 매우 닮았음을 비유하였습니다. 돛단배는, 마음대로 방향을 바꾸는 바람에 의지합니다. 돛단배를 모는 그리스도인 교회학교 교사들은 키를 조정하고 돛을 높이 세울 수는 있지만 바람이 불게 할 수는 없습니다. 영적 훈련은 성령의 바람을 받으려고 높이 올린 돛과 같습니다. 다시 말하면, 영적 훈련 그 자체는 그리스도를 닮아가는 변화를 만들어내지 못하지만, 우리로 하여금 삶을 변화시키는 분이신 하나님과 만나도록 우리를 인도합니다.

* 그리스도인 교사들은 영성훈련을 위하여 다음과 같은 종류의 훈련을 자신의 삶의 상황에 맞게 적절히 도입할 수 있습니다.

① 말씀묵상훈련

다윗은 하나님의 말씀을 묵상하는 자가 복이 있다고 강조하였습니다(시1:2,19:14,119:15~16). 성경을 묵상할 때 예수 그리스도와 깊은 교제가운데 들어가며 하나님의 영광스런 임재를 경험하고, 하나님이 우리와 함께 계실 뿐 아니라 함께 동행 하시는 것을 알 수 있게 됩니다. 예수님은 우리가 말씀을 묵상할 때 우리 마음의 성소에서 영원한 성찬을 나누시기를 원하시며, 우리가 영원한 생명을 풍성하게 누리기를 바라시는 것입니다. 이로써 우리의 속사람이 변화되고 마음의 성소의 그 중심이 뜨거워지며, 성령 안에서 의와 평강과 희락을 누리게 됩니다(롬14:17).

그러나 성경의 묵상은 동양의 이교적 묵상과는 근본적으로 다릅니다. 동양의 묵상은 마음을 비우기 위한 노력이요, 세상에서 격리되는 것과 무아상태에 이르는 것과 현실에서 초연하는 것 등을 목표로 하는 데 반하여, 기독교의 성경적 묵상은 마음을 채우기 위한 훈련이요, 세상에서 소금과 빛의 역할을 힘써 하는 것과 현실에서 하나님께 감사하고 만족하며 하나님을 가까이하고 즐기는 것을 목표로 하는 점에서 크게 다릅니다.

② 침묵훈련

우리는 침묵할 때 각종의 소리들(소음, 음악, 말소리)로부터 우리를 차단합니다. 소리와 시각적 자극은 우리의 영혼을 혼란시키는 경우가 많습니다. 따라서 우리의 영혼을 위해서. TV, 라디오, CD, Ipad, 전화기, 인터넷 등을 꺼두는 시간도 필요합니다. 그야말로 미디어로부터 자유하는 시간을 가지며 침묵을 훈련하면 하나님을 향하는 삶의 변화를 지속하는 데 크게 도움이 되고, 온유한 하나님의 음성을 깊이 듣게 되며, 영적으로 힘을 얻게 됩니다(마 12:19,사30:15). 그러나, 무조건 침묵하는 것이 영성훈련이 아니라 침묵가운데 하나님의 말씀을 묵상하며 묵상가운데 기도로 하나님과 대화를 하는 것을 포함해야 할 것입니다.

③ 기도훈련

기도는 믿음의 주요한 연습이며 힘쓰고 애써 규칙적으로 그리고 무시로 성령 안에서 해야 하고(눅11:8~13,엡6:18), 또한 기도의 내용을 배워서 해야 합니다(눅11:1). 기도에는 훈련이 필요한 것이 사실입니다. 교회 안에서 실제로 행하여지고 있는 기도훈련 가운데는 새벽기도, 철야기도, 금식기도, 작정기도, 산기도 등 다양한 방식들이 있습니다. 이러한 기도 가운데 전통적으로 건전한 것이 많으나 왜곡시키는 경우도 있습니다. 40일 금식기도를 해야 온전하다고 주장한다든지, 다니엘처럼 세 번 기도해야 한다는 것은 스스로 만든 율법주의의 올무가 될 수 있습니다. 참된 기도는 육신적이고 세속적인 생각을 버리고, 회개하는 마음으로 겸손하게, 그리고 인내심을 가지고 해야 합니다. 기도는 다양한 방식으로 열심을 가지고 하되, 성경적으로 건전한 방식을 추구하면 영성계발을 위해 크게 유익합니다.

④ 금식훈련

신구약을 막론하고 모세, 다니엘 에스더, 예수님 등 많은 사람들이 금식을 통하여 하나님께 간절히 매달릴 수 있었습니다. 금식의 목적은 기도하며 하나님을 힘써 섬기는 데 있습니다(눅2:37, 행13:2). 그리고 중보기도의 효력을 증대시키고(욜2:15~16,에4:16) 육체를 쳐서 복종시키는 데 있는 것입니다(시35:12). 그러나 금식훈련의 경우 준비가 부족하거나 금식 중 운동이 부족하거나 또는 금식 후 음식 조절을 잘 못할 경우 건강을 크게 잃을 수 있습니다. 또한 금식을 문제 해결의 만능열쇠로 오해하여 금식만 하면 모든 어려움이 저절로 해결될 줄로 착각하기도 합니다. 그런가 하면 금식을 하고 나서 영적으로 교만해져 금식하기 이전보다 신앙적으로나 윤리적으로 더 악해지는 경우도 있으므로 주의가 필요합니다. 금식하다가 몸과 영혼이 정결해짐을 경험합니다. 그러나 교만할 수도 있고, 목숨을 잃는 경우도 있습니다. 금식 후 음식 조절 못 해서 허겁지겁 먹다가 사고가 나기도 합니다.

⑤ 검소(재물사용)와 희생훈련

검소는 명예욕, 사치욕, 허영심을 만족시키기 위하여 돈이나 재물을 사용하는 것을 절제하는 것이나, 희생은 자신의 삶을 위해 필요한 어떤 것들을 포기하고 하나님과 이웃을 위해 기꺼이 바치고 베푸는 행위입니다(딤전5:17~18,롬12:13,잠11:25). 검약은 사치와 향락을 예방하고 경제적인 부채 때문에 당할 수 있는 정신적

강박을 미리 면할 수 있게 해 줍니다. 그리고 희생은 베푸는 일을 통해 하나님의 은혜를 체험케 하기도 합니다. 마게도냐 교회는 극한 가난 속에서도 풍성한 헌금을 예루살렘 교회를 위해 준비하여 드림으로 하나님의 은혜를 크게 체험한 바 있습니다(고후8:1~7). 검소는 하나님의 소유권을 인정할 때 가능합니다. 재물에 대한 하나님의 주인 되심을 알지 못하고서 행하는 검약은 깍쟁이요 구두쇠일 뿐입니다(잠11:24). 우리는 하나님이 선물로 주신 줄로 알고 감사함으로 받아 재물을 적절하게 사용할 줄 알아야 합니다. 하나님은 우리의 필요를 위해서 뿐만 아니라 즐거움을 위해서도 재물을 주셨기 때문에 적당하게 사용하는 것이 미덕입니다. 그러므로 하나님의 소유권을 인정하고 감사함으로 받아 사용하되 내세를 묵상하는 중에 검소하게 살아야 하는 것입니다.

⑥ 순결훈련

하나님 앞에서 하나님의 자녀로서 그리고 그리스도 앞에서 그리스도의 신부로서, 또한 성령님에 대하여 거룩한 성전으로서 우리는 믿음의 순결을 지켜야 합니다. 오직 여호와 하나님만을 예배하고 섬김으로 음행을 피해야 하고(렘3:1~2), 오직 예수만을 우리의 유일한 중보자요 구주로 알고 그를 사랑해야 하며(엡5:28~33), 성령의 전으로서 자신을 성결케 해야합니다(고전6:19~20,고후6:16~17). 교회학교 교사의 삶을 하나님 앞에서 순결하지 못하게 만드는 것으로부터 자신을 지키는 결단과 더불어 실제적인 훈련이 요구됩니다.

⑦ 예배훈련

하나님을 향한 최고의 존경과 감사는 예배로 표현되어야 합니다. 예배훈련은 어떤 방법으로 전개되어야 할까요? 첫째, 매일 하나님의 임재를 경험하는 시간을 갖습니다. 둘째, 전적으로 하나님을 의지하는 일에 힘씁니다. 셋째, 예배를 미리 준비하고 예배드리는 법을 익히며 예배참석을 합니다.

⑧ 복종과 섬김의 훈련

그리스도인은 자유인이면서도 동시에 모든 사람의 종이요(막9:35), 왕 같은 존재이면서도 섬기는 자입니다(마20:26~28). 그래서 예수님은 우리에게 피차 복종하라 하셨고(골3:18~22), 섬기기를 힘쓰라 하셨습니다(마7:12). 서로 관용하고(딛3:2), 대접하며(벧전4:9) 짐을 서로 함께 져야 합니다(갈6:2).

2) 교사의 전문성-지적 훈련

사도 바울은 그의 제자 디모데에게 "네가 진리의 말씀을 옳게 분별하며 부끄러울 것이 없는 일군으로 인정된 자로 자신을 하나님 앞에 드리기를 힘쓰라"(딤후2:15)고 권고했습니다. 이 권고 가운데 진리의 말씀을 옳게 분변한다는 말은 진리의 말씀을 쪼갠다는 의미로 하나님의 말씀을 정확히 파악해서 해석한다는 뜻입니다. 교사란 하나님의 말씀을 가르치는 스승입니다. 그런데 하나님의 말씀의 뜻을 잘 알지도 못하면서 학생들 앞에 서게 된다면 어떻게 될 것인가? 그러므로 성숙한 교사는 많이 배우는 교사라고 할 수 있습니다. 좋은 책을 가까이 하면서 훌륭한 신간 서적에 대해서는 속히 구입 할 의욕이 있어야 하며 특히 기독교 교육에 대한 서적이나 잡지는 빠짐없이 구독하여 읽어야 합니다. 사실 이러한 일을 위해서는 적어도 1주일에 1번 정도는 서점에 들러야 하겠고 여러 채널을 통해서 구입된 자료들은 복사한 후 파일로 철해서 분야별로 구분해둔다면 좋은 자료가 될 것입니다.

* 교사의 지적인 훈련을 위해서는 어떻게 해야 할까요?

① 교회에서 실시하는 성경 공부 그룹에 참여하는 일입니다. 교회 안에는 여러 가지 교재의 성경 공부반이 있습니다.

가) 베델(Bethel) 성서 연구

나) 트리니티 (Trinity) 성서 연구

다) 크로스 웨이 (Cross Way) 성서 연구

라) 성서 인물별, 주제별, 교리별, 실생활별, 성경책별 공부반 등, 여러 가지 공부반이 있습니다. 이러한 공부를 통해서 성서의 지식이 축적되며 그러한 지식이 자기 훈련에 큰 힘이 될 것입니다.

② 교사 통신 사범학교나 한국 교회 교육 협회에서 주관하는 교회 교육 지도자 세미나에 참가하며 절기 강습회에 참여하여 새로운 방법론을 배울 수 있습니다. 다원화된 시대 속에서 분주함이란 이루 말할 수 없겠지만 그러한 가운데서도 틈을 내서 공부하고, 세미나에 참석함으로 자기 발전에 큰 도움이 될 것입니다.

③ 기독교 교육 전문지를 읽습니다. 현재 발간되고 있는 기독교 교육 전문 잡지는 다음과 같습니다.

가) 기독교 교육(기독교 교육협회)

나) 교회 교육(한국 교회 교육협회)

다) 신앙과 교육(기독교 대한 감리회 교육국)

라) 기타 : 각 교단 교육부

3) 성숙한 교사, 교수-학습론(진행안) 작성을 통한 자기 훈련

교사와 학생이 만나는 교실에서 하나님의 말씀에 교사가 응답한다는 의미로 교육적 소명과 아울러 기도와 명상으로 이루어지는 개인적인 준비가 교수-학습 진행안입니다.

흔히 교수, 학습을 계획할 때 기억력으로 진행하려는 교사들을 보게 됩니다. 이들은 교실에서 일어나는 교수-학습 활동을 처음부터 끝까지 마음속으로 그리면서 이끌어가려고 합니다. 그러나 그 과정이 정확하고 세밀하게 준비되어 있지 않음으로 바람직한 교육이 이루어 질 수 없는 것입니다. 교사가 학생들을 가르칠 준비를 계획하되 계획으로 그치지 않고 창의적이고 신앙적인 충분한 교수-학습 단계가 학생에게는 보다 이해하기 쉬운 교육으로 그리고 교사에게는 그것이 성숙한 자기실현의 교육이라고 볼 수 있습니다.

(1) 교수-학습 진행 과정에서 고려해야 할 점

① 적합성 : 학생의 연령, 환경의 적용, 교재의 내용, 시간, 교회학교의 교육 목적

② 다양성 : 개인, 그룹, 전체, 언어, 상징, 도구, 참여도

③ 상호 연관성

④ 환경의 고려 : 준비된 환경 속에서의 느낌의 통로를 이용

(2) 교수-학습의 과정 학습

학습의 변화 (복음, 삶)를 가능케 하는 실천적 접근이 되어야 합니다.

① 개념 : 주제 설정 - 추상적인 것을 객관화시키는 과정입니다. 한 가지 개념만 주제로 삼아야 합니다. 또한 학생들의 삶의 상황 속에서 개념들을 선택해야 합니다.

② 목적 설정 : 정해진 주제를 교실에 어떻게 의도시킬 수 있는 가? 교사는 방향을 정하고 그 의도가 목적에 내포되어야 합니다. 목적은 2, 3개 정도로 설정하여 정확하게 표현되어 그것이 학생들에게 동기를 부여하고, 평가의 기준을 줄 수 있어야 합니다.

③ 학습 방법 활동

가) 모두 참여 할 수 있는 기회 부여.

나) 참여 된 활동으로 수행할 수 있도록 용기와 동기를 부여

다) 창의적인 분위기 조성.

라) 실질적인 방법이 계속되는 것은 지양.

마) 새로운 방법이 학생들에게 주어질 때 충분한 설명이 있어야 합니다.

바) 교수 목적을 이루는 과정이 되어야 합니다.

사) 연령적 차원이 고려되어야 합니다.

④ 보조 자료를 선정 : 교사의 삶 속에서 주어지는 것은 모두 다 될 수 있습니다.

(3) 교수-학습 진행안 작성 (구조)

① 도입 : 어떻게 시작할 것인가의 문제를 다루는 단계입니다. 특히 이 단계는 만남의 교실로 이끌기 위한 학생들의 참여를 촉발시키는 동기 유발의 단계입니다. 그 날의 학습 진행의 주제, 목적, 내용이 연결되어 나가는 만남의 순간입니다. 도입은 짧은 순간이지만 이 순간을 준비하는 시간은 길어야 하는 역설적 관계를 내포하고 있습니다. 또한 도입은 학생들의 경험적인 차원에서 출발하여 현재 학생들 삶의 질문, 문제를 노출시키는 데서 시작되므로 학생들의 경험을 이끄는 내적인 요구와 그들의 수용성과 상관관계를 갖고 교사는 이 일을 위하여 세 가지 관점에서 준비하여야 합니다.

가) 학생들의 심리적 측면

나) 학생들의 신앙 발달 관계

다) 학생의 문화적인 공동체와의 관계

이렇게 도입에서는 동기 유발이 중요한 데 그렇다고 주제와 내용에 관계없는 것이 되어서는 안 됩니다. 도입의 학습 활동은 새로운 것을 찾는 것보다는 이미 주어진 것으로 적용하는 것이 더 효과적입니다.

② 내용 전개 : 그 날의 교수 학습 내용의 중심이 되는 본론 단계입니다. 이 단계에서 결정적인 요소는 학생으로 하여금 의미심장한 경험을 갖게 하는 것인데 그것은 학생들이 현재의 생각과 그동안 살아가는 방식을 재평가하고 새로운 삶의 방향으로 제시하는 강한 요소를 의미합니다. 내용 전개는 도입에서 노출된 학생들의 삶의 문제를 성서의 말씀으로 올바르게 해석하는 것입니다. 여기 학습 활동에서 성서 이야기, 경험 이야기, 내용 발표, 조사 보

고, 즉흥극, 공동 모자이크, 슬라이드 등이 적용될 수 있습니다. 여기에서 학생과 교사는 창의적인 대화와 협동이 필요하고 교사는 학생과의 상호 작용을 위하여 칭찬과 용기를 주어야 합니다. 그렇다고 창의적이고 다양한 경험이 주어지는 학습 활동에 열중 하다 보면 학습의 목적을 잃을 가능성이 있으니 심혈을 기울여야합니다. 내용 전개는 수업이 40분이라면 25~30분 정도가 알맞습니다.

③ 정리 : 정리는 도입처럼 짧은 순간이지만 만남과 새로운 삶의 결단으로 이어지기 때문에 매우 중요한 단계입니다. 그 날에 배운 주제가 학생의 표현과 경험으로 새롭게 적용되는 과정으로써 학생 스스로 행동과 느낌의 변화가 일어나도록 도와주어야 합니다. 정리의 목적은 오늘 함께 주어진 경험의 의미성을 분석하는 시도로써 "나에게 주어지는 참 의미는 무엇인가?"를 질문하게 하고 그것을 돕는 단계입니다. 또한 결단의 과정으로 인도하여 현재의 삶의 방식을 지속하게 하든지 아니면 다른 방향으로 변화를 주는 것이든 간에 이 단계에서는 학생을 주체자로서 대하여 삶의 재설정을 내포하는 과정이 되어야 합니다. 정리에서 주의해야 할 점은 교사들이 중요하다고 생각되는 점을 다시 반복하거나 설교해서는 안 된다는 점입니다. 왜냐하면 정리는 시간상으로 끝나지만 학습 경험에서는 항상 열려져 있는 교수-학습의 과정이기 때문입니다. 5~10분 정도면 충분합니다.

교수-학습 진행안						

교회 학교 _____부   년 월 일
오늘의 제목 :
오늘의 성경 :
목적 :

진행/준비	학습 내용	학습 활동		준비물	시간	비고
		학생	교사			
도입						
내용 전개						
정리						
평가						
다음주 준비						

(4) 교수-학습의 진행안의 준비 방법

사실상 대부분의 교사는 전문적인 교사가 아니기 때문에 교사 각자의 삶의 현장과 교육 현장이 있습니다. 그러나 이것은 분리가 아니라 함께 연결되었다는 점에서 출발하여야 합니다. 그러므로 교사는 삶의 현장에서 만나는 클래스 룸으로 이끌기 위하여 준비 시간을 교사 자신의 정규 시간에 넣어야 함을 잊지 말아야 합니다. 그러면 교수-학습 진행안 작성을 위해서 교사는 어떻게 준비하며 시간 계획을 세워야 하는가? 교사 혼자서 준비하는 방법과 동료 교사들과 함께 준비하는 방법이 있습니다.

① 교사 개인으로 준비하는 방법

가) 월요일 : 성서 본문과 목적을 적어 수시로 읽고 생각합니다. 적은 것을 책상에 부착하든지 메모하여 수첩에 끼워 수시로 읽어 봅니다.

나) 화요일 : 학생 교재를 읽고 그 중점을 요약하여 기록합니다. 이때 학생들의 경험 차원을 생각하고 가능하면 한 학생에게 느낌을 물어보아도 좋습니다.

다) 수요일 : 교사 지침서를 읽고 참고 자료(주석, 성서 용어와 배경들)와 다른 도서를 참고합니다.

라) 목요일 : 내용 전개에서 의미심장한 경험을 주는 성서 이야기와 삶의 이야기를 요약합니다. 그리고 학습 활동에서 적용될 방법을 찾습니다.

마) 금요일 : 도입에 사용할 학습 자료와 방법을 생각합니다. 혹은 학생의 발표가 준비되었으면 다시 한번 확인하고 전 이해를 갖습니다.

바) 토요일 : 도입 – 전개 – 정리로 이어지는 전 과정을 교수 학습 진행 안에 기록합니다. 필요한 준비물을 점검하고 교수 진행 과정을 다시 한번 구상합니다. 그리고 명상과 함께 기도합니다.

② 그룹으로 준비하는 방법

가) 매월 셋째 주일을 교재 공동 연구회로 정하여 준비합니다. 아울러 교사회를 하여도 좋겠습니다(교회 편의에 따라 시간을 매주에 한 과씩 할 수도 있고 또 반드시 셋째 주일만 할 것이 아니라 매 주일 모일 수도 있습니다).

나) 교사들은 다음 달에 시행할 교재를 한 과씩 분담하여 윅샾

을 합니다. 준비한 교사는 교수-학습 진행안 작성 시안을 각 교사에게 배부하면 좋습니다. 이때 참관하는 교사도 교재를 함께 준비하고 임해야 합니다.

다) 발표된 교수-학습 진행 안의 시안과 교사의 방법을 토의하고 보완하여 공동적으로 진행안을 완성합니다. 이때 발표한 방법 중에서 부서 전체에게 필요한 학습 활동(예를 들어 성경 퀴즈, 견학, 그리기 등)이라면 특별 활동 부서와 상의하여 행동 변화의 단계로 이끄는 활동이 되면 좋겠습니다. 그런데 전체 학습 활동에서 교회 학교의 어떤 특정한 목표 성취를 위한 의도성은 배제되어야 합니다. 그러나 학생 스스로 결정한 창의적인 행동은 도와주어야 합니다.

라) 발표된 시안을 가지고 학생 연령층과 특성에 맞추어 교사는 다시 한 번 완전하게 정리 준비합니다.

이렇게 개인적으로, 혹은 공동으로 준비된 교수-학습 진행안(일명 교안)이 가르치는 교실에서 보다 완전하게 사용될 때 교사는 훌륭한 성과를 얻을 수가 있습니다. 문제는 그러한 준비를 했느냐? 아니면 그렇지 못했느냐입니다. 준비를 완벽하게 하는 교사 아니 준비할 수 있는 능력이 있는 교사라야 성숙한 교사, 전문화된 교사, 자기 발전된 교사라고 말할 수 있겠습니다.

참고문헌

- 감리교신학대학 한국선교교육연구원, 교회 교육 핸드북, 감리교 신학대학, 1977.
- 교사의 벗, 교회학교 교사 지침서, 서울서적, 1987.
- 그릭스 도날드, 교사 훈련을 위한 지침서, 김광률 역, 대한예수교장로회 총회출판국, 1989.
- 김문철, 교회 교육 교사론, 종로서적, 1991.
- 김인환, 기다려지는 주일학교 만들기, 기독신문사, 2010.
- 김청봉, 성장하는 교회학교는 무엇이 다른가, 드림북, 2016.
- 박상진, 교회 교육 현장론, 장로회신학대학, 2015.
- 박상진, 교회학교 부흥을 위한 교사 교육의 새로운 패러다임, 예영, 2010.
- 브루스 윌킨슨 엮음, 마음을 여는 가르침 상,하, 정현 역, 디모데, 1994.
- 엄문용, 교회의 현장교육, 대한기독교출판사, 1985.
- 오인탁/정웅섭 공저, 교회 교사 교육의 현실과 방향, 대한기독교출판사, 1987.
- 이선희, 교회학교 교사 교육, 나침반, 1994
- 이현철, 조철현, 박신웅, 교회학교 교사의 전문성과 리더십, 고신대학 출판부, 2016.
- 임계빈, 성장하는 주일학교는 이런 교사를 원한다. 엘맨, 1998.

• 정웅섭, 교회의 교사 교육 과정, 대한교회 교육협회, 1992.

• 피어스, M. M, 교회 학교 운영 지침서, 김재은 역, 종로서적, 1991.

• 한미라, 개신교 교회 교육, 대한기독교서회, 2010,

• 한춘기, 교회 교육의 이해, 한국로고스연구원, 1996

• 후레갈 밥, 교회학교 핸드북, 강수도 역, 요단출판사, 1983.

3장

지혜로운 교사 관리

교회학교 교사들이 지쳐 있다.

교회학교 교사들은 지쳐 있습니다. 개혁신학회(회장 김길성 교수)에서 "개혁주의 신앙과 교육"을 주제로 학술대회를 개최한 적이 있습니다. 이 자리에서 이현철 교수는 "한국 교회학교 교사들의 딜레마에 관한 네거티브 탐구"를 통해 교회학교 교사들의 불안한 상황을 보여주고 있습니다. 그는 교사들에 대해 "과도한 교회 봉사로 인해 지쳐 있고, 교회와 목회자의 지원과 관심 부족으로 자신감과 자긍심이 낮아진 상태다"라고 지적했습니다.

이 교수는 교사들을 직접 만나서 심층면접과 현장조사를 한 결과 교사들이 총 7가지 사역의 딜레마를 갖고 있다고 발표했습니다. 그중 첫째가 과도한 교회 봉사로 인해 교사로서 역할을 제대로 못 하는 문제였습니다. 교사는 어느 교회든지 가장 힘든 사역입니다. 교사로 봉사한다는 것은 일단 교회생활과 다른 봉사도 열심히 하는 성도라는 것을 말해줍니다. 문제는 '열심히 봉사하는 사람'이라는 인식이 생기면 목회자들이 너무 많은 일을 맡긴다는 것입니다. 이 교수가 면접한 한 교사는 "1인 5역입니다. 새벽부터 교회에 나와서 성가대부터 여러 일을 합니다. 순종해야 한다고 하니 못 하겠다는 말은 못 하고"라며 어려움을 토로했습니다. 이렇게 다른 봉사에 시간과 정력을 쏟으면 교사로서의 사역 여력이 떨어집니다. 교사로서 꼼꼼히 교육 내용을 준비하고 연구할 시간이 없는 것입니다. 그러니 전문성을 발전시킬 수가 없습니다. 이런 악영향은 그대로 학생들에게 전해지고, 교사들은 자신감을 잃고 보람도 사라지고 교육 현장이 시들해져 갑니다.

교회학교 교사들이 지쳐 있습니다. 번아웃 증후군입니다. 번아웃은 몸과 마음의 에너지가 소진되어 극도의 피로감을 느끼는 일종의 탈진증후군, 연소증후군입니다. 미국의 정신분석 의사 허버트 프뤼덴버그(Herber Freudenbenger)는 자신이 치료하던 간호사에게서 이 증후군의 최초 사례를 찾아냈습니다. 간호사 일을 천직으로 여겼던 사람이 갑자기 모두 불타버린 연료처럼 무기력해지면서 업무에 제대로 대처하지 못하고 일에 대한 보람을 잃고 슬럼프에 빠져버린 것입니다. 프뤼덴버그는 이런 현상을 탈진증후군 - 번아웃이라고 명명했습니다.

크리스티나 베른트(Christina Bendr)는 〈번아웃〉에서 탈진한 인물들을 열거해 놓았습니다. 의료사고로 세 살배기 아들을 잃은 엄마, 정상에서 번아웃에 빠진 축구 코치, 전쟁 포로에서 10년 만에 귀향한 남자, 출생의 비밀을 알게 된 여자, 끔찍한 총기 난사 사고에서 혼자 살아남은 청년, 다이빙 사고로 전신마비가 된 남자, 10세에 유괴되어 8년간 감금됐다가 탈출한 나타샤 캄푸쉬 등, 이런 사람들은 세상이 무너지는 듯한 허탈감과 함께 번아웃 상태가 되어버렸습니다.

교회학교 현장에 있는 많은 교사도 번아웃 현상을 겪고 있습니다. 한국 교회의 미래를 위해 교회학교를 부흥시켜야 한다고 강단과 세미나에서, 언론매체에다 아무리 강조해도 정작 현장에 있는 교사들은 감동을 받지 못합니다. 다음 세대가 힘들다고 예보하는 음이 울리면 힘들다고 말한 사람들이 앞장서서 무너지는 교육 현장을 일으켜 세워야 합니다. 다음 세대가 걱정되면 다음 세대에 심을 씨감자를 남겨두어야 하는데, 정작 그 씨감자를 기성세대가 먹어버리면서 다음 세대를 걱정하는 이율배반적인 모습을 보입니다. 앞뒤가 맞지 않는 외침, 자신들은 아무런 노력도 하지 않고 교회학교 교사들에게 다음 세대의 부흥과 헌신을 강요하는 그 이기심에 교사들은 지쳐 가고 있습니다. 물론 교회학교 교사들도 다음 세대의 위기를 알고 있습니다. 여기저기서 듣는 이야기들이 자신들의 사역 현장과 관련된 것인데 두 귀가 막히지 않는 한 어찌 그 소리를 듣지 못하겠는가!

그럼에도 교사들이 위기의 다음 세대를 위해 열정을 내지 못하고 주저앉아 있는 것은 기성세대가 다음 세대를 보는 시선이 심각하지 않을 뿐 아니라 교사들에 대한 중요성을 제대로 챙기지 못하고 있기 때문입니다. 그 어느 때보다 다음 세대의 중요성이 강조되고 있지만 희한하게도 교사의 중요성은 그만큼 강조되지 않습니다. 교회조차도 교사직을 자신들이 좋아서 하는 '무료 알바' 정도로 알고 있는 것은 아닐까?

모세와 떨기나무 이야기를 기억하고 있습니까? 하나님께서는 그의 종에게 말씀하시기 위하여 광야에 있는 그 떨기나무에 불을 붙여놓으셨습니다. 그 떨기나무는 불이 붙어 있었지만 타지는 않았습니다. 유감스럽게도 불붙은 떨기나무 같았던 교회학교 교사들이 이제는 흩어져 버린 숯 검댕이가 되는 경우가 적지 않습니다. 완전히 탈진된 것입니다. 또 다 써버리고 말았습니다. 숯으로 변하고 말았고 텅 비게 된 것입니다.

누구나 그런 사람을 알고 있을 것입니다. 그들은 여러 해 동안 여러 방면에서 활동적으로 일했던 충성된 일꾼인 것입니다. 그런데 그들을 다시 교회 안으로 끌어 들이려는 사람들의 사랑마저 마다하고 갑자기 교회에서 완전히 사라져버린 것입니다. 영적인 탈진의 전형적인 표본인 것입니다.

교사 탈진의 이유

탈진이란 무엇인가? 왜 이런 일이 생겨나는가? 탈진의 간단한 정의는 머리를 복잡하게 하는 스트레스입니다. 우리 모두는 스트레스를 느끼고 있습니다. 어떤 스트레스는 우리에게 유익을 주기도 하고, 어떤 스트레스는 그렇지 않습니다. 탈진은 스트레스가 너무 쌓이게 될 때 일어납니다. 심리 분석가인 허버트 프로이덴버거(Herbert J. Freudenberger)는 "예상했던 결과를 보상으로 주는 데 실패한 어떠한 목표나 생활 방식이나 관계에 대한 헌신이 가져오게 된 피곤이나 좌절의 상태"를 탈진이라고 말하고 있습니다.

크리스천들은 특히 교회학교 교사들은 아주 탈진하기가 쉽습니다. 왜 그럴까요? 왜냐하면 어느 연구가가 관찰한 것처럼 탈진은 불타는 열심이 있을 때만 가능한 것입니다. 교회학교 교사들은 보통 그리스도를 위하여 그들이 가르치는 학생들의 삶에 변화를 일으키고 싶은 강렬한 욕구를 가지고 있습니다. 학생들이 영적으로 자라나는 것을 도와주고 싶은 것입니다. 학생들의 삶에서 확실한 영적 향상을 보고자 수고 하는 것입니다. 그 목표를 달성하기 위해 비전을 가지고 분투하는 것입니다. 그렇지만 그 비전이 현실과 맞물려 조화되지 않을 때, 바라던 결과가 나오지 않을 때, 능력 이상으로 무언가를 시도했을 때 교사는 탈진의 후보자가 됩니다.

탈진은 전형적으로 아래의 두 가지 사건 중 한 가지에 뒤따라 나타납니다. 목표를 향한 장기간에 걸친 그렇지만 성공적이지 못한 노력 아니면 강렬한 정상에 다다르는 경험이 그것입니다. 엘리야는 문자 그대로 후자의 경우였습니다. 엘리야는 바알의 선지자들과의 대결에서 승리한 기쁨에 취해 있었습니다. 그 일로 힘이 넘쳐서 아합의 마차 앞에서 달려가기까지 했습니다. 그런데 갑자기 갈멜산에서 다 타버린 번제물처럼 엘리야 자신이 탈진된 것입니다. 엘리야는 전형적인 증후를 모두 나타내고 있었습니다. 엘리야는 우울해진 상태였고 마음이 슬펐으며 고립된 것처럼 느끼고 있었습니다. 엘리야는 이세벨의 협박을 뒤로 하고 떠났을 뿐 아니라 그의 종도 버리고 혼자서 광야에서 행하고 있었습니다. 다른 사람 모두를 떠나버리는 것은 하나도 도움을 주지 못합니다. 그는 곧 공허감과 절망에 굴복하고 말았습니다. 로뎀나무 아래 앉아서 죽기를 구했던 것입니다. 거기서 천사가 나타나 엘리야를 도와서 호렙산으로 갈 수 있도록 그의 힘을 북돋아 주었습니다. 그렇지만 환경을 바꾸는 것이 엘리야의 상태에 대한 치료책은 아니었습니다. 거기서 하나님과 만나는 과정에서 그는 자신의 쓰디쓴 외로운 감정과 올바로 대우받지 못하고 핍박받는 데 대한 자신의 감정을 목소리로 표현했던 것입니다.

여러 가지 불리한 변수들, 압박감, 각종 문제들이 교회학교 교사를 위협합니다. 가르치는 것이 의미 있는 일인가? 내가 아이들의 삶에 과연 영향을 미치고 있는가? 목회자들의 목회자라고 할수 있는 찰스 스윈돌의 입을 통해 좌절이 치명적인 병이 아니다 라는 사실을 들어보자.

느헤미야 4장을 자세히 살펴보면 느헤미야의 지도 아래 예루살렘 성벽을 재건하던 유다 백성들이 좌절감에 빠지게 된 네 가지의 중요한 원인을 발견할 수 있습니다.

① 힘이 빠짐. "유다 사람들은 이르기를 흙무더기가 아직도 많거늘 담부하는 자의 힘이 쇠하였으니 우리가 성을 건축하지 못하리라 하고" 느헤미야 4장 10절의 말씀입니다. 여기서 "쇠한다"는 표현을 잘 보도록 하자. 원어의 의미는 비틀거린다는 뜻입니다. 즉 "느헤미야여, 이 백성들은 오랜 세월 동안 일을 해왔고, 이제 그들은 지친 상태에 놓여 있소" 라는 말입니다. 새로운 의욕이 상실된 상태입니다. 좀 더 실제적으로 얘기해보자. 가령 집을 새롭게 단장하는 어려운 작업을 해야 한다고 하자. 가장 힘이 많이 들 때가 언제인가? 일을 반쯤 마치고 났을 때, 온 집이 난장판이 되어버렸을 때일 것입니다. 반 쯤 마쳤을 때가 가장 힘든 때입니다. 힘이 쇠했을 때의 좌절감은 몸도 피곤하게 만들어버립니다.

② 비전의 상실. 유다 사람들이 한 말을 기억하는가? "흙무더기가 아직도 많거늘." 담부하는 자의 힘이 쇠하고 기진하게 되었습니다. 그렇게 열심히 일했지만 아직도 흙더미가 남아 있습니다. "느헤미야여, 보소서. 우리 눈앞에 있는 것은 흙, 깨어진 돌, 딱딱

하게 말라붙은 모르타르 뿐입니다. 너무 지쳤습니다. 정리해야 할 흙무더기가 너무도 많습니다." 성벽을 건축하는 사람들은 완성된 성벽에 대한 비전을 상실해버렸습니다. 이와 같은 근시안적인 생각은 아이를 처음 기르는 엄마가 하루에 오륙십 개의 기저귀를 갈아댈 때의 느낌과 거의 같습니다. "너무나 힘들어요. 정신이 없어요. 기저귀를 10분마다 가는 것 같아요!." 이 엄마는 무엇이 잘못되었는가? 당장 갈아야 하는 기저귀 때문에 아이를 기르는 엄마로서의 성취감을 상실하고 있는 것입니다.

③ 자신감의 상실. 아마도 가장 치명적인 좌절의 요인은 분명 자신감의 상실일 것입니다. 느헤미야의 일꾼들은 지치고 목표 의식을 상실해버렸습니다. 성벽은 반쯤 완성되었습니다. 그들의 기분은 이렇게 표현됐습니다. "우리가 성을 건축하지 못하리라"(10절). 힘과 비전을 상실하고 나면 자신감도 잃게 됩니다. 자신감을 잃게 되면 좌절이 당신을 향해 눈짓하며 길모퉁이를 돌아 당신을 향해 찾아옵니다. 자신감을 상실하면 상심하게 되고, 의욕도 잃게 됩니다.

④ 안정감의 상실. 여기에 나타난 유다 백성들에게 있어서 좌절의 마지막 원인은 안전하다는 생각의 결핍입니다. 11절에 "우리의 대적은 이르기를 저희가 알지 못하고 보지 못하는 사이에 우리가 저희 중에 달려 들어가서 살륙하여 역사를 그치게 하리라"고 기록하고 있습니다. 겁나는 얘기입니다. 대적들은 말합니다. "우리에게 계획이 있다. 그렇지만 말하지 않겠다. 졸지에 쳐들어가서 한 방 먹이고 말겠다! 쳐들어가기만 하면 그것으로 끝장이다. 삽시간

에 확실하게 일을 처리해버릴 것이다. 쳐들어오는 것도 모르는 사이에 해치우겠다." 이러한 위협 속에 일꾼들은 좌절의 늪으로 빠져들고 말았습니다. 생활 속에 안전을 위해 매달리는 것들이 많이 있습니다. 좋은 기회나 변화의 목전에 서 있을지도 모릅니다. 힘을 잃고 자신감을 잃고, 비전도 잃고 급기야 안정감도 상실해버렸습니다. "다 소용없어!" 하면서 포기해버리려는 생각이 들 수 있을 것입니다. 그러나 잠깐! 다시 생각해봐야 합니다. 인생의 가장 화려한 날들을 앞에 두고 있는지도 모르지 않는가?

교사들은 왜 지쳐 있을까?

1) 교회의 동력이라는 교육부서가 재정 트집 잡히기 1순위가 된다면 그런 교회는 미래가 없습니다. 이 문제에 대해 대구칠곡교회 오세원 목사는 한국기독공보 기고문을 통해 이렇게 말했습니다. "... 일반적으로 교회는 교회학교 교육재정에 인색하다는 말을 종종 듣습니다. 대다수 목회자들이나 당회원들은 교회학교에는 많은 투자와 노력이 필요하지만 교회에 미치는 효과가 미약하다는 생각을 갖고 있습니다. 심지어 교회학교는 밑 빠진 독에 물붓기라는 생각을 하고 있는 경우도 많습니다. 일반 사회 교육비 지출은 각 가정에서 담당 하지만 그것을 투자로 보기 때문에 빚을 내어서라도 교육비를 충당하고 있습니다. 그래서 항상 사교육비가 너무 많이 든다고 사회적 문제를 제기하고 있음에도 불구하고 일반사회 교육비는 계속 증가하고 있는 데 반해 교회학교 교육비는 과연

적당한 예산을 편성하고 있는가 하는 질문을 할 수밖에 없습니다. 사회교육은 세상에서 남보다 조금 더 행복하게 살도록 하는 방편인 데 반해 교회학교 예산은 영생을 얻게 하는 교육을 실시하는 데도 어떻게 우리가 상대적 가치에 두고 비교할 수 있겠는가. 교회학교 재정의 열악성은 대부분의 교회가 익히 경험하고 있고 그 비중도 매우 약합니다. 사회봉사 선교에 대한 예산을 많이 배정한 것을 자랑하는 교회는 많지만 교회 교육에 예산을 많이 배정했다는 자랑은 들어 본적이 없습니다. 하지만 우리가 살고 있는 세상의 현실은 옛날과 같은 환경이 아니며, 아이들의 문화도 전혀 다릅니다. 그러므로 교회학교 예산에 대해 기준이 있어야 합니다. 각 교회학교 예산이 어느 정도로 확충되어야 하는지를 알려고 하면 그 재정이 어느 정도 부족한지를 알 만한 기준이 있어야 하는데 현재로서는 그런 자료를 본 적이 없습니다. 다음 세대 전도와 교육에 소홀히 했다가 눈물 흘리는 일이 없었으면 하는 마음이 간절합니다".

2) 교회 교사들을 지치게 하는 교회 분위기에는 당연히 교인들 특히 해당 자녀들을 둔 부모들에 대한 섭섭함이 진하게 깔려 있습니다. 도대체 부모들이 교회 교육에 협력을 해주지 않습니다. 학교에서 행사가 있으면 빠지고 시험 기간에 학원 보강이 있으면 빠지고 피곤하면 빠지고 집안 행사가 있으면 빠지고…. 특별한 일이 없어야 교회에 보내는 교회 학부모들 때문에 교사들은 실망하고 낙심하고 지칠 대로 지쳐 있습니다.

가정에서 가장 귀하게 여기고 그 아이들을 위하는 일이라면 모든 것을 다 해주는 학부모들이 왜 교회 활동에는 손을 놓아버리는 걸까요? 내 아이의 영혼을 근심하고 걱정하고 있다면 교사들에게 수고한다고, 아이들의 영적 상태가 어떠냐고 한 번이라도 물어볼 법도 한데 교회에서 만나면 아는 척도 제대로 하지 않습니다. 오히려 아이가 교회에 나가지 않거나 믿음이 시들해지면 100% 교사 탓으로 돌립니다. 교사가 실력이 없어, 열심이 없어. 아이에게 관심이 없어 그런 거라고 하면서 내 아이는 하나도 잘못이 없고 모두 교사들 탓입니다.

교회에서 문제가 생기거나 아이들이 불평하면 자신의 아이를 탓하고 교사와 상담해야 하는데 뒤에서 불평과 비난을 일삼습니다. 이런 소리를 듣게 되면 교사들은 무슨 힘으로 교사 사역에 열정을 쓰겠는가?

교사들을 분통 터지게 만드는 것이 수련회입니다. 청소년들에게 수련회는 아직도 효율적인 교회 교육 사역입니다. 2박 3일의 공동체 생활을 통해 믿음의 연대가 이루어지고 우정을 나눌 친구들이 생기면 교회에 재미를 붙이게 됩니다. 재미가 목표는 아니어도 동기는 됩니다.

기독신문의 좌담회에서 대구동신교회 오지영 교사는 학부모와의 갈등 경험에 대해 언급했습니다. "… 중등부 담임교사를 맡고 있었는데, 중학교 2학년을 맡고 있다가 수련회 참석 문제로 학생, 학부모와 갈등을 겪으면서 상처를 좀 많이 받게 돼서 3학년 때부터는 다른 선생님이 현재 그 반 담임교사를 맡고 있습니다. 제가 계속 그 반을 맡으면 그 학생도 불편할 것 같아서 2학년까지 맡았다가 다른 분께 맡기고 다른 부서로 갈까 했지만, 부장 선생님의 만류로 현재 중등부 새가족반을 담당하게 됐습니다".

3) 교회학교 교사들은 사람과의 관계가 가장 힘들다고 말합니다. 백석대학교 기독교학부 한만오 교수는 교회학교 교사들의 실태조사 결과를 바탕으로 〈하나님의 쪽지〉를 냈습니다. 조사 결과에 따르면 교회학교 교사들은 강한 사명감을 갖고 교육 사역에 동참하고 있으나 교회학교 구성원들과의 인간적 관계로 말미암아 상처도 많이 받는 것으로 나타났습니다.

지금 교회학교 교사직을 하고 있는 심정을 묻는 질문에 다행히도 사명감을 갖고 매우 기쁘게(응답자의 54.7%)라는 응답이 과반을 넘었지만 교회에서 봉사생활을 해야 하니까(17.7%)라는 응답은 교회 교사의 직분을 기쁨으로만 감당하고 있는 게 아니라는 사실을 보여줍니다. 교사들의 헌신과 열정이 뜨겁지만 뭔가 지난날과 같지 않다는 불안감을 갖게 하는 응답 결과입니다.

교회학교 교사가 힘들어 하는 이유, 교사를 그만두고 싶은 이유를 물었을 때 학생, 동료 교사들, 부모 등과 관계가 좋지 않을 때(37.1%), 학생의 변화나 사역의 열매가 없을 때(26.7%), 과중한 교회 사역으로 인해 탈진했을 때(22.2%), 내가 가르친 학생에게서 변화가 없을 때(23.3%), 교회에서 교회학교나 교사에 대해 무관심하고 지원이 없을 때(18.0%), 내가 가르치는 반이 부흥되지 않을 때(12.6%)라는 대답이 나왔습니다.

교사를 그만두고 싶은 이유들을 종합한 한만오 교수는 교사들의 좌절은 단순히 좌절 그 자체보다 교사로서의 사명감으로 자신의 일을 성취하고 싶은 마음이 바탕에 있어 절망도 그만큼 크다고 말합니다. 그러므로 교회에서 교사의 자존감을 회복시켜주고자 하는 노력이 말로만이 아니라 현실적으로 나타나야 지친 교사들이 다시 일어설 수 있으며, 그것이 바로 교회의 역할이라고 설명합니다.

4) 교사들은 담임목사의 무관심으로 지칩니다. 교사들이 지치는 가장 큰 원인은 물론 자신이지만 외부에서 문제를 찾는다면 담임목사입니다. 담임목사의 무관심이 교사들을 지치게 만듭니다. 교회학교 조직에서 교장은 담임목사로 되어 있습니다. 특별한 교회가 아니고는 대부분 담임목사가 교장입니다. 교장은 교사뿐 아니라 학생들을 책임지는 장입니다. 교육 현장에서 언제나 만날 수 있고 볼 수 있는 사람이 교장이어야 합니다. 그만큼 담임목사는 교육부서에 대해 큰 관심과 따뜻한 배려와 교회 헌금의 사용 1순위라는 분명한 신념을 갖고 있음을 교사들에게 전교인에게 보여주어야 합니다. 그러나 지금은 당회의 당회장이고 교인들의 목회자일 뿐 실제적으로는 교장 역할을 전혀 못 하고 있습니다. 다음 항목을 체크해 보자.
- 담임목사가 우리 부서에서 설교한 적이 있는가?
- 담임목사가 우리 부서에서 축도한 적이 있는가?
- 담임목사가 교사대학에서 강의한 적이 있는가?
- 담임목사가 자주 교육부서를 방문하고 있는가?

• 담임목사가 교사들의 이름을 알고 개인적인 사정을 알고 있는가?

이 질문 항목에서 담임목사가 80점을 받는다면 그 교회의 교사들은 결코 지치지 않습니다. 어린이와 학생 신자들을 가르치는 것이 힘들고 교회, 회사, 가정 일을 병행하며 지치고 탈진도 하지만 담임목사의 목회철학이 교육을 향하고 있으며 다음 세대에 투자의 우선순위를 두고 있음을 안다면 지쳤다가도 일어서고 변함없는 헌신으로 일할 수 있습니다. 그러나 담임목사가 장년목회에 집중하고 숫자적인 성장과 예배당 규모에만 연연해한다면 교사들은 실망하고 지칠 수밖에 없습니다.

교회학교 교육으로 유명한 오산평화교회 최석원 목사는 이렇게 말합니다. "… 선교 초기 어린이교육에 관심을 가졌던 한국 교회는 교회가 어느 정도 성장한 이후 장년목회에 상당한 비중을 두고 목회하는 경향이 있었다. 반면에 어린이와 청소년 교회, 즉 다음 세대 사역은 2nd line에 밀려 있었다. 물론 다가오는 세대를 바로 예견하고 준비한 사람들에 의해 다음 세대 사역이 구비 된 것도 사실이지만, 한국 교회지도자들의 대부분 관심이 추수에 있지 파종에 두지 않는 것이 사실이다".

교회 교육이 잘 되는 교회는 교사들이 보람을 갖고 봉사하며 기쁨이 넘칩니다. 이런 교사들의 역동적인 힘의 배후에는 담임목사가 있습니다. 담임목사의 목회 마인드가 교육을 향하고 있는 한 교사들은 지치지 않습니다. 개인적으로 지쳐 있다가도 얼마든지 일어설 수 있고, 개인이 탈진해도 교육부서 전체로 흐르지 않고 개인 문제로 최소화됩니다. 그러기에 담임목사가 교사들의 이름도 불러주고 생일도 챙겨주고 교사주일도 성대하게 지켜주면서 격려하고 응원해야 합니다.

교사들은 무엇을 원하는가?

순교는 기독교의 오랜 역사에 이어져 내려온 빛나는 유산입니다. 과거에는 낙인이 찍힌 인두와 족쇄, 고문 기구, 그리고 사형 틀에 의해 순교를 당했습니다. 순교자는 오늘날에도 여전히 우리가 흠모하는 믿음의 영웅이요 성인들로 추앙받습니다.

그런데 지금은 교사들이 순교 당하고 있다는 사실을 아십니까? 교회와 교회학교의 지도자들이 교사들에게 소명과 충성만을 강조할 뿐 격려와 감사에는 빈약합니다. 그들에 대한 관심과 지원에는 인색합니다. 그래서 적지 않은 교사들이 한두 해 하다가 사임해버리고 맙니다.

우리의 교회학교 현실은 안타깝게도 교사에게는 의무만 있고 상급은 주어지지 않습니다. 그래서 전혀 불필요한 순교의 악순환을 되풀이하고 있습니다. 물론 하늘나라 상급은 있겠지만, 교사들은 이 지상에서 칭찬과 격려 한 마디에 힘을 얻습니다. 교회의 지도자들이 자신들이 기여 하는 바에 대해서 알아주기를 바라고 인정받고 싶어 합니다.

직장인들이 이직을 생각하는 경우는 언제일까요? 그것은 낮은 연봉이나 직책 때문이 아니라, 존중받지 못한다고 느낄 때라고 합니다. 어느 조직의 구성원이건 존중받고 있다고 생각할 때 힘이 솟는 법입니다. 사기로 먹고사는 조직으로 흔히 군대를 들지만, 교회학교야 말로 더욱 그런 조직입니다. 군대는 그래도 가장 졸병인 이등병에게도 월급을 주고 진급도 시켜주는 조직이지 않습니까? 그런데 교사는 물질을 얻고 승진을 위해 일하는 분들이 아닙니다. 오히려 몸과 시간을 바칠 뿐 아니라 재정적 손실까지도 감수하면서 봉사하는 경우가 비일비재합니다.

그렇기 때문에 돈이나 명예 때문에 하는 일도 아니며 다른 혜택을 누리고자 하는 일도 아닌 교회학교 봉사에 몸을 담은 그들에게 무엇보다 필요한 것은 자신들이 교회에서 지지와 존중을 받고 있다는 느낌입니다. 그러니 교회와 교회학교의 책임 있는 지도자들은 교사들이 불필요한 순교를 당하지 않도록 자신들의 봉사가 보람되며 존중받고 있음을 느낄 수 있도록 하는 일이 얼마나 중요한지를 분명히 알아야 합니다.

교회와 교회학교의 지도자들은 교사들이 하는 일을 진심으로 인정하고 격려해야 합니다. 이를 다양한 방식으로 표현해야 합니다. 교사들에게 필요한 것은 교사직을 지속할 수 있는 내적인 동기를 잘 유지하는 일입니다. 이런 점에서, 지도자는 효과적으로 교사들과 소통함으로써 그들로 하여금 자부심과 자발성을 가지고 봉사하도록 이끌어야 합니다. 그렇게 될 때에만 승리하는 팀을 만들 수 있습니다. 지도자라면 "어떻게 하면 교사들이 지치지 않고 맡겨진 사역에 열심을 내게 할 수 있을까?" "어떻게 힘과 동기를 얻게 할 수 있을까?"라는 고민을 늘 해야 합니다. 모든 사람은 목에다가

"나를 중요한 사람으로 느끼게 만들어 주세요"라는 팻말을 달고 다닙니다. 아무리 하나님의 일을 하는 교사들이지만, 교회는 교사들을 스타로 대해주어야 합니다. 그러면 그들은 더 큰 자긍심으로 봉사할 것입니다.

교회 지도자들은 교사를 존중해 주어야 합니다. 그들은 마땅히 존중받을 만한 존재입니다. 그들로 하여금 "내가 하는 교사 일은 우리 교회에서 꼭 필요한 것이고 중요하다."라고 느끼도록 해주어야 그들을 존중하는 것입니다.

교사의 좌절감을 다루는 방법

물론 예루살렘 성벽을 재건하는 일은 놀고먹으며 가볍게 해치울 수 있는 일이 아니었습니다. 좌절의 요소들이 판을 치고 사탄이 온 힘을 동원한 날이었습니다. 그러나 느헤미야는 좌절감을 무시하지는 않았습니다. 좌절감을 무시해서는 안 됩니다. 마치 펑크 난 타이어를 무시하는 것과 다를 바 없습니다. 아무리 기도해도 아무리 달려 봐도 바람이 저절로 타이어 속으로 들어가는 것은 아닐 것입니다. 펑크를 때워야 합니다. 좌절감을 다루는 것도 마찬가지입니다. 느헤미야는 위대한 지도자답게 팔을 걷어 올리고 좌절감에 대처했습니다. 느헤미야가 사용한 다섯 가지 원리를 살펴보자. 오늘날에도 이 원리들은 유효하다고 믿습니다.

① 목표를 향해 힘을 모으라. "내가 성 뒤 낮고 넓은 곳에 백성으로 그 종족을 따라 칼과 창과 활을 가지고 서게 하고"(느4:13). 느

헤미야의 이러한 지시는 아주 중요합니다. 건축에 참여한 사람들은 가족들과 헤어져 전 예루살렘에 흩어져서. 돌과 물과 모르타르를 가지고 일 해왔습니다. 느헤미야는 이 사람들을 한 곳으로 모아 가족별로 자리를 잡게 한 후, 각 사람에게 공동의 목표, 즉 생존이라는 목표를 제시했습니다. 느헤미야는 그들의 관심을 자신들로부터 대적을 향해 옮기도록 했습니다. 사람들의 마음을 하나로 묶는 과정 속에 느헤미야가 어떻게 했나 주시해보라. 그는 일을 중단시켰습니다. 좌절감 속에 빠질 때 가장 좋은 방법은 때로는 일에서 손을 떼는 것일 수 있습니다. "활을 항상 구부려놓고 있으면, 언젠가는 부러지고 만다"라는 그리스 격언이 있습니다. 당신의 활은 얼마나 팽팽한가? 그 활의 긴장을 풀고 한 이틀 정도 푹 쉬어본 적이 언제인가?

② 시선을 주님께 돌리라. 다음으로 느헤미야는 백성들의 관심을 주님께로 향하게 했습니다(14절). 그들은 흙더미를 바라보고 있었습니다. 그들은 주님을 바라볼 필요가 있었습니다. "내가 돌아본 후에 일어나서... 고하기를 너희는 저희를 두려워 말고 지극히 크시고 두려우신 주를 기억하고..." "주를 기억하고"라는 표현은 참 좋게 들립니다. 그러나 문제는 어떻게 하면 주를 기억할 수 있는가 입니다. 먼저 주께서 하신 말씀들을 마음에 상기하면서 시작해야 합니다. 하나님께서 하신 말씀을 직접 마음속에 기록해 넣는 것입니다. 우선 내세울 수 있는 대여섯 개 정도의 약속의 말씀을 생각해냅니다. 성령의 검인 살아계신 하나님의 말씀으로 사탄의 공격을 되받아칠 준비가 되어 있는가? 크리스천들은 하나님께

서 뭐라고 하셨는가 잘 알아야 합니다. 여기 느헤미야는 백성들을 공동의 목표를 통해 하나로 만들었습니다. 그러기 위해 일을 멈추게 했고, 이제는 그들의 시선을 주님께 맞추도록 했습니다.

③ 생각과 행동의 균형을 유지하라. 좌절감을 극복시키기 위해 느헤미야가 취한 다음 행동은 무엇인가? 백성들로 하여금 균형을 잡도록 했습니다. 그들을 행동으로 인도했습니다. "자, 이제 우리는 싸워야만 합니다. 우리가 해야 할 일이 있습니다. 칼을 모두 뽑으시오!"(14~17절). 하나님께서 모든 것을 다 해주시니까, 우리는 그저 뒷짐 지고 물러서서 하나님께서 하시는 일을 지켜보기만 하면 된다는 교묘하게 잘못된 가르침을 조심해야 합니다. 성경은 계속해서 일어서서, 믿음에 굳게 서고, 전쟁에 능한 선한 군사가 될 것을 권면하고 있습니다. 믿음과 행동의 균형을 유지해야 합니다.

④ 집결점을 결정하라. 느헤미야가 한 네 번째 일은 집결점을 결정한 일입니다. 좀 더 자세히 살펴보자. 느헤미야는 19~20절에 이렇게 기록했습니다. "내가 귀인들과 민장들과 남은 백성에게 이르기를 이 역사는 크고 넓으므로 우리가 성에서 나뉘어 상거가 먼즉 너희가 무론 어디서든지 나팔소리를 듣거든 그리로 모여서 우리에게로 나아오라 우리 하나님이 우리를 위하여 싸우시리라 하였느니라." 집결점이 무엇이었습니까? 먼저는 장소였지만 또 하나의 원리를 제시하고 있습니다. 그 장소는 어디든지 나팔소리가 울려나오는 곳이었습니다. 느헤미야는 "어디서든지 나팔소리를 듣거든 그리로 모여서 우리에게로 나아오라"고 명령했습니다. 한편 원리는 혼자서 싸우려 하지 말라는 것이었습니다. 너희들의 영혼과 필

요를 살피는 분과 함께 한편을 이루어서 싸우도록 하라는 것입니다. 누군가 함께 집결점에서 만나야 합니다. 느헤미야는 어디서든지 나팔소리를 듣거든 그리로 모이라고 명령했습니다. 그곳은 바로 힘의 원천이 되는 곳이었습니다.

⑤ 남을 섬기는 사역을 개발하라. 백성들의 좌절감을 완전히 제거하기 위해 느헤미야가 채택한 마지막이자 다섯 번째의 원리는 남을 섬기는 사역에 사람들을 참여시킨 것이었습니다. 21~22절에 보면 그들이 일을 계속했음을 말해주고 있습니다. "우리가 이같이 역사하는데 무리의 절반은 동이 틀 때부터 별이 나기까지 창을 잡았었으며 그 때에 내가 또 백성에게 고하기를 사람마다 그 종자와 함께 예루살렘 안에서 잘지니 밤에는 우리를 위하여 파수하겠고 낮에는 역사하리라 하고." 느헤미야는 한마디로, "도움이 필요합니다. 서로 서로를 섬기고 도와주기를 원합니다. 각자 흩어져서는 이 일을 할 수 없습니다"라고 한 것입니다. 23절에 의하면 너무도 바쁜 일정이기에 옷도 제대로 갈아입지 못했다고 합니다. 심지어 목욕하기 위해 물가로 갈 때도 장비를 놓지 않았다고 되어 있습니다. 그들은 서로서로 힘을 합하여 이 일을 진행시켜나갔습니다.

이 좌절감이 지속되면 우리는 실제로 허무하고도 완전한 패배 속에 빠지게 되고 맙니다. 영혼의 대적에게 희생되기 쉬운 먹이가 되어버리고, 모든 노력을 허사로 만들게 됩니다. 하룻밤 사이에도 이 일이 벌어질 수 있습니다. 옛날 예루살렘의 진지에서 느헤미야가 좌절 속에 빠진 백성들에게 새로운 빛을 주기 위해 사용했던 다섯 가지의 원리를 되새겨보라. 이 원리들은 시간이 지나도 불변의 효력을 지니고 있습니다. 좌절감은 다루기 어렵지만 그렇다고 불가능한 것은 아닙니다. 좌절은 치명적인 병이 아님을 기억하라.

교사들에게 영감을 불어 넣는 방법

어떻게 사람들이 가진 잠재력을 최대한 발휘할 수 있도록 도와 줄 수 있을까? 윌리엄 깁슨(William Gibson)의 희곡 기적을 만드 는 사람(The Miracle Worker)의 제3막 뒷마당에서의 장면 가운 데 헬렌 켈러의 선생님인 앤 설리번이 단어의 개념을 헬렌 켈러에 게 가르쳐주기 위해 애쓰는 장면이 나옵니다. 교사로서 천부적인 재능을 지닌 설리번 선생은 자기 학생인 헬렌에게 완전히 헌신해 서 그녀의 깊숙한 곳에 묻혀 있는 모든 보물들을 다 캐내기 위해 애쓰고 있는 것입니다. 반복 또 반복해서 헬렌이 개념을 습득하도 록 의지적으로 도와줍니다. 나는 이 감동적인 연극을 감상하면서, 설리번 선생의 강렬한 사랑 속에서 헬렌이 점점 자신감을 갖는 모 습을 목격할 수 있었습니다.

지난 세월 동안에 나는 실제로 인생의 여러 장면들을 목격할 수 있었습니다. 나는 한 사람이 또 다른 사람에게 미치는 강력한 영 향력에 놀라움을 감출 수 없었습니다. 사람들 사이에 오고가는 격 려의 말, 긍정적인 행동, 남을 세워주는 태도 등을 통해 하나님께 서는 성공을 향한 열망을 키워 가신다는 사실을 확신하게 되었습 니다.

자신감을 불러일으키는 칭찬

효과적인 칭찬은 즉각적이고 구체적이고, 진실해야 합니다. 메이요 병원의 메이요(Mayo) 박사는 젊은 의사들을 격려하기 위해 칭찬을 활용했습니다. 한 젊은 의사는 이렇게 얘기합니다. "의사들 모임에서 연구 논문을 발표하고 나서, 메이요 박사를 엘리베이터나 복도에서 만나면, 그분은 반갑게 악수해주거나 가볍게 어깨를 두드리며, 또는 따스한 시선으로 똑바로 바라보며 조용하게 자네, 일을 참 잘하더군!" 하고 칭찬해줍니다. 그럴 때는 그분이 진실 되게 칭찬해주는구나 하는 것을 느낄 수 있습니다. 아니면 하루 이틀 후에 칭찬의 내용이 담긴 쪽지를 받게 됩니다. "일전의 논문은 지금까지 내가 알고 있던 것보다 당신에 대해 더 많은 것들을 알게 해주었소, 참으로 훌륭한 논문이었소 얼마나 힘이 되는지 말로 다 못합니다".

사람을 세워주는 행동들

다른 사람으로 하여금 성공의 길로 갈 수 있도록 도와주는 행동이야말로 아주 강력한 자극제 역할을 담당한다고 하겠습니다. 자네트 던이 대학 신입생이었을 때 그리스도를 다른 사람들에게 전하고 싶었었는데 어떻게 해야 하는지 몰랐습니다. 그때 내가 속했던 성경 공부 그룹의 지도자인 크리스는 나의 고민을 알아차리고는 일대 일로 이 문제를 지도해주기 시작했습니다. 그녀는 먼저 간증을 글로 적는 일을 도와주었습니다. 그리고는 중요한 성경구절 몇 개를 외우게 하고, 하나님의 구원 계획을 설명하는 데 도움이 되는 예화를 몇 개 알려주었습니다.

몇 주 후에 크리스는 자기가 친구로 사귀기 시작한 믿지 않는 두 여자 신입생들을 만나는 자리에 나를 데리고 갔습니다. 함께 아이스크림을 먹으면서 크리스는 아주 자연스럽게 대화를 영적인 문제로 이끌어갔습니다. 결국 그 둘 중 한 여학생이 "어떻게 하면 크리스천이 될 수 있지요?"라고 질문하게 되었습니다. 그러자 크리스는 내게로 몸을 돌리더니 "제니트, 네가 답을 해보겠니?" 하는 것이었습니다.

나는 굉장히 흥분된 상태로 계속 얘기해 나갔습니다. 그들이 알고 싶어 하는 것들뿐 아니라, 알고 싶어 하지 않는 것들까지 다 얘기해주었습니다. 그러나 크리스는 내가 이 소중한 기회를 망쳐 버리는 것에 개의치 않고 나에게 실습을 통해 배울 수 있는 기회를 주었습니다. 이러한 행동을 통해 보여준 크리스의 변함없는 사랑, 실제적으로 도움이 되는 차근차근한 도움은 믿음을 다른 사람에게 전하려는 나의 결심에 큰 힘이 되었습니다.

사람을 대하는 태도가 열쇠

말이나 행동보다 더욱 더 다른 사람에게 강한 영향을 미치는 것은 긍정적인 태도입니다. 요한복음에 나타난 간음하다가 잡힌 여인의 경우가 이 점을 잘 설명해줍니다. 본문을 보면 바리새인들이 그 여인을 대하는 태도가 분명히 드러납니다. 그들은 예수님께 '모세는 율법에 이러한 여자는 돌로 치라고 했나이다'라고 말했습니다. 예수님의 태도는 얼마나 그와 대조적이었던가! 주님께서는 그 여인을 바라보며 "여자여, 너를 고소하던 그들이 어디 있느냐?"라고 물으셨습니다. 여자는 "주여, 없나이다"라고 답합니다. 주님께서는 다시 말씀하기를 나도 너를 정죄하지 아니하노니 가서 다시는 죄를 범치 말라고 하셨습니다. 나는 그 여인이 남은 인생 전체를 주님께서 기대하시는 대로 충실하게 살아갔을 것이라고 밖에 달리 생각할 수가 없습니다.

몇 달 전에, 아직 변화 받지 못한 내 생활에 대해 친한 친구와 깊은 대화를 나눈 적이 있었습니다. 나는 그 친구에게 "너무 늦어버린 건 아닐까? 물을 제때 주지 않아서 말라비틀어진 온실 화초처럼 말이야" 하고 물었습니다. 그러자 그 친구는 놀라면서도 깊이 공감하며 "하지만 너는 화초가 아니잖아? 결코 죽지 않는 영혼을 갖고 있잖아!"라고 말하는 것이 아닌가? 확신으로 가득 찬 그 한마디 말은 봄비처럼 내 가슴을 온전히 적셔주었습니다. 나는 내 마음의 흙을 뚫고 나오는 소망의 기운을 느낄 수 있었습니다. 그 친구는 내가 그 문제를 해결할 수 있는 능력을 지니고 있다고 믿어주었으며, 나에 대한 그 친구의 믿음은 나의 자신감에 새로운 생명력을 불어 넣어 주었습니다.

매일 격려하며 살아가자

"서로 격려하라" "서로를 세워주라" "사랑과 선한 일에 힘쓰도록 서로 권면하라" 등의 말씀은 신약 성경 전체에 흐르고 있는 교훈입니다. 우리 모두는 남에게 인정을 받게 될 때 느끼는 흐뭇함을 다 귀하게 여깁니다. 그런데도 다른 사람에게 그들이 일을 잘 해나갈 수 있도록 칭찬의 말을 전해주기보다는 입을 꾹 다물고 마는 이유는 무엇인가? 그들의 성공에 도움이 되는 것들을 알려주지 않고 무심코 비껴나가는 이유는 무엇인가?

우선은 그저 게으르거나 이기적인 까닭에, 사람들을 별 관심 없이 대하기 때문일 것입니다. 말이나 행동이 다른 사람에게 격려가 된다는 사실을 과소평가하거나 자신의 긍정적인 평가가 상대에게 분명하게 전달되고 있다고 지레 짐작하는 경우도 많습니다. 한편 어떤 사람들은 칭찬해주는 것이 상대방으로 하여금 교만에 빠지게 할 지 모른다고 생각하기도 합니다. 그러나 예수님께서는 나다나엘을 칭찬하기를 주저하지 않으셨습니다. "보라 이는 참 이스라엘 사람이라 그 속에 간사한 것이 없도다"(요1:47). 이보다 더한 칭찬이 어디 있겠는가!

오늘 당장이라도 주위에 있는 누구에게 칭찬의 말을 건네 줄 수 있는 기회를 달라고 기도해보지 않겠는가? 하나님께 당신을 사용하셔서 주위에 있는 어떤 사람이 그의 목적을 달성할 수 있도록 격려의 말을 전하는 사람이 되게 해달라고 기도해보라. 앤설리번처럼 각 개인의 깊은 곳에 숨겨져 있는 아직 분출되지 않은 잠재력을 볼 수 있는 눈이 우리에게 있다면 칭찬이나 실제적인 도움의 손길, 격려의 말들이 자연스럽게 흘러나올 수 있을 것입니다.

칭찬이 주는 놀라운 효과

교사들이 결정을 하고, 적극적으로 참여하거나 또는 창의적으로 그 자신들을 표현할 때는 지도자들이 교사들을 말이나 또는 다른 방법으로 격려하고 지지해 주는 것이 중요합니다. 상호작용의 분석체계의 권위자인 Ned Flanders 박사는 다음과 같이 말합니다. "교실에서 가장 중요한 순간은 학생이 어떤 것을 말하거나 행동하고 난 후, 바로 그 순간이다." 그 순간의 중요성은 교사의 말이나 행동한 것에 대한 교사의 반응에 달려 있습니다. 모든 사람들은 타인으로부터의 피드백(Feed back)이 필요합니다.

우리들은 우리가 말하고 행동하는 것을 다른 사람이 어떻게 생각하는지 알 필요가 있는 것입니다.

지도자로부터 격려나 칭찬 또는 다른 고무적인 반응을 받은 교사들은 더욱 더 참가 의욕이 강해지고 많이 활동하게 됩니다.

우리는 모든 교사들에 대해서 쓸 수 있는 좋은 반응법을 갖고 있습니다. 그러나 보통 우리는 의식적으로 선택하는 반응보다는 오히려 습관에 젖은 한 두 마디의 말들을 사용하고 있습니다.

우리들 각자는 반응의 레파토리를 더욱 넓혀서 우리가 "아, 좋군요"했을 때 실제로 우리가 그것이 정말 그런 것을 의미하는 것처럼 해야 하며, 교사들이 매일 듣는 귀에 익은 반응이 되어서는 안 된다는 것입니다.

다음에 기록된 것을 유의해 보라. 당신이 습관적으로 사용하는 것이 몇 개나 되나? 조금만 더 연습하면 당신의 레파토리에 더해질 수 있는 것은 어느 것인가?

"훌륭하군요" 또는 "당신 말이 맞습니다"라고 말해주는 방법들 (Ways to Say "Good for you" or "You're Okay")

1. 그것 참 훌륭하군요! (That's great!)
2. 멋진 일입니다 (Good work!)
3. 대단히 고맙습니다(Thank you very much)
4. 좋은 생각입니다(Good ideal)
5. 좋은 점을 생각했군요(That's a good point)
6. 나는 그것을 좋아합니다(I like that)
7. 대단히 재미있습니다(Very interesting)
8. 굉장합니다(Terrific)
9. 당신이 옳습니다(You're on the right track)
10. 훌륭합니다(Marvelous)
11. ~에 대해 감사합니다(Thank you for…)
12. 훌륭한 일입니다(Excellent work)
13. 옳습니다(Right on)
14. 올바른 생각입니다(You're got the right idea)
15. 잘해 나가는군요(Nice going)
16. 그것 참 적절합니다(That's neat)

17. 그것 참 독특합니다(That's unique)

18. 계속해 보세요(Keep it up)

19. 정확합니다(Exactly)

20. 그게 훨씬 낫습니다(That's much better)

21. 아주 깨끗하게 했습니다(What neat work)

22. 대 성공입니다! (Wow!)

23. 멋집니다(Beautiful!)

24. 잘 시작했습니다(That's a good start)

25. 잘 해결했습니다(You make it look so easy)

26. 그렇게 보는 것은 참 재미있습니다 (That's an interesting way of looking at it)

27. 당신 정말 훌륭한 일을 했습니다!(You really did a good job!)

28. 당신의 것을 첨부하세요.

적절하게 선택된 몇 마디 말

적절하게 선택된 몇 마디 말의 위력에 대해 생각하면 도날드 버브너의 유년 교회학교 때의 빌 워드 선생님이 생각납니다. 도날드 버브너는 그분이 가르쳐준 특별한 교훈이나 성경의 어느 특정한 책을 공부했는지 기억하지는 못합니다. 그러나 내가 어떤 대담한 결심을 한 것을 보고는 "너는 참 용기 있는 아이구나. 너는 자신의 일을 혼자서 처리할 수 있는 아이야"라고 칭찬해주셨던 기억은 아직 남아 있습니다. 간단하지만 적절한 때 사용된 격려의 한 마디가 한 인생을 얼마나 크게 변화시켜놓을 수 있는지 말로 다 할 수 없으리라.

격려해주는 말이란 자신의 생각을 솔직히 전해주는 말입니다. "나는 너를 믿어. 너는 참 중요한 사람이야. 하나님께서 너에게 큰 은사를 주셨어." 우리는 긍정적이고 인정해주는 말을 해줄 기회를 많이 갖지만 아침이라고 생각해서 망설이는 경우를 자주 경험합니다. 다른 사람들이 우리가 이득을 위해 아부하는 것으로 생각할 수 있습니다.

3학년 학생인 엔젤라는 어려움을 겪고 있었는데, 교사는 그 사실을 알아차렸습니다. 글로 써내는 숙제를 제출했는데 철자법이 엉망이었던 것입니다. 교사는 하나님의 지혜를 구하며 "엔젤라, 참 숙제 잘했어. 여백을 가지런히 잘 맞추었고, 글씨도 읽기 쉽게 아주 깨끗하게 잘 썼어" 라고 해주었습니다. 그러나 엔젤라는 "선생님. 감사합니다. 이제는 철자법에 실수가 없도록 노력할게요"라고 함박웃음을 웃으며 대꾸했습니다. 잠언서에 보면 "경우에 합당한 말은 아로새긴 은쟁반의 금 사과니라"고 했습니다. 이 말씀이 진리이기에, 우리는 엄청난 금 사과를 우리 주위에 주렁주렁 열리게 할 수 있는 충분한 자질을 갖추고 있는 셈입니다.

글로 쓰라

말로 격려하는 것도 큰 몫을 하지만, 글로 써주는 효과는 더 큽니다. 글로 쓸 경우에는 "당신은 나에게 특별한 사람이오"라는 메시지를 담게 됩니다. 만날 때까지 기다렸다가 말로 격려해 주는 것보다 글로 쓰는 것이 더 나은 이유를 몇 가지 들어봅니다.

잊지 않고 확실하게 할 수 있습니다. 다만 얼마 동안이라도 상대방을 만나지 못할 수도 있습니다. 전화한다고 하고는 뒤로 미룰 수도 있고, 통화중이어서 못할 수도 있습니다. 또는 상대가 집에 없을 수 있습니다. 후에 직접 만났을 때는 얘기하려고 했던 것이 희미해질 수도 있습니다. 게다가 글로 쓰는 것이 전화보다 상대방의 시간을 덜 뺏는 결과가 될 수도 있고 내 편에서도 시간을 절약할 수 있습니다.

사랑과 관심을 보여줍니다. 몇 자 안되는 글이지만 따로 시간을 내서 격려의 말을 적어주는 것은 우연히 대화 중에 나온 것이 아니라 진실 된 사랑의 표현임을 분명히 해줍니다. 그 글은 추억으로 남게 됩니다. 격려의 내용이 담긴 글을, 특히 직접 손으로 쓴 글을 받게 될 때 글을 받은 사람은 그 글을 읽고 또 읽고 오랫동안 소중하게 잘 간직하게 됩니다. 멀리까지도 보낼 수가 있습니다. 멀리 떨어져 있는 사람에게도 글을 통해 격려하는 마음을 전할 수 있습니다. 또는 달리 접할 수 없는 상황에 있는 사람에게도 뜻을 전할 수가 있습니다.

실용적인 비결 몇 가지

누구에게 쓸 것인가? 소중한 친구들에게 그들이 얼마나 중요한 사람인가 알려주어야 합니다. 가족들이나 친척들은 격려의 말을 필요로 합니다. 그들이 죽고 난 후에 이 말씀을 꼭 드리고 싶었었는데… 라고 해봐야 소용없습니다. 짧은 글을 통해 친구로 사귈 수도 있다. "지난 만남은 아주 즐거웠습니다. 지난 모임(강의 예배 등)이 즐거운 시간이었기를 바랍니다"라는 글로 좋은 친구 관계를 시작할 수 있을 것입니다. 지도자들에게 시의 적절한 격려의 글의 보내는 것은 혹 좌절할 만한 처지에 처해 있던 그들에게 인내하며 이겨나가도록 해주는 큰 격려가 될 수 있습니다.

언제 쓸 것인가? 생각이 날 때마다 쓰는 것입니다. 작은 카드를 들고 다닐 필요가 있습니다. 그러다가 어떤 사람이 머리에 떠오르면, 그 자리에서 카드 한 장을 꺼내 쓰면 됩니다. 생일처럼 특별한 날은 아주 좋은 기회입니다. 카드를 받으면 즐겁지만 및 자라도 자기 손으로 직접 적어 넣은 것이 없는 카드는 별로입니다. 기분이 좀 처져 있을 때에 다른 누구에게 격려의 글을 써 보내는 것은 자신의 상황으로부터 일단 다른 곳으로 시선을 옮기는 효과가 있으며, 또 그 사람에게도 좋은 선물입니다.

어떻게 쓸 것인가? 짧을수록 좋습니다. 카드를 사용하는 장점 중 하나는 길게 쓸 수 없다는 것입니다. 제한된 여백에 서너 줄밖에 더 쓸 수 없습니다. 직접 따뜻하고 힘을 북돋아주는 글을 몇 자 적는 것입니다. 글씨가 영 엉망인 경우는 타이프라이터를 사용할 수 있을 것입니다. 그러나 이 경우에도 맨 밑줄에 직접 몇 자 적어 넣는 것이 훨씬 더 친근감을 불러일으킵니다. 성경구절을 사용할 때는 신중해야 합니다. 자신의 생활 속에 귀중한 의미를 지닌 말씀을 선별해서 적어 보내는 것은 좋은 생각입니다. 하지만 설교조로 나가서는 안 됩니다. 로마서 8장 28절의 말씀은 조심해서 사용해야 합니다. "우리가 알거니와 하나님을 사랑하는 자 곧 그 뜻대로 부르심을 입은 자들에게는 모든 것이 합력하여 선을 이루느니라." 물론 이 말씀은 진리이지만 큰 슬픔을 당한 경우에는 적절한 말씀이 아닐 수도 있습니다.

존중하고 신뢰하라

"형제를 사랑하여 서로 우애하고 존경하기를 서로 먼저 하며"(롬 12:10). 사람들은 어떤 대접을 받고자 합니까? 존중해 달라는 것입니다. 리더는 팀원의 진정한 가치를 존중하고 신뢰를 보여주어야 합니다. 영화 벤허를 보면, 유다 벤허가 모는 네 마리의 백마와 호민관 메살라가 모는 네 마리의 흑마가 경주를 벌입니다. 벤허는 백마에 채찍을 가하지 않고 고삐만 한 번씩 당길 뿐입니다. 반면 메살라는 속도를 내기 위해 흑마들에게 끊임없이 채찍질을 해댑니다. 신뢰와 애정으로 대하는 말과 명령과 채찍으로 대하는 말의 경기력에 주목하십시오. 이것은 사람에게는 더 말할 나위가 없습니다. 전선에서 장수는 병사를 나무라지 않는 법입니다. 잘못은 자신에게로 돌리고 공은 교사들에게 돌려야 합니다. 그러면 그리스도의 군사들은 스스로 일어서서 싸울 것입니다.

　* 교사들에게 존중과 감사를 표시하는데 필요한 예산을 책정하고 집행한다.

* 감사와 격려의 벽을 꾸민다. 교사들의 이름 옆에 격려하는 글을 성도, 부모, 아이들이 쓰도록 한다.

* 특별한 저녁 식사에 몇몇 교사들을 초대한다.

* 신뢰와 존중이 담긴 카드를 보낸다.

* 분반 아이들과 함께 하는 사진을 액자로 만들어 드린다.

* 교사가 어려움을 당하거나 질병에 걸렸을 때 방문한다.

* 교사들을 위한 즐거운 모임을 계획한다.

* 주일 교사 모임에 담임 목회자가 작은 선물을 들고 찾아가서 격려한다.

* 주일 교사 모임에 깜짝 간식을 준비한다.

* 교사 생일과 기념일을 기억하고 챙긴다.

* 교사 사역 보고서에 감사의 글을 남긴다.

성령 충만해야 교사가 지치지 않는다.

교사는 왜 지치는가? 지금까지 외부적 요인과 내부적 개인 문제를 다루었지만 사실 이것은 지엽적 요인입니다. 교사들이 지치는 근본적 이유는 성령의 힘과 능력으로 하지 않고 종교심과 호기심. 봉사심으로 감당하고 있기에 자신이 만족할 만한 결과물을 얻지 못하면 지치는 것입니다.

우리가 지치지 않고 사명감 넘치는 열정적인 교사가 되려면 매일 성령을 공급받아야 합니다. 한국 교회에서 삼위일체 하나님 가운데 가장 열렬한 환영을 받으면서도 왜곡된 대접을 받는 분이 성령님입니다! 한국 교회가 믿음생활에서 올라갔다 내려갔다 하는 시소게임을 계속하는 것은 성령님과의 관계에서 실패했기 때문입니다. 우리는 성령님의 다스림 가운데서 사는 것이 아니라 성령을 부려 먹는(?) 왜곡된 신앙생활을 하고 있는 것입니다.

우리가 제대로 된 교사생활을 지속하려면 성령 충만을 받아야 합니다. 성령 충만을 받지 못하면 단거리 달리기 교사는 되어도 장거리를 달리며 많은 열매를 맺는 교사는 절대 될 수 없습니다. 왜일까요? 성령을 받지 않으면 신앙 동력이 떨어지기도 하지만 무엇을 가르쳐야 하는지 교육의 내용을 알지 못하고, 설령 지식적으로 안다고 해도 인간적 지혜와 방법으로는 교육 효과가 나타나지 않기 때문입니다. 자신이 맡은 학생들에게서 변화가 나타나지 않으면 자연히 맥이 빠지고 지칩니다.

교사는 찬양대를 비롯한 어떤 직분보다 당연히 성령을 받아야 하지만 받아도 자기 한 사람의 믿음을 유지할 정도의 성령 분량으로는 부족합니다. 다른 사람을 인도하느라 많은 에너지가 빠져나가기에 자신의 믿음을 유지할 수 없습니다. 당연히 기진맥진하게 됩니다. 그래서 성령 충만을 받아야 합니다. 그러면 하나님이 갈수록 더욱 강력하게 사용하십니다.

한 미국 교회에서 대형 집회 계획을 세우고 강사를 선정하는 작업에 들어가자 모두 "무디!" "무디!"라고 외쳤습니다. 무디는 초등학교도 제대로 나오지 못한 사람이었습니다. 학벌이 좋은 유식한 목사가 그 모습을 보고 있자니 기분이 좋지 않았습니다. 그래서 퉁명스러운 목소리로 말했습니다. "왜 모두 무디, 무디 하십니까? 무디가 성령님을 독점이라도 했다는 겁니까?". 그때 한 사람이 대답했습니다. "그건 아니지요! 무디가 성령님을 독점한 게 아니라 성령님이 무디를 독점하셨습니다."

성령님은 누구를 독점하기를 원하실까요? 성령님을 환영하며 영접하는 교사들을 독점하기 원하시고, 그런 교사들과 동역하기를 기뻐하십니다. 교사는 자기 믿음만이 아니라 타인의 믿음, 그것도 스스로 자립적인 신앙생활을 할 수 없는 어린이와 청소년 신자들의 믿음을 위해 일하는 사람입니다. 그러므로 혼자 힘만으로는 안 됩니다. 보혜사 성령님의 도움을 받되 충만하게 받아야 합니다.

교사들은 성령 충만을 사모해야 합니다. 은사로써 사모하고, 힘으로써 사모해야 합니다. 또한 교사들은 성령 충만을 구하는 목적이 남달라야 합니다. 그것은 사람을 세우고자 하는 목적을 가졌기 때문입니다. 사람을 세우려는 목적으로 날마다 성령을 구하고 성령에게 교사로서의 자기 생애를 위임하면 날마다 성령 안에서 충만하게 되고 지치는 일이 없습니다.

교사들은 성령 충만을 받되 강력하게 받아야 합니다. 그래야 학생들을 감싸고 있는 강력한 진을 무너뜨릴 수 있습니다. 학생들의 변화는 힘으로도 능력으로도 안 됩니다. 오직 여호와의 영으로만 됩니다. 우리가 성령 충만으로 뜨거워질 때 자신도 살고 어린이 신자, 청소년 성도들의 영혼도 살아납니다. 성령으로 녹아지지 않는 심령은 없습니다. 이런 확신 가운데 지쳐 가는 교사가 아니라 날마다 새 힘을 공급받아 계속적으로 능력이 나타나는 성령의 교사가 되기를 기대합니다.

자연스럽게 동기부여 하는 일곱 가지 방법

동기를 부여하는 방법에는 어떤 것들이 있는가? 다른 사람을 조종하는 기술을 쓰지 않고 어떻게 하면 사람들로부터 최상의 것을 도출해낼 수 있겠는가?

1) 심리적으로 편안한 분위기를 만들라.

무보수로 자원해서 일하는 경우든 보수를 받고 일하는 경우든 동료와 함께 일할 때 편안한 분위기는 특히 중요합니다. 예를 들어 여러 사람이 힘을 합해 일해야 할 때는 분명한 소신을 가지고 사람을 고용합니다. 동기를 부여할 수 있는 사람을 선호해서 자신과 비슷한 사람을 뽑는 것입니다. 내가 모든 사람들에게 동기를 부여할 수는 없습니다. 동기를 부여하는 것보다 조종하는 것이 더 쉬울 것입니다. 그러나 긴 안목을 가지고 매일의 관계를 생각해보면 거짓없이 진실 되게 동기를 부여할 수 있는 사람이 필요한 것입니다. 나는 내가 좋아하지 않는 사람에게 동기를 충분히 부여할 수 있었던 적이 없습니다. 그렇지만 내가 어떤 사람에게 전적으로 동기를 부여했을 때 나는 그 사람을 똑바로 쳐다보면서 둘 사이에 정직하고도 친밀한 관계가 있다는 것을 알 수 있었습니다.

2) 사람들마다 가지고 있는 개성을 충분히 발휘하라.

친구가 되는 것은 참 좋은 일이지만 반드시 기호가 같을 필요는 없습니다. 한번은 한 젊은 여자가 조화가 잘되는 잉크 색깔을 찾아주는 일을 도와주고 있었는데, 어떤 파란 색을 보고는 눈물을 머금다시피 하면서 "너무 아름답게 어울리는 것 같지 않아요"하고 물어왔습니다. 그 여자의 머리속에 도대체 어떤 생각이 들어있길래 파란색 조화를 찾아낸 것이 그렇게 대단한 일인가를 나로서는 헤아릴 수 없었습니다. 그렇지만 그녀가 계속 동기를 충분히 부여받고 일을 계속하도록 하기 위해 할 수 있는 모든 것은 그녀의 흥분된 상태를 같이 공감해주고 그녀가 한 일에 대해 감사를 표하는 것이었습니다.

3) 그 사람의 능력을 알아보라.

그 여자에게 내가 할 수 있는 일 중에서 가장 불친절한 일은 "파란색보다 더 중요한 것은 생각해본 적도 없으세요?"라고 말하는 것입니다. 사실을 말하자면 종종 그 여자는 더 중요한 것을 생각하지 않았습니다. 그러면 비판적인 내 말은 그 여자를 더 나은 사람으로 만들지 못할 것입니다. 동기를 부여할 때는 의도하는 바와 능력이 조화를 이루어야합니다. 다른 누군가가 아닌 바로 그 사람 자신이 됨으로써 가지게 되는 이점들에 초점을 맞추어야 합니다. 동기를 빼앗는 가장 쉬운 방법은 "당신이 될 수도 있었던 것에 대해 생각해본 적 없나요"라고 말하는 것입니다. 얼마나 잔인한 일인가! 동기 부여는 항상 미래를 바라보고 해야 합니다.

4) 그 사람이 감당할 수 있는 책임의 정도를 알아야 합니다.

전적인 책임은 감당해낼 수가 없지만 그 자신에게 주어진 적당한 책임은 감당해낼 수가 있습니다. 그런 사람들은 많은 능력을 지니고 있더라도 마음속으로 "나는 전적으로 일을 떠맡는 것은 싫어. 나는 의지하고, 보고를 올릴 수 있는 누군가가 필요해"라고 생각할 것입니다. 책임이 주어졌을 때보다 임무가 주어졌을 때 가장 일을 잘 해내는 사람도 있습니다. 임무란 자신이 무엇을 원하며 언제 원하며 어떻게 그 일을 완성시키고 싶은지를 스스로 해석하는 것을 의미합니다. 책임이란 그 사람이 주도권을 잡고 어떠한 방식이 되든 자신이 개발한 방법으로 그 일을 효과적으로 해내는 것을 의미합니다.

5) 당신과 당신이 영향을 미치는 사람 모두가 혜택을 받을 수 있는 방법을 모색해보라.

동기 부여에는 정직함이 필수적입니다. 서로 흥미가 없다면 같이 일을 해서는 안 됐을 것이라는 사실을 인정하는 것이 필요합니다. 잠재 능력을 가지고 있다면 다음과 같은 질문을 던질 수도 있습니다. "당신은 지금까지 발휘할 수 있었던 것보다 훨씬 더 많은 재능을 가지고 계시군요. 당신에게 그 재능을 발전시킬 기회를 드린다면 얼마만한 노력을 기울이시겠습니까?".

6) 목표에 대해 솔직해지라.

얼마 전 찾아온 젊은 목사님은 어떻게 하면 현재의 작은 교회를 큰 교회로 성장시킬 수 있는지 알고 싶어했습니다. "목사님의 가장 주된 동기는 무엇이지요"하고 물었습니다. "솔직히 말씀드리면

저희 교회의 크기로는 생활을 유지할 수 없답니다". 목사님은 전
도 프로그램을 시작할 때 사람들을 조종해야만할 것입니다. 그 사
실에 대해 그 목사님은 솔직해질 수 없었던 것입니다. 그 목사님
이 성도들에게 헌금하는 것을 확실히 가르친다면 그 교회는 목사
님을 충분히 모실 수 있을 교회였지만 목사님은 성도들에게 헌금
하는 것을 가르치려고 하는 대신 교회 확장프로그램을 시도하려
고 했던 것입니다.

7) 긍정적인 예화로 사람들의 말을 사용하라.

사람들로 하여금 생각하도록 동기를 부여하기 위해 쓰는 방법
중의 하나는 주머니 안에 메모 카드를 몇 장 가지고 다니는 것입니
다. 써놓을 만한 가치 있는 말을 누군가 했을 때 그 말을 적어둡니
다. 여러 해 동안 다른 사람이 가치 있는 말을 했을 때 잘 기억했다
가 글로 옮겨놓곤 합니다. 그러다가 누군가가 내가 한 말이 그렇
게 훌륭한 말인지 모르겠지만 그 사람이 내가 한 말들을 적어두었
어 라고 말하는 것을 들었습니다. 그 일로 나는 다른 사람의 말 속
에 자기가 한 말이 인용되는 것을 사람들은 아주 좋아한다는 것을
알게 되었습니다. 그리고 그 말들을 인용하는 것이 그들로 하여금
더욱 잘 생각하도록 동기를 부여한다는 것도 깨닫게 되었습니다.

온전케 하는 사역의 절대적인 요소들

준비시키는 사역이 정규적으로 효과적으로 잘 이루어지는 환경

의 특징은 무엇인가? 네 가지 요소를 항상 발견하게 됩니다. 가르치고 온전케 하는 사역을 이 기준들에 비추어 점검해보라. 봉사하도록 성도들을 온전케 하는 일(엡4:12)은 지역 교회 교육의 근간을 이루는 사역입니다. 기독교 교육자들이 이 온전케 하는 일을 교회에 구현시키기 위해 엄청난 애들을 쓰고 있습니다. 그들은 온전케 하는 일에 필요한 네 가지의 절대적인 요소가 있다는 결론에 이르게 되었습니다. 즉 비전을 심어주는 일, 준비시켜주는 일, 능력을 덧입혀주는 일, 격려하는 일이 그것입니다.

1) 비전을 심어주는 일

이것은 잠재력을 가진 사람들을 발견하여 동기를 부여하는 작업입니다. 성경 말씀은 교회를 세우기 위해 모든 성도들에게 영적 은사들이 주어졌음을 상기시킵니다(엡4:7, 벧전4:10). 이는 그리스도의 몸된 교회 중에 누구도 그리스도를 섬기는 일에서 제외 되서는 안 되며 어느 기독교 교육자도 어느 성도가 사역의 잠재력이 없다고 단정하며 제외시킬 수 없다는 의미입니다.

기독교 교육자는 성도들에게 비전을 심어주기 위해 여러 방법을 사용할 수 있습니다. 먼저 성령의 은사에 대한 교육을 실시합니다. 다음에는 사역을 위한 영적 은사의 개발에 대한 확실한 전략이 세워져야 합니다. 그리고는 교회 안에서(교회 밖으로도) 은사들을 지닌 사람들이 섬길 수 있는 사역을 키워나가는 것입니다. 둘째, 교회에서 하는 모든 사역들과 섬길 수 있는 기회들을 다 열거한 '교회 사역 현황'을 정기적으로 배포합니다. 교회의 모든 성도들로 조사에 참여하게 합니다. 그 정보들을 잘 활용해야합니다. 온전케 하는 사역은 개인적인 차원에서는 사람들의 삶 속에 비전을 심어줌으로, 집단적인 차원에서는 창조적인 사역에 필요한 것들을 제공해줌으로 시작됩니다.

2) 준비시켜주는 일

온전케 하는 사역 중 두 번째로 중요한 점입니다. 영적 성장을 유지하며 계획된 사역의 실천에 필요한 기술들을 제공해주는 작업입니다. 이 작업은 우발적인 과정이 아니라 의도적인 전략이 되어야 합니다. 어떤 기술들이 필요한가 알아내기 위해 모든 기술들을 가능한 한 간략하게 적어 "성숙해가는 크리스천의 프로필"을 작성해보는 것이 좋은 방법입니다. 성숙해가는 크리스천의 프로필은 교회의 준비시켜주는 사역을 잘 분석할 수 있게 합니다. 한 조항은 이렇게 되어 있다. "성숙 해가는 크리스천은 자기의 영적 은사들을 발견하고 발전시키며 교회와 지역 사회를 위해 사용하는 사람이다". 이러한 모습을 갖추기 위해 교회는 이런 일들을 해야 합니다. 첫째, 교리적인 이해와 부합하는 영적 은사에 대한 기본적인 가르침을 제공합니다. 둘째, 영적 은사를 진단할 수 있는 방법들을 구하든지 개발해야합니다. 셋째, 구체적인 발전을 위해 영적 은사들을 몇 개의 그룹으로 분류합니다. 예를 들어 돌보는 은사 그룹(자비, 구제, 주는 은사), 말씀을 전하는 은사 그룹(전도, 가르침, 권위), 행동의 은사 그룹(돕는 은사, 섬기는 은사, 행정 은사) 등. 넷째, 이런 각 그룹에 속한 은사들을 발전시키기 위한 실제적인 훈련을 실시합니다. 다섯째, 개발된 은사들이 교회 내에서, 지역 사회에서, 그리고 자신들의 일상생활 속에 어떻게 사용될 수 있는지 정보를 제공해줍니다.

너무나 많은 교회들이 교인을 교육과 준비시켜주는 일에 잡탕식 교육을 하고 있습니다. 그저 있는 모든 영적인 음식들을 그 앞에 던져주고는 각자 알아서 자기에게 알맞는 음식들을 적절히 균형 있게 골라 먹기를 바라는 식입니다. 우리는 크리스천이 사역을 위해 어떻게 준비해야 하는가 분명히 제시하고 보다 더 선별되고 균형 잡힌 영적 음식들을 제공해야 합니다. 평범한 가르침은 준비된 성도들을 배출해내지 못합니다. 준비시킨다는 것은 성장에 필요한 전략적인 기술에 초점을 맞추며, 교회 지도자들과 성도들에게 그 기술들을 전달하고 성도들을 준비시키는 것을 의미합니다.

3) 능력을 덧입혀주는 일

온전케 하는 사역의 세 번째 중요한 요소입니다. 일단 사역에 대한 비전을 갖고 그 사역을 담당할 기술들을 갖추면 능력을 덧입히는 작업이 필요합니다. 능력을 덧입히는 작업은 준비된 사람들을 위해서 사역의 구조, 조직적인 보조, 적절한 의사 결정의 기회를 공급하는 것을 의미합니다.

준비된 사람들을 위해서 적절한 사역 구조를 제공해야 합니다. 사역의 기술들은 사용되어야 합니다. 그렇지 않으면 모두 잃어버리고 맙니다. 성도들을 준비시키는 일을 심각하게 생각한다면 교회에서 다 소화할 수 없을 만큼 많은 일꾼들이 생겨날 것입니다.

기뻐하라! 이것이 바로 하나님께서 원하시는 바입니다. 하나님께서는 교회 자체의 필요만이 아니라 지역 사회의 필요까지 채워주기를 원하십니다. 능력을 덧입혀주는 사역은 사역을 담당하는 사람들을 위한 적절하게 조직화된 도움을 포함하기도 합니다. 어떤 사역을 위해 크리스천들이 모일 때 방향과 감독과 조직적인 구조가 뒷받침되어야 합니다.

4) 격려하는 일

온전케 하는 사역의 마지막 요소입니다. 불행하게도 많은 목회자들이 가만히 놔두다가 졸지에 다그치는 식의 관리 방법을 사용하고 있습니다. 사역에 관여하는 성도들을 가만히 놔두다가 문제가 생기면 그때 찾아가서 각종 조언들을 마구 퍼붓는다는 것입니다. 성도들이 사역에 참여할 때 가장 필요한 것은 격려입니다. 가능한 한 즉각적으로 구체적이고도 솔직한 격려가 그들에게 필요합니다. 매 월요일 아침마다 주일날 본 일에 대해 가능한 한 많은 격려 편지를 쓰는 습관을 기르라. 이러한 격려의 글들은 그 글을 받아보는 사람들의 동기 부여와 사기 진작에 상당한 도움을 줍니다.

성도들에게 비전을 심어주며, 준비시켜주며, 능력을 덧입혀주며, 격려하는 일은 사역의 기쁨에 대한 좋은 이야기를 널리 퍼지게 할 것입니다. 그들은 다른 일꾼들을 모집하고 훈련시키며 그리스도를 섬기는 사람들의 수를 증가시킬 것입니다. 그들의 사역은 교회에 차고 넘치게 되고 결국은 지역 사회로 흘러나가 많은 사람들을 그리스도 앞으로 인도하게 될 것입니다.

교사의 자기관리

한국 교회는 교회 자체의 부흥을 위해 교인들을 지나치게 일꾼으로 만들지 않았나 하는 생각이 듭니다. 교회에서 일을 많이 해야 복을 받고 천국에서 상급이 크다는 가르침이 교인들을 일로 내몰았습니다. 이런 생각이 자라서 일 중심이 되어버린 것입니다. 어떤 봉사를 할까, 어떤 업적을 남길까? 자꾸 일만 생각합니다. 많은 업적을 남기는 일꾼은 되겠지만 어느 순간부터 마음이 공허해집니다.

교회학교 교사도 마찬가지입니다. 교사직은 자질구레한 일이 많습니다. 학생 출석부 정리에서부터 통계표를 작성하고 벽을 장식하고 그래프 그리는 등 잡다한 일에다 행사도 계속됩니다. 정신없이 바쁘게 뛰어다니며 봉사하는 것입니다. 그런 와중에 자신의 영적 관리는 예배 때 설교를 듣는 게 고작입니다. 자신의 영적 관리를 위한 노력이 약합니다. 가르치고 열심히 뛰고 예배당을 나서면 일반인으로 돌아가고.⋯. 이런 생활이 반복됩니다. 그러다가 열심이 식고 맙니다. 믿음에 회의가 오고 만사가 귀찮고 아이들이 싫어지고 망설이다가 교사직을 사임하면 그날부터 믿음이 퇴보하면서 빠른 속도로 미끄러집니다. 그 끝은 비신자의 신세까지 갈 수도 있습니다.

다른 신자들도 그래서는 안 되겠지만 교사는 무슨 일로도 세상으로 돌아가선 안 됩니다. 그에게서 가르침을 받던 학생들에게 그것은 치명적인 영향을 끼칩니다. 어린이 신자들은 아직 어려서 이해의 폭이 넓지 않습니다. 열정적으로 자신을 가르치던 교사가 신앙생활을 그만두었다는 것을 알게 되면 믿음이 뿌리째 흔들립니다. 신앙생활을 언제라도 그만두면 되는 것으로 인식하고, 그들도 쉽게 교회를 떠납니다. 충성스럽지 못한 교사를 만난 결과입니다.

어떻게 관리할까

우리에게는 무슨 일을 했느냐, 어떤 업적을 남겼느냐, 어떤 봉사를 했느냐 하는 것은 중요하지 않습니다. 하나님이 원하시는 것은 일(To do)이 아니라 사람입니다. 어떤 사람(To be)이 되느냐 하는 것이 일보다 우선입니다. 어떤 사람은 하나님이 인정하는 사람이요 하나님이 기뻐하시는 사람입니다. 학생들을 가르치는 일보다 더 우선시해야 될 것은 하나님 앞에서 자신이 어떤 사람인가 하는 것입니다.

하나님이 사용하시는 교사가 되려면 스스로를 잘 관리해야 합니다. 자기관리는 영적 관리와 생활 관리로 나뉩니다. 영적 관리를 잘해도 생활에서 관리가 안 되면 영은 영향을 받게 되고 손상을 입습니다. 공과를 잘 전달하고 반을 잘 관리한다고 전부가 아닙니다. 찬양 인도가 뛰어나고 청소년 신자들에게 사랑받는다고 하나님이 인정하시는 교사가 되는 것은 아닙니다. 주님은 영혼이 관리되는 교사를 더 강력하게 쓰십니다.

항상 자신의 영적 상태를 점검하고 영혼에 하나님의 생기를 쉬지 말고 불어넣어야 합니다. 하나님의 생기가 어쩌다 공급되어서는 안 됩니다. 영에 속한 그리스도인은 매 순간 하나님과 호흡하고 하나님의 은혜 안에 자신을 맡기고 하나님을 누리며 살아가야 합니다. 규칙적으로 이런 일을 도와주는 게 큐티생활입니다. 하나님을 만나는 묵상의 시간을 통해 하나님이 자신을 다스리시도록 영적 관리를 맡겨야 합니다.

영적 관리와 함께 생활도 관리가 되어야 합니다. 동료 교사들과 화목한 관계를 이루고 교인들과도 선한 관계를 맺고 학생들 앞에서 본보기가 되는 모습, 그리스도인으로 인정받을 수 있는 사회생활 등이 전제 되어야 평생 좋은 교사가 되고 좋은 교사로 남을 수 있습니다.

교사직은 아무나 할 수 있는 일이 아닙니다. 그렇게 되어서도 안됩니다. 그럼에도 교사직이 힘들어지다 보니 아무나 임명되는 추세인데, 반드시 영적 관리가 되는 사람들이 교사가 되어야 합니다. 그래야 어린이 신자들을 천국으로 인도하고 자신도 천국으로 들어가서 영생할 수 있는 교사가 될 수 있습니다.

예수님은 겟세마네에서 제자들에게 "시험에 들지 않게 깨어 기도하라"(마26:41)고 하셨습니다. 누구나 시험에 들 수 있습니다. 영적 침체에 빠지거나 교회의 일에 소극적 자세로 돌변할 수 있습니다. 지도자와 충돌하고 교사들 간의 불화로 어려움을 당할 수 있습니다. 문제가 빨리 해결 되지 않으면 교사직을 사직하거나 교회를 옮길 수 있습니다. 신앙을 포기하는 극한 상황에까지 이를 수도 있습니다.

교사의 이런 행동은 자신의 문제로 끝나지 않습니다. 맡았던 학생들에게 절대적 영향력을 미칩니다. 학생들은 이해되지 않는 교사의 행동을 보면 의심과 의혹에 휩싸이게 됩니다. 영적 침체에 빠진 교사들에게서는 나올 것이 없습니다. 샘물을 마셔야 될 어린이 신자들이 교사가 퍼주는 구정물을 마시게 되는 것입니다. 그리고 학생들은 그런 교사에게 흥미를 잃게 됩니다.

시험에 들지 않기 위해

교사들은 시험에 드는 일을 피해야 합니다. 시험에 들지 않으려면 주님의 가르침대로 항상 깨어 기도해야 합니다. 항상 마음을 돌아보고 시험에 들 상황이면 미리 방어해야 합니다. 교사는 양 떼의 형편을 부지런히 살피는(잠27:23) 자만이 아니라 자기 형편도 살피고 항상 점검 하는 자신의 관리자가 되어야 합니다. 시험에 들었을 때 자신으로 끝나지 않고 학생들에게 치명적 손상을 입히기 때문입니다.

* 교사가 항상 자신의 형편을 살피며 살아가기 위해서는 어떻게 해야 할까요?

1) 큐티생활

한국 교회 신자들의 취약점은 신앙은 좋지만 생활이 없고 기도는 잘하나 기도생활은 약하다는 것입니다. 주일 하루 중심, 예배당 중심의 신앙생활을 하고 있습니다. 리모컨 하나로 주일 버튼을 누르면 주일에 맞는 예배당에 적합한 처세가 나옵니다. 단정해지고 경건의 모습으로 바뀌고, 간절한 기도자가 되어 일하다가 주일이 지나 다른 버튼을 누르면 세속적인 모습이 나옵니다. 버튼 하나로 나타나는 상반된 이중적 모습은 시험에 드는 기회를 스스로 제공하는 것입니다.

교회학교 교사들은 타인의 스승이기에 이중 버튼을 사용 해선 안 됩니다. 주일과 평일 모두 거룩한 날이요 예배당 안과 밖 모두 거룩한 장소입니다. 하나님의 임재가 없으면 주일도 평일이 되고 하나님이 임재하시면 평일도 거룩한 날입니다. 교회 안에서도 주님의 임재를 못 느끼면 예배당에 불과하고 어디서나 주님을 느끼며 일하면 거룩한 작업장이 됩니다. 주님의 임재를 체험하고 임재 가운데 살아가는 삶이 마음을 지키는 일입니다. 주님의 임재 가운데 계속 거하려면 아침 큐티가 좋습니다. 큐티는 하나님의 음성을 듣는 경건의 시간입니다. 하나님의 의지를 확인하는 시간입니다. 하루를 큐티로 시작하고 큐티한 말씀을 온종일 묵상하며 산다면 영적 관리에 큰 도움이 될 것입니다.

2) 새벽기도

큐티생활은 책을 보며 거기에 나오는 질문에 답을 쓰고 하루의 계획을 작성하는 것만이 아닙니다. 새벽기도야말로 가장 이상적인 큐티입니다. 아침마다 주의 성전에 나와 기도로 출발하면서 주님께 하루를 맡기는 생활이야말로 하나님의 임재를 기대하는 마음이요 동행하는 힘이 됩니다. 새벽기도는 그야말로 경건의 훈련을 쌓는 도장입니다.

새벽기도는 육신의 소욕을 죽이지 않으면 불가능합니다. 평생의 새벽기도회는 순교의 정신이 아니면 불가능하다고 말하는 사람들도 있습니다. 새벽기도를 하는 입장에서 정말 실감이 나는 해석입니다. 그만큼 새벽에 일어나는 일은 늘 자신과의 싸움이기 때문입니다. 교사들의 새벽기도는 어린이 신자들의 신앙이 자라나게 하는 시간입니다. 학생들을 위해 기도하고 자신을 위해 기도할 때 교사들은 항상 시험에서 자신들을 지켜낼 수 있습니다. 매일의 새벽기도가 힘들면 일주일에 두세 번 정도만이라도 새벽 예배당에 엎드리자.

3) 예배 중심의 생활

교사들은 일반 교인보다 예배를 더 드립니다. 주일에 학생들을 관리하는 등 업무도 많습니다. 그러다 보면 예배를 등한시하게 됩니다. 예배 시간에도 학생들 생각으로 마음이 흐트러질 때가 많습니다. 교회는 교육보다 예배가 우선입니다. 하나님은 예배를 통해 영광을 받으시고 임재의 은혜를 허락하십니다. 교사들은 예배를 조금이라도 소홀히 해서는 안 됩니다.

교회 교육이 다른 영혼을 위해 거름을 주는 일이요 가꾸는 일이라면 예배는 자신의 영혼을 위하여 힘쓰는 일입니다. 예배를 드림으로써 영적 힘을 공급받아야 교회학교 업무도 불평 없이 감당할 수 있습니다. 예배가 약하면 우리의 영성은 약화됩니다. 그러므로 예배드리는 일에 열심을 내어 지치지 않는 힘을 공급받도록 하자.

4) 여가 시간 선용

한 사람의 됨됨이는 교회 안에서 나타나는 게 아닙니다. 혼자 있을 때 무슨 일을 하느냐로 영적 상태를 점검할 수 있습니다. 그러므로 여가를 잘 선용해야 합니다. 교사 일을 보면서 비신자들과 너무 자주 어울리거나 잡담 여흥, 스포츠 등에 열중하면 그만큼 영이 약화됩니다. 어떤 교사들은 너무 많은 시간을 텔레비전 시청으로 보냅니다. 텔레비전은 끝없는 유혹입니다. 만족이 없습니다. 온종일 텔레비전 앞에 앉아 있어도 질리지 않습니다. 교사라면 텔레비전을 가려서 볼 줄 알아야 하고 절제하는 내적 힘을 키워야 합니다. 텔레비전은 재미없게 보는 게 가장 안전한 시청 방법입니다. 보는 재미에 맛 들이면 교사 직분을 감당하기가 어렵습니다.

5) 유행에 뒤떨어지는 생활

유행은 아무래도 가인의 후손들의 몫입니다. 가인의 후손들은 악기를 만들고 문화를 만들어냈습니다. 인본주의 문화입니다. 셋의 자손들은 경건의 문화를 만들어냈습니다. 유행은 경건보다 사람을 돋보이게 하는 데 그 중심이 있습니다. 어떻게 하면 인간을 아름답게 보일까? 그 육체를 돋보이도록 할까? 이것이 유행의 옷을 입고 나타납니다. 교회는 유행을 타서는 안 됩니다. 교회는 나름의 전통과 정통을 중시하면서 일반 문화를 활용해야 합니다. 교회학교 교사들은 유행에 너무 민감해서는 안 됩니다. 유행을 좇아 머리 스타일이나 복장, 액세서리, 신발 등에 마음을 뺏기면 그만큼 영혼 관리를 소홀히 하게 됩니다. 그리스도인은 유행보다 한 발짝 뒤에서 걸어가는 게 좋습니다. 이것은 특히 교사들에게 해당 되는 이야기입니다.

6) 경건서적 읽기

독서는 마음의 양식입니다. 경건서적을 읽으면 마음이 경건의
방향으로 시선을 돌리게 됩니다. 지도교역자나 동료들의 추천을
받아 좋은 서적을 늘 옆에 두어야 합니다. 믿음으로 자신을 관리하
며 살아갔던 사람들의 책을 읽고 마음의 양식으로 삼아야 합니다.
성경과는 또 다른 감동을 줄 것입니다. 조심해야 할 것은 목회자들
의 책은 삼가는 게 좋습니다. 설교나 목회를 하는 데 필요한 책들
은 읽어 득이 될 게 없습니다. 오히려 교만의 병을 얻어 마음이 황
폐해질 수 있습니다. 설교 시간에 자신이 이미 알고 있는 내용을
들었을 때 은혜 받는다는 것은 쉬운 일이 아닙니다. 평신도용 경건
서적으로 자신의 마음을 살찌우고 은혜 받을 부분은 남겨두어야
목회자들을 존경하게 되고 영적 생활이 든든해집니다.

7) 신앙일기 쓰기

인디언 선교를 위해 헌신한 데이비드 브레이너드(David Brain-
erd)는 29세의 짧은 생애를 살았지만 세계 선교사에 지대한 영향
력을 끼치고 있습니다. 인디언 선교 사역을 하면서 매일 썼던 신앙
일기는 선교사 후보생들에게 큰 감명을 주었고, 선교 사역에 헌신
하는 계기를 제공했기 때문입니다. 브레이너드는 폐결핵에 걸려
투병하면서 그날그날의 마음을 일기로 적었습니다. 그는 일기를
통해 하나님과 교통했고 자신을 관리해 나갔습니다. 그의 경건일

기는 사후에 많은 사람의 가슴과 생애를 흔들어 놓았습니다. 1740
년대 미국을 휩쓴 대각성운동의 주도자 조나단 에드워즈의 심장에
깊은 감동을 끼쳤고, 감리교 창시자 존 웨슬리의 마음에 큰 전환
점을 제공했습니다. 또한 인도 선교의 아버지라고 하는 윌리엄 캐
리와 헨리 마틴, 짐 엘리엇 선교사의 마음을 움직여 복음사역에 종
사하도록 만들었습니다. 교사들도 매일 신앙일기, 경건일기를 쓰
자. 하루의 일과를 기록하는 일기가 아니라 하나님을 향한 마음의
소원, 영적 교통을 통해 얻는 느낌 등을 기록하는 습관을 갖도록
하자. 그 어떤 것보다 자신의 영적 관리에 큰 도움이 될 것입니다.

8) 건전한 대인관계

자기관리의 많은 부분은 대인관계에서 이루어집니다. 특히 교
사는 다른 교사들과 좋은 관계, 우호적인 관계를 맺어야 합니다.
교사들은 교육 사역이라는 짐을 함께 지고 나가는 동역자임으로
그들에게서 많은 힘을 공급받아야 합니다. 그들의 강함이 자신의
연약함을 감싸주고 자신의 강함이 동역자들의 약함을 붙들어줍니
다. 서로에 대한 신뢰와 사랑의 관계는 영성의 큰 울타리가 되어
줍니다.

9) 성령께 맡기자.

성경 말씀에 "자기의 마음을 다스리는 자는 성을 빼앗는 자보
다 나으니라"(잠16:32)고 했습니다. 그만큼 자기 마음을 관리하
는 것은 쉬운 일이 아닙니다. 우리 마음의 관리자는 우리가 아닙

니다. 우리 속에 거하시는 성령님이 우리 마음을 관리해주시고 절제의 은혜를 주셔야 합니다. 항상 성령님의 다스리심에 자신을 맡겨야 합니다. 우리 속에 거하시는 성령님의 지배와 통치를 사모해야 합니다. 그래야 우리의 영적 관리는 시험의 틈새가 보이지 않게 됩니다.

교회학교의 교사 관리

성공적인 교육에는 행정적 지원이 뒤따르게 마련입니다. 교사의 능력과 관심에 따른 인사행정, 각 부서 안에서의 그리고 각 부서 사이의 바람직한 교육적 분위기의 조성, 공과는 물론이거니와 교육 참고도서와 시청각 자료 같은 교육자료 그리고 융판에서 VTR에 이르는 다양한 교육기재의 비치, 교실과 교구로 묶어지는 교육시설, 원활한 교육활동을 위한 교육 재정의 확보 등이 모두 교회의 교육을 위한 행정적 지원의 과제들입니다. 이를 묶어서 교육환경이라고 한다면, 교회는 교육 환경의 최적적 보존을 통한 최선의 교육을 시도하여야 할 것입니다. 이를 알아보기 위하여 우리는 교회학교에 대한 교육의 관심 정도, 전체 예산에 대한 교육 예산비, 교육 자료의 현황, 교회학교내의 각 부서간의 협조 상태, 교사의 인사 관리 상태, 교회학교의 교육적 성과, 그리고 교회학교의 발전의 과제를 물어보았습니다.

교회학교에 대한 교회의 관심은 비교적 긍정적입니다. 9.4%의 응답자들이 "매우 충분한 지원을 받고 있다고 응답하였습니다. 그리고 44.6%가 "지원을 받고 있다"고 하였습니다. 이를 종합하면 현재 한국교회의 절반은 교육에 많은 관심과 지원을 기울이고 있다고 볼 수 있습니다. 그러나 "지원이 부족하거나"(22.4%), "대단히 부족한"(3%)교회도 상당수에 달하고, 지원이 그저 그런 따라서 별로 만족스럽지 못하지만 꾸려나갈 형편은 되는 교회도(20.6%) 많습니다. 교육에 대한 행정적·재정적 지원은 교회의 인적 자원과 재정 상태에 비례한다고 일반적으로 생각되어 왔습니다. 그러나 이번의 조사 연구 결과에 의하면, 교육에 대한 교회의 관심과 지원의 정도는 교인수가 100명이 안 되는 작은 교회나 교인수가 3,000명이 넘는 큰 교회나, 교회의 역사가 짧은 교회나 긴 교회나, 교회의 위치가 서울이거나 읍, 면이거나 간에 별 차이가 없는 것으로 나타났습니다. 이는 대단히 중요한 발견입니다. 왜냐하면 교회의 인적 자원과 재정 형편이 교회학교의 교육환경을 최적적으로 유지하게 하는 중요한 요인이 결코 아님이 여기서 경험적으로 확인되었기 때문입니다. 오히려 해당 교회가 교육 자체에 대하여 가지고 있는 일반적인 이해와 관심의 수준이 교육 환경의 보존 상태를 좌우합니다. 이렇게 볼 때에 조사 결과에 따르면, 교역자와 평신도 지도자들의 교육에 대한 관심이 높아져 가고 있습니다. 그러나 이러한 고무적인 사실에도 불구하고 전체적으로 보아서 교역자와 교육 지도자들의 교육 이해와 교육 관심이 성숙한 상태에 도달한 것은 아직 아닙니다.

교회의 교육에 대한 관심도는 교육비의 예산 비율에서 잘 나타납니다. 교육비의 책정에는 교회의 재정적 형편과 교육적 관심이 함께 작용하고 있을 것입니다. 서울과 같은 대도시에 있는 교회들과 역사가 오래된 교회들이 예산 중에서 교육비에 책정하는 예산 비율이 비교적 많았습니다. 그러나 전체적으로 볼 때에 교육비를 예산의 8% 미만으로 책정하고 있는 교회들이 55.7%나 되고 있는 반면에 10% 이상이 되는 교회들은 22.3%에 머물고 있습니다. 교파별로 보면 교육비 예산이 전체 예산의 10% 이상을 차지하고 있다고 응답한 교사는 성결교가 31.7%로 가장 높고, 그 다음에 기장이 26.2%, 합동이 23.4%, 감리교가 21%, 침례교가 20%, 통합이 17.3% 순입니다. 예산의 교육비 책정 비율은 적어도 10% 이상은 되어야 할 것입니다. 그러므로 22.3%라는 수치는 한국 교회들의 교육비 지출의 성숙도의 지수가 0.22에 불과하다는 말이 됩니다. 따라서 교회가 대단히 각성해야 할 부분에 속합니다. 성결교가 다른 교회들보다 교육비 책정 지수가 높은 것은 새로운 발견입니다.

현대는 교육 자료의 시대입니다. 기독교 교육학과 일반 교육학의 여러 영역들에 관한 기초적 문헌, 학생과 교사에 관한 서적, 그리고 성서와 교회에 관한 서적에서부터 시작하여 융판과 성화와 슬라이드 같은 시청자 자료들, 영사기와 OHP, 그리고 VTR 같은 첨단 교육 공학적 기재들에 이르기까지 풍부하고 다양한 교육 자료와 기재들이 교회 교육에 도전하고 있습니다. 그러나 교회는 교육 자료에 대한 이해와 관심의 부족과 예산의 부족 때문에, 교육 자료가 거의 없거나, 있어도 이용하지 않고 있습니다 (18.3%). 교회학교에서는 일반적으로 아래로 내려갈수록 자료 부족과 필요를 절실히 느껴서 자료를 매번마다 직접 만들어서 사용하고 있는 실정이며, 위로 올라갈수록 관심 부재로 인하여, 있어도 사용하지 않는 경향입니다. 교회는 오늘날 관심을 조금만 기울여도 그런 대로 사용하기에 좋은 자료를 주변에서 손쉽게 구할 수 있습니다. 이 문항의 조사 결과는 좋은 자료의 제작도 중요하지만, 그보다도 자료의 이해와 관심을 다지는 일이 급선무임을 확인해 주고 있습니다.

교회학교 각 부서간의 양호하고 만족할 만한 협조 상태는 활기 있고 성공적인 교육을 가능하게 하는 전제조건일 뿐 아니라, 동시에 교육의 효율성과 생동성에 대한 일반적인 증거이기도 합니다. 응답한 교사의 5.5%가 각 부서간의 협조가 "대단히 잘 되고 있다"고 응답하였습니다. 이는 의미 있는 숫자입니다. 왜냐하면 각 부서간의 협조는 대단히 형성하기 힘든 교육적 분위기에 속하기 때문입니다. "잘되는 편"이라고 응답한 27.6%도 한국의 교회 교육의 밝은 미래를 보여주는 좋은 숫자입니다. "잘 안 되고 있거나" (19.2%), "전혀 안 되고 있다"고 응답한 교사는(2.8%) 보다 잘되고 있다고 응답한 33%와 보통이라고 한 45%의 교사에 의해 자극 및 전염되어 바람직한 교육적 분위기를 조성해 나갈 것으로 보입니다.

일반적으로 교사들 사이에는 유년, 아동, 소년부의 교사보다 중·고등부 교사가 더 높다는 의식이 널리 퍼져 있습니다. 그래서 교사의 경력이 오래될수록 높은 학년의 교사를 하고자 하는 심리가 있습니다. 그러나 교사의 배정은 교사의 개인적 자질과 관심에 대한 고려와 교회학교의 형편에 따라 이루어지는 것이 가장 바람직하므로, 이러한 한국의 교회학교에 널리 퍼져 있는 편견은 극복되어야만 하는 과제입니다. 교사의 배정에 대한 물음에서, 배정이 각 부서의 특성을 고려하여 잘 이루어지고 있다고 대답한 교사들 (36.9%)이 그렇지 않다고 응답한 교사들(26.4%)보다 10% 정도 상회하고 있으며, 36.6%의 교사들이 배정이 그런 대로 별 무리 없이 이루어지고 있다고 보고 있습니다. 이를 전체적으로 보면 교사의 배정이 대체로 무난하게 이루어지고 있다고 해석됩니다. 그러나 이 문항에는 26.4%라는 불만의 지수가 주는 의미, 교사의 배정이 교사의 개인적 희망에 따라서 이루어졌을 경우에 이를 교사가 잘 이루어지고 있다고 받아들였을 가능성, 그리고 지극히 합리적인 시각으로 교사 배정은 현실을 파악했을 가능성 등이 복합적으로 은폐되어져 있습니다.

연구자는 교회학교의 교육적 성과에 대하여 물었습니다. 이에 대해 응답자의 45.5%가 "성공적"이라고 대답하였습니다. 그저 보통이라고 본 교사가 39.7%였으며 "성공적이지 못하다"고 본 교사도 14.8%나 됩니다. 이러한 전체적인 상대 돗수들이 주는 의미는 한국의 교회들에서 이루어지고 있는 교육은 그래도 학생들의 신앙 성숙에 기여하고 있음에는 틀림없으나, 확실히 성공적이라고 하기는 어렵다는 말이 될 것입니다. 변인별 의미도 분석에서는 장년부 교사들의 경우에 교회학교 교육이 대단히 의미 있는 것으로 평가되었습니다. 그리고 교사 경력이 20년 이상 된 교사들과 나이가 40세 이상 된 교사들의 경우에도 역시 대단히 의미 있는 것으로 평가되었습니다. 이를 전체적으로 해석하면 오랜 교사의 경험을 쌓은 노련한 교사일수록 교회학교에서의 교육적 성과에 대하여 분명한 확신을 갖고 있다고 보여집니다. 따라서 교회는 젊은 교사의 임명에만 신경 쓰지 말고 임명된 교사들이 오랫동안 교사로 머물러 있도록 지도하는 일이 더욱 중요합니다.

교회학교의 효율적인 발전은 곧 한국의 교회 교육의 발전 자체를 의미합니다. 교회학교의 발전을 위한 우선적인 과제가 무엇인가에 관한 질문에서, 교사의 선발과 양성(47.4%), 충분한 교육 시설(27.1%), 충분한 교육 재정의 확보(26%)의 순으로 응답하였습니다. 여기서 교사의 선발과 양성을 최우선적 과제로 인식한 교사의 수가 압도적으로 많음에 우리는 주목하여야 할 것입니다. 더군다나 응답자가 모두 교사라는 사실을 감안하면, 이는 교회 교육 현장에서 일하는 교사들의 자아 이해에 기초한 반성과 결단의 표현으로 확인됩니다.

교회의 교사 관리

교회가 당신에게 헌신적인 책임감을 요구할 수 있듯이, 교회 또한 당신에게 책임감을 갖습니다. 사람들을 지도자의 위치에 세워서 일을 맡기고 있는 교회는 교회에서 자원하여 일하고 있는 모든 봉사자들에게 필요한 것을 지원해주고 용기를 북돋아 주어야 합니다.

교회 내에서 자원하여 봉사하고 있는 사람들이 어떤 일을 해낼 수 있는가 하는 문제는 항상 관심거리였습니다. 특히 학생들을 가르치는 사람들은 의무감이 아니라 학생들을 사랑하기 때문에 그 직분을 감당하고 있기에 더욱 관심을 끌었습니다.

학생들에게 성경을 가르치는 것은 대부분 당신과 같이 자원하여 봉사하는 사람들에 의해 이루어지고 있습니다. 그리고 진실한 자원사역자는 자신의 봉사에 대한 아무런 보상 없이 기꺼이 자신을 헌신하고자 합니다. 이렇게 자원하여 봉사하는 사람들에게서 우리는 교파를 초월한 어떤 일반적인 특징 몇 가지를 발견하게 됩니다.

첫째, 학생들을 가르치는 많은 교사들은 자신의 교수 방법을 개선할 필요가 있습니다. 어린이들을 가르칠 때 많은 교사들이 자신이 과거에 배운 방법대로 가르친다는 것은 일반적인 사실입니다. 이것은 어떤 경우에는 좋게 보일 수도 있으나, 때때로 좋지 않은 진부한 방법이 될 수도 있습니다. 교사의 교수 방법을 개선하기 위해서는 훈련과 향상을 위한 프로그램을 계획할 필요가 있습니다. 따라서 교회는 당신과 같은 자원사역자들을 위한 세미나나 워크숍을 통한 훈련과정을 마련해야 합니다.

둘째, 교회는 당신이 자원사역자라는 사실을 기억해야 합니다. 요즘 교회는 학생들을 가르치는 데 있어서 자원사역자들이 겪는 어려움이 다른 곳에서 일하는 것보다 얼마나 많고 다양한지를 생각하지 못하고 있습니다.

① 당신과 같은 자원 교사들은 매주일 1시간에서 1시간 15분가량의 시간을 아이들과 같이 보냅니다.

② 초·중등학교와는 달리, 당신이 아이들에게 성경을 가르치는 일은 강제성을 띄고 있지 않습니다.

③ 자원 교사는 그들이 아이들에게 성경을 가르치기 위해 준비하는 시간이 초·중등학교의 교사들이 수업을 하기 위해 준비하는 것보다 훨씬 적습니다.

④ 어린이들은 여러 가지 이유를 들어 매주 출석하지 않기 때문에 계속적인 교육을 하기가 용이하지 않습니다. 어떤 경우에는 부모를 주말마다 번갈아 가며 만나야 하는 결손가정의 아이들도 있습니다.

⑤ 어떤 부모들은 자기 아이들이 교회학교에 나가는 일에 별로 관심을 두지 않습니다. 그런 부모에게 주일마다 아이들을 교회에 나가도록 격려해 줄 것을 기대하는 것은 무리입니다.

⑥ 부모들은 자기 아이들이 학교에서 하는 공부만큼 성경을 배우는 일에 관심을 갖고 있지 않습니다.

이외에도 교사가 여러 가지 문제점에 대처할 수 있도록 교회는 자원교사들을 도와주어야 합니다.

교회학교 운동을 처음 시작한 로버트 레이크스(Robert Raikes)가 교사들의 봉사에 대한 대가로 봉급을 주었다는 것을 생각하면 참 재미있는 일입니다. 우리와 같이 자원하여 봉사하는 교사들이 엄청나게 많은 요즈음 그처럼 봉급을 지불한다는 것은 실행하기도 어려울 뿐더러 생각하기도 힘들 것입니다.

셋째, 학생들을 가르치기 위하여 자원한 교사는 오직 자원해서 봉사하려고 하는 의도를 통해서만 교사의 자격을 얻을 수 있습니다. 실망하지 말라! 자원하는 마음을 통해서만 우리는 많은 것을 얻을 수 있습니다. 자원하는 마음은 긍정적인 태도, 사람들이 알지 못하는 것을 배울 필요가 있다는 자각, 그리고 그 일을 원만하게 수행하려는 노력을 포함합니다. 교회 지도자들은 자원 사역자들을 통해서 일을 시작해야 된다는 것을 깨달아야 합니다. 이것이 진정한 지혜입니다. 그러므로 훈련을 시키는 사람들은 그들을 앞에서 끌고 가는 것이 아니라 그들에게 확신을 주면서 함께 호흡을 맞추는 사람들이어야 합니다.

넷째, 많은 자원 교사들은 자신의 지도력이 더 향상되고 발전되어지기를 원합니다. 교회는 자원 교사들이 자신이 더 향상되기를 원한다는 사실을 알고, 그들의 필요를 채워 주어야 합니다. 이것은 쉬운 일이 아닙니다. 그러나 모든 교회는 교사 자신이 처음에 마음먹었던 것과 어린이들을 실제로 가르치는 일에 있어서 차이가 있다는 것을 스스로 깨닫도록 교사들을 먼저 도와주어야 합니다.

다섯째, 모든 자원 교사들은 어떤 부분에서는 다른 사람이 앞서 했던 일을 본받는 것이 필요합니다. 학생들이 그런 것처럼 어른들도 어떤 일을 처리함에 있어서 다른 사람이 행한 일을 본받는 것이 필요하고 실제로 그 일은 가치 있는 일입니다. 모든 사람이 모든 면에 완벽할 수는 없습니다. 그러나 어떤 사람이든지 완벽한 면이 있는 법입니다. 교회의 지도자들은 자원 사역자들과 함께 일할 때 그들이 하는 일에 있어서 개인적인 소명감과 안정감 그리고 확고한 신념을 가질 수 있도록 도와주는 지혜가 필요합니다.

여섯째, 교회는 자원 교사인 당신에게, 당신의 필요에 진심으로 관심을 갖는 지도자를 지원해 주어야 합니다. 좋은 지도자는 자원 교사들의 필요를 이해하고 그 필요에 대한 해결책을 모색함으로써 그들이 스스로 계획을 세우고, 목표를 설정하도록 지도할 수 있을 것입니다. 자원 교사들과 교회는 나름대로의 책임과 의무를 가지고 있습니다. 교회와의 관계 속에서 자원 교사들의 권리와 그들을 돌보아야 할 교회의 책임이라는 측면에서 살펴보면, 하나님과 그분의 계획이 우리가 하고 있는 모든 사역의 기초가 된다는 것을 확실하게 말할 수 있습니다. 하나님께서는 우리에게 책임을 요구하십니다. 그러나 주님은 관심과 사랑의 가치를 보여주심으로 우리의 필요를 채워주신 신실한 지도자이십니다.

그리고 여기에서 언급한 권리와 책임에 한 가지를 더한다면, 교회와 자원 교사들이 함께 힘을 모아서 어린이들을 돌봐주어야 할 권리를 갖고 있다는 사실입니다. 우리는 또한 부모들에게 우리와 함께 일하는 자원 교사들이 봉사하는 상황에 대한 이해를 가지도록 그들을 일깨워 줄 필요가 있습니다. 다음에 나오는 "권리장전에 관한 소고"를 성경적인 관점을 가지고 요약을 한다면 모든 권리는 학생들을 가르치도록 부르심을 받는 일에서 비롯된다는 것입니다.

권리장전에 관한 소고

어린이들을 가르치는 교사는 다음과 같은 확신을 가지고 있어야 한다.

하나님은 당신에게 책임을 맡기셨다.

"너희로 하여금 모든 신령한 지혜와 총명에 하나님의 뜻을 아는 것으로 채우게 하시고"(골1:9).

학생은 당신이 할 수 있는 한 가장 훌륭한 가르침을 받을 권리를 지닌다. 왜냐하면
"자식은 여호와의 주신 기업이요 태의 열매는 그의 상급이로다"(시127:3).

당신의 교회는 당신에게 가르치는 일에 있어서 신실함을 요구할 권리가 있다.
"그리고 맡은 자들에게 구할 것은 충성이니라"(고전4:2).

자녀들을 교사에게 맡기는 부모들은 하나님께서 말씀하신 것처럼 자기 자녀들을 잘 지도해 달라고 요구할 권리를 가진다.
"네 모든 자녀는 여호와의 교훈을 받을 것이며 네 자녀는 크게 평강할 것이며"(사53:13).

함께 자원하여 섬기는 사역자들은 하나님께서 말씀하신 것처럼 서로 용기를 주고 사랑해야 한다.
"서로 돌아보아 사랑과 선행을 격려하며"(히10:24)

요약하면, 당신의 소명과 당신의 교회는 서로 아름다운 관계를 맺음으로써 그 관계 속에서 고유한 기능들을 수행해 나갑니다. 자

원 교사로서 당신은 학생들을 가르치고 지도하는 일에 자신을 바쳐야 합니다. 또한 당신의 교회가 당신이 일을 하는데 필요한 방법들을 익히도록 도와주고 훈련시키는 등 당신의 지도력을 개발하기 위해 마련한 다양한 프로그램에 적극적으로 참여하도록 해야 합니다.

당신은 예수께서 학생들을 위해서 죽으시고 그들의 구세주가 되셨다는 사실을 가르치도록 하나님께서 당신에게 학생들을 맡겼다는 사실을 깨닫고 감격하게 될 것입니다. 그리고 당신은 하나님께서 성경을 통하여 그분을 따르려고 하는 모든 사람들에게 다음과 같은 놀라운 약속을 하셨다는 사실에도 감사하게 될 것입니다. "나 여호와가 말하노라 너희를 향한 나의 생각은 내가 아나니 재앙이 아니라 곧 평강이요 너희 장래에 소망을 주려하는 생각이라"(렘29:11).

교사를 위한 자기 평가

당신의 학생들이 이러한 질문에 어떻게 대답할까?

1. 나는 지난 6개월 동안 선생님의 가르침에서 발전을 (했다) (하지 않았다).
2. 선생님의 준비는 (항상) (주로) (거의) (전혀) 적절하게 (보였다) (보이지 않았다).
3. 우리 선생님은 학급을 토론으로 (이끌었으며) (이끌지 않았으

며) 충분한 기회를 (주었다) (주지 않았다).

4. 우리 선생님은 주일마다 지난 수업과 다음 수업 간의 연결을 중요시 (했다) (하지 않았다).

5. 우리 선생님은 나의 관심과 집중을 전체 수업 시간 동안 (받는다) (받지 않는다).

6. 우리 선생님은 매주 주일 아침 나를 보는 것을 진정으로 반가워 (했다) (하지 않았다).

7. 나는 우리 선생님으로부터 성경 공부 시간에 꼭 필요한 것들을 (항상) (주로) (거의) (전혀 배웠다) (배우지 않았다).

8. 나를 가르치시는 방법은 나를 주제나 수업에 대한 독립적인 생각을 갖게 (했다) (하지 않았다).

9. 나는 활동적인 수업 프로그램이 우리 학급에 도움이 되었을 것이라고 생각 (한다) (하지 않는다).

10. 만약 어떠한 이유로든 내가 교회학교를 빠졌거나 빠질 상황이 되었다면 나는 매우 안타까워 (했을 것이다) (하지 않았을 것이다).

11. (   )과 (   )는 내가 내 친구들을 수업에 오게 초대하도록 나를 (자랑스럽게) 만드는 점이었다.

12. 나는 수업 시간이 충분히 길다고 생각 (한다) (하지 않는다).

13. 이 자리에서 나는 지난 주일 수업의 주요 요점이 무엇이었는지 어떠한 사람에게든지 말할 수 (있다) (없다).

14. 우리 선생님은 작년에 우리 집으로 전화한 적이 (있다) (없다).

참고문헌

• 감리교신학대학 한국선교교육연구원, 교회 교육 핸드북, 1977.

• 강정훈, 교사 다시 뛰자, 두란노, 2019.

• 교사의 벗, 교회 교육 현장백과 3, 말씀과 만남, 1994.

• 김청봉, 성장하는 교회학교는 무엇이 다른가, 드림북, 2016.

• 뮤리엘 블랙웰, 어린이 사역 소명론, 최기운 역, 파이디온선교회, 1993.

• 브루스 윌킨슨 엮음, 마음을 여는 가르침 상,하, 정현 역, 디모데, 1994.

• 엄문용, 교육 상담 가이드, 한국문서선교회, 1986

• 엄문용, 교회의 현장교육, 대한기독교출판사, 1985.

• 오인탁/정웅섭 공저, 교회 교사 교육의 현실과 방향, 대한기독교출판사, 1987.

• 웨슬리 R 윌리스, 탁월한 교사, 현은수 역, 대한예수교장로회총회, 2001.

• 임계빈, 성장하는 주일학교는 이런 교사를 원한다, 엘맨, 1998.

• 한춘기, 교사 마스터링, 생명의 양식, 2008.

• 현유광, 교회 교육 길라잡이, 생명의 양식, 2008.

• 후레갈 밥, 교회학교 핸드북, 강수도 역, 요단출판사, 1983.

4장

교사는 누구인가

• 교사의 삼중적 기능

교사라는 말의 성경적 의미

"글쎄요, 부장 선생님과 친분이 있어서 그분의 권유로 교사를 하게 되었어요."

"별로 하고 싶지 않은데 목사님의 강요로 어쩔 수 없이 교사 임명을 받았어요."

"그냥 교회에서 내 위치가 교사를 해야 할 순서인 것 같아서 자원했어요."

어떻게 해서 교사를 하게 되었는지 그 이유를 물을 때 흔히 들을 수 있는 대답들입니다. 아마 이 책을 읽고 있는 여러분들 중에서도 이런 이유로 교사를 하고 있는 분도 계실 것입니다. 이처럼 어떤 이는 우연히, 어떤 이는 억지로, 어떤 이는 체면상 교회학교에서 교사를 하고 있기 때문에 아무 목적이나 의미 없이 단순히 명목상의 가르침을 행하고 있습니다. 이런 현상은 교회에서 가르치는 사역이 무시되고 따라서 교사의 직분이 경홀히 여겨지고 있기 때문으로 볼 수 있습니다. 이것은 악순환을 낳아 교회학교는 퇴보하고 교회의 관심에서 멀어지게 됩니다. 교회에서 교사를 보는 인식이나 교사 스스로가 교사를 보는 인식이 왜곡되고 있습니다. 교회에서 별로 인정을 받지 못하고 눈에 띄지 않는, 그래서 누구나 할 수 있는 자리라는 인식이 성도들에게 이미 편만해 있습니다.

그러나 우리의 인식과는 달리 하나님은 가르침을 매우 중요하게 보고 있습니다. 이것은 성경책을 몇 장만 봐도 금방 알 수 있습니다. 신구약의 많은 곳에서 가르침과 연관된 단어들을 발견할 수 있습니다. 하나님은 친히 교사로서 혹은 인간 협력자들을 통해 그의 백성들을 가르치셨으며, 타락한 인간을 구속하기 위해 칭의와 중생의 은총을 주셨으며, 연약한 인간들이 이 은총을 보존토록 하기 위해 교회에 가르침의 사명을 부여하셨습니다. 따라서 가르침은 교회의 본래적이고 본질적인 것이며, 교회의 우선적 사명이며 활동이라고 할 수 있습니다. 예수님의 지상명령(마28:18~20)은 교회의 교육적 사명을 단적으로 지적하고 있습니다. 그래서 초대 교회의 사도 바울은 영적인 아들 디모데와 디도에게 가르치는 일에 전념하라고 권면했으며, 집사 빌립은 가르치는 전도자(행8:26~35)였고, 감독들은 가르치는 일에 능숙해야 했으며(딤전3:2,딛1:9), 말씀을 전하고 가르치는 일에 전념하는 장로들을 배나 존경할 자로 여겼습니다. 이들은 자신의 것을 가르치는 것이 아니라 그들의 선생 되신 예수님이 위임하셨던 것을 충실히 이행하며 재생산하였던 것입니다. 그들은 가르침에 전혀 힘썼습니다(행2:42,4:2).

기독교의 전 역사를 통해 가르침이 이처럼 중요한 역할을 하였다면 오늘날 우리는 그 전통과 역사를 무시할 만큼 뛰어난 자들인가? 하나님은 가르침을 통해 그의 나라를 전진시키십니다(신6:7, 마28:20,딤후 2:2). 그러므로 가르침이란 고귀하고도 거룩한 소명입니다. 교사들은 자신을 부르신 부름의 중요성에 대해 놀라울 정도로 무지함을 나타내고 있습니다. 우리는 이제 교회의 교육적 사명을 원래 위치로 다시 회복해야 하고, 그 사명을 최전방에서 수행하고 있는 교사 스스로 먼저 올바로 정립해야 할 것입니다.

교사는 어떤 사람인가?

트럼블(H. C. Trumbull)은 그의 「가르침과 교사」라는 책에서 "교사의 자격이 없으면서 교사라 칭함을 받는 경우가 있습니다. 그것은 오직 경력으로만 그를 교사가 되게 할 수 있을 뿐이지 실제적으로 그를 교사가 되게 할 수는 없다"고 하였습니다. 이 말은 우리로 하여금 여기에서 다시 한 번 교사의 본질에 대하여 생각하게 합니다.

교사는 맡겨진 반학생들과 함께 교회학교에서 매주 한두 시간을 보내는 사람인가? 혹은 복음을 듣기 원하는 반학생들에게 성경지식만을 전하는 사람인가? 아니면 저들의 영혼을 사랑하고 영적 성장을 위하여 뜨거운 마음을 가지고 가르치는 사람인가? 교사의 위치, 사역, 헌신의 정도에 따라서 가르치는 반학생들의 미래가 달려있다고 생각해 본적이 있는가? 교회학교 교사는 교회학교 교육의 성패를 좌우하는 존재라고 생각해 본적이 있는가? 교회학교 교사는 교회학교와 교회학교 학생들 모두에게 중요한 존재입니다.

다른 예를 생각해보자. 가족이나 친한 사람이 중병에 걸려 수술을 해야 한다고 생각해보자. 어떤 병원을 선택할 것인가? 그 무엇보다 의술이 좋은 의사가 있는 병원을 선택할 것입니다. 그 이유는 무엇일까요? 질병의 치료에는 의술이 좋은 의사가 필요하기 때문입니다. 질병의 치료에는 최신의 건물이나 의료기기 그리고 의사와의 친밀감보다도 병을 정확하게 진단하고, 경험이 많고, 치료능력이 있는 의사가 중요하기 때문입니다. 의료행위에 있어서 의사라는 인간적인 요소가 중요한 것과 마찬가지로 교육행위에서 교사라는 인간적인 요소는 매우 중요합니다.

초등학교나 중고등학교 학생들의 부모는 자녀들이 좋은 학교에 진학하여 공부하기를 원합니다. 그들이 말하는 좋은 학교의 기준은 무엇인가? 그리고 학원을 선택할 때도 좋은 학원을 선택하려고 합니다. 그들이 말하는 좋은 학원의 기준은 또 무엇인가? 아무리 중등학교의 평준화가 이루어졌다고 하더라도 여전히 학생 자신이나 학부모들이 선호하는 학교들이 있습니다. 그들은 어떤 학교를 선호하는가? 잘 가르치는 교사들이 많은 학교, 학교의 분위기가 좋은 학교, 더 나아가 대학 진학률이 높은 학교를 선호합니다. 사용 하는 교재가 다르고 교육환경이 다르다고 할지라도 학교 선택의 기준은 가르치는 교사의 능력이 될 것입니다.

일반교육에서는 교사의 중요성을 매우 강조합니다. 그러나 교회학교에서는 교사에 대한 중요성을 어느 정도로 의식하고 또 강조하고 있는가? 교사의 중요성에 대한 나의 평가는 어느 정도인가? 교회학교 교사의 중요성과 역할은 세상의 어느 일반 교육에서 보다 더 강조되어야 합니다. 왜냐하면 일반교육이 지식의 전수와 가치관의 전수를 강조하기 때문에 학과목에 관한 전공지식이 많으면 되지만 교회 교육이나 교회학교 교육은 성경 지식의 전수와 가치관의 전수만이 아니라 영성의 전수도 중요한 요소이기 때문에 교사는 매우 중요한 요소가 됩니다. 그러므로 교회학교 교육에 있어서 제일 중요한 것은 영적이고, 헌신적이고 열정적인 교사 곧 사람입니다.

교사에 대한 관점

교회학교 교사의 사역은 다음과 같이 정리할 수 있습니다.

첫째, 반학생들에게 미래에 대한 비전을 심어주고, 둘째, 어려운 환경 가운데서도 반학생들로 하여금 용기를 갖게 하고, 셋째, 그들이 세상을 살아가는데 필요한 지식을 전수합니다. 이러한 사역을 책임지는 교사는 누구인가? 그에 대한 대답은 다양합니다. 그 이유는 성경적 관점을 소유하느냐 혹은 세속적 관점을 소유하느냐에 따라 다르고 또한 세속적인 관점 중에서도 어떤 관점을 지니느냐에 따라 다르기 때문입니다.

세속적인 관점

교사는 누구인가라는 질문에 대한 답에 영향을 미치는 요소를 먼저 생각해보자. 여기에는 두 가지 요소가 있는데 하나는, 인간이란 누구인가 라고 묻는 인간관입니다. 그리고 다른 하나는 교육이란 무엇인가라고 묻는 교육의 본질에 대한 정의입니다. 교육의 본질을 말할 때 제시되는 정의에 따라서 교사는 누구인가에 대한 대답은 달라집니다. 교육의 정의에 근거하여 교사에 대한 세속적인 관점을 살펴보려고 합니다. 먼저 교육의 정의를 개략적으로 살펴보자.

첫째로, "교육은 삶을 위한 준비"라는 정의입니다. 교육이란 출생할 때부터 시작되는 삶에 대한 준비 작업임을 의미합니다. 매우 설득력이 있는 정의처럼 보입니다. 그러나 이 정의는 그 자체에 모순점을 가지고 있습니다. 이 정의는 교육받는 기간의 인생은 삶이 아니라는 의미가 포함되어 있습니다. 또한 이 정의에서 사용된 삶이란 단어 자체도 모호성을 가지고 있습니다. 여기서 말하는 삶의 본질이 무엇을 의미하는지가 분명치가 않기 때문입니다. 이러한 정의를 주장하는 사람들에게 다음과 같은 질문할 수 있습니다. "인생의 어느 시기부터 삶이라고 말할 수 있는가?" 그러나 분명한 것은 사람의 삶은 태어나면서부터 시작된다는 점입니다. 그러므로 교육을 정의하면서 삶을 위한 준비라고 말하는 것은 모순입니다.

둘째로, "교육은 시민이 되기 위한 준비"라는 정의입니다. 이 정의도 위의 첫째 정의에서와 같은 모순점이 있습니다. 구체적으로 말하면 서울에서 태어난 어린아이는 언제부터 서울시민인가? 태어나는 순간부터인가? 혹은 인간으로서의 의식 활동을 시작할 때부터인가? 혹은 초등학교에 진학하는 순간부터인가? 혹은 투표권을 행사할 수 있는 나이부터인가? 혹은 서울시민으로서 납세의 의무를 행하는 때부터인가? 혹은 여기에서의 시민은 의무와 권리를 올바로 행사할 수 있는 능력을 가진 사람을 의미하는가? 만일 그렇다면 의무와 권리를 올바로 행사하는 기준은 무엇인가? 따라서 이 정의는 많은 문제점을 내포하고 있습니다.

셋째로, "교육은 이전 세대가 다음 세대에게 기존의 관념과 가치 그리고 지식을 전달하는 것"이라는 정의입니다. 이 정의는 다음 세대의 지식이 이전 세대의 지식보다 더 확대될 수 없음을 함의합니다. 일례를 생각해보자. 전기가 발전소에서 변전소를 거쳐 가정으로 전송 되는 동안 그 전기의 양은 줄어들기는 해도 늘어나지는 않습니다. 팔당 저수지에서 정류된 물을 수도관을 통하여 가정으로 배달하는 과정에서 많은 양의 물이 누수가 됩니다. 실제로 2005년 서울에서 수도관의 노후로 말미암아 새는 수돗물의 비율은 14.8%에 이릅니다. 이는 수도관을 통하여 흐르는 동안 누수로 인하여 물의 양이 14.8%가 줄어든다는 말입니다. 이렇게 수돗물의 양은 각 가정으로 흘러가는 동안 누수가 되어 줄어들기는 해도 늘어날 수는 없습니다. 마찬가지로 교육이 기존의 관념이나 가치 그리고 지식을 다음 세대에 전달하는 것이라면 인류의 문화는 시대가 지나갈수록 발달하기보다 퇴보하게 될 것입니다. 그러나 인류문화는 꾸준히 발전해왔고 또 발달하고 있습니다. 그러므로 교육을 인간의 관념, 가치, 그리고 지식의 전수로 보는 것은 타당하지 않습니다. 그러므로 교육은 교사 자신이 알고 지지하는 관념이나 가치 그리고 지식을 단순히 전수하는 것은 아닙니다.

넷째로, "교육은 하나의 과정"이라는 정의입니다. 이는 결과의 중요성을 경시하는 정의입니다. 교육은 하나의 과정일 뿐 아니라 결과를 산출하는 행위이기 때문입니다. 교육을 교수-학습 과정이라고 말하는 것은 이러한 교육의 한 측면을 강조한 것이지 교육에 대한 포괄적인 정의는 아닙니다. 교육의 결과로 지식인 혹은 지성인(educated)이 배출됩니다. 여기서의 'educated'는 교육행위

(educate)의 결과입니다. 교육을 하나의 과정으로만 생각하는 것은 교육의 이상이나 목표를 부정하는 것과 마찬가지입니다. 따라서 교육을 시행하는 교사는 교육과정을 실천하는 사람일 뿐 아니라 이상과 목표를 향하여 노력하는 사람입니다.

마지막으로 듀이(John Dewey)와 진보주의 교육이 주장하는 "교육은 삶"이라는 정의입니다. 이 정의의 장점은 교육의 실천을 강조하는 것으로 진보주의나 실용주의의 강조점을 그대로 보여줍니다. 그러나 이 정의는 교육이란 단어 대신에 삶이란 단어를 대체함으로써 교육개념에 대한 논쟁을 잠시 연기한 것에 지나지 않습니다. 여기에서 유추되는 질문은 "삶이란 무엇인가?"인데 이에 대한 대답을 추구하는 것은 어쩌면 "교육이란 무엇인가?"라는 질문보다 대답하기 더 어려운 명제입니다. 그리고 교육은 단순히 삶만을 포함하는 것은 아닙니다. 주지주의가 강조하는 것처럼 지식의 전수도 포함합니다. 그러므로 교육을 삶이라 말하는 것은 교육에 대한 부분적인 정의에 불과할 뿐입니다.

교육에 대한 세속적 정의의 문제점은 성경의 가르침처럼 인간이 하나님의 형상과 모양으로 창조됨을 외면하고 무시함에서 연유합니다. 사람이 피조물이라는 점에서는 다른 피조물과 같으나 하나님의 형상으로 창조되었다는 점에서는 다른 피조물과 차이가 있습니다. 그러므로 교회학교 교사는 반학생들에게 하나님의 형상과 모양으로 창조된 피조물로서 그리고 하나님을 영화롭게 하고 그를 즐거워해야 할 의무를 지닌 존재로서 어떻게 행동해야 할 것인가를 가르쳐야 합니다.

한편, 철학자 가운데 소크라테스(Socrates)는 교사를 지식의 전수자로 보기보다 학습자들이 진리를 의식하도록 인도하는 자로 봅니다. 그는 사람은 태어날 때부터 모든 지식을 가지고 태어나는 것으로 보기 때문입니다. 이러한 교사관은 그의 철학 관념론(Idealism)에서 옵니다. 사람이 태어나면서부터 가지고 있는 지식은 사람의 의식 속에 있는 것이 아니라 무의식 속에 존재하는데 이러한 학습자들의 무의식 속에 위치한 지식을 의식 세계로 이끌어 내는 주체가 교사라고 봅니다.

소피스트들에 따르면 교사는 모든 것에 대한 지식을 가지고 있습니다. 그래서 교사는 지식을 공급하는 대가로 많은 교육비를 학습자들로부터 받습니다. 중세의 주지주의 철학의 관점에서의 교사도 자신이 알고 있는 지식을 후 세대들에게 전수하는 자이며, 자신이 가지고 있는 방대한 지식을 강의를 통하여 전달하는 권위적인 존재입니다. 자연주의와 낭만주의에 있어서의 교사는 양육자의 역할을 하는 사람입니다. 비유로 표현하자면 정원사와 같습니다. 정원사가 식물의 성장에 방해가 되는 요소를 제거하여 식물이 자라게 해주는 것처럼 양육자인 교사는 가르침에 방해가 되는 요소들을 제거해주는 역할을 함으로써 학습자가 성숙하도록 돕습니다. 여기에서 교사의 역할을 정원사로 비유하는 것은 인간성이 선하다는 것을 전제로 합니다. 이러한 정의의 문제점은 꽃과 인간의 본질이 다르다는 것을 간과함에서 옵니다. 외적인 환경에 따라 자라는 꽃이나 나무와는 달리 사람은 죄인의 성향과 의지를 가지고 태어납니다. 바울이 말한 에베소서 2:1 "너희의 허물과 죄로 죽었던 너희를 살리셨도다"라는 인간의 마음이 태생적으로 악함을 지적합니다. 따라서 자연주의나 낭만주의에서 말하는 성선설은 성경의 인간관과 배치됩니다.

실용주의에서 말하는 교사는 미래에 경험하게 될 문제를 해결할 수 있는 능력을 개발하도록 경험을 체계적으로 조직해서 제공하는 사람입니다. 이는 문제해결 능력의 배양이라는 관점에서는 매우 효과적이지만 창조적인 지성의 개발이라는 관점을 간과하고 있습니다. 사람은 이성을 지닌 존재입니다. 그러므로 학습자들이 어떤 경험에 단순하게 반응하도록 가르치는 것보다 지식의 전수와 원리를 이해하도록 가르쳐야 합니다.

성경적인 관점

교사란 누구인가? 이러한 물음에 대한 대답은 세 가지 측면에서 찾아볼 수 있습니다. 어원적, 본질적, 기능적인 측면이 그것들입니다.

먼저 그 어원적 측면을 살펴봅니다. "디다스칼로스"는 "가르친다"(디다스코)에서 왔습니다. 이 가르친다는 말은 다른 사람으로 하여금 무엇을 받아들이게 한다 라는 의미를 갖고 있습니다. 이러한 의미는 현대 교육 철학자 Israel Scheffler에서도 찾아볼 수 있습니다. 곧 그는 가르침을 "bringing someone to know"라고 정의함으로써 이 어원적 개념과 같은 정의를 내리고 있음을 봅니다. 이러한 관점에서 볼 때 "디다스칼로스"의 어원적 정의는 다른 사람으로 하여금 무엇인가를 받아들이게 하는 사람이라고 할 수 있습니다. "가르친다" 또는 "교사"를 이러한 의미에서 파악한다면 소크라테스가 자신은 선생이 아니라고 한 것을 이해할 수 있습니다.

이러한 이해 곧 소크라테스에 대한 이해는 두 가지 측면에서 가능한데, 하나는 덕(virtue)을 전하는 그로서는 이러한 덕은 가르침의 대상이 아니라는 것이요, 다른 하나는 지식을 갖게 되는 것은 가르침에 의한 것이 아니요 회상(recollection)에 의한 것이라는 관점입니다. "가르침"에 대한 이러한 의미에서의 이해는 선생의 역할에 대한 이해도 달라지게 되는 것입니다. 그러나 이러한 선생에 대한 이해는 성경적이라기 보다는 인본주의적인 것으로서 "교사란 누구인가?" 라는 질문에 올바른 해답을 주지는 못하는 것입니다. 교사에 대한 개념은 먼저 위에서와 같이 그 어원에서 단서를 가져와야 할 것입니다. 위에서와 같은 의미를 갖고 있는 "디다스칼로스"는 신약에서 59회 사용되었는데 대부분이 복음서에서 나타나고 있으며(마태복음 마가복음이 각기 12회, 누가복음이 17회, 요한복음이 9회 합계 50회) 이 단어는 주로 예수님에게 대하여 사용되었을 뿐 아니라 주님의 사역의 성격을 이러한 교사의 함축적 의미가 잘 보여주고 있습니다.

둘째로, 교사의 본질적 측면을 통하여 살펴봅니다. 교사의 본질을 말함에 있어 두 가지를 강조할 수 있습니다. 즉 그는 하나님의 도구라는 것과 그는 소명을 받은 사람이라는 것입니다.

먼저 하나님의 도구로서의 교사의 본질을 살펴보자. 사도 바울은 로마의 성도들에게 "우리에게 주신 은혜대로 받은 은사가 각각 다르니 혹 예언이면 믿음의 분수대로, 혹 섬기는 일이면 섬기는 일로, 혹 가르치는 자면 가르치는 일로..."(롬12:6~7) 하라고 하셨습니다. 바울의 이 말을 보면 가르치는 일 또는 가르침은 은사라고 말하고 있습니다. 다시 말하면 가르치는 일과 능력은 하나님께서 값없이 주시는 선물이라는 것입니다. 이러한 바울의 말이 함의하고 있는 것은 가르치는 일의 주체적인 사역자는 하나님이시요 실천적인 사역자는 하나님으로부터 이러한 은사를 받은 사람인 교사라는 것입니다(참조, 엡4:11). 그러므로 성경적 관점에서 볼 때 교사는 사람으로 하여금 어떠한 지식을 갖게 하거나 무엇을 알게 하는 원인자가 아니요 그러한 일의 도구에 불과한 것입니다.

예를 들어보자. 세상의 일은 크게 두 가지로 나눌 수 있습니다. 하나는 작동적인 (operative) 것이요 다른 하나는 협동적인(co-operative) 것입니다. 여기에서 작동적인 일이라 함은 마치 구두 짓는 사람이 구두를 지을 때처럼 그것의 재료만 있으면 완성할 수 있는 일과 같은 것입니다. 반면에 협동적인 일이라 함은 농사일과 같은 것입니다. 곧 농부가 농사를 지을 때 씨를 뿌리고, 물주고, 비료 주는 일을 합니다. 그리고 이 일은 매우 중요한 것입니다. 그렇지만 그것만으로는 농사가 되지 않습니다. 여기에는 하나님의 자라나게 하시는 사역이 필요합니다. 이것이 협동적 사역과 작동적 사역의 차이입니다. 교육은 둘 다 필요로 합니다.

곧 교육에는 하나님의 사역이 절대적으로 필요합니다. 뿐만 아니라 인간의 사역도 필요합니다. 따라서 교육이란 하나님과 협동하는 인간의 사역이라 할 수 있습니다. 이러한 주장은 바울의 말에서 그 근거를 찾을 수 있습니다. 즉 바울은 이에 대하여 고린도 교인들에게 보내는 편지에서 다음과 같이 말합니다. "어떤 이는 말하되 나는 바울에게라 하고 다른 이는 나는 아볼로에게라 하니 너희가 사람이 아니리요 그런즉 아볼로는 무엇이며 바울은 무엇이뇨 저희는 주께서 각기 주신대로 너희로 하여금 믿게 한 사역자들이니라 나는 심었고 아볼로는 물을 주었으되 오직 하나님은 자라나게 하셨나니"(고전3:4~6). 바울의 이러한 말은 교사는 교육을 행함에 있어 하나님의 쓰임을 받은 도구에 불과한 것을 뒷받침해 주는 것입니다. 이것이 교사에 대하여 주는 함의는 다음과 같습니다. 하나, 교육은 교사 자신의 생각이나 방법대로 하는 것이 아니라 하나님의 생각과 방법대로 하는 것이요 다른 하나는, 교재보다 교사 자체가 더 중요하다는 것입니다.

다음으로 그는 소명을 받은 사람입니다. 위에서 인용한 로마서 구절은(12:6~7) "부르시는 자"와 "부르심을 받은 자"의 관점에서 볼 수도 있습니다. 곧 교사는 하나님의 부르심을 받아 되는 것이지 자신의 의지와 능력으로 되는 것이 아닙니다. 자신의 의지와 능력으로 교사가 될 때에는 트럼블이 지적한 바대로 그는 명칭과 경력으로는 그렇게 될 수 있다 할지라도 그는 참 교사는 될 수 없습니다. 여기에서 우리는 소명과 사명의 차이를 느낄 수 있습니다. 여기에서 사명이라 함은 자신의 뜻이나 결정에 따라 어떤 일을 행하는 것이요 소명이라 함은 하나님의 뜻을 행하도록 하나님의 부르심 받아 행하는 것입니다. 따라서 교사의 본질에 근거하여 정의를 내린다면 교사는 이 교사 직분을 위하여 하나님의 부름을 받았다는 의식이 투철한 사람이라고 할 수 있습니다. 이러한 자세는 결과적으로 교사로 하여금 긍지를 갖게 하는 것입니다. 이러한 교사의 긍지는 자신이 하나님의 일을 하나님께서 주시는 권위와 능력으로 감당하고 있다는 의식에서 옵니다. 즉 교사가 갖고 있는 권위는 그 자신에게서 나오는 것이 아니라 하나님으로부터 나오는 것이며 하나님으로부터 위임되는 것입니다.

마태는 주님의 가르침과 바리새인 및 서기관들의 가르침과의 차이를 말할 때 "이는 그 가르치는 것이 권세 있는 자와 같고 저희 서기관들과 같지 아니함일러라"(7:29)고 하였습니다. 이 말은 권위와 권위주의가 어떻게 다른가를 잘 말해 줍니다. 곧 권위주의란 바리새인, 서기관의 가르침과 같이 그 가르침 자체에 능력이 있지는 아니하고 무조건적인 복종만을 요구하는 것이요, 반면에 권위란 예수님의 가르침에서와 같이 사람들로 하여금 순종하지 아니할 수 없도록 말씀 자체가 힘과 능력을 가지고 있는 것을 말하는 것입니다. 따라서 그리스도인 교사는 권위를 가지고 있다고 말할 수 있으며 그것은 그가 소명을 받은 사람이기 때문이라는 사실에 근거하는 것입니다.

셋째로, 교사의 기능적 측면을 통하여 살펴봅니다. 교사의 기능을 말함에 있어 두 가지를 강조할 수 있습니다. 즉 그는 지도자의 일을 한다는 것과 양육자의 일을 한다는 것입니다. 먼저 그는 지도하는 자의 일을 합니다. 교사의 주된 사명은 자신에게 맡겨진 학생들을 하나님의 말씀에 합당한 사람으로 잘 지도하는 것입니다. 사도 바울은 에베소에 있는 성도들에게 다음과 같이 말합니다. "그가 혹은 사도로 혹은 선지자로 혹은 복음 전하는 자로 혹은 목사와 교사로 주셨으니, 이는 성도를 온전케 하며 봉사의 일을 하게 하며 그리스도의 몸을 세우려 하심이라. 우리가 다 하나님의 아들을 믿는 것과 아는 일에 하나가 되어 온전한 사람을 이루어 그리스도의 장성한 분량이 충만한 데까지 이르리니"(엡4:11~13)

여기에 교사의 지도에 대한 사명이 잘 나타나 있습니다. 바울은 지도자로서의 교사의 목표를 세 가지로 크게 분류하고 있습니다. 첫째는 온전케 함(회복시킴)을, 둘째는 봉사의 일을 하게 함을, 셋째는 그리스도의 몸을 세움이 그것인데 이는 학생들이 교사의 지도함에 따름으로 가능하게 되는 것입니다. 따라서 학생들은 이러한 목표로 지도해 가는 교사들을 따라야 한다는 당위성을 주장할 수 있습니다. 여기에서 교사가 지도한다는 것은 영향을 미친다는 것과 같습니다. 왜냐하면 영향력이 없이는 지도력을 발휘할 수도 지도자가 될 수도 없기 때문입니다. 따라서 교사란 자신이 설정해 놓은 기준을 향하여 그의 영향력을 통하여 학생들을 인도하고 지도해 가는 사람이라고 할 수 있습니다.

다음으로 그는 양육자의 일을 합니다. 양육자로서의 일은 주님의 대위임령에 잘 나타나 있습니다. "그러므로 너희는 가서 모든 족속으로 제자를 삼아 아버지와 아들과 성령의 이름으로 세례를 주고 내가 너희에게 분부한 모든 것을 가르쳐 지키게 하라 볼지어다 내가 세상 끝날 까지 너희와 함께 있으리라 하시니라"(마 28:19~20).

여기에는 제자를 삼고 세례를 줄뿐만 아니라 가르치는 일이 포함되어 있습니다. 그러나 이 글에서는 양육의 개념을 좀 더 좁혀서 가르치는 일만을 생각해 보기로 합니다. 왜냐하면 교사는 누구나 잘 가르치기를 원합니다. 문제는 "무엇을"에 있는 것이 아니라 "어떻게"에 있는 것입니다. 즉 문제는 어떻게 하면 그들을 잘 가르칠 수 있는 교사가 될 수 있는가 하는데 있는 것입니다. 따라서 이제 그 가르침의 준비의 조건들을 살펴봅니다. 하퍼(Harper)는 다음의 다섯 가지 요소를 지적하고 있습니다. ① 기독교 인간관, 세계관, 문화관에 입각한 사고력이 있어야 합니다. ② 교과 자체에 대한 지식이 있어야 합니다. ③ 아동에 대한 지식이 있어야 합니다. ④ 교수-학습 과정에 대한 이해가 있어야 합니다. ⑤ 교수법에 대한 지식이 있어야 합니다.

이러한 조건들이 구비됨으로써 교사는 양육의 자격을 갖추었다고 말할 수 있으며 또한 양육자로서의 역할을 잘 감당할 수 있습니다. 이러한 양육으로서의 가르침은 교사들에게 매우 중요한 요소입니다. 사도 바울은 디모데에게 보내는 편지에서 "마땅히 주의 종은... 가르치기를 잘하며"(딤후2:24)라고 하였는데 물론 이는 우선적으로 교역자들에게 주어진 것이지만 또한 교회학교 교사들에게도 주어진 것이라 생각할 수 있습니다.

이제 지금까지의 논의를 종합하는 의미에서 나이트(G. R. Knight)의 글에서 "교사란 누구인가"를 살펴보고자 합니다. 그는 말하기를 "교회학교 교사는 구원 사역의 요원이다. 그는 잃어버린 자를 찾아 구원하는 일을 하도록 불리움을 받은 자이다. 그는 기꺼이 그리스도의 영 가운데서 사역하여 자기의 학생들이 예수님의 희생을 통하여 하나님과 조화를 이루며 하나님의 형상을 회복하도록 하는 자이다"라 하였는데 그의 말은 우리에게 교사의 신분에 대하여 분명하게 해주고 있습니다.

가르치는 자-교사

교회학교의 교사라는 직분은 단순한 봉사자가 아닙니다. 그들은 '가르치는 자'입니다. 교사라는 헬라어 단어는 디다스 칼로스인데 이것은 디다스코라는 말에서 인출된 명사로서 그 뜻은 '하나님의 일과 사람의 의무를 가르치는 자'입니이다. 헬라어의 단어 한 마디 속에서 우리들은 교회 학교 교사가 어떤 자이며 무엇을 해야 하는 사람인가를 금방 알 수 있습니다. 그리고 일반학교의 교사와는 어떤 면에서 달라야 하는가를 알 수 있기도 합니다.

교회학교의 교사는 일반 학교의 교사들과는 근본적으로 달라야 합니다. 일반교사들은 자신들의 삶의 목표의 하나로 교사직을 택합니다. 정규적인 교육과정을 거쳐 임용시험을 치르고 자격을 취득하여 교사가 됩니다. 그러나 교회학교 교사들은 하나님의 부르심에 의하여 자원케 되고 자격이 불충분한데도 하나님께서 교사로 세우셔서 일하게 하십니다.

일반 학교의 교사와 교회학교의 교사는 이런 외형적인 면에서만 다른 것이 아닙니다. 그들을 본질적으로 다르게 하는 것은 외적인 것보다는 가르침의 내용에서입니다. 일반 학교의 교사들은 국가가 명시해주고 있는 교육과정을 어린이들에게 전달합니다. 그 내용의 중심인 즉, 개인의 인격 개발과 민주시민으로서의 소양을 가르쳐 주는 것입니다. 이런 것이 지금에 와서는 성적과 점수를 많이 올려주어서 상급학교로 진학을 하게 하고 성공, 출세하는 쪽으로 교육 내용이 변질 되어버리고 있습니다.

교회 교육은 이와는 근본적으로 다릅니다. 교회 교육은 하나님에 대한 지식과 이에 관한 인간의 임무를 가르치는 것이 중심이 되어 있습니다. 하나님에 대한 지식이란 무엇인가? 그것은 대략 다음과 같이 생각해 볼 수 있습니다. • 하나님의 존재와 성품, • 하나님의 통치, • 하나님의 구원계획, • 하나님의 약속, • 하나님의 나라.

교회는 어린이들에게 하나님에 관한 내용들을 정확히, 자세히 가르쳐주어야 합니다. 아울러 하나님에 대한 인간의 임무도 가르쳐 주어야 합니다. • 인간은 누구인가, • 어떻게 구원받을 수 있나, • 인간이 행복할 수 있는 비결, • 영생하는 길, • 하나님 앞에서의 정직한 삶, • 청지기로서의 인간.

교회학교 교사는 이런 내용을 중점적으로 가르쳐 주어야 합니다. 그러기에 일반 학교의 교사들과는 근본적으로 교사직에 임하는 자세부터 달라야 합니다. 그러나 근래에 들어오면서 교회 학교 교사가 어떤 자인가에 대한 기본적인 인식마저 갖추지 못한 자들이 어린이들 앞에 교사라는 이름으로 서고 있습니다. 그들은 교사직이 단순히 성가대나 면려회의 여러 일들처럼 봉사하는 일인 줄로 오해하고 있습니다.

그들은 가르침의 내용에 대해 깊이 생각해 보며, 교사직을 감당하고 있는 것이 아니라 가르치는 봉사의 차원에서 교사 일을 하고 있습니다. 그들은 무엇을 가르치는가? 단순히 어린이들이 교회에 머물 수 있도록 종교적인 내용을 전달해 주는 것으로 자기 할 일을 다 한다고 생각합니다. 교회에 다니는 사람들은 착한 사람이 되어야 하고, 서로 싸우지 말며 속이지 말며 분을 함부로 내어서는 안 된다는 식의 도덕교육의 수준에 머무르고 있습니다.

이런 교사들일수록 성경에 나오는 내용들을 이야기로 만들어 버리고, 신앙위인전, 종교적 교훈, 이스라엘 역사 이야기로 만들어 버립니다. 그들은 성경에서 복음을 발견해야 하고 그 복음을 전해 줌으로 어린이들이 복음적인 그리스도인으로 자라나야 하는데 교사들의 부족된 가르침으로 인해 교회 어린이들은 교인으로 끝나 버리고 있습니다. 그들은 생명의 도에 참여하고 하나님을 아는 지식에서 자라나가는 것보다 ○○ 교회 주일학생으로 만족해야 합니다. 이럴 때 ○○ 교회 주일학생이라는 의미는 보이스카우트 단원, 걸스카우트 단원 이상의 의미가 아닙니다. 그들은 어떤 단체의 소속원 정도의 심정으로 교회를 출입 하고 있는 것입니다.

물론 우리 교회학교는 성경을 가르치고 있습니다. 그들 교사들의 손에는 성경을 어린이들의 수준으로 체계화시켜 놓은 공과가 있습니다. 그 공과를 매주마다 어린이들에게 가르치고 있습니다. 손에 공과책을 들고 성경의 내용들을 전달해 준다고 해서 그것이 성경 교육이 될 수 있는가? 물론 겉으로 보기에는 그것이 성경 교육이 될 수도 있고, 그들은 성경을 가르치는 성경 교사가 될 수도 있습니다.

그러나 성경의 내용들을 전달해 준다고 해서 성경 교육이라고 생각해버리면 오산입니다. 그것은 마치 일반 출판사가 금전적인 이득을 위해 성경 이야기 전집을 만들어 장사하는 것을 문서선교로 생각할 수 없는 이치와 같습니다. 그들은 성경 이야기책을 만들고, 그것을 보급하고는 있어도 사실상은 하나님의 일과는 관계없는 자들이며 복음 증거 하는 일과는 하등의 관계도 없습니다. 그들은 장사를 위하여 그 일을 하고 있을 뿐입니다.

교회학교 교사들도 마찬가지입니다. 성경 이야기를 전해준다고 해서 성경 교육이라 할 수 없고 가르치는 자라고 할 수 없습니다. 성경을 전해도 성경의 내용을 바로 전하고 성경이 전달하고자 하는 메시지를 정확히 전달해 주는 교사들이 바른 성경 교육을 하는 것입니다. 교사들이 성경을 교과서로 하면서도 바른 성경 교육이 되지 못하는 첫 번째 이유는 성경의 줄거리만 전달하고 끝나버리기 때문입니다. 성경은 매우 방대한 책입니다. 1600여 년 동안 40여 명의 저자들이 기록했고, 이것을 집대성해 놓은 책이 성경입니다. 만약 이것이 인간의 작품이라면 1600여 년이라는 시차가 있기에 66권의 성경의 각권들은 유기적인 관계를 이루어 내지 못할 것입니다. 그렇게 되면 성경은 66권간에 서로 모순되고 대치되는 내용들이 있기 마련일 것입니다.

그러나 성경 66권은 놀라운 일치를 보이고 있습니다. 그것은 성경의 원저자가 한분 - 성령 하나님이시기 때문입니다. 성경의 기록자는 40여 명에 이르지만 그들은 성령에 감동(성령의 전적인 지배를 받는 상태)된 상태에서 기록을 했기에 원저자는 성령이십니다. 성령 한 분의 기록이기에 방대한 66권의 성경은 일치될 수밖에 없는 것입니다. 그리고 성경의 주제가 하나이기에 성경은 66권이면서도 마치 한 권의 작품처럼 보여 지고 있습니다. 성경의 주제-그것은 예수 그리스도이십니다. 하나님께서 예수 그리스도를 통하여 구원을 약속하셨으며 그 약속을 어떻게 성취해 나가고 계시는가를 보여주는 것입니다.

성경을 가르칠 때 교사들은 이 사실을 명심해야 합니다. 성경이라는 산맥을 관통하고 있는 하나의 맥 – 그것은 하나님의 약속과 구원입니다. 그 중심에 예수 그리스도가 있습니다. 성경 교사들은 머리속에 예수 그리스도가 박혀 있어야 합니다. 예수님에 대한 생각으로 사로 잡혀 있는 자들이 바른 성경 교육을 할 수 있습니다.

그러나 우리의 교육 현장은 어떤가? 예수 그리스도는 신약에서나, 그것도 사복음서에서 예수님이 나타나시는 곳에서나 중심인물로 다루어지고 있습니다. 구약에서는 성경의 인물이 교육 내용의 중심을 이루고 있습니다. 누구는 본받아야 하고 누구는 본받지 말아야 합니다. 누구는 천국에 갔고 누구는 지옥에 갔습니다. 누구는 복을 받았고 누구는 벌을 받았습니다. 이런류의 가르침이 성행하고 있습니다.

신약에 들어오면 더욱 가관입니다. 원수를 사랑하라. 착한 사람이 되어라, 교회에 잘 다녀라. 예수 믿고 훌륭한 어린이가 되어야 한다-이런 가르침이 우리의 성경 교실을 가득 메우고 있습니다.

교회의 교육 내용이 이런 수준이라면 학교의 세계사 시간, 도덕 시간과 무엇이 다르겠는가? 초등학교 교사들도 정직, 진실, 사랑을 가르칩니다. 교회에서도 그런 수준의 가르침입니다. 어린이들은 학교와 교회의 차이를 발견하지 못합니다. 그들은 교회에 나와야 할 필요를 느끼지 못하고 있는 것입니다. 이래서 우리의 교회학교는 갈수록 줄어들고 있습니다. 교회 교육에서 예수 그리스도가 외소화 되고 있습니다. 예수 그리스도는 성경 66권의 중심이 되지 못하고 일부분으로 축소되어 버리고 있습니다. 예수 그리스도 없이도 아담이 가르쳐 지고, 아브라함이 가르쳐지고 있습니다. 심지어는 레위기의 피의 제사에서조차 예수 그리스도는 실종이 되어버리고 기생 라합의 구원 사건에서도 예수님은 등장하지 못합니다. 그들은 교사들의 가르침에서 각각 주인공이 되어 버리고 있는 것입니다.

하나님에 대한 지식을 가르쳐야 할 교회에서 성경 인물을 주인공으로 하여 위인전을 가르치고 있다니, 사람을 본받으라는 교육을 하고 있다니, 우리는 입술로는 인본주의는 나쁘고 신본주의로 살아야 한다고 하면서 사실은 성경을 손에 들고 인본주의 교육을 하고 있는 것입니다. 이것은 결국 일반 학교의 교육과 전혀 다른 교육을 해야 하는 교회가 오히려 그들의 가르침을 닮아가는 교육을 하고 있는 것입니다.

기독교 교육은 성경 교육입니다. 성경 교육은 예수 그리스도를 중심한 교육입니다. 예수 그리스도를 통해 구원을 얻었고 구원을 얻은 우리가 이 땅에서 어떻게 예수님의 인격을 배워가며 그와 같은 삶을 살아야 할 것인가를 배워 주는 교육이 성경 교육입니다. 그러려면 자연히 예수 그리스도가 성경 교육의 핵을 이루어야 하고 모든 인물 이야기, 역사, 사건, 교훈을 전함에 있어서도 그것이 예수 그리스도와 어떤 관계가 있는가를 말해 주어야 합니다. 물론 신구약 성경 속에서 억지로 예수 그리스도와 연결시키려 할 필요는 없다 해도 그 가르침의 내용 속에는 하나님의 약속과 예수 그리스도를 통한 구원이 녹아서 흘러 들어가야 합니다. 그런 가르침의 기술이 없이 구약의 이야기들을 전래동화식으로, 전설식으로 원맨쇼를 해가면서 가르치고, 아이들이 그 말주변과 우스꽝스러운 모습을 보며 좋아한다고 해서 훌륭한 성경 교사로 착각해서는 안 될 것입니다.

성경교육은 성경 66권을 교재로 한다고 해서 되는 것은 아닙니다. 일반 학교의 교사들이 학교 교실에서 필요에 의해 위인전, 그리스도 이야기를 전했다고 해서 그것이 성경 교육이라고 할 수 있겠는가? 그것은 성경 교육이 아닙니다. 성경 이야기 속에 들어 있는 내용과 사건들을 교사들이 하나님의 약속과 구원이라는 성경의 주제에 맞도록 해석해 줄 때에만 그것은 성경 교육이 될 수 있습니다. 그리스도 안에서의 해석이 없는 성경 이야기의 전달은 이야기는 될 수 있어도 성경 교육은 될 수 없는 것입니다.

교회 교육의 위기는 텔레비전, 전자 오락기, 만화… 등의 외부적 환경으로만 오는 것이 아닙니다. 성경을 듣고 성경을 가르친다는 성경 교사들 자신으로부터도 오고 있습니다. 성경 66권의 아무데나 가르친다고 해서 성경 교육이 아니라 성경 어느 곳을 펼쳐서라도 예수 그리스도 안에서의 구원과 그분의 인격을 닮아가는 삶을 가르쳐 주는 것이 바른 성경 교육이라 하겠습니다.

근원적 교사, 하나님

하나님은 교사다

하나님은 교사다 라는 진술에 어색해하는 사람들이 혹 있을지 모르겠습니다. 성경의 하나님은 가르치시는 하나님이시며, 이러한 표현은 단순한 은유나 상징적인 것이 아닙니다. 성경은 분명히 가르치시는 하나님에 대해 은유나 비유가 아닌 실제로 서술하고 있습니다. 예를 들어 신명기 4장 1절에서 하나님은 그의 백성들에게 "가르치는 규례와 법도를 듣고 준행하라"고 말씀하셨습니다. 과거 욥의 이야기 속에서 엘리후는 다음과 같이 하나님의 위대하심을 찬양하고 있습니다. "하나님은 그 권능으로 큰일을 행하시나니 누가 그 같이 교훈을 베풀겠느냐"(욥36:22). 선지자들도 역시 하나님을 이스라엘의 교사로 알았습니다. 이사야는 예루살렘에 거하는 백성들에게 이사야 30장 20절 "주께서 너희에게 환난의 떡과 고생의 물을 주시나 네 스승은 다시 숨기지 아니하시리니 네 눈이 네 스승을 볼 것이며"라고 말하였습니다. 그리고 시편 기자는 시편 94편 10절 "지식으로 사람을 교훈하시는 이가 징벌하지 아니하시랴". 하나님을 스승으로, 교훈하시는 자로 묘사하고 있습니다. 교사로서의 하나님에 관한 예는 많습니다. 이비는 이렇게 말합니다. "하나님이 인간을 창조한 그 날부터 하나님은 인간을 자신의 계획을 수행함에 있어 동역자로 삼았다. 이런 관점에서 본다면 하나님은 언제나 인간의 직접적인 교사였으며 인간은 하나님에게 적절히 순종한다고 볼 수 있다." 그리고 마이클 앤소니 (Michael J. Anthony)와 워렌 벤슨(Warren S. Benson)은 이렇게 말합니다. "인간 역사의 초기에 하나님은 인간의 첫 번째 교사 (instructor)이셨다. 피조물 자체가 인류가 하나님의 전능하신 능력과 창조적 정신(spirit)을 배우는 것을 도왔다."

구약성경에 계속적으로 나오는 기록은 하나님께서 자신을 인류에게 나타내시기 위하여 교육이라는 통로를 선택하셨다는 사실을 보여 줍니다. 고대 이스라엘의 종교에서는 이러한 개념의 중요성을 적절하게 평가하였습니다. 미래의 목가적인 표현으로써, 이사야는 "물이 바다를 덮음같이 여호와를 아는 지식이 세상에 충만할 것임이니라"(사11:9)고 예언하였습니다. 여호와께서 그의 백성을 가르치는 데 직접적으로 참여하셨다는 이 개념은 신약 성경에서 성령의 교육적 역할에 관하여 예수께서 하신 말씀 가운데도 동일하게 언급되어 있습니다. "보혜사 곧 아버지께서 내 이름으로 보내실 성령 그가 너희에게 모든 것을 가르치시고 내가 너희에게 말한 모든 것을 생각나게 하시리라"(요14:16, 16:13~15을 참고할 것).

하나님은 우리가 어떻게 하나님과 계속적인 관계를 유지할 수 있는가에 관한 지도와 지침을 제공해주셨습니다. 하나님의 바람은 언제나 그분의 자녀들이 그들의 믿음에서 자라고 또 그 믿음을 다음 세대들에게 전수하는 것을 보시는 것이었습니다. 그 목표를 달성하기 위해서 하나님은 경건한 가정의 리더십과 국가의 리더십의 본을 보여주시고자 아브라함, 이삭 그리고 야곱과 같은 족장 리더들을 택하셨습니다. 히브리 교육의 이런 초기의 기원을 추적해보면 교육에 대한 하나님의 본래의 계획을 언뜻 볼 수 있습니다. 하나님의 말씀은 그분의 계획과 목적에 관한 분명한 지침을 제공해줍니다.

하나님을 교사로 보는 이러한 이해는 구약성경에서 근본적입니다. "하나님의 교본"(God's teaching book. O. Esqueda)으로서의 성경-구약과 신약 모두는 분명 "하나님이 중심이 된 교육과 밀접한 관계"(이비)를 가지고 있습니다. 시인은 "여호와여 주의 도를 내게 가르치소서 내가 주의 진리에 행하리니 일심으로 주의 이름을 경외하게 하소서"(시86:11)라고 요청함으로써 여호와 하나님을 자신을 가르치는 교사로 인정합니다.

교사로서의 하나님에 대한 실제적인 예는 에덴동산의 아담과 하와입니다. 태초에 하나님이 첫 번째 사람들인 아담과 하와를 창조하셨을 때, 그들은 하나님을 자신들을 지으신 창조자와 자신들의 인생길을 이끄시는 인도자 그리고 자신들을 가르치시는 교사로 만나게 되었습니다. 하나님이 아담을 지으신 다음에 그를 에덴동산에 두시면서 "동산 각종 나무의 열매는 네가 임의로 먹되 선악을 알게 하는 나무의 열매는 먹지 말라 네가 먹는 날에는 반드시 죽으리라"(창2:16~17)고 말씀하신 것은 분명 가르침의 행위입니다. 그는 "창조자의 음성을 듣고 그분의 가르침을 듣는 혜택을 받았다(창2:16)"(Esqueda). 이렇듯, 하나님은 자신이 지으신 인간에게 자신의 뜻을 가르치셨는데, 이 때 아담에게 하나님은 교사이셨습니다. 그래서 이 경우에 아담은 학습자였습니다. 이와 관련하여, 이비는 이렇게 말합니다. "하나님은 그가 만든 인간에게 자신의 뜻을 가르쳤다... 하나님은 인간에게 해야 할 일과 성취시켜야 할 과제를 부과하셨다. 이러한 것들을 통하여 인간은 하나님이 인간과 세상에 부여한 능력과 지침을 개발하고 성숙해야만 했다. 하나님의 가르침에는 아담을 한 개인으로 간주할 뿐만 아니라 전 인류의 대표자로서 포괄적인 인간으로 간주하였다. 따라서 아담에게 주어진 과제는 지상의 전 인간에게 주어진 과제의 전형적인 것이었다. 이에는 중요한 두 가지 요소가 포함되어 있다. 첫째는 인간이 효과적으로 이 과제를 수행함에는 교육이 불가피할 것이다. 둘째는 이 과제를 수행함으로써 인간은 개인적으로 그리고 집단적으로 교육되어 진다는 사실이다."

성경에서 하나님을 교사로 볼 수 있는 중요한 근거들 중 하나는 오경입니다. 흔히, 오경을 율법으로 보는 경향이 있지만 율법으로 번역되는 히브리어 단어 토라(Torah)는 훨씬 더 넓은 뜻을 담고 있습니다. 토라는 '가르치다'(teach) 혹은 '훈계하다'(instruct)라는 뜻의 동사 야라(yarah)에서 나왔습니다. 따라서 우리는 토라를 '율법'보다는 '교훈'(instruction)으로 번역하는 것이 더 낫습니다 (고든 웬함). 그리고 오경 외의 성경의 나머지 부분들도 마찬가지입니다. 광의의 의미에서 구약성서 전체를 토라 또는 교훈으로 볼 수 있습니다. 왜냐하면 구약성경 전체가 하나님의 백성을 포함한 모든 인간은 창조와 구속의 하나님의 가르침/교훈을 따를 때 복된 삶과 생명을 누릴 수 있음을 가르치기 때문입니다. 이와 같이 하나님은 교사입니다. 참 교사입니다. 옥타비오 에스퀘다(Octavio Esqueda)는 하나님의 교사되심에 대해 다음과 같이 말하는데, 그것은 아주 적절합니다. "하나님은 기독교 가르침을 위한 근원이고 모델이다." 하나님은 인간을 가르치십니다. 히브리서는 여러 부분과 여러 모양으로 말씀하셨다고 기록하고 있습니다(히1:1). 힐렐(Hillel)이 말한 것처럼 교육을 받지 못한 자는 죄를 두려워하는 사람이 될 수 없으며 무식한 사람은 경건한 사람이 될 수 없기 때문에 하나님은 너무나 사랑하는 인간을 위해 친히 낮아지셔서 가르치셨던 것입니다.

하나님의 가르치심은 우리 인간을 구속하시는 형식을 띠었습니다. 인간은 아담의 범죄 이후 전적으로 타락했기 때문에 구속 불가능 상태에 있는데 오직 하나님만이 은총으로 구속하십니다. 그래서 참된 의미에서 교육은 하나님만 하실 수 있는 일입니다. 인간은 단지 교수할 뿐입니다. 하나님은 인간을 창조하셨을 뿐 아니라, 섭리하고 계시며 또 각 인간과 시대에 필요한 것과 적합한 것을 꿰뚫어 알고 계시기 때문에 인간을 적절하게 교육하십니다. 하나님은 행위 하시면서 우리에게 무엇을 가르쳐 주십니다. 아버지가 아들을 교육하시듯이 친절히 인간의 능력에 알맞도록 적용하셨습니다. 율법 이전 시대에는 보조물을 사용하면서까지 신앙을 받들어 주고 강화해 주시는 교육을 하셨습니다. 예를 들어 노아에게 무지개를 보여주면서 약속하셨고(창9:8~17) 불안해하는 아브라함에게 하늘의 별과 땅의 티끌을 가리키면서 자신의 신실성을 확인시켰습니다(창15:1~11). 하나님은 자신의 사람들의 회의와 실수에도 포기하지 않으시고 끝까지 가르치셨으며, 결국 위대한 하나님의 사람으로 만드셨습니다. 망각하기 쉬운 이스라엘 백성들에게 율법을 주셨으며 그 율법이 후손에 전수되도록 명령하셨고 그 율법이 왜곡될 때는 선지자들을 일으켜 다시 곧게 하셨습니다. 마음이 약한 사람들을 위해 그 말씀을 기록하셨으며 결국은 독생자 예수 그리스도를 통해 말씀하셨습니다.

모든 사람들은 하나님 앞에서 배우는 학생입니다. 하나님은 지금도 성령을 통해 각 개인에게 적절하고 친근한 방법으로 가르치십니다. 우리는 교사되신 하나님 앞에 겸손히 귀를 기울여 순종할 뿐입니다. 주님이 자신을 우리에게 계시하실 때마다, 그분은 우리를 가르치고 계십니다. 그러므로 하나님은 본질적으로 교사(a teacher)입니다. 실제로, 우리는 하나님이 교사이기 때문에 가르칩니다. 기독교 가르침은 하나님이 교사이기 때문에 존재합니다. 주님이 자신을 우리에게 나타내실 때마다, 그분은 우리를 가르치고 계십니다. 하나님은 교사(a teacher)입니다. 더욱이, 하나님은 유일한 최고의 교사(the teacher)입니다. 그분의 목표는 우리가 그분의 가르침(instruction)을 따르는 것입니다. 하나님이 가르치실 때, 그분은 우리가 그분의 바람을 따르기를 기대하십니다. 그분의 가르침의 결과는 정보가 아니라 우리의 행위이며 생활양식의 변화입니다.

하나님의 가르침의 목표

모든 형식적(formal) 가르침은 의도적인 행위입니다. 올바른 가르침 치고 목적이나 목표를 염두에 두지 않는 가르침이란 없습니다. 가르침은 의도 있는 실천입니다. 하나님의 가르침도 마찬가지입니다. 하나님은 가르치실 때 분명한 의도, 곧 목적과 목표를 가지고 계셨습니다. 신적 교훈 또는 가르침을 의미하는 토라는 하나님이 인간과 자기 백성에게 자신의 뜻을 나타내시는 계시이기에, 하나님의 가르침의 주된 목표는 하나님의 뜻을 알리고 그것에 따라 살고 행하게 하는 것이라고 말할 수 있습니다. 에스쿼다가 말하는 것처럼, "하나님이 자신의 계시를 통해 우리를 가르치실 때, 그분은 우리가 믿음으로 응답하고 그분을 믿으며 그분에게 순종하기를 기대하신다." 그것은 우리의 변화-내적 변화와 외적 변화 모두와 관계가 있습니다. 우리가 말씀을 통한 하나님의 가르침에 귀기울임으로써 그 가르침이 우리 안에서 작용하게 되면, 곧 우리가 하나님의 가르침을 받아 하나님을 아는 지식이 생기게 될 때 우리에게 변화가 일어납니다. 우리 존재가 하나님의 가르침에 반응을 하게 됩니다. 그 반응의 주된 방식은 믿음입니다. 왜냐하면 "하나님이 자신을 보여주신 계시를 통해 우리가 얻은 하나님을 아는 지식에 대한 우리의 적절한 응답은 믿음이어야" 하기 때문입니다(에스쿼다). 우리가 믿음을 갖게 되면, 우리는 하나님의 말씀을 따라 행할 수 있게 됩니다. 그래서 하나님의 가르침과 그것에 따른 하나님을 아는 지식은 중요합니다.

하나님의 가르침은 인간을 살리는 교육입니다. 반면에 사탄의 가르침은 인간을 죽이는 교육입니다. 아담과 하와의 경우를 보면 알 수 있습니다. 하나님은 아담에게 이렇게 말씀하셨습니다. "동산 각종 나무의 열매는 네가 임의로 먹되 선악을 알게 하는 나무의 열매는 먹지 말라 네가 먹는 날에는 반드시 죽으리라"(창

2:16~17). 여기서 선악을 알게 하는 나무의 열매는 "인간을 교육시키기 위하여 하나님에 의하여 사용된 하나의 방편이었고, 또 인간교육을 통하여 만물을 완전히 하나님께 영광이 되도록 순종시키고자 하는 방편이었다"(이비). 하나님은 아담과 하와를 가르치실 때 그들이 자신과 교제하면서 생명 가운데 살기를 원하셨습니다. 하나님의 말씀과 가르침을 따르는 것은 생명의 길로 가는 것입니다. 그러나 그들은 사탄의 말과 가르침을 따랐습니다. 그 결과 영적 죽음을 맞이하게 되었습니다. 사탄의 말과 가르침을 따르는 것은 죽음의 길로 가는 것입니다. 하나님의 말씀과 가르침을 저버리고 사탄의 말과 가르침을 따르면 그는 반드시 죽게 됩니다. 하나님은 "온전한 지식을 가진 이"(욥36:4)입니다. 우리가 하나님의 가르침/교훈을 따를 때, 우리는 "지혜와 지식"(신4:6)의 사람들이 될 수 있고, 또 하나님의 진리를 따라 생명의 길로 갈 수 있게 됩니다. 그래서 우리는 시인처럼 "여호와여 주의 도를 내게 가르치소서 내가 주의 진리에 행하오리다"라고 요청하고 그 가르침을 따라 살아가야 합니다.

요약

하나님은 우리의 최고의 교사가 되십니다. 우리가 하나님을 먼저 안 것이 아니라, 하나님께서 먼저 우리를 아시고 우리에게 자신을 친히 가르치셨습니다. 그 가르치심의 은혜와 신실하심은 우리의 연약함에 포기하지 않는다는 것이고, 그 가르치심의 수준을 친히 인간에게 맞추셨다는 것입니다. 하나님의 가르침의 절정은 예수 그리스도이며, 예수께서 이 땅에 오신 것은 하나님의 사랑의 절정입니다. 성령 하나님을 통해 말씀을 가르치시고, 깨닫게 하시고, 행하는 의지까지 우리에게 허락하셨습니다. 하나님께서 친히 우리에게 가르치신다는 것이야말로 교사 된 우리에게 큰 영광이요 위로입니다.

예수님 교사

나사렛 예수는 폭 120km, 길이 240km 밖에 안 되는 작은 마을에서 그의 일생을 보냈지만 전 세계를 포괄한 구속이 그의 목적이었습니다. 그는 그다지 유명하지 않은 삶을 살았으나 인간 역사 속에서 가장 영향력 있는 인물이 되도록 운명 지어졌습니다. 그는 결코 군대를 조직하거나 정치적 혁명을 꾀하지도 않았으며, 부를 축적하거나 책을 쓰지도 않았습니다. 그러나 그는 이 지구상에 살았던 그 어떤 인물보다도 인생의 궤도를 더 크게 변화시켰습니다. 예수의 공생애는 3년 남짓 지속 되었지만 그의 영향력은 거의 20세기 동안 계속되어 왔습니다. 그는 어떻게 이와 같은 영향력을 행사할 수 있었는가? 어떻게 그와 같이 짧은 기간 동안에 그렇게 많이 성취할 수 있었는가? 그의 전략은 무엇이었는가? 이러한 질문에 답하기 위하여 우리는 예수의 생애 연구에 대한 일차적 자료 문서들인 복음서로 돌아가야 합니다. 복음서에는 그 대답이 수정과 같이 분명하게 제시되어 있습니다. 예수는 가장 뛰어난 선생이었습니다. 그는 하나님 나라의 복음을 전파하였으나 그의 청중들은 그를 〈선생〉이라고 불렀습니다. 그는 병자를 고치고 고난 받는 자를 위로하였으나 그들은 그를 선생으로 이해하였습니다. 또한 그는 제자들을 불렀고, 제자들은 그를 〈선생〉으로 생각하였습니다. 그는 위선과 무익한 전통을 배격하여 종교지도자들의 분노를 일으켰는데 이들도 또한 그를 선생이라고 불렀습니다. 결국에는 그의 추종자들이 그를 〈그리스도〉, 〈구세주〉 그리고 〈주님〉으로 알게 되었지만, 〈선생〉으로서의 그에 대한 관념은 부활 이후까지 사라지지 않았습니다. 도드(C. H. Dodd)는 다음과 같이 말하였습니다. 복음서(마가복음까지)도 고도의 기독론(high Christology)의 영향 아래서 쓰여졌다고 할지라도 복음서(요한복음 포함) 모두가 예수를 그의 제자 학교의 선생으로서 묘사하고 있는 것은 역사적 문서인 복음서의 두드러진 특징이라 아니 할 수 없습니다.

복음서에 나타난 선생 예수

복음서의 기록들 중에서 교육은 예수의 사역 중에 가장 특징적인 활동으로 묘사되어 있습니다. 사복음서에는 선생이라는 용어의 헬라어 〈디다스칼로스〉가 48회 언급되어 있습니다. 이 중 42회는 보통 직접적이고 공식적인 칭호의 형태로서 예수를 지칭하는 데 사용되었습니다. 이처럼 예수께서 선생으로 자주 불리워진 사실에 비해 흠정역(KJV)에서는 이 용어가 때로 주님(master)으로 번역되었습니다. 루이스 J. 쉐릴(Lewis J. Sherill)은 "성경이 처음 번역되었을 때 주님은 〈교사〉(school master)를 의미하였으나,

요즈음 그 용어가 일상적인 말에서는 그런 의미를 상실하였고, 최근의 번역서들 중에는 〈디다스칼로스〉를 선생으로 번역 한다"라고 지적하였습니다. 예수의 제자들은 습관적으로 그를 선생이라 불렀습니다. 마가복음 4장 35~41절이 그 좋은 예입니다. 예수와 그의 제자들이 작은 배로 갈릴리 바다를 건너는 도중에 그들은 광풍을 만났습니다. 그들이 탄 작은 배는 거센 파도에 못 이겨 몹시 흔들렸고, 그들도 배 밑바닥으로 몰리기 시작했습니다. 격식을 차리거나 예의를 갖추어 예수를 부를 만큼 여유 있는 상황이 아니었습니다. 때때로 사람들은 이와 같은 상황에 처해졌을 때 평상시에 가졌던 개념을 나타내는 용어를 사용하는 경향이 있습니다. 이 경우, 제자들은 예수를 향하여 "선생님이여(디다스칼레) 우리의 죽게 된 것을 돌아보지 아니하시나이까?"라고 외쳤습니다.

그러나 선생 예수에 대한 인식은 예수를 따르던 무리가 아닌 다른 사람들에게서도 발견됩니다. 예를 들면, 니고데모는 예수께 "랍비여, 우리가 당신은 하나님께로서 오신 선생(디다스칼로스) 인줄 아나이다"(요3:2)라고 말하였고, 심지어는 예수님을 반대했던 서기관과 바리새인들(마8:19;12:38), 헤롯당의 제자들과 사두개인들(마22:16,24,36)까지도 예수님을 '선생님'으로 호칭했습니다. 야이로의 하인들(막5:35) 그리고 군중 가운데 있던 익명의 사람들 모두가 그를 선생으로 불렀습니다. 키텔은 신약성경에 선생(디다스카로스)이라는 명칭이 58번 사용되었고 복음서에만 48번 사용되었으며 그중에 41번은 예수님께 붙여진 명칭이라고 분류했습니다. 무엇보다도 의미 있는 사실은 예수께서 자신을 묘사하기 위하여 〈디다스칼로스〉란 용어를 사용한 점입니다. 복음서에서는 예수께서 5회에 걸쳐서 자신을 선생으로 불렀습니다(마23:8, 막14:14, 눅22:11, 요1:13~14). 그 중의 한 경우를 보면, 예수께서는 그의 제자들 중에서 둘을 택하여 후세대의 그리스도인들이 최후의 만찬이라고 지칭하는 마지막 잔치를 준비하도록 예루살렘으로 보내면서 "선생님의 말씀이 내가 내 제자들과 함께 유월절을 먹을 나의 객실이 어디 있느뇨"(막14:14)라고 말하도록 부탁하셨습니다.

교육 – 예수의 일차적 사역

복음서에 기록된 용어 중에서 동사 〈디다스케인〉(가르치다)은 계속해서 예수의 활동을 묘사해 주고 있습니다. 누가는 예수께서 갈릴리 회당에서 가르치는 일로부터 그의 공적인 사역을 시작하였다고 기록하고 있습니다(눅4:14~15, 참고, 마4:23, 9:35, 13:54, 막1:21). 그 당시 회당은 중요한 교육 기관이었습니다. 예배 활동 즉 기도, 간구, 그리고 찬송이 매주 예배 시간에 포함되어 있었으나 회당 집회의 가장 중요한 요소는 교육이었습니다. 회당에서의 교육은 구약성서 특히 율법(모세오경)과 예언서의 낭독에 기초하였습니다. 낭독이 끝난 다음에는 강론이 있었는데 그 내용은 주로 교훈적인 것이었습니다. 회당예배에 대한 누가의 기록(4:16~27)은 회당에서의 예배순서를 명백하게 비추어 주고 있습니다. 이 경우에 있어서 비전통적인 것은 예수의 놀라운 교육 내용이었습니다(4:22, 28). 이비(Eavey)는 "예수님은 복음서 전체에서 회당에서 가르치는 사역을 하셨음을 말하고 있으며, 예수님이 계시는 곳에는 언제나 가르치는 활동이 전개되었고, 심지어는 걸어가면서도 가르쳤다"라고 교사의 활동을 강조했습니다.

복음서의 기자들은 첫 출발부터 교육활동을 전개하시는 교사로서의 예수님의 모습을 기록하고 있습니다. 더욱 명확한 증거는 산상보훈에서 발견됩니다. 이 산상보훈에 대해서 여러 학자들이 그 중요성을 말해 주고 있는데, "12사도의 임명 설교", "그리스도교의 대강요", "하나님 나라의 대헌장", "왕의 선언문"이라고 각각 말해지고 있습니다. 그런데 우리가 중요하게 생각하는 것은 마태복음 5:1~2절의 말씀입니다. "예수님께서 무리를 보시고 산에 올라가 앉으시니 제자들이 나온지라 입을 열어 가르쳐 가라사대." 그렇게도 중요한 교훈이며 예수님의 전교훈의 요약이요 핵심인 산상교훈을 전파하는 방법이 바로 이 1~2절에서 제시되고 있습니다. 2절에서 예수님이 앉으셔서 가르치기를 시작했다고 마태는 말하고 있으며, 유대 랍비들은 가르칠 때에 언제나 앉아서 가르쳤다고 합니다. "가르치다"의 헬라어는 (에디다스콘)으로 표현되었는데, 이것은 (디다스코)의 미완료형입니다. 헬라어에서 미완료형의 시제는 과거의 반복적이고 계속적이며 습관적인 행동을 나타내는 시제입니다. 그러므로 이 구절의 정확한 번역을 "이것은 예수님께서 그들에게 종종 가르치곤 하시던 말씀이다"라고 바클레이는 주장하고 있습니다. 이러한 마태의 표현은 예수님께서 교사로서 활동하고 있음을 확실히 지지한다고 볼 수밖에 없습니다. 풀핏 주석 (Pulpit commentary)은 마태복음 5장을 설명하면서, 하늘의 지혜와 하늘의 교훈과 능력을 가지고 백성들을 가르친 위대한 교사라고 지적하고 있습니다.

복음서에는 교육이 예수께서 공생애 기간 동안 행하신 사역 속에서 종합적인 요소로 기록되어 있습니다. 물론 그의 사역에는 다른 기능들도 포함됩니다. 예를 들어, 마태는 "예수께서 온 갈릴리에 두루다니사 저희 회당에서 가르치시며 천국 복음을 전파하시며 백성중에 모든 병과 모든 약한 것을 고치시니"(마4:23)라고 기록하였습니다. 그러나 그의 신분을 결정한 것은 그의 교육활동이었습니다. 복음서에 예수께서 설교가(케룩스)로 묘사된 곳은 없지만, 예수께서 천국 복음을 전파하셨을 때나, 병자를 고치셨을 때에 그것을 본 사람들은 그를 선생이라고 불렀습니다. 예수의 설교를 생각해 볼 때, 이 설교라는 용어로 말미암아 쉽게 상상 되어지는 강단 설교에 대한 관념은 배제되어야 합니다. 예수께서 산 위에서 무리를 향하여 설교하시던 모습을 그려보는 사람들은 마태의 기록(5:1~2,7:28~29)을 자세히 살펴보지 않았다고 할 수 있습니다. 우선적으로 마태복음 7장 28~29절을 근거로 하여 결국 예수께서는 무리를 피할 수 없었다고 하는 논의가 가능하다고 할지라도 그 진술은 예수께서 무리를 피하기 위하여 산으로 올라가셨다는 사실을 강하게 암시해 주고 있습니다(5:1). 더 나아가 예수께서 산에 올라가 앉으셨고, "제자들이 그에게 나아왔다"(5절). 이 시점에서 우리가 보는 것은 회중 앞에 서 있는 연설가가 아니라 제자들과 더불어 친밀한 대화를 나누는 설교가입니다. 마지막으로 본문에는 " 입을 열어 가르쳐(에디다스켄) 가라사대"(5:2)라고 기록되어 있습니다. 이 구절에는 예수께서 산 위에서 하신 일을 묘사하기 위하여 명사 〈디다케〉와 함께 동일한 동사 〈에디다스켄〉이 사용되었습니다. "우리들이 그 가르치심에 놀래니 이는 그가 권세 있는 자와 같이 그들을 가르쳤기 때문이었다"(7:28~29).

예수의 사역에서 교육과 설교는 서로 쌍벽을 이루고 있습니다. 복음서의 기록 중에서 가장 특징적인 교육에 대한 진술은 예수께서 대중을 향하여 선포하신 복음의 직접적인 결과였습니다. 마태복음 13장이 그 좋은 예입니다. 본 장의 서두에 묘사된 모임은 회중과 흡사했습니다. 예수께서는 무리들을 향하여 〈천국〉에 대하여 비유로 말씀하셨습니다(11절) 이처럼 예수께서는 〈천국〉을 공적으로 선포하신 후에 제자들에게 개별적으로 비유의 의미를 가르치셨습니다(10~52절). 설교와 마찬가지로 예수의 치유의 사역은 선생으로서의 그의 역할이 계속적으로 연결되었습니다. 이것은 가버나움 회당에서 일어난 사건(막1:21~28) 속에 잘 나타나 있습니다. 예수께서는 회당에 들어가 놀라운 권세를 가지고 가르치셨습니다. 그 때 더러운 귀신들린 자가 예수께 도전해 오자, 예수는 그 더러운 귀신을 내어 쫓았고, 그것을 목격한 사람들은 놀라움을 금치 못했습니다. 이 기사에서 사람들이 예수의 〈가르침〉에 대하여 놀라움을 표하면서 〈귀신추방〉에 반응을 나타낸 것은 특이할 만한 것입니다. 그들은 방금 더러운 귀신으로부터 해방된 자를 바라보면서 "이는 어쩜이뇨? 새 교훈이로다"(27절)라고 외치며 감탄하였습니다. 이처럼 치유 활동은 예수의 가르침이 참된 것임을 입증해 주었습니다.

예수의 공생애가 거의 끝나갈 때에, 그는 교육에 더 많은 사역의 비중을 두었습니다. 공관복음서에서는 베드로가 가이사랴 빌립보에서 신앙고백(마16:13~16)을 하기 전에 예수께서는 선생으로서 단지 4회 언급되었으나, 그 후 십자가의 죽음을 맞기 위하여 예루살렘으로 발길을 돌렸을 때부터는 22회 언급되었습니다. 예수의 죽음이 점점 가까와짐에 따라 그의 사명과 말씀을 이해하는 것이 제자들에게 긴급히 요청되었습니다. 따라서 이 시기야말로 예수의 사역 중에서 교육이 더 많은 의미를 내포하는 시기였습니다.

랍비로서의 예수

버튼 스코트 이스튼(Burton Scott Easton)은 "공관복음 전승에서 가장 확실하게 결정된 요소 중의 하나는 예수께서 주로 〈랍비〉(Rabbi)라고 불리워졌다는 사실이다"라고 하였습니다. 예수의 제자들이 습관적으로 그를 선생으로 지칭했던 것과 마찬가지로(마26:25,막9:5, 11:21,요4:31,9:2,11:8), 그들은 종종 예수를 랍비라고 불렀습니다. '선생'의 또 다른 명칭으로는 랍비 혹은 랍오니라는 이름이 14번 사용되었습니다. 세례요한의 추종자들(요1:38) 니고데모(요3:2) 예수를 둘러쌌던 무리들 가운데 있던 익명의 사람들(요6:25) 그리고 배반자 유다(마26:49) 이 모두가 예수를 랍비로 알았습니다. 두 경우에 있어서 예수께서는 랍비의 강조형태인 〈랍오니〉로 불리워졌습니다(막10:51,요20:16).

랍비의 의미는 무엇인가? 본래 "나의 위대한 분"을 의미하는 아람어〈랍비〉는 영어의 〈선생〉(Sir)과는 달리 유대인 율법 교사를 일컫는 존칭어였습니다. 신약성서의 헬라어 본문에서 보면 이 아람어 〈랍비〉는 종종 음역 되어 단순히 〈랍비〉로 표기되었으나 다른 경우에 있어서는 〈디다스칼레〉(선생) 혹은 〈에피스타타〉(주님)에 해당하는 헬라어로 번역되어 있습니다. 랍비, 선생, 주님, 이 세 용어는 복음서가 영어로 번역된 여러 역서들 가운데서 서로 교체하여 사용되었는데 그것은 이 세 용어가 본질적으로 동일한 의미를 지니고 있기 때문입니다. 요한복음서의 기자 역시 랍비는 선생을 의미하는 것으로 기록하고 있습니다(요1:38).

그러나 랍비는 평범한 선생을 의미하지 않습니다. 마가복음 1장 22절은 권세를 가지고 가르치는 랍비와 그렇지 못한 서기관들 사이의 뚜렷한 대조를 보여 주고 있습니다. 서기관들에게는 새로운 해석이나 원칙에 대한 결정을 할 수 있는 권한이 허용되어 있지 않은 평범한 선생들이었습니다. 그들은 팔레스타인의 〈초등 교사〉들이었습니다. 마을마다 서기관들이 많이 있었습니다. 이와는 달리 랍비는 특별한 임명식에서 나이가 더 많은 랍비에 의해 독특한 권한을 부여받게 되었습니다. 여기에서 그는 전적으로 모세로부터 계승되어 오는 지혜와 능력을 부여받았습니다. 예수께서는 서기관들과는 달리 랍비의 권세를 지닌 분처럼 가르치셨습니다(막1:22). 그러면 예수께서는 어느 누구에 의해 랍비로 임명되었는가? 이 질문은 성전에서 대제사장들과 장로들이 예수께 도전하였던 핵심이었습니다. "네가 무슨 권세로 이런 일을 하느뇨 또 누가 이 권세를 주었느뇨"(마21:23). 그들은 예수께 랍비의 권세를 부여해 준 랍비의 이름을 밝히라고 강요하였습니다. 그러나 예수께서는 그들의 질문에 직접 대답하지 않으시고, 오히려 세례 요한의 권세에 관한 질문을 제기함으로써(마21:25) 예수의 권세가 하늘로부터 온 권세임을 명백하게 제시하고자 하였습니다.

탈무드는 예수께서 유대 전통에 잘 알려진 랍비임을 증명해 주고 있습니다. 그러나 예수의 자격에 대한 그 당시 종교 지도자들의 질문에 비추어 볼 때(마21:23) 그들은 예수를 정식으로 임명된 랍비로 간주하지 않았던 것 같습니다. 산헤드린의 회원이었던 니고데모가 예수를 랍비라고 불렀던 것은 주목할 만한 일이지만(요3:1~2) 2절에서 그가 예수를 찬양한 어조로 보아 그가 공식적인 의미에서 랍비의 권위를 치하 했다기보다는 단지 경의를 표하는 인사로 이해하는 것이 더 타당할 것입니다. 무엇보다 명백한 사실은 니고데모가 예수를 선생(디다스칼로스)으로 지칭한 점이며, 더 중요한 사실은 예수를 〈하나님께로서 오신 선생〉으로 이해한 점입니다.

여기에 예수에 의해 행해진 표적들이 하나님의 소명에 대한 증거임을 분명히 확신하는 종교 지도자가 있었습니다. 예수께서는 반복해서 그와 같은 소명에 대한 권리를 주장하셨습니다(요5:19~23,27,30,7:16,8:16). 따라서 예수께서는 어떤 인간의 대리권을 통해 권세를 위임받으셨다는 견해를 단호하게 거절하셨습니다. 진실로 예수께서는 하나님께로서 오신 선생이셨습니다.

예수의 생활을 지켜본 사람들에게 있어서, 예수께서는 랍비이셨다고 단정하는 것은 매우 자연스러운 일이었습니다. 예수께서는 랍비처럼 자신을 따르던 무리들을 모아 집중적인 교육을 실시하셨습니다. 주로 랍비의 인품 속에다 자신들을 포함 시키는 자들을 지칭하는 용어를 사용하여 예수께서는 이 추종자들을 제자들(마쎄타이)라고 불렀습니다. 맨슨(T. W. Manson)은 예수께서는 〈달미드〉(마쎄테스의 히브리어 동의어)를 사용하기 보다는 〈견습생〉을 의미하는 아람어를 사용함으로써 유대 랍비의 제자들과 예수의 제자들 사이를 의도적으로 대조시켰다고 주장하였습니다. 이러한 견해를 좀 더 자세히 설명하기 위하여 그는 다음과 같이 말하였습니다. "랍비학교의 〈탈미드〉는 주로 학생을 의미합니다. 기록된 율법의 내용과 구전을 익히는 것이 그의 주요 업무였습니다. 그 과정을 마치면 박식한 성경학자와 건전하고 능력 있는 율법사가 되었습니다. 〈탈미드〉의 생활은 성문서 연구, 수업 참석, 그리고 어려운 구절이나 사례 토의 등으로 꽉 짜여 있었습니다. 예수께서 계획한 제자 훈련은 이런 종류의 신학적인 훈련이 아니라, 온전한 헌신과 정력이 요구되는 실제적인 훈련이었습니다. 그들의 일은 연구하는 것이 아니라 실천하는 것이었습니다. 어부들은 사람을 낚는 어부가 되었고, 농부들은 하나님의 포도원과 타작마당의 일군이 되었습니다. 그리고 그들에게 있어서 예수는 올바른 교리를 가르치는 스승으로서의 주님이 아니라, 그들이 따르고 본받아야 할 훌륭한 기술자로서의 주님이셨습니다."

참으로 제자들은 천국 복음 사역의 견습생들이었습니다. 그들은 매일 스승을 따라 다니며 경험의 실험실에서 배웠습니다. 예수께서 한적한 곳이나 공공장소에서 하늘에 계신 아버지와 대화하실 때, 그들은 기도를 배웠습니다. 주님 예수께서 스스로 허리에 수건을 동이고 그들의 발을 씻기셨을 때, 그들은 헌신적인 섬김의 자세를 이해하였습니다. 예수와 함께 교육과 병 고침의 사역에 동참했을 때, 그들은 사역을 위한 능력을 키웠습니다. 예수께서 제자들이 보는 앞에서 하늘 아버지의 뜻대로 삶을 사셨을 때, 그들은 하나님의 나라에 대하여 배웠습니다. 예수께서 다른 사람들과 교제하시는 법을 직접 관찰함으로써 그들은 천국의 윤리를 구분하였습니다. 그들은 예수의 생활방식, 가치관 이해, 그리고 세상에 오신 목적을 자기 자신들의 것으로 받아들이는 법을 배웠습니다. 이미 피곤에 지쳐있는 상황에서 주님이 "우리가 다른 가까운 마을들로 가자 거기서도 전도하리니 내가 이를 위하여 왔노라"(막1:38)고 말씀하셨을 때, 그들은 예수께서 가지신 모든 사람들을 위한 하나님의 사랑을 이해하게 되었습니다.

그러나 예수와 그의 제자들과의 관계 속에는 또 다른 독특한 면이 있었습니다. 일반적으로 선생과 제자 간의 본질적인 차이는 랍비가 제자들보다 더 많은 지식을 소유하고 있는 것이지만, 랍비와 제자 모두다 지식을 추구하는 탐구자들이었습니다. 그러나 예수께 있어서는 달랐습니다. 예수께서는 다른 선생들과는 달리 제자들과 동등한 위치에서 지식을 탐구하지 않으셨습니다. 그 자신이 바로 〈진리〉였고(요14:6), 제자들이 추구하는 지식의 화신이었습니다. 그들에게 있어서 예수는 〈선생〉이며 또한 〈주재〉였습니다. 그들은 종교적 진리의 본체를 습득하기 위해서가 아니라 그와 함께 있게 하려고(막3:14) 부르심을 받은 자들이었습니다.

처음부터 예수께서는 믿음의 헌신을 불변하는 제자의 조건 중 하나로서 명백히 제시하셨습니다(요14:1~6,10~12), 그의 부르심은 철저한 헌신(마10:37~39)과 지속적인 순종(요14:15,21,23)으로서의 초대였습니다. 그는 어느 정도 일반화된 정서적 반응이나 단지 터무니없는 맹세를 요구하시지 않았습니다. 독자는 베드로가 그렇게 하려고 애썼던 것을 기억할 수 있을 것입니다(마26:33,35). 그는 자신의 가르침에 대한 지식 추구와 순종 그 이상을 요구하였습니다. "나의 계명을 가지고 지키는 자라야 나를 사랑하는 자니"라고 하시면서 그의 제자들을 가르쳤습니다(요14:21, 참고,14:23,15:7,10). 예수께서는 순종하지 않고서는 결코 제자가 될 수 없다고 명백하게 말씀하셨습니다(요8:31). 또한 예수의 가르침에 대한 정확한 이해 없이 순종은 불가능한 것이었습니다.

예수께는 그의 제자들과 함께 있을 수 있는 시간이 제한되어 있었으므로 열 두 제자들에 대한 훈련은 매우 긴급히 요청되는 것이었습니다. 그가 세상을 떠난 후에도 제자들은 남아서 기독교 공동체의 회원들에게 예수의 가르침을 해석해 주게 될 것이며, 또한 그들은 역사적 예수와 후세대에 계속되는 제자들 간의 유일한 연결점이 될 것이었습니다. 따라서 그들은 예수와 함께 있는 동안에 그의 가르침을 깨달아야 했고 또한 정확히 알아야 했습니다.

마태복음 13장 51~52절은 예수의 이러한 의도를 내포하고 있습니다. 예수는 그를 따르던 무리들에게 비유로 말씀하시고 그들을 떠나 제자들과 함께 있으면서 무리들에게 말씀하셨던 그 비유의 의미를 설명하셨습니다. 그리고 제자들에게 "이 모든 것을 깨달았느냐?"라고 질문하셨고, 이에 제자들은 확실하게 깨달았다고 대답하였습니다. 그러자 예수께서는 "그러므로 천국의 제자 된 서기관마다 마치 새 것과 옛 것을 그 곳간에서 내어 오는 집주인과 같으니라"(마13:52)고 말씀하셨습니다.

여기서 서기관들이 어떤 일을 하는지 생각해 보자. 서기관들은 기록된 율법을 베끼고, 랍비들이 내리는 결정을 기록하며, 사람들에게 이러한 것들을 가르치는 일을 하는 특별히 훈련된 사람들이었습니다. 제자들도 예수의 가르침에 관련된 비슷한 업무를 지니고 있었습니다. 선생 예수는 자신의 후계자로서 그의 가르침을 정확하게 기억할 뿐만 아니라 그것을 다른 사람들에게 가르치는 일을 중요시 여기는 제자들 중에서도 중심인물을 남겨 두시려고 의도하셨습니다. 그것은 후에 신약성경 역사가 보여주듯이 분명히 이루어진 일입니다. 오순절 이후 예루살렘 교회는 〈사도들의 가르침〉에 전혀 힘썼습니다(행2:42,참고,4:2,5:42). 사도들의 가르침과 예수 자신의 가르침 사이의 역사적인 연결의 중요성은 아무리 강조해도 지나침이 없을 것입니다. 〈천국의 서기관〉으로서의 제자들의 사역은 그들 자신의 것을 가르치는 것이 아니라 오히려 그들의 선생이 그들에게 위임하셨던 것을 충실히 이행하여 그것을 재생산하는 것이었습니다.

완벽한 교사

예수 그리스도는 전형적인 교사였습니다. 그분께서는 이 땅에 오셨을 때 가르침의 모형과 교육학의 귀감을 제시하셨습니다. 비록 가르침에 대해 논하지는 않으셨지만 그분은 가르침에 있어서 최고의 권위자이셨고 최고의 모범이셨습니다. 또 그분의 행동들은 하나의 규범이 되었습니다.

인성(人性)

주님께서는 한 인간으로 볼 때 매우 특이한 분이셨습니다. 그분의 출생에서부터 생애, 죽음 그리고 부활에 이르기까지 그 모두가 특이했습니다. 이 독특함은 그분의 교육에도 스며 있습니다. 예수 그리스도에게는 일관성이 있었습니다. 그리스도는 말과 행동이 일치하셨습니다. 그분께서는 자신이 말한 것과 모순되는 행동은 단 한 번도 하지 않으셨습니다. 그러므로 모든 의를 다 이루셨던 그분의 일관성은 변함없는 모범을 제공해줍니다. 예수 그리스도의 가르침이 위대한 것은 그 내용이 진리에 순응하기 때문입니다. 그가 아무리 창조적인 교사라도 거짓을 가르친다면 위대한 교사가 아닙니다. 진리를 부적절하게 다루는 서투른 교사가 단지 중요한 논제들을 다룬다고 해서 위대한 교사가 되는 것도 아닙니다. 진리에 대한 순수한 시각이야말로 진정한 가르침의 모판이며, 예수 그리스도의 가르침의 특성입니다. 만일 예수 그리스도께서 자신의 주장과 일치되는 분이 아니었다면, 그분은 좋은 교사가 아니라 협잡꾼이나 사기꾼 소리를 들어 마땅합니다. 이스라엘에서는 거짓 선지자처럼 거짓 선생도 비난받았습니다.

정통 개신교 신학에서는 예수 그리스도를 세 가지 중요한 직분을 가진 분으로 여깁니다. 즉 선지자, 제사장, 왕의 직분입니다. 선지자로서의 예수 그리스도는 모세보다 높은 위치에 있습니다. 제사장으로서는 아론보다 높으며, 왕으로는 다윗보다 훨씬 높은 자리에 있습니다. 그리스도의 직분에 대한 이해를 넓히기 위해 좀 더 살펴보기로 하자. 그동안 소홀히 여겼던 또 하나의 직분이 있는데 바로 교사의 직분입니다. 그분은 교사이기도 하셨습니다. 예수 그리스도는 솔로몬을 능가하는 지혜를 가진 분이셨습니다. 예수 그리스도는 잠언 1장에서 9장까지 묘사하고 있는 모든 지혜를 가진 현자였습니다. 예수 그리스도는 위대한 랍비시며 당시 최고의 교사로서, 바로 하나님 자신을 설명하기 위해 오셨습니다. "본래 하나님을 본 사람이 없으되 아버지 품속에 있는 독생 하신 하나님이 나타내셨느니라"(요1:18). 사도 바울은 그리스도 안에는 지혜와 지식의 모든 보화가 감취어 있느니라(골2:3)고 확언했습니다. 가르침과 생활 방식에서 그분은 지식과 행위를 실제적으로 연결시키셨습니다(마5:36,7:24~27). 알면서 행하지 않는 것은 전혀 알지 못하는 것이고, 모든 앎은 하나님의 뜻을 행하는 것과 관련되어 있기에(요7:15~17) 우리는 행함의 과정을 통해 지식을 강화시켜 가는 것입니다. 르바(LeBar)는 이 사실을 이렇게 정리합니다. "예수 그리스도는 그 자신이 진리이셨기 때문에 탁월한 최고의 교사이셨다. 그분은 제자들을 완전히 알았고, 사람들을 변화시키기 위해 완벽한 방법을 사용하셨다. 그분이 바로 길이요 진리요 생명(요14:6)이셨다. 그분은 친히 모든 사람을 아셨고, 그 사람들 속에 있는 본성을 아셨다"(요2:24~25). 로날드 알렌(Ronald Allen)은 다음과 같이 그리스도의 유일성을 강조합니다. "사람들은 훌륭한 교사와 훌륭한 기관을 연결시키는 경향이 있다. 그러나 예수님께서는 그런 기관과는 전혀 관련이 없으셨다. 사람들은 어려운 문제를 쉽게 푸는 사람을 훌륭한 교사로 생각하는 경향이 있다. 그러나 예수님께서는 간단한 사물에서도 복잡한 의미를 끌어내셨다. 사람들은 자신이 더욱 주체적으로 삶과 부딪치도록 도와주는 사람을 훌륭한 교사라고 기대하기 쉽다. 그러나 예수님께서는 다른 어떤 것에 완전히 의존해서 살아야 한다고 줄 곧 주장하셨다. 사람들은 훌륭한 교사라고 말했을 때 그 분야의 전문 용어를 연상하기 쉽다. 그러나 예수님께서는 소박한 언어와 일상적인 소품들을 사용하셨다. 사람들은 훌륭한 교사라고 하면 명석하고 박식한 그의 제자를 떠올린다. 그러나 예수님께 배운 사람들은 가난하고 외롭고 순박한 사람들이었다. 교실이라는 배경 속에서만 훌륭한 교사를 떠올리기 쉽다. 그러나 예수님의 교실은 갈릴리 바다가 내려다보이는 언덕이거나 거리의 한 모퉁이 함께 걸을 수 있는 길가 혹은 작은 배 안의 비좁은 공간이었다. 오늘날 사람들은 다양한 교재를 사용하는 교사를 찾는다. 예수님의 교재는 하늘과 들, 산, 새, 폭풍, 양, 포도나무 가지. 우물, 잔치 등이었다. 말하자면 눈에 띄는 모든 사물을 가르침의 도구로 사용하셨다."

예수님께서는 참된 가치를 지향하셨습니다.

그분은 현상에 순응하지 않으셨습니다. 그리스도의 생애를 연구하다 보면 항상 참된 가치로 돌아설 수밖에 없습니다. 겉모양이나 형식이 아닌 참된 가치야말로 그분의 주요 관심사였습니다. 삶과 죽음, 천국과 지옥, 돈, 기도, 근심, 어린아이와 같은 주제들이 그분의 교과 과정의 한 부분이었습니다. 주님께서는 어떤 가르침에서도 듣는 이에게 "언젠가 필요하게 될 테니 적어두라"고 말씀하지 않으셨습니다. 그분의 가르침은 일상생활에서 자주 경험하는 상황들 속에서 벌어졌습니다. 구유에서 태어나 십자가에서 돌아가시기까지 주님은 항상 예외적인 존재였습니다. 도덕의 영역에서는 완전히 예측할 수 있는 분이셨지만, 방법의 차원에서는 전혀 예상할 수 없는 분이셨습니다. 예상할 수 없는 분이어서 다른 것이 아니라, 그분은 본래 다르기 때문에 예측할 수 없었습니다. 주님께서는 분노를 일으키는 분이셨습니다. 그분은 가는 곳마다 위기감을 조성했습니다. 그분은 사람들이 스스로 결정하고 선택하게 했습니다. 도로시 세이어즈(Dorothy Sayers)는 특유의 신랄함을 섞어 이렇게 말했습니다. "공평하게 평가하자면 그리스도는 정적인 사람이었기 때문에 자신을 십자가에 매어단 사람을 고소하지 않았다. 반대로 사람들은 그리스도가 너무 동적이어서 안전하지 못하다고 생각했다. 우리는 유다의 사자이신 그분에게서 발톱을 아주 재치 있게 제거해내어 그를 유순한 사람으로 인식되게 하고, 창백한 수도사나 경건한 노부인에게나 알 맞는 애완동물 정도로 추천한다. 그러나 그분을 알았던 사람들은 그분을 결코 나약한 사람으로 기억하지 않았다. 또한 그분을 위험한 선동자로 여기는 것에도 반대했다. 사실 그분은 불행한 사람들에게 따뜻했고, 솔직하게 질문하는 사람들에게 인내심으로 대했으며, 하나님 앞에 겸손했다. 그분은 사람들에게 존경받던 종교 지도자들을 향해 위선자라고 비판했고, 헤롯 왕을 저 여우라고 불렀다. 그 당시에 멸시받던 무리들과 어울려 먹기를 탐하고 마시기를 즐기는 자, 세리와 죄인들의 친구로 불리웠다. 그분은 장사꾼들을 공격하여 상인과 물건들을 성전 밖으로 몰아내기도 했다. 또한 엄격하기 짝이 없는 많은 신성불가침의 율법들을 파기시켰다. 예수 그리스도는 병자들을 손쉬운 방법으로 치유했고, 다른 사람의 돼지와 소유물에 대해서도 놀랄 만한 해결책을 제시하셨다. 그분은 부나 사회적 지위에 대해 어떤 합당한 경의도 표하지 않으셨다. 교묘한 변증법적 올가미에 부딪혔을 때에는 마음이 굳은 사람을 공격하는 역설적인 유머를 발휘했고, 주먹 구구식으로는 대답할 수 없는 까다로운 유도 질문을 함으로써 그들을 반격했다. 그분은 인간으로서 살다간 생애 동안 결코 우둔한 사람이 아니었다. 하나님이신 그분에게 우둔한 부분이 없는 것은 당연한 일이 아닌가!".

예측 가능한 것과 충격 사이에는 직접적인 관련이 있습니다. 예측할 수 있으면 있을수록 충격은 그만큼 줄어듭니다. 마가복음 12장 13~17절에 나타난 예수님의 행동을 관찰해 보라. 바리새인과 헤롯당 사람들이 모였다. 이상하고도 극악무도해 보이는 모임. 그들은 "가이사에게 세를 바치는 것이 가하니까 불가하니이까? 우리가 바치리이까 말리이까?"라는 질문이 예수 그리스도를 진퇴양난의 올가미에 걸리게 할 것이라고 생각했습니다. 그들은 예수님께서 어떤 답을 제시하든 올무에 걸릴 것이라고 확신했습니다. 그러나 그분은 그들의 허점을 찔렀고, 그들로 하여금 "누가 이런 멍청한 질문을 생각해 냈을까?" 하는 의문까지도 갖게 했습니다. 복음서는 이 세상에 살았던 가장 거룩한 분을 이야기하고 있지만, 종교가들은 예수 그리스도라는 존재를 미워했습니다. 오히려 예수 그리스도를 따르고 숭배하던 사람들은 도둑이나 문둥병자, 창녀들이었습니다. 예수님은 언제나 사람들 사이에서 논쟁의 대상이 되었습니다. 예수님께서는 사람들에게서 거부됐을지는 몰라도 결코 무시 당하지는 않으셨습니다.

예수님께서는 관계를 중요시 하셨습니다.
예수님의 마음에는 개인을 향한 생각뿐 아니라 열정이 있었습니다. 일뿐 아니라 사람을 향해서도 단순한 관념뿐만 아니라 변화에 대해서도 열려 있었습니다. 예수님께서는 관계가 진리에 대한 가장 큰 중개자임을 이미 알고 계셨습니다. 그리스도의 가르침은 학생과 교사 간에 최대한 상호 작용이 이루어지는 이동식 수업 방식을 취했습니다. 그분은 질문하고 또 계속해서 질문을 받으셨습니다. 예수님께서는 제자들 앞에서 기적을 행하셨습니다. 제자들은 예수님께서 종교 지도자들의 반대에 어떻게 대처하는가도 보았습니다. 예수님께서는 제자들이 있는 바로 그곳에서 행하셨고, 그들의 직접적이고도 미처 깨닫지 못한 필요에 대해 말씀하셨습니다. 베데스다 연못가에서 있었던 예를 보라(요5:1~15). "네가 낫고자 하느냐"라고 예수님께서 물으셨습니다. 38년 동안 앓고 있는 병자에게 이 얼마나 놀랍고도 어리석은 질문인가! 아무도 그렇게 아픈

채로 있기를 원하지는 않을 것입니다. 이 장면을 두고 메릴 테니 (Merrill Tenney)는 이렇게 말했습니다. "예수님께서는 네가 낫고자 하는 의지를 갖고 있느냐 라고 그의 내적 마음의 상태를 묻고 계심을 알 수 있다. 이에 대한 병자의 대답은 그런 상태의 책임을 다른 사람에게 돌리고 있음을 보여 준다. 그는 자신이 처한 환경에 얽매여 있었고 그의 무익한 불평처럼 일어설 수 없었다. 육체의 마비가 부분적인 의지의 마비를 가져왔던 것이다. 연못가에 있는 많은 병자들 가운데 그 사람을 선택한 것은 예수님께서 육과 영이 극도로 무력하게 된 사람을 회복시키는 것에 관심을 두신 것을 보여 준다." 그리스도의 관심은 한결 같이 가장 깊숙이 자리 잡고 있는 개인적인 필요에 초점을 맞추고 있습니다. 사마리아 여인과 벽을 쌓기보다는 다리를 놓는 주님의 행동이 주는 교훈을 생각해 보라(요4장). 손가락질 받던 창녀는 예수님과의 단 한 번의 의미 있는 만남을 통해 분명하게 변화되었습니다. 예수 그리스도의 생활 방식 속에는 본받을 만한 특별한 부분이 있습니다. 르바 (LaBar)의 연구를 주목해 보라. "복음서에 나타난 가르침의 절반가량은 배우는 사람 자신들에 의해 주도되었다. 예수님의 인격과 그 말씀의 권위, 행하신 경이로운 일들이 사람들을 매료시켰기 때문에, 그들은 온갖 개인적 필요를 가지고 예수님께로 나아왔다. 공부할 준비가 되어 있는 학생들을 가르친다는 것은 얼마나 쉬운 일인가! 그들이 준비되어 있을 때 그들의 관심과 주의력, 개인적인 참여를 확신할 수 있다."

주님의 기도 생활을 생각해 보라. 예수님께서는 모든 것에 대해 기도하셨습니다. 자세한 것은 누가복음에서 살펴보라. 왜 제자들은 예수님께 기도를 가르쳐 달라고 했는가?(눅11:1) 제자들이 예수님을 찾을 때마다 예수님께서 기도하고 계신 것을 보았고, 그래서 기도는 삶과 사역에 필수적이라는 결론을 얻었기 때문입니다. 기도는 제자들이 예수님께 가르쳐 달라고 한 유일한 것이었습니다. 누군가가 여러분이 자주 기도하는 것을 알고는 기도하는 것을 가르쳐 달라고 부탁해 온 적이 있는가? 요한복음 13장에 나타나 있는 제자들의 발을 씻기신 일처럼 예수님께서 직접 의식적으로 모범을 보이고 강권하신 예도 있었습니다. 친밀함, 태도, 사랑, 온유함, 확고함, 민감함, 용기, 활기, 결단 등 주님의 훌륭한 인격적인 자질은 사람들의 주의를 끌었습니다. 생활 속에서 강한 사명 의식이 부족했다면 제자들의 주의를 끌 수 없었을 것입니다. 예수님께서는 그것을 분명히 보여 주셨습니다. 예수님께서는 나사렛 회당에서 사역을 시작하실 때 이미 권력을 가진 사람들에게 가서(눅4:16~30) 그의 뚜렷한 목적을 분명히 밝히셨습니다.

메시지

예수님께서는 훌륭한 교사이십니다. 그의 훌륭한 가르침을 사실과 분리시켜 생각할 수는 없습니다. 도널드 거스리 (Donald Guthrie)는 '예수'라는 장에서 교사와 가르침과의 관계를 이렇게 적고 있습니다. "예수 그리스도 자신이 가르침의 탁월한 전형을 보여 주셨기 때문에 기독교는 역사적으로 종교적인 가르침을 강조해 왔다. 교회 교육에 끼친 그분의 영향력을 과소평가하는 함정에 빠지지 않도록 주의가 필요하다. 예수님께서는 교육자 이상이셨다. 예수님이 계몽가로 여겨질지도 모르지만 그 분의 사역은 좀 더 근본적인 것이었다. 그분은 구원을 가져오셨고 그것은 예수님의 가르침의 핵심이었다. 설령 예수님께서 구속자로 오시지 않았을지라도 그분이 남겨주신 가르침은 특별한 것으로 인정될 만한 것들이다. 예수님의 탁월성은 그분의 가르침의 실용성과 적절함이 영혼의 구속 사업에 근거를 두고 있다는 점에 있다. 그분의 가르침은 독창적이었다."

그분의 메시지는 이미 계시 된 것이었습니다.

예수님께서는 "내가 스스로 아무것도 하지 아니하고 오직 아버지께서 가르치신 대로 이런 것을 말하는 줄도 알리라"고 말씀하셨습니다. 다음 구절들을 살펴보라. 마태복음 11장 27절, 요한복음 3장 27절, 5장 19절, 8장 28절, 각각에서 예수님께서는 자신과 아버지의 연속성을 확인하는 한편, 진리의 전달자가 되고 있습니다. "나와 아버지는 하나이니라 하신대"(요10:30). 베키 피퍼트(Becky Pippert)는 그 사실을 성경적으로 다음과 같이 요약하고 있습니다. "그분은 사람들에게 그를 아는 것이 하나님을 아는 것과 같고(요8:19), 그를 보는 것이 하나님을 보는 것과 같으며(요12:45), 그를 믿는 것이 하나님을 믿는 것과 같고(요12:44) 그를 받아들이는 것이 하나님을 받아들이는 것과 같다(막9:37)는 것을 알려 주셨습니다." 예수님의 거침없는 주장들 때문에 사람들은 끊임없이 그분과 충돌했습니다. 나사렛 회당 설교에서 이사야서를 읽고는 "이 글이 오늘날 너희 귀에 응하였느니라"(눅4:21)고 말씀하셨습니다. 다시 말해서 "너희가 이루어진 것을 보고 있느니라"고 말씀하신 것입니다. 처음에 그들은 예수님을 칭찬하고 그분의 품위 있는 말에 놀랐지만, 그 말을 음미해 보고는 화가 치밀어 그분을 죽이려 했습니다.

C. S. 루이스는 예수님께서는 단지 훌륭한 교사일 뿐 그가 주장하는 대로 하나님의 아들은 아니라는 주장에 대해 경고하고 있습니다. 예수님께서 자신의 가르침의 중요 주제 중 하나인 자신에 대해 거짓말을 하고 있다면 어떻게 그가 좋은 교사일 수 있겠는가? "나는 예수가 도덕적으로 훌륭한 교사인 점은 기꺼이 인정하지만, 자신이 하나님이라는 주장은 받아들일 수 없다. 우리는 이렇게 말하는 오류를 범하지 말아야 한다. 단지 인간에 불과한 사람이 예수님과 똑같은 말을 했다고 해서, 도덕적으로 훌륭한 교사가 될 수 있는 것은 아니다. 그렇게 말하는 사람이 있다면, 그는 제정신이 아니거나 유혹에 빠진 사람일 것이다. 예수님께서 하나님의 아들인지 아닌지, 제정신인 사람이 될 것인지 아니면 사탄의 유혹을 받은 사람이 될 것인지는 우리들 각자가 선택해야 할 몫이다. 우리는 예수님을 미련한 사람이나 악마로 취급하여 멸시할 수도 있고, 주라 시인하며 그 발 앞에 엎드릴 수도 있다. 그러나 예수님을 인간적인 훌륭한 교사로만 평가하는 함정에 빠져서는 안 될 것이다."

예수님께서는 안식일의 주인이셨기 때문에 안식일에 병을 고치셨고, 자신이 하나님이라고 말씀하셨으므로 하나님처럼 행동했습니다. 종교 지도자들에게는 자신이 요나나 솔로몬보다 큰 자라고 말씀해 주셨고, 부활을 통해 그것을 증명해 보이셨습니다. 예수 그리스도는 하나님이신 동시에 인간이셨기 때문에, 말씀으로 뿐만 아니라 사역을 통해서도 가르치셨습니다. 신적인 의미들이 신적인 행위 속에 내포되어 있었던 것입니다. 예수님의 가르침에는 명령법이 두루 사용되고 있음에 주목하라. "경계하고 기도하라" "예비하라" "오라" "보라" "가서 말하라" 등과 같이 예수님께서는 실천을 강조하셨습니다.

예수님의 메시지는 서로 깊은 연관성이 있었습니다.

그 메시지가 이미 계시 된 것이었기 때문에 더욱 연관성이 있었습니다. 예수님께서는 묻지 않은 질문에 결코 답하지 않으셨습니다. 그러면서도 사람들이 가려워하는 곳을 긁어 주셨던 것입니다. 그러나 예수님께서는 이론에서 그치지 않으셨습니다. 히브리서 저자는 이렇게 말합니다. "우리에게 있는 대제사장은 우리 연약함을 체휼하지 아니하는 자가 아니요 모든 일에 우리와 한결같이 시험을 받은 자로되 죄는 없으시니라"(히4:15). "자기가 시험을 받아 고난을 당하셨은 즉 시험받는 자들을 능히 도우시느니라"(히2:18). 학생들 삶의 중심을 읽기 위해서는 그들이 느끼고 생각하는 것과 전인격적으로 만나야 합니다. 그래서 예수님께서는 동정심, 판단, 사랑, 미움, 기쁨, 슬픔, 감사, 연민 등을 사람들과 자주 나누셨던 것입니다. 이 모든 것은 기아에 허덕이고 고통당하는 세상 사람에게 일반적으로 찾아볼 수 있는 것들이어서, 예수님의 메시지가 그들의 삶 속에 파고들 수 있었습니다.

예수님의 메시지에는 권위가 있었습니다.

예수님의 가르침 가운데 가장 두드러진 특징은 권위에 있습니다. 예수님께서는 결코 애매하거나 소극적으로, 아니면 변명하는 것처럼 말씀하지 않으셨습니다. 그분께서는 자신이 전해야 할 메시지를 잘 알고 계셨으며, 그것을 말씀하시기를 전혀 주저하지 않으셨습니다. 사람들은 그 점에 큰 감동을 받곤 했습니다. 실제로 산상수훈이 끝날 때쯤 예수님의 가르침은 "이는 그 가르치시는 것이 권세 있는 자와 같고 저희 서기관들과 같지 아니함일러라"(마 7:29)라는 특이한 반응을 불러일으켰습니다. 예수님께는 권위가 있었고, 마태복음의 저자는 권위 있는 분의 말을 인용했던 것입니다. 예수님과 그 당시 종교 지도자들 사이에는 많은 유사점이 있었지만, 그들과 구별되는 가장 큰 차이점은 바로 권위였습니다. 마가복음 11장 27~33절은 이 점을 명료하게 보여 줍니다. 우리는 또한 예수님께서 사람들에게 한 요구에서 권위를 찾아볼 수 있습니다(눅14:25~35). 각 경우 마다 예수님께서는 세 번씩 반복하십니다. "나의 제자가 되지 못하리라." 얼마나 단언적이고 확고부동한 말인가! 진리는 반드시 희생을 필요로 합니다. 그러나 교만으로 타락한 인간은 이 제자도를 좋아하지 않습니다. 존 스토트(John Stott)는 다음과 같이 확신에 찬 결론을 내립니다. "갈릴리 출신의 시골뜨기에 불과하고 직업은 목수요 설교가였지만, 그분은 교사요 주이심을 주장했고, 사람들에게 무엇을 믿어야 하고 무엇을 해야 하는지 말할 수 있는 권위를 갖고 있었다. 그것은 간접적으로나마 자신이 하나님이라고 주장하는 것과 같다. 왜냐하면 어떤 사람도 다른 사람의 마음과 의지에 대해 주인 노릇을 할 수 없기 때문이다." 군중들은 이미 변화에 대해 바른 판단을 내리고 있었습니다. "이스라엘 가운데서 이런 일을 본 때가 없다"(마9:33). 바리새인들은 "저가 귀신의 왕을 빙자하여 귀신을 쫓아낸다"(마9:34)고 했습니다. 그들도 예수님에 대해 비판적이었지만, 예수님 역시 바리새인에 대해 거리낌 없이 비판했고 강도 높게 도전했습니다.

예수님의 메시지는 영향력이 있었습니다.

예수님의 가르침으로 나타난 결과들을 보라. 놀라움, 두려움, 침묵, 믿음, 격렬한 반대 등, 거기엔 무관심이나 중립성이 전혀 없습니다. 예수님의 가르침의 목표는 단지 지식을 전하는 것뿐만 아니라 변화를 일으키는 것이었기 때문에, 가르침을 받은 이들의 삶은 변화되었습니다. 사람들은 친구들을 예수님께 데려왔고 그분을 따랐습니다. 그분의 이름을 널리 전했고 그분을 섬겼습니다. 더 나아가 모든 것을 버리고 그분을 따랐습니다(막1:18,2:14절을 보라). 지상 명령에서 볼 수 있듯이 예수님께서 말씀하신 제자훈련 과정의 목표 중 하나는 "내가 너희에게 분부한 모든 것을 가르쳐 지키게 하라"(마28:20)였습니다. 예수님께서는 가르침에 근거한 통찰력과 변화를 갈망하셨지만, 지식이 자동적으로 행위와 연결될 것이라고는 기대하지 않으셨습니다. 우리는 가르침 속에서 어떤 결과를 얻기 위해 힘써야 하는가? "인간에 대한 하나님의 인치심은 죄가 아니라 완전한 순종입니다."

동기

진정한 가르침은 내부로부터 우러나오는 것입니다. 학생과 교사
사이에 공감대가 없다면 가르침의 과정은 무미건조할 뿐 아니라
결과적으로는 중단되고 맙니다. 복음서에는 공감대를 형성하는
몇 가지 동기들이 나타나 있는데 기본적인 것은 다음과 같습니다.

(1) 사랑의 동기

예수님께서는 언제나 단 한 분, 즉 사랑하는 하나님께만 최대의
관심을 가지고 계셨습니다. 사랑의 사도 요한은 하나님에 대해 "
세상에 있는 자기 사람들을 사랑하시되 끝까지 사랑하시니라"(
요13:1)고 말하고 있습니다. 그것은 감상의 찌꺼기가 아니라 강
인한 사랑이었습니다. 예를 들어 예수님께서는 피상적인 이유에
서가 아니라 실제적인 이유에서 "어찌하여 이렇게 무서워하느냐
너희가 어찌 믿음이 없느냐"(막4:40)라고 제자들을 꾸짖으셨습니
다. 이 문맥을 주의 깊게 살펴보라. 위대한 교사 예수님께서는 믿
음에 대해 막 말씀하시기를 마치셨습니다(막4:1~34). 그리고 설
명해 주시고 나서는 문제를 하나 주십니다. "우리가 저편으로 건
너가자"(막4:35). 그들은 경험에 비추어 이렇게 결론을 내렸습니
다. "선생님이여 우리의 죽게 된 것을 돌아보지 아니하시나이까"(
막4:38). 예수님께서는 "호수 가운데로 가서 빠지자!"라고 말씀하

시지 않았습니다. 그들은 듣기 시험에서 낙제하고 만 것입니다. "들을 귀 있는 자는 들으라"(막9:23). 다시, 야고보와 요한이 하늘로부터 불이 내려와 사마리아인을 멸하기를 원할 때 예수님께서는 그들을 꾸짖으셨습니다(눅9:54~55). 뿐만 아니라 여러 사람이 있는 가운데서 수제자 격인 베드로를 책망하기도 하셨습니다. "사단아 내 뒤로 물러가라 네가 하나님의 일을 생각지 아니하고 도리어 사람의 일을 생각하는 도다"(막8:33)라고 하셨습니다. 책망은 항상 관계를 기초로 합니다. 예수님께서는 제자들을 있는 그대로도 사랑하셨지만 무책임하게 그대로 내버려 두지도 않으셨습니다. 그만큼 그들을 사랑하셨기 때문입니다. 예수님께서 제자들을 책망하신 적은 있어도 거부하신 적은 없습니다.

제자 훈련에 투자해야 할 대가에 대해서는 엄격하셨지만, 영적 성장의 초반부에서는 완전히 성숙 된 신앙을 터무니없이 요구하지 않으셨습니다. 예수님께서는 사람들이 불완전하고 빈약한 신앙을 가졌다는 이유로, 아니면 하나님 말씀을 따라 살지 못했다는 이유로 그들을 거부하지 않으셨습니다. 예수님께서는 마태복음 12장 20절에 인용된 메시야에 대한 이사야의 예언에 나오는 바로 그분이셨습니다(사42:3). "상한 갈대를 꺾지 아니하며 꺼져가는 등불을 끄지 아니하고." C. S. 루이스는 특유의 명료함으로 기독교적 사랑을 이렇게 정리하고 있습니다. "내가 어떠한 사실을 확신하고 있다면, 그것은 예수님의 가르침이 안전한 투자와 한정된 책임을 천성적으로 더 좋아하는 나 자신에 의해 의도된 것이 결코 아니라는 사실이다. 사랑하라. 그러면 틀림없이 당신의 마음은 괴롭고 미치도록 아플 것이다. 당신 마음을 그대로 지키고 싶다면 다른 사람에게 심지어는 동물에게조차도 마음을 주지 말아야 할 것이다. 취미나 다소 호화스러운 방법이라도 동원해 마음을 조심스레 닫으라 조금이라도 연관되는 것은 피하라. 이기심이라는 관 속에 넣고 안전하게 잠그라. 그러나 어둡지만 안전하고 정지되어 있는 진공의 관 속에서도 그것은 변질될 것이다. 그것은 깨지지도 꿰뚫을 수도, 되찾을 수도 없다. 비극이나 비극적인 것이 아니면 그것은 저주다. 사랑의 모든 위험과 불안정으로부터 완전히 자유로울 수 있는 하늘 이외의 유일한 장소는 바로 지옥이다."

(2) 관용의 동기

관용은 효과적인 가르침의 첫 번째 단계입니다. 예수님의 청중들을 주목해 보라. 창녀, 세리, 죄인, 고통당하는 무력한 문둥병자. 예수님에 대한 평판을 다시 주의해 보라. "보라 먹기를 탐하고 포도주를 즐기는 사람이요 세리와 죄인의 친구로다"(마11:19). 예수님의 주된 관심사는 명성이 아니라 자신에게 주어진 의무였습니다. 바리새인의 서기관들이 예수께서 죄인과 세리들과 함께 잡수시는 것을 보고 그 제자들에게 이르되 어찌하여 세리와 죄인들과 함께 먹는가(막2:16). 이 말씀은 예수님과 함께 시간을 보낸 사람들의 부류를 보여줍니다. 여기서 예수님의 대답은 매우 교훈적입니다. "건강한 자에게는 의원이 쓸데없고 병든 자에게라야 쓸데 있느니라 내가 의인을 부르러 온 것이 아니요 죄인을 부르러 왔노라"(막2:17). 예수님께서 어떤 사람이었는가 하는 것은 예수님께서 어디에 계셨는가로 결정됩니다. 예수님께서는 죄인들의 죄성에 말려들지 않고 그들과 사귀실 수 있었습니다. 죄는 미워했지만 죄인은 사랑하셨습니다. 관용은 인정과 동일한 것이 아닙니다. 예수님께서는 사람을 선택할 때에 그 사람의 내적 가치를 가장 중요하게 여기셨습니다.

인정

앤드류 T. 르포(Andrew T. LePeau)는 그의 유명한 책 「지도자의 길」에서 이렇게 적고 있습니다. "어느 한 사람을 인정해 주는 것은 보통 사람보다는 지도자에게 더 필요한 기술이다. 훌륭한 일을 해왔다는 것을 아는 것만으로도 사람들의 자부심은 고양된다. 지도자들은 다른 사람들도 자신들과 같이 특별한 인정을 필요로 하지 않는다고 생각하는 경향이 있다. 그 결과 남을 잘 인정하려 들지 않는다. 다른 사람의 관심사에는 거의 무관심하고 자신이 존경받는 근거가 되는 일에만 전념한다. 불안정한 지도자와 업무 지향적인 지도자, 극단적인 이 두 지도자의 태도에는 비슷한 구석이 있다. 그들 모두 다른 사람의 인정을 받지 못한다는 것이다. 그들은 또한 자기 자신에게만 관심이 쏠려 있다. 불안정한 지도자들은 자신이 잘 되어가고 있는지 확인하기 위해 끊임없이 자신과 다른 사람을 비교한다. 그래서 그들에게는 다른 사람들의 필요를 생각할 여유가 없다. 업무 지향적인 지도자들은 항상 자신의 일에 초점을 맞추고 어떻게 하면 더 잘 할 수 있을까에 관심을 둔다. 물론 다른 사람들의 필요를 생각할 여유가 없다."

예수님께서는 "나를 따라 오너라 내가 너희로 사람을 낚는 어부가 되게 하리라"(마4:19)고 도전하심으로써 사람들을 인정하셨습니다. 그와 같은 말은 사람들에게 피그마리온(pigmalion : 그리이스 신화에 나오는 인물로 키프러스의 사람이며 조각가였는데, 자기가 조각한 상에 반해 버렸다) 효과를 줍니다. "너희가 나를 따르기만 하면 나는 너희를 만들겠다." 이런 가르침과 학습 과정에는 상호 책임의 효과가 있습니다. 마음에 근심하는 사람들에게 예수님께서는 "내가 진실로 진실로 너희에게 이르노니 나를 믿는 자는 나의 하는 일을 저도 할 것이요 또한 이보다 큰 것도 하리니 이는 내가 아버지께로 감이니라"(요14:12)고 말씀하셨습니다. 얼마나 자신 있는 격려인가! 제자들에게 말할 것이 아직 남아 있고 제자들 역시 배워야 할 것이 더 있다는 것을 예수님께서도 아셨지만, 그것이 그에게 부담이 되지는 않았습니다. 예수님께는 성령이 그들 안에서 쉼 없이 역사하리라는 절대적인 확신이 있었습니다. "진리의 성령이 오시면 그가 너희를 모든 진리 가운데로 인도하시리니"(요16:13). 예수님께서는 제자들에게 성령이 한 사람 한 사람에게 역사하실 것을 확신시켜줌으로써 그들을 인정해 주셨습니다. 다시 말해서 제자들이 고아처럼 스스로를 추스리도록 내버려 두지 않으셨습니다.

베드로는 특유의 방식으로 묻습니다. "우리가 모든 것을 버리고 주를 좇았사오니 그런즉 우리가 무엇을 얻으리이까"(마19:27). 이때 예수님께서는 베드로에게 그들을 위해 지위와 상과 영생을 예비해 두었음을 확신시키셨습니다. 실제로 주님께서는 투자한 희생의 100%를 확실한 보답으로 받게 해 주십니다. 주님께서는 제자들을 둘씩 짝지어 내보내실 때 두려워하지 말 것을 당부하시면서 권능과 특별한 명령을 주셨습니다(마10장,막6:6~13). 그들은 이리 떼 속의 양무리였지만 안전했으며 사역에는 열매가 많았습니다. 아마 그리스도께서 사람들을 인정하시는 가장 큰 방법은 기도였을 것입니다. 예수님께서는 베드로에게 "보라 사단이 밀 까부르듯 하려고 너희를 청구하였으나 그러나 내가 너를 위하여 네 믿음이 떨어지지 않기를 기도하였노니 너는 돌이킨 후에 네 형제를 굳게 하라"(눅22:31~32)고 말씀하셨습니다. 요한복음 17장에 기록된 대제사장으로서 주님의 기도를 주목해 보라. "내가 저희를 위하여 비옵나니 내가 비옵는 것은 세상을 위함이 아니요 내게 주신 자들을 위함이니이다 저희는 아버지의 것이로소이다"(요17:9). 하나님께서 그들을 예수님께 보내 주셨고 예수님께서 그들을 위해 간구하시는 것을 안다는 것은 얼마나 든든한 일인가. 마태복음 28장 16절에서 제자들은 예수님께 가장 큰 실수를 저질렀습니다. 그러나 예수님께서는 그들의 잘못을 전혀 책망하지 않으셨습니다. 오히려 "자, 가서 세상을 취하라. 내가 너희에게 나의 권세를 주고 또 너희와 함께 할 것이다"라고 말씀하셨습니다. 그들이 무엇을 더 요구할 수 있었겠는가?

선생과 부활하신 주님으로서의 예수

교육은 역사적 예수의 공생애 기간 동안 행하신 사역 속에서 종합적인 기능이었을 뿐만 아니라 부활하신 주님으로서의 그의 신분을 묘사하는 데 있어서 중요한 주제가 되었습니다. 바로 이러한 의미에서, 예수께서는 그의 제자들에 의해 그와 같이 인식된 유일한 선생이었습니다. 이것은 예수의 지상에서의 사역 기간 동안은 물론 부활하신 이후에도 참된 것이었습니다. 이러한 역할에서 예수를 대신할 수 있는 인물은 아무도 없었을 것입니다. 어떤 한 경우에 있어서 예수께서는 그의 제자들에게 이렇게 말씀하셨습니다. "그러나 너희는 랍비라 칭함을 받지 말라 너희 선생은 하나이요 너희는 다 형제니라"(마23:8). 유대인 랍비들은 후계자 선정에 관하여 깊은 관심을 가졌지만 예수의 제자들은 그 어느 누구도 랍비의 역할에 있어서 그의 주님의 뒤를 이으려고 생각하지 않았습니다. 엠마오로 향해 가던 두 제자와 그리스도와의 극적인 만남(눅 24:13~27)은 선생으로서 주님의 지속적인 역할을 상기시켜 주었습니다. 예수께서는 이 제자들의 마음이 나약하고 이해력이 부족한 것을 아시고 계속해서 그들을 가르치셨습니다. "이에 모세와 및 모든 선지자의 글로 시작하여 모든 성경에 쓴 바 자기에 관한 것을 자세히 설명하시니라"(27절).

부활하신 예수와 제자들과의 관계는 예수의 지상 사역 기간 동안에 보여 주신 모범을 지속시키는 것이었습니다. 갈릴리에서의 초기 사역에 예수께서는 그의 제자들을 훈련시키기 위하여 파견하셨습니다. 필수적으로 그들은 예수께로부터 배운 바를 다른 사람들과 공유하기 위하여 나아가서 예수의 지도하심에 따라 "가르침을 실행" 하였고 "그들이 행한 것과 가르친 것"(막6:30)을 보고하기 위하여 되돌아왔습니다. 예수께서 부활하신 이후에도 그 상황은 매우 놀랄만큼 비슷하였습니다. 그들은 성령의 인도하심에 따라 가르치는 일을 계속하였습니다(요14:26). 그러나 제자들을 모든 진리 가운데로 인도하기 위하여 곧 오실 〈진리의 영〉은 새로운 가르침을 소개하시는 분이 아니었습니다. 예수의 가르침에 빛을 비추어 주는 것이 그의 역할이었습니다(요16:13~15). 따라서 부활하신 주님이 여전히 그들의 선생이셨습니다.

사도행전 서두에서 누가는 부활하신 주님의 계속적인 교육활동에 대한 초대교회의 믿음을 간접적으로 증명하고 있습니다. 누가가 사도행전보다 앞서 기술한 누가복음의 서두에 그는 "데오빌로여 내가 먼저 쓴 글에는 무릇 예수의 행하시며 가르치시기를 시작하심부터"(행1:1)라고 기록하였습니다. 누가복음에 묘사된 것은 오로지 시작이었습니다. 사도행전에 기록된 누가의 역사적인 기사는 부활하신 주님께서 그의 백성들을 가르치시고 또한 그들과 함께 일하시는 이야기로 계속 이어집니다. 그리고 예수께서 주님 되심을 깨달은 모든 사람들을 위하여 그 이야기는 오늘날까지 계속됩니다.

예수님의 가르침의 방법들

가르침은 기본적으로 내용(what)과 관계가 있지만 동시에 그 내용을 효과적으로 전하기 위해 방법(how)을 사용하는 것과도 관계가 있습니다. 아무리 내용이 좋아도 그것을 효과적으로 전하는 기술에서 문제가 있다면, 가르침의 효과는 그만큼 떨어질 수밖에 없습니다. 좋은 방법은 가르침의 효율성을 높여줍니다. 교사는 가르침의 효율성을 높이기 위해 학습자에 대한 이해가 필요합니다. 학습자는 어떻게 배우는가를 잘 알지 못하면 그만큼 가르침의 효과가 떨어질 수 있습니다. 반면에 학습자도 교사가 어떻게 가르침을 준비하고 또 어떻게 가르치는지를 알 필요가 있습니다. 그래야 배움에 대한 태도와 효과가 높아질 수 있습니다. 이런 이유로, 때론 교사는 자신이 가르침을 준비하는 과정과 가르침을 통해 의도하는 것 등을 학생들에게 들려줄 필요가 있습니다. 이것은 교육에서 간과되어온 부분이지만 교사와 학생의 상호적 작용과 교육의 높은 성과를 위해서는 대단히 중요한 점입니다.

실제로 가르침과 배움은 언제나 함께 묶여 있습니다. 그 둘은 불가분리의 관계에 있습니다. 그래서 교육은 언제나 교수-학습(teaching-learning), 곧 가르침-배움의 과정과 관련하여 이해됩니다. 교육은 가르침 따로 배움 따로 나뉘어 수행되지 않습니다. 그 둘은 언제나 연합체입니다. 가르침만 있고 배움이 없거나 배움만 있고 가르침이 없을 때 진정한 의미에서 교육은 없습니다. 가르침과 배움이 상호 간에 역동적으로 작용해야 진정한 교육이 일어납니다. 그럴 때 교사와 학생은 함께 주를 향해 자라갈 수 있고, 함께 제자가 되어갈 수 있고, 함께 "하나님의 아들을 믿는 것과 아는 일에 하나가 되어 온전한 사람을 이루어 그리스도의 장성한 분량이 충만한 데까지 이르게 될 수 있고"(엡4:13), 함께 "사랑 안에서 참된 것을 하여 범사에 그에게까지 자라 갈 수 있으며"(15절), 함께 "서로 연결하여 주 안에서 성전이 되어 가고... 성령 안에서 하나님이 거하실 처소가 되기 위하여 예수 안에서 함께 지어져"(엡2:21~22) 갈 수 있습니다. 가르침과 배움의 상호 작용과 관련성에 대해 루시엔 콜맨(Lucien E. Coleman, Jr.)은 이렇게 말합니다. "배움에 대해 언급하지 않은 채 가르침에 대해 적합하게 한정 지을 수는 없다... 교사의 수고는 배움으로 나타나야 한다". 그는 이렇게도 말합니다. "교사는 정보를 전해주고, 안내해 주고 격려해 주고, 자료들을 나누고, 설명을 해 준다. 그러나 이러한 활동들이 배움을 일으키는 보장은 없다. 마치 씨앗이 스스로 성장해야 하듯이 배우는 자가 자신 스스로 배워야 한다. 교사의 일은 배움이 가장 잘 일어날 수 있는 조건들을 조정하는 것이다". 가르침과 배움과 관련하여, 아주 통찰력 있고 정확한 언급입니다.

이것은 예수님의 가르침에서도 예외는 아닙니다. 예수님은 가르침의 사역을 수행하실 때 가르침의 내용뿐 아니라 방법도 유념했습니다. 그리고 학습자에 대한 이해를 바탕으로 제자들의 필요를 중시하셨습니다. 그러나 그들의 필요에만 매이지 않고 그들 자신이 복음의 진리에 응답하도록 이끌어주셨습니다. 왜냐하면 응답은 예수님의 문제가 아니라 그들의 문제였기 때문입니다. 따라서 우리가 예수님의 가르침의 사역을 제대로 알려면 무엇보다도 그분이 가르치신 내용을 정확하게 파악할 필요가 있지만 동시에 그분이 사용하신 가르침의 방법도 주목할 필요가 있습니다. 제자들이 지닌 필요도 고려해야 하지만 예수님이 가르치신 것에 그들이 어떻게 응답했는지를 고려하면서 우리도 적극적으로 배울 필요가 있습니다. 그래야 제자로서의 우리가 하늘로부터 오신 교사이신 예수님으로부터 배울 때 배움의 효과를 높일 수 있습니다. 그리고 다른 사람들을 가르치고 복음을 전할 때도 많은 도움을 받을 수 있습니다.

예수님의 가르침의 일반적인 방법들

예수님의 가르침과 관련하여 두드러진 특징들 중 하나는 예수님의 교육의 장은 특정적이지 않았다는 것입니다. 곧 예수님은 제자들이나 자신을 따르는 많은 사람들을 교실과 같은 한 곳에 모아 놓고 일정한 교과과정(curriculum)에 따라 가르침의 사역을 수행하지 않으셨다는 것입니다. 예수님은 길가, 언덕, 호숫가 우물가, 회당, 개인 집 등 특정한 장소를 가리지 않고 시시때때로 필요에 따라 또는 상황에 따라 그것에 맞는 자리에서 가르치셨습니다. 언제 어디서나 '가르침의 순간' - 제자들과 사람들에게는 그것이 '배움의 순간'이었다 - 을 포착해서 복음의 진리를 가르치셨습니다. 예수님에게 있어서 모든 곳이 다 교육의 장이었던 셈입니다. 물론, 오늘날 여러 가지 이유로 예수님의 이러한 방식을 우리의 가르침의 사역에 그대로 적용할 수는 없을 것입니다. 그러나 그 정신과 태도는 본받을 필요가 있습니다. 신앙교육은 예배당이나 가정에만 국한하는 것이 아니라 - 물론 그 두 곳은 가르침의 가장 기본적이고도 중요한 자리임에 틀림 없다 - 예수님의 진리와 복음을 전할 수 있는 곳은 어느 곳이든 활용할 필요가 있습니다. 이것은 신명기 6장에 나오는 이스라엘 백성의 쉐마 교육 방법과 정신과도 일치하는 것입니다. 모세는 이스라엘 백성에게 이렇게 강조했습니다. "오늘 내가 네게 명하신 이 말씀을 너는 마음에 새기고 네 자녀에게 부지런히 가르치며 집에 앉았을 때에든지 길을 갈 때에든지 누워 있을 때에든지 일어날 때에든지 말씀을 강론할 것이며"(6~7절). 우리는 최대한 모든 곳을 활용하여 복음의 진리를 전하고 가르칠 필요가 있습니다.

예수님의 가르침의 장이 다양했듯이, 예수님의 가르침의 방법도 다양했습니다. 교육의 방법은 지식의 유형이나 난이도, 그리고 학습자의 연령이나 이해도에 따라 알맞게 선택해야 합니다. 예수님은 그렇게 하셨습니다. 예수님이 사용하신 가르침의 방법들은 일반 지식을 배우는 데는 적합하지 않은 면들이 있을지 몰라도 복음의 진리를 배우는 데는 가장 실제적이고도 적절한 것들이었습니다. 예수님이 사용하신 교육 방법은 그것을 설명하는 사람에 따라 조금씩 다르게 설명됩니다. 쥬크는 「예수님의 티칭 스타일」(Teaching as Jesus Taught)에서 예수님이 사용하신 교육 방법과 관련하여 각각 이렇게 말합니다. "예수님은 사람들로 하여금 진리를 열망하고, 배우기를 사모하며 그분의 가르침을 간절히 바라도록 하기 위해 다양한 교수 방법을 사용하셨다. 예수님은 사역하실 때 4가지 요소들-동기 부여 변화, 참여 그리고 시각화을 사용하셔서 학생들의 흥미를 일으키셨다. 예수님은 자신을 따르는 사람들이 큰 무리건, 소그룹이건 개인이건 간에 배우고 싶어 하는 동기를 일으키는 방법들을 알고 계셨다... 예수님은 다양한 교수법을 사용하시는 데 탁월하셨다. 그분은 강의, 토론, 질문, 응답, 간단한 진술, 대화 혹은 문답 이야기나 비유, 논의, 예증, 인용, 경구,

도전, 훈계, 설명, 어려운 문제 논쟁 그리고 심지어 침묵도 사용하시면서 하나님의 진리를 전파하셨다. 또한 주님은 종종 이 같은 것들 몇 가지를 혼합해서 사용하셨다".

다른 한편으로, 로버트 스타인(Robert Stein)은 「예수님의 가르침의 방법과 메시지」(The Method and Message of Jesus Teachings)에서 예수님이 가르치실 때 사용하여 사람들의 주의를 끌었던 가르침의 방법 또는 가르침의 형식(form)을 다음과 같이 제시합니다. ① 과장해서 말하기(overstatement), ② 과장법(hyperbole), ③ 익살(pun), ④ 직유법(simile), ⑤ 은유법(metaphor), ⑥ 잠언(proverb), ⑦ 수수께끼(riddle), ⑧ 역설(paradox), ⑨ 아포르티오리(A Fortiori, 만약 전에 인정한 것이 진실이라고 한다면 현재 주장되고 있는 것은 한층 더 강력한 이유에 의하여 진실일 수 있다는 가정에 입각한 논법), ⑩ 반어법(Irony), ⑪ 질문의 사용, ⑫ 비유적 또는 상징적 행위들(parabolic or figurative actions), ⑬ 시적 감흥(poetry).

반면에 헤르만 호온(Herman Horne)은 「교사 예수」(Jesus the Teacher: Examining His Expertise in Education)에서 예수님이 사용하신 가르침의 방법을 다음과 같이 제시합니다. ① 탐구 학습(Inquiry Learning), ② 대화(conversations), ③ 질문(questions), ④ 담화(discourses), ⑤ 비유(parables)와 기적(miracles), ⑥ 성경의 사용(use of Scripture), ⑦ 가르침의 순간(teachable moments), ⑧ 그림을 보는 듯한 묘사(word picture), ⑨ 무리를 만나기(meeting crowds), ⑩ 본을 보이기

(modeling), ⑪ 심리적 요소들(psychological factors), ⑫ 행동을 통해 배우기 (learning bydoing).

다른 한편으로, 윌리엄 욘트(William R. Yount)는 이런 전형적인 가르침의 방법들보다는 가르침에서의 주된 강조점에 초점을 맞춰 예수님의 가르침의 방법을 제시합니다. 이것들은 가르침의 원리로서도 받아들여질 수 있습니다. ① 예수님은 자신의 학습자들과 관계를 맺으셨습니다. ② 예수님은 흥미를 자극하고 유지하셨습니다. ③ 예수님은 본보기를 통해 가르치셨습니다. ④ 예수님은 학과보다는 사람들을 가르치셨습니다. ⑤ 예수님은 내용보다는 성품(character)을 강조하셨습니다. ⑥ 예수님은 아주 작은 그룹들에 초점을 맞추셨습니다. ⑦ 예수님은 자신의 학습자들의 가치를 인정하셨습니다. ⑧ 예수님은 학습자들의 양보다 노력의 질을 강조하셨습니다. ⑨ 예수님은 지식보다 행동을 강조하셨습니다. ⑩ 예수님은 세부 사항보다 구조에 초점을 맞추셨습니다. ⑪ 예수님은 즉각적인 결과물보다 장기적인 결과물을 강조하셨습니다.

이러한 요소들은 삶을 변화시키는 가르침을 원할 때 그리고 복음의 진리가 효과적으로 전달되기를 원할 때 반드시 고려해야 할 것들입니다. 또한 우리가 예수님의 가르침을 잘 따르는 그분의 충실한 제자들이 되려면 반드시 고려해야 할 사항들입니다.

요약

허만 하렐 혼은 자신의 명저 「최고의 교사 예수」에서 인류의 교사에게 필수적인 자격으로 다음의 것들을 당부합니다. ① 세계를 품을 수 있는 비전, ② 인간의 마음을 아는 지식, ③ 가르치는 주제에 대한 숙고, ④ 적절한 가르침, ⑤ 가르침을 실천하는 생활. 예수 그리스도는 이미 이 모든 자격들을 비롯해 그 이상의 것을 갖추고 계셨습니다. 가르치는 것이 사람으로 하여금 배우게 하는 것이라면, 즉 생각과 감정과 행동을 변화시키는 것이라면 예수 그리스도는 최고의 교사로서 충분한 자격을 두루 갖추셨습니다. 예수님 당시의 세대와 그 이후의 모든 세대를 변화시키셨기 때문입니다. 이 위대한 교사이자 최고의 모범이신 예수 그리스도를 더 깊이 연구하기 바랍니다. 예일대학원 종교학과 학과장을 지낸 저명한 역사가 케니스 스커트 라토렛(Kenneth Scott Latourette)은 「예수와 복음 : 기독교의 기초」라는 흥미 있는 단원을 이렇게 시작하고 있습니다. "기독교는 아주 장래성 없는 시작처럼 보였다. 불과 몇 명 밖에 안 되는 예수님의 제자들을 제외한 당대의 모든 사람들은 기독교가 로마 제국에 종교적 충성을 바친 다른 경쟁자를 능가하여, 5세기 안에 그 지역의 압도적인 다수의 사람들과 통치자의 신앙이 되는 것이 불가능하다고 생각했을 것이다. 더욱이 2천 년도 채 안 된 기독교가 어떤 다른 종교보다 광범위하게 전파되어 세계적으로 인류에 지대한 영향을 끼칠 것이라고는 꿈도 꾸지 못했을 것이다."

성령님 교사

성경적, 기독교적 관점에서, 성령을 이해하는 가장 본질적인 요소는 성령은 하나님이라는 것입니다. 기독교 신앙은 성령을 하나님으로 믿습니다. 그래서 기독교적 하나님 이해는 삼위일체 하나님이며, 성령 하나님은 삼위의 하나님입니다. 이것은 성경적 그리스도인이라면 모두가 동의하는 점입니다. 제럴드 브레이(Gerald Bray)는 이렇게 말합니다. "성령은 삼위일체 하나님의 삼위(thethird person)로서 모든 면에서 온전히 하나님이시며, 그분은 성부로부터 나온다." 같은 맥락에서, 스토트는 이렇게 말합니다. "재확인될 필요가 있는 성령에 관한 첫 번째 진리는 성령은 하나님 즉 삼위일체의 삼위(the third person)라는 사실이다. 그러므로 성령은 영원하다. 성령은 또한 창조 시에도 활동하셨고 피조물을 새롭게 하시는 데에도 함께 하신다."

하나님으로서의 성령의 역할은 다양합니다. 특히, 인간 외적으로는 공동 창조자로서 창조 세계를 지으시고 유지하는 사역을 하시고, 인간 내적으로는 인간을 변화시키고 그리스도인의 마음에 거하십니다. "성령의 인격과 역사(work)를 통해 우리 안에 계신 하나님은 가르침의 사역을 포함하여 삶의 모든 차원들을 변화시키신다"(Robert W. Pazmind). 이것은 회심과 영적 성장의 사역을 뜻하는데, 특히 그리스도인의 회심 경험은 처음부터 끝까지 성령의 사역입니다(스토트).

특히, 성령의 다양한 역할 중에 교사로서의 역할이 있는데, 성령을 신적 교사(the Divine Teacher)로 보는 것은 성령을 이해하는 중요한 면입니다. 곧 성령이 가르치고, 생각나게 하고, 인도하고, 선포하고 계시한다는 것은 그가 신령한 선생이라는 것을 말해줌니다(주크). 이와 같이, 성부 하나님이 교사이시고 그리스도도 교사이듯이, 성령도 교사이십니다. 성령은 모든 지식과 능력의 근원이십니다(밀러). 넬스 페레(Nels Ferre)는 교사로서의 성령을 개인 교사(Tutor)로 이해할 것을 제안합니다. "성령은 의의 영역과 선을 성장시키는 영역 내에서 그리스도에게(unto) 인도하는 개인 지도교사(tutor)이며 그는 또한 그리스도의 일들(the things of Christ)을 조사하며 믿는 자들을 모든 진리 가운데로 인도하시는 그리스도 안에서(in)의 개인 지도교사이다." 성령을 개인 교사로 볼 수 있는 것은 성령은 그리스도인의 마음에서 개별적으로 그리고 직접적으로 역사하시기 때문입니다.

가만 계시지 않는 성령

기독교 교육은 하나님의 계시인 성경을 주제로 한다는 것 때문에, 생활의 영적인 면의 변화를 목표로 한다는 것 때문에, 그리고 성령의 역사라는 영적인 역동성 때문에 매우 독특하다고 할 수 있습니다. 가르치는 일에서 성령의 역사를 무시하는 것은 기독교 교육의 가장 중요한 일면을 간과하는 것과 같습니다.

기독교 교육에서 성령님의 필요성

기독교 교육에서는 왜 성령이 필요한가? 교회학교 교사들이 적절한 교육학의 원리에 따라 적당한 방법과 자료를 이용하면서 성경 중심으로 가르치는 것만으로는 왜 충분하지 않은가? 성령을 인정하는 기독교의 가르침과 학습 과정은 어떤 유익이 있는가? 왜 성령은 교육 과정에 필요한가?

기독교 교육에서 성령이 필요한 첫 번째 이유는 교회학교 교사는 하나님께서 능력을 주셔야 한다는 것입니다. 오직 성령만이 교사를 인도하여 성경과 그 관련 주제들을 효과적으로 가르칠 수 있게 하기 때문입니다. 영적인 필요를 충족시키기 위해서는 영적인 진리가 요구됩니다. 그래서 영적인 일은 영적인 능력을 필요로 합니다. 효과적인 사역을 위해서는 구원의 믿음과 성령에 대한 순종이 필요합니다. 성령을 의지하지 않고 자기 자신의 힘으로 주님을 섬기려는 것은 지속적인 결과를 얻지 못합니다. 그러나 성령의 영적인 통제로 얻게 되는 순종이 주는 생활의 정결함은 효과적인 가르침을 가져오게 됩니다. 반대로 진리를 따라 살지 않는 것은 교사를 무능하게 만듭니다. 진리를 좇는 생활을 하지 않은 채 그 진리를 말로만 하게 된다면 교사는 학생을 진리로 인도하지 못합니다. 말과 생활의 불일치는 오히려 학생을 교회로부터 멀어지게 할 뿐입니다.

성령의 역사가 가르침과 학습 과정에 필요한 또 다른 이유는 성령께서는 하나님의 말씀이 학생들의 생활에 영향을 미치도록 만든다는 점입니다. 성경에 대한 지식과 영적인 진리를 터득하는 것이 필요하긴 하지만 그것 자체가 영적인 변화와 성장을 보장하지는 않습니다. 따라서 말씀을 듣는 모든 사람이 다 믿거나 반응하는 것은 아닙니다(요10:25, 12:47~48, 행7:57~59, 17:5, 17:32). 하나님의 말씀이 영혼을 새롭게 할 때(시19:7,롬10:17,약1:18,벧전 1:23) 성령께서는 그 가까이에서 영적인 무지를 없애고 영생을 주 십니다(요3:5~7,딛3:5).

믿는 자 역시 말씀과 성령의 역사에 마음을 열어야 합니다. 말 씀이 우리를 정결케 하며(요17:17~19,행20:32,엡5:26,벧전2:2) 성령님 또한 그렇습니다(살후2:13,벧전1:2). 말씀이 우리의 길을 밝히며(시119:105,130,딤후3:16) 성령님 또한 그렇습니다(요 14:26,16:13,고전2:10~15). 성경에 의하면 믿는 자나 믿지 않는 자의 생활에 영향력을 미치기 위해서는 성령의 역사가 필요합니 다. 변화된 삶은 말씀과 성령을 필요로 합니다. 기독교 교육은 영 적으로 변화된 생활을 가져오는 것에 초점을 맞추기 때문에, 가르 침과 학습의 과정은 성령과 성경을 모두 필요로 합니다. 둘 중 하 나라도 없다면 그것은 올바른 기독교 교육이 아닙니다.

가르침에 있어서 성령의 역할에 대한 그릇된 개념

성령의 가르치는 사역에 대한 네 가지 잘못된 견해부터 살펴보 자. 첫째, 무용론입니다. 교회학교 교사로서 이 이론을 말로 주장 하는 사람이 누가 있겠는가? 그러나 실제로는 많은 이들이 그렇게 믿습니다. 적절한 교재, 좋은 교구, 잘 조직된 인력, 잘 계획된 프 로그램, 창조적이고 숙달된 교사만 있으면 교육은 얼마든지 일어 날 수 있다고. 그 이야기는 결국 성령님은 가르침과 별 관계가 없 다는 이야기입니다. 둘째, 배제론입니다. 이 이론을 믿는 사람들은 성령님이 직접 성도를 가르치신다고 믿습니다. 따라서 대개의 경우 인간 교사는 그분의 방해물이 된다고 봅니다. 그래서 어떻게 하자는 것일까. 그들은 기독교 교육이 가능하다고 생각이나 하는 것일까. 셋째, 대행론입니다. 이 견해를 믿는 사람들은 성령은 인간의 노력을 대신하는 교사라고 믿습니다. 인간 교사의 준비, 인간 교사의 계획, 인간 교사의 지혜와 열심은 아무 가치가 없다고 여깁니다. 그래서 성령의 역사만 기도할 뿐 인간 교사로서의 책임과 준비를 하지 않는 실수를 범하게 됩니다. 넷째, 진인사대천명론이 있습니다. 어쩌면 교회학교 교사들이 가장 선호하고 실제로 신봉하는 이론입니다. 이것은 우리가 진리를 심어 놓으면 성령이 나중에 그것을 영적으로 살려내신다는 이론입니다. 그러나 이 네 이론은 모두 성경이 가르치는 성령의 사역에 대한 바른 그림을 반영하지 못하고 있습니다.

의식적이든 아니든 일부 교육자들은 성령의 역사를 무시합니다. 뛰어난 교육 이론, 프로그램, 인력, 적절한 학습 환경의 필요성, 잘 정의된 교육목표와 학습 목표를 중시하는 창의적이고 훌륭한 교사는 성령의 역사하심 없이 자연스러운 바탕 위에서 영향을 주고자 노력합니다. 이것은 타락하기 쉬운 인간 본성이 지닌 약점을 간과한 것이며, 하나님보다 인간의 독창성과 방법을 더 인정하는 것입니다. 또한 그것은 성령만이 기독교 교육의 영적인 목표를 이룰 수 있다는 사실을 깨닫지 못한 데서 나온 것입니다. 가르침은 '진리를 나누어주는 것' 이상입니다. 학생들로 하여금 성경에 기록된 사실만을 이해하도록 도와주는 것은 기독교 교육의 영적 차원에서는 부족한 것입니다. 기독교 교육의 목표는 학생들이 단지 하나님에 관해서 아는 것이 아니라 하나님을 알고 사랑하게 되도록 돕는 것입니다. 그것은 하나님의 뜻에 따라 생활하며 그리스도를 본받아 영적으로 성숙하기까지 성장하도록 돕는 것과 관계가 있습니다.

그리고 그것은 성령의 사역을 필요로 합니다. 어떤 교육자는 성령의 역사를 강조하면서 교사의 영향력은 무시합니다. 심지어 그들은 교육은 영성의 적이고 육적인 일이며, 성령의 사역과는 모순되거나 대치되는 것이라고까지 말합니다. 그러나 이 견해는 성경 시대에도 하나님께서는 교사를 사용하셨고(마28:19~20, 행 5:42, 15:35, 18:11, 25, 28:31, 딤후2:2), 하나님께서 일부 믿는 자들에게 가르치는 은사를 주셨다는(롬12:6~7, 고전12:28, 엡 4:11) 사실을 간과하고 있습니다. 성령의 도구인 교사는 학생들을 고무시키고 도전을 주어 그들이 하나님의 말씀을 적절히 이해하고 적용할 수 있도록 인도해야 합니다. 가르치는 과정에서 성령님의 역할을 강조하는 것이 곧 교사가 공부하고 준비할 필요도 없다는 의미는 아닙니다. 전혀 그렇지 않습니다! "잘 준비된 교사만이 가장 효과적으로 가르칠 수 있으며, 그 가르침과 동시에 성령님은 교사와 학생을 통해 역사하신다." 가르침은 하나님과 인간 사이에서 동시에 작용하는 과정이며, 성령님과 교사가 함께 일구어 가는 사역입니다. 그러므로 사전의 준비는 교사를 더 나은 도구로, 하나님의 손 안에서 더 쓸모 있는 도구로 만들어 줍니다. 가르치는 일에 성령을 의존한다는 것은 교사의 준비와 영성이 경쟁하는 것이 아니며 그렇다고 준비되지 않은 상태를 말하는 것도 아닙니다. 또한 단지 성령이 교사를 통해 말하도록 교사 자신을 아주 맡겨 버리는 것을 의미 하지도 않습니다. 오히려 그 반대입니다. 준비되지 않은 교사가 성령만을 의지한다고 해서 더 영적으로 풍성한 내용을 가르칠 수는 없습니다. 때때로 성령께서는 준비해서 가르치는 교사의 노력을 통해 더 많은 것을 이루십니다. 우리는 이 사실을 어떻게 설명할 수 있을까요? 성령께서 교사의 부족함을 알면서 그대로 사용하시는 것은 사실이지만, 성경 어디에도 교사에게 준비하지 말라고 권하지는 않습니다. 고린도전서 3장 6절에 "나는 심었고 아볼로는 물을 주었으되 오직 하나님은 자라나게 하셨나니"라는 바울의 말씀이 하나님 자신의 역사하심이 교사의 노력과 동반되어야지 대치되어서는 안 된다는 점을 분명히 해줍니다.

그러나 요한1서 2장 27절은 교사가 필요하지 않다고 말하는 것 같기도 합니다. "너희는 주께 받은 바 기름 부음이 너희 안에 거하나니 아무도 너희를 가르칠 필요가 없고 오직 그의 기름 부음이 모든 것을 너희에게 가르치며..." 여기에서 초두에 언급된 기름 부음이란 기름 부음이 모든 것을 가르친다는 것을 의미하고 있기 때문에 이는 성령을 언급하는 것 같습니다. 기름 부음이란 은유적으로 성령이란 원인에서 비롯된 것입니다. 이 구절에 대해서는 다양한 해석들이 있어 왔습니다. 첫째, 이 말씀은 이방인들은 성도들을 가르칠 수 없다는 뜻으로 해석되었습니다. 둘째, 성도들은 가르침이 필요 없고 깨달음이 필요하다는 것입니다. 셋째, 무식한 사람이 아니기 때문에 반복하여 가르침을 받을 필요가 없다는 해석도 있었습니다. 넷째, 그노시스 교도를 포함하여 누구든지 사람인 교사는 최고의 권위자가 될 수 없다는 견해입니다. 다섯째, 성도들은 영적으로 성숙해 있기 때문에 거짓 교사나 적그리스도가 아닌 성령에 의해 가르침을 받을 필요가 있다는 해석입니다.

어떤 견해가 옳든지 간에 모든 견해는 학습자인 인간은 영적으로 진리의 교사인 성령의 인도를 받고 있음을 적절히 함축하고 있습니다. 사람들이 그노시스파의 영향으로 인간적인 가르침에 매료되는 위험에 처했을 때, 요한1서의 기자는 독자들에게 성도의 진정한 교사는 사람이 아니라 성령님이심을 재삼 상기시켜 줄 필요가 있었습니다. 다시 말하자면 교사로서의 인간의 필요성을 배제하지 않았다는 것입니다. 왜냐하면 사도 요한조차도 자신의 글을 가지고 사람들을 가르쳤기 때문입니다. 하나님께서 교사를 사용 하시지만 학습자는 그들의 교사가 거짓되지 않음을 확신해야 하며 그들의 영적인 교사는 성령님이심을 명심해야 합니다. 즉 믿는 자 안에 거하시는 하나님의 영이 곧 개인 교사인 것입니다. 교사는 성령님을 도울 뿐이지(엡4:11~12) 성령님을 대신할 수는 없습니다. 가르침에 있어서 사람과 하나님의 관계에 대한 또 하나의 그릇된 개념은, 성령께서는 인간이 설명할 수도 예견 할 수도 없는 신비스러운 일에 영적인 통찰력을 주어 교사와 학습자에게 감동을 준다는 것입니다. 이러한 견해는 학습이 성령의 갑작스런 충동, 확인이나 검증도 할 수 없는 신비스런 일, 미지의 힘에 의해 가능하다는 전제를 기본으로 하고 있습니다. 그러나 이것은 가르침과 학습의 과정을 주관적이고 신비한 영역으로 간주하는 것이며, 성경의 위치나 정상적인 가르침의 과정과 관련된 다른 요소들은 무시하는 것입니다. 리(Lee)는 이 견해에 대해 부분적으로 반대의 입장을 취하고 있지만 지나치리만큼 성령의 존재를 배제하고 있습니다. 또한 성령을 믿는 것을 기독교적인 가르침으로서 자연스럽게 받아들이는 것이 아니라 마치 하늘에서 일어나는 일인 것처럼 신비화시키고 있습니다. 따라서 이러한 이해에는 균형이 필요합니다. 성령의 존재는 과장되지도 무시되지도 않아야 하는데 이두 가지는 모두 위험한 극단입니다.

교육에서 성령의 이름과 역할

칭호

성경에 나타난 성령의 칭호와 사역은 성령이 가르치는 일과 깊이 관련되어 있음을 분명히 해줍니다. 예수님께서 성령에 대해 세번 사용하신 칭호는 '진리의 영'이십니다(요14:17,15:26,16:13). 따라서 성령님은 진리의 근원이며, 진리의 계시자이며, 하나님의 진리인 말씀을 주관적으로 적용하는 진리의 적용자입니다(요17:17). 요한복음에서는 진리의 영과 같이 성령의 다른 칭호로서 '보혜사'가 사용되었습니다. 이 단어가 영어 성경에서 다양하게 표현된 것은 그 의미를 번역하는 데 많은 어려움이 있었음을 보여줍니다. NIV(New Intermational Version)에서는 '보혜사'로, 흠정역(KJV)에서는 '위로자'로, NASB(New American Standard Bible)에서는 '도우시는 자'로 표현되었습니다. 옹호자, 지지자, 협력자, 위로자, 격려자, 보강자, 조언자라는 말은 '나란히 있는 자'라는 의미의 그리스어 'paracletos'와 같습니다. 성령님은 그리스도와 함께 또 한 분의 돕는 자이십니다. 가장 좋은 표현인, 믿는 자들을 위한 '돕는 자'로서의 성령에 대해서는 'paracletos'라는 단어를 사용한 성경 구절을 통해 다음의 네 가지 사실을 알 수 있습니다. 첫째, 아들의 요청에 대한 응답으로 아버지께서 보내셨으며, 둘째, 믿는 자들에게 모든 것을 가르치시며, 셋째, 믿는 자들에게 예수님의 가르침을 깨닫게 하며, 넷째, 그리스도에 대해 증거합니다. 성령님의 도우심이 없다면, 믿는 자는 이해할 수도 없고 예수님께서 가르치신 것을 깨달을 수도 없을 것입니다. 보혜사가 '진리의 영'과 동일하게 두 번 표현되었다는 사실은 (요 14:1~17,15:26) 보혜사의 사역이 가르침을 포함한다는 것을 보여 줍니다.

에베소서 1장 17절의 "지혜와 계시의 영"이라는 칭호는 성령이 믿는 자에게 지혜를 주고 하나님의 뜻을 계시해 주는 분이라는 것을 시사해 줍니다. 이것은 흠정역이나 NASB에서 바울이 믿는 자들의 지혜와 계시의 태도를 간구한 것처럼 "지혜와 계시의 정신"이라고 표현한 것보다는 나은 것 같습니다. 왜냐하면 사람이 계시의 태도를 취할 수는 없기 때문입니다. 에베소서가 기록된 시대의 성경은 미완성 상태로 여전히 계시 되고 있는 중이었습니다. 오늘날은 성경이 완성되었기 때문에 "성령의 일은 성경에 이미 계시 된 것에 대해 그리스도인들에게 지혜를 주는 것입니다." 이사야 11장 2절에서는 성령님을 메시야에 대한 지혜와 이해를 주는 분으로서 "지혜와 총명의 신"이라고 칭하고 있습니다.

역할

예수님께서는 성령님께서 '모든 것'을 가르칠 것이라고 하셨고
(요14:26), 예수님께서 가르치신 것을 생각나게 하며(요14:26), '
모든 진리' 가운데로 인도하고(요16:13), 아직 오지 않은 장래의
일을 알린다고(요16:13) 하셨습니다. "성령 그가 너희에게 모든
것을 가르치시고 내가 너희에게 말한 모든 것을 생각나게 하시리
라"(요14:26)는 약속은 일차적으로 사도들에게 하신 것입니다. 성
령은 제자들로 하여금 예수님께서 가르치신 것을 기억하게 하여
성령의 영감으로 신약성경을 쓰게 했습니다. 그러나 이차적으로
그 약속은 그리스도에 대해 기록된 말씀을 따르고 싶어 하는 모든
믿는 자와 관계가 있습니다. 예수님께서는 무슨 의미로 성령께서
너희를 모든 진리 가운데로 인도한다고 하셨을까요?(요16:13) 모
든 진리는 14장 26절의 모든 것과 같은 것을 말한다고 볼 수 있
습니다. 모든 진리는 그리스도에 대한 모든 진리로 이해되어야 할
것입니다. 즉 그리스도와 그리스도 사역에 관계되는 모든 영적인
진리는 말씀에 기록된 하나님과 하나님의 방법에 대한 진리를 보
여주며, 바울은 이것을 하나님의 깊은 것(고전2:10)이라고 했습니
다. 그리고 요한은 성령을 믿는 자에게 모든 것을 가르치는 분으
로 말하고 있습니다(요일2:27). 예수님께서 승천하신 후에 사도들
은 성령님의 인도하심으로 영적인 진리를 깨달았으며, 그 중에 어
떤 것은 예수님께서 십자가에 달리시기 전까지 깨닫지 못한 것들
이었습니다(요16:12).

예수님께서는 또한 성령께서 "장래 일을 너희에게 알리시리라"

고 말씀하셨습니다(요16:13). 성경 연구가들은 이것이 신약성경이 종말론 주제를 다룬 것, 예언의 은사, 재림 때의 일, 예수님의 죽음과 부활, 아니면 은혜의 시대에 일어날 일을 언급하는 것 등이라고 말합니다. 가장 그럴듯한 첫 번째 견해로 본다면 성령님의 사역에 대한 이 견해는 모든 믿는 자에게 적용될 수 있습니다. 예수님께서 말씀하셨던 것처럼 성령은 내 것을 가지고(요16:14~15) 너희에게 알리는 것(요16:15)입니다. 성령은 예수님에 대해 전하고 믿는 자에게 모든 진리를 알게 함으로써 그리스도를 영화롭게 합니다(요16:14). 믿는 자가 영적인 진리를 이해하려 한다면 성령님의 가르침을 받는 과정이 필요합니다. 바울은 이 점을 고린도전서 2장 9~14절에서 분명히 하고 있습니다. "하나님이 자기를 사랑하는 자들을 위하여 예비하신 모든 것"(고전 2:9)은 "하나님께서 우리에게 은혜로 주신 것"(고전2:12)입니다. 다른 사람의 생각을 완전히 헤아릴 수 있는 사람은 아무도 없는 것처럼 하나님의 생각은 성령만이 아십니다(고전2:11). 성경에 기록된 이런 생각들은 인간에게 준 하나님의 계시의 일부분입니다(고전2:10). 이런 진리는 믿는 자가 성령께서 가르치신 말로 전달할 수 있는데(고전2:13) 바울은 이를 "지혜의 말씀"이라고 했습니다(고전2:6). 성령님을 통해 알게 된 영적 진리(고전2:10)는 성령님이 가르쳐준 영적인 말입니다(고전2:13).

거듭나지 않은 성령이 없는 사람(고전2:14)은 지적인 능력과 상관없이 하나님의 것을 받을 수 없습니다. 영적으로 죽어 있기 때문에(엡 2:1), 그런 사람에게는 영적인 진리가 미련하게 보이며(고전

2:14,비교,1:18) 그것을 이해할 수 있는 능력이 없습니다. 먼저 영적인 생활을 위해서는 거듭남이 필요하고, 그런 다음에야 성령의 사역에 마음을 열 수 있습니다(엡1:18).

성령과 교사와의 관계

협동 작업

기독교 교육은 사람과 하나님이 관계하는 상호 협동 과정이자 작업입니다. 성령께서 교사에게 지시하고 능력과 조명 그리고 통찰력 등을 제공하시고, 교사는 진리를 전달하고 예시하게 됩니다. 교사는 성령께서 역사하시며 말씀하시는 진리로 학생에게 접근할 수 있도록 성령님께 의존해야 합니다. 성령께서는 사용하는 교사를 채워주고 통제하기를 원하십니다. 진리를 설명할 때, 교사는 학생이 진리를 생활에 적용할 수 있도록 도와주어야 하며, 이때 성령께서는 학생을 깨우쳐 진리를 소유할 수 있게 하십니다. 교사는 학생들이 하나님의 말씀을 이해하고 자신에게 관련시키도록 격려해야 하며, 성령께서는 학생들이 그것을 개인적으로 소유하도록 권면하십니다. 가르침과 학습 과정에서 성령님의 역사가 없다면 영적 변화라는 교육목표는 절대로 달성될 수 없습니다. 더욱 영향력 있는 학습을 위해 교사는 가르치는 진리를 행동으로 보여 주어야 하며, 본인이 그리스도처럼 모범이 되어 영적으로 성숙해야 합니다. 이렇게 되기 위해서는 하나님 말씀에 순종하고 하나님 뜻에 헌신하며 복종해야 합니다.

인간과 하나님의 관계는 고린도전서 2장에서 분명하게 보여 주고 있습니다. 바울은 자신의 말은 단지 인간의 말과 지혜의 권함으로가 아니라 성령님의 능력으로 전한다고 썼습니다(고전2:14). 그가 하나님의 지혜의 말씀을 전하기는 했지만, 성령께서 그에게 하나님의 말씀을 이해하도록 하셨고(고전2:12) 하나님의 방법을 알 수 있는 통찰력을 갖도록 하셨습니다(고전2:16). 바울은 성령께서 가르치신 것을 말했습니다(고전2:13). 교사들 또한 하나님께서 사람들을 가르치는 방법을 배워야 하며 그것에 따라 가르쳐야 합니다. 가르치는 일은 다른 사람들이 배우는 것을 돕는 일이기 때문에, 교사는 여러 연령층의 학생들이 가장 효과적으로 배울 수 있는 방법을 알아야 하며 그것에 따라 가르쳐야 합니다. 그렇게 함으로써 그들은 성령님과 협력하게 되는 것입니다.

교육에 대한 성령의 은사

가르침에서 인간과 하나님이 서로 협동하는 영역은 가르침에 대한 성령의 은사에서 나타납니다. 성경은 일반적인 성령의 은사에 대해 다음과 같은 몇 가지 사실을 보여줍니다. 첫째, 모든 믿는 자에게는 성령의 은사가 있습니다(롬12:6,고전12:7~11,엡4:7,벧전4:10). 둘째, 성령의 은사는 하나님의 은혜이며 곧 하나님의 능력입니다(롬12:6,고전12:11~18). 셋째, 은사는 예수 그리스도를 영화롭게 하기 위해 예수 그리스도께 초점을 맞춥니다. 은사는 그리스도로부터 받은 선물이기 때문입니다. 성령의 은사는 그리스도를 믿는 자가 다른 믿는 자를 세우기 위해 주어진 것입니다(고전

12:7,14:4~5,17~26,엡4:12). 은사는 능력의 외적 전시용이 아닙니다. 자기 과시가 아닌 세움에 그 목적이 있습니다. 세움이란 그리스도에 대한 이해와 그리스도와의 관계, 질적으로 깊이 있는 완전한 성장을 뜻합니다.

　가르침의 은사는 성령의 은사에 대한 신약성경의 세 가지 주요 본문에서 각각 언급되고 있습니다(롬12:7,고전12:28,엡4:11). 그것은 사도와 예언의 은사 다음에 위치합니다(고전12:28). 사도와 예언의 은사는 일시적이지만 가르치는 은사는 교회에서 특별한 역할을 합니다. 그러므로 교회가 교육 사역을 강조하는 것은 당연한 일입니다. 은사는 하나님의 진리를 설명하고 적용하는 초자연적인 힘, 즉 성령께서 주시는 능력입니다. 모든 믿는 자는 하나님과의 교제 가운데 성령의 가르침을 받고 다시 다른 사람을 가르칠 책임이 있습니다. 모든 사람이 가르칠 수는 있지만 가르치는 은사를 가진 사람만큼 효과적으로 능력 있게 가르칠 수 있는 것은 아닙니다. 따라서 그것은 특별한 은사로 구분됩니다. 다른 영적인 은사처럼 가르치는 은사도 구원받음으로 말미암아 주어집니다. 그렇다면 구원받기 전이나 후의 가르치는 본래의 능력과 영적인 능력 사이에는 아무 관계도 없는가? 조각가이자 수놓은 사람이었던 장인 오홀리압의 본래의 재능에(출38:23) 하나님께서는 다른 사람을 가르칠 수 있는 능력을 더하셨습니다(출35:34). 바울의 타고난 재능과 가말리엘 문하에서의 훈련은(행22:3) 그를 유능한 교사로 만들었음이 분명합니다. 그리고 교사로서의 그의 재능에 하나님께서는 가르치는 은사와 함께 영적인 은사도 주셨습니다(딤전

2:7). 그러면 가르치는 영적인 은사와 본래의 가르치는 재능은 어떻게 다른가? 가르치는 재능은 본래의 재능이 영적인 영역으로 성화되고 높아지고 전환된 것일 수도 있습니다. 파커(Packer)는 "설교 가르침, 통솔력, 상담, 원조 등의 가장 중요한 은사는 평범한 본래의 재능이 성화된 것이다"라고 말합니다.

구원받기 전의 본래의 재능은 구원받은 후에 하나님께서 주신 영적인 은사와 연합할 수 있도록 미리 주신 것이라는 추측도 가능합니다. 물론 이것이 가르치는 은사에 해당 될 수도 있습니다. 흔히 가르치는 은사를 가진 사람들은 구원 전에 가르치는 사역과 관련된 분야에서 하나님께서 준비시킨 사람들입니다. 그러나 항상 그런 것만은 아닙니다. 그러므로 모든 교회학교 교사들이 가르치는 영적 은사를 가졌을 것으로 생각해서는 안 됩니다. 가지고 있을 수도 있고 그렇지 않을 수도 있기 때문입니다. 그러면 믿는 자가 자신에게 가르치는 영적 은사가 있는지 없는지 어떻게 알 수 있는가? 몇 가지를 생각해 볼 수 있습니다. 가르치는 일에 본래 재능이 있다면 가르치는 영적 은사로 그리스도의 몸 된 교회를 세우도록 하나님께서 그 능력을 더해주실 것을 고려해야 합니다. 가르치는 것이 즐거운 일인지 알기 위해 교회에서 다방면으로 사역을 해봅니다. 가르치는 일에 하나님께서 축복하심이 자신과 다른 사람에게 분명하게 나타나는지도 알아야 합니다. 맥레이(McRae)는 영적 은사를 발견하는 과정을 기도로 시작하고 말씀 연구로 분명하게 알며, 마음의 소원으로 인도받고, 능력을 확인하고, 축복이 따라야 한다고 말하고 있습니다.

가르치는 영적 은사가 있음을 안 뒤에는 그 은사를 계발할 책임이 따릅니다. 바울은 디모데에게 "네 속에 있는 은사... 조심 없이 말며"(딤전4:14), "하나님의 은사를 다시 불일 듯하게 하기 위하여"(딤후1:6)라고 편지했습니다. 영적 은사가 훈련되고 사용될 때 그것은 불일 듯합니다. 영적 은사를 잠재우고 사용하지 않는 것은 청지기 직분을 제대로 감당하지 않았음을 의미합니다. 가르치는 은사는 어떻게 계발하는가? 첫째, 은사를 사용하고 훈련 시킴으로써, 즉 다른 사람을 가르치는 것을 통해 기릅니다. 둘째, 영향력 있는 다른 교사를 관찰함으로써 가능합니다. 셋째, 가르침에 대한 독서를 통해 계발합니다. 넷째, 원리에 따라 훈련받고 실습합니다. 다섯째, 다른 사람으로 하여금 가르치는 것을 관찰하게 하고 평가를 듣습니다. 여섯째, 기독교 교육 세미나나 훈련 등에 참석합니다. 어떤 의미에서는 모든 믿는 자가 교사이지만, 성경을 효과적으로 가르치는 일에는 하나님께서 가르치는 은사를 준 사람이 필요한 것도 사실입니다.

학생들에 대한 사랑

성령과 교사와의 관계를 분명히 알 수 있는 방법 가운데 하나는, 학생에 대한 교사의 사랑의 정도입니다. 가르치려는 내용에 대한 지식과 더불어, 유능한 교사는 가르치는 사람에게도 관심을 갖습니다. 그들의 필요와 흥미에 민감하면, 가르치는 과정에서 성령과 더 효과적으로 협력할 수 있습니다. 가르칠 준비를 할 때 교사는 배우는 사람들의 필요를 이미 알기 때문에, 그 필요와 진리를 연관시키는 가운데 성령의 인도하심을 받습니다. 갈라디아서 5장 22~23절에 성령 충만한 생활의 아홉 가지 특성 중에 사랑이 제일 먼저 나옵니다. 그리스도인이 성령으로 충만할 때(엡5:18) 그리스도의 성품을 나타내게 되며 이것은 성령이 주는 것입니다(요 16:13~15). 이 사랑은 이기적이 아닌 자기 희생적이며, 다른 사람에게 관심을 가지며, 다른 사람의 행복에 진심으로 관심을 갖는 태도입니다. 학생들은 교사가 자신들에게 진심으로 관심이 있는지 없는지 쉽게 압니다. 또한 교사가 자신들을 사랑하는지 그렇지 않은지를 알며, 교사가 주님처럼 자신들의 필요에 공감하고 있는지 어떤지도 압니다. 이런 관심을 보여주는 교사는 분명히 성령과 협력하여 일하고 있으며, 사랑과 관심이 미미한 교사보다 훨씬 더 영향력을 갖습니다.

사실 교사의 공감은 학생들의 관심과 동기를 불러일으킵니다. 헨드릭스(Hendricks)는 이렇게 말했습니다. "학습자의 동기를 불러일으키는 것은 바로 교사들의 공감이다. 교사가 학생들을 사랑하고 있다는 것을 학생 스스로 느낀다면 그들은 교사가 원하는 모든 일들을 하려고 할 것이다. 왜 제자들은 예수님을 따랐는가? 대답은 간단하다. 예수님께서 그들을 사랑하셨기 때문이다. 그리스도께서 무리를 보셨을 때 그들을 긍휼히 여기셨다. 남녀노소 할 것 없이 모든 사람들은 자신을 사랑해 주는 사람에게 끌리게 마련이다." 영향력 있고 성령의 인도하심을 받는 사람들은 넓은 마음을 가진 사람들입니다. 그들은 영혼으로부터 우러나오는 내적 관심과 진심 어린 애정을 가지고 가르칩니다. 이것이 곧 성령의 열매입니다.

성령과 함께 가르치는 법 배우기

우리는 허브(hub)란 말을 자주 씁니다. 허브란 자전거 바퀴의 살이 모여 있는 중심축을 말합니다. 이것은 활동의 중심, 혹은 중추를 상징하는 말입니다. 손바닥은 손의 허브입니다. 손은 손바닥과 다섯 개의 손가락으로 구성됩니다. 손바닥은 각 손가락에 영양과 신경과 힘줄을 제공하는 손의 허브입니다. 교회학교 티칭의 목표, 교회학교 티칭의 교사, 교회학교 티칭의 내용, 교회학교 티칭의 학생, 교회학교 티칭의 방법은 마치 다섯 개의 손가락과 같습니다. 그렇다면 손바닥은 성령님이십니다. 성령님은 교회학교 티칭의 허브이십니다. 이제 성령님의 사역이 어떻게 티칭의 각 요소들과 연결되는지 살펴보자.

첫째, 가르치는 목적(Purpose)과 관련하여

우리의 구원은 성삼위 하나님이 다 동원되신 영광스런 작업의 열매입니다. 건물로 비유하자면 하나님은 설계하셨고, 예수님은 시공하였으며, 성령님은 입주시키십니다. 2천 년 전 십자가에서 죽으시고 부활하신 예수님은 승천하셨다가 오순절에 그분의 영으로 우리에게 오셨습니다. 영으로 오셨기에 그분은 시간과 공간의 제약을 받지 않으시는 사역을 통해 그 약속을 이루십니다. 예수님의 약속을 기억하는가? 하늘과 땅의 모든 권세를 가지신 그 예수님이 우리의 제자 삼는 사역을 위해 세상 끝날까지 우리와 항상 함께 계십니다. 교회학교 티칭의 목적은 단지 성경이나 기독교 교리에 관한 지식을 전달하는 것이 아닙니다. 인간의 전인적인 회복을 목적으로 합니다. 성령님은 한 사람을 작은 예수로 세우는 교회학교 티칭의 보편적 목적을 이루시는 주역이십니다. 한 사람이 그리스도를 알고, 그리스도에게까지 자라고, 그리스도의 형상을 본받고, 그리스도 안에서 완전한 자로 서게 하는 모든 과정을 이끌어 가십니다. 성령님은 이러한 교회학교 티칭의 일반적인 목적을 이루실 뿐만 아니라 교회학교 티칭의 구체적인 목표를 인도하십니다. 각 학생의 필요를 깨닫게 하시고, 말씀을 그들의 삶에 어떻게 적용해야 할지 통찰력을 주십니다. 일시적인 적용뿐만 아니라 말씀이 각 학생들의 마음속에 깊이 뿌리를 내리도록 작업하십니다. 바울은 자신이 무슨 일을 하는지에 대한 그림이 분명한 교사였습니다. 바울은 자신이 사람들 밖에서 일할 동안 사람들 속에서 일하시는 성령님의 손을 늘 의식하며 사람들을 세웠습니다. 우리도 그래야 합니다. "우리가 그를 전파하여 각 사람을 권하고 모든 지혜로 각 사람을 가르침은 각 사람을 그리스도 안에서 완전한 자로 세우려 함이니 이를 위하여 나도 내 속에서 능력으로 역사하시는 이의 역사를 따라 힘을 다하여 수고하노라"(골1:28~29).

둘째, 가르치는 사람(Person)과 관련하여

교회학교 교사는 그 안에 성령님이 일하시는 살아 있는 하나님의 도구, 통로, 기계입니다. 성령님은 교사를 세우십니다. 교사를 부르실 뿐 아니라 가르치는 과정을 통해 그를 성숙으로 이끄십니다. 성령님은 교사에게 가르칠 수 있는 은사를 베푸십니다. 성령님은 진리를 이해하고 식별하도록 지혜를 주십니다. 성경은 말합니다. "그가 어떤 사람은 사도로, 어떤 사람은 선지자로, 어떤 사람은 복음 전하는 자로, 어떤 사람은 목사와 교사로 삼으셨으니 이는 성도를 온전하게 하여 봉사의 일을 하게 하며 그리스도의 몸을 세우려 하심이라"(엡4:11~12). 그것이 소그룹 토의든, 대규모 회중 앞에서의 설교든, 학교 강의든 간에 모든 가르침의 상황에 들어가기 전에 내가 빼놓지 않고 똑같이 드리는 기도가 있습니다. 성령의 동력과 내 티칭을 연결하는 기도입니다. (1) 성령님이 내게 기름 부으시길(anointing) 위해 기도합니다. 기름 부음이란 구약적 표현입니다. 성경에서 누군가에게 기름을 붓는다는 것은 그 사람을 하나님의 특별한 용도를 위해 구별하여 세운다는 뜻이었습니다. 기름 부음을 위한 기도는 그 주어진 시간에 나를 성령님의 도구로 써주시기를 간구하며 나 자신을 구별하여 그분께 드리는 기도입니다. 예수님의 생명이, 뜻이, 능력이, 긍휼이, 지혜가 나와 함께 나를 통해 역사하시도록 구하지 않고는 그 자리에 서야 할 의미가 없기 때문입니다. (2) 성령님의 비추심(illuminating)을 위해 기도합니다. 이것은 내가 가르치는 내용과 관련된 기도입니다. 성령님이 내 눈을 비추사 내가 진리를 명확하게 보고, 그 상황에서 역사하시는 성령님의 손길을 볼 수 있도록 기도하며, 학생들의 눈을 열어 성령님이 가르치시는 진리를 깨닫도록 기도하는 것입니다. 선지자 이사야의 기도는 우리의 기도가 되어야 합니다. "주 여호와께서 학자들의 혀를 내게 주사 나로 곤고한 자를 말로 어떻게 도와 줄줄을 알게 하시고 아침마다 깨우치시니 나의 귀를 깨우치사 학자들같이 알아듣게 하시도다"(사50:4). (3) 성령님의 능력 부으심(empowering)을 위해 기도합니다. 내가 사용할 티칭 플랜, 티칭 도구, 티칭 환경과 분위기, 내 표정, 내 목소리까지 모든 것을 성령님이 능력으로 주관하시기를 기도합니다. 내 티칭이 학생들에게 말로만이 아니라 능력과 성령과 큰 확신으로 이루어지기를(살전1:5) 기도하는 것입니다. 우리가 가장 강하게 사모하고 간구하는 은혜는 마가복음 마지막 장 마지막 절에 나오는 예수님의 확증하시는 사역입니다. "제자들이 나가 두루 전파할새 주께서 함께 역사하사 그 따르는 표적으로 말씀을 확실히 증언하시니라"(막16:20). (4) 마지막으로 간구하는 기도는 내가 학생들 외부에서 일할 동안 성령님이 학생들 내부에서 일하시기를(envisioning) 간구하는 것입니다. 내가 전달하는 진리를 도구로 사용하셔서 길을 모르는 학생들에게는 이것이 바른길이라고 교훈하시고, 길에서 벗어난 학생들에게는 경고하시며, 바른길로 돌아가도록 교정해주시고, 바른길을 가고 있는 사람에게는 격려를 주시도록 기도합니다(딤후3:16~17).

이 네 가지 기도는 교사의 티칭 사역을 근원적으로 다르게 변화시키고, 지속적으로 발전시킵니다. 탯줄 같은 기도를 통해 성령님의 동력을 내 티칭에 연결함으로써 그것은 나 자신뿐만 아니라 내게 배우는 사람들이 동시에 신비한 은혜를 누리게 합니다. 그러나 교회학교 티칭이 이루어지기 위해서는 성령님의 파트너로서 교사가 해야 할 일도 있습니다. 성경을 기준으로 삼아 삶이 한 방향으로 정렬되어 있는지를 늘 확인해야 합니다. 그러기 위해서는 우리 안에 살아계신 그리스도, 즉 성령님과의 올바른 관계를 유지해야 합니다. 다시 한번 명심하자. "나는 포도나무요 너희는 가지라 그가 내 안에 내가 그 안에 거하면 사람이 열매를 많이 맺나니 나를 떠나서는 너희가 아무것도 할 수 없음이라"(요15:5). 유명한 설교자 클래런스 맥카트니(Clarence. Macartney)의 말이 늘 우리를 긴장시킵니다. "훌륭한 인간일수록 훌륭한 설교자가 된다. 죽어가는 사람의 침상 옆에 무릎을 꿇을 때, 혹은 설교단의 계단을 오를 때 그가 값을 치른 온갖 자기 부정, 그가 보인 모든 교회학교다운 인내, 죄와 유혹에 대한 모든 저항이 그에게로 돌아와 그의 팔을 힘 있게 하고, 그의 음성에 확신을 더해줄 것이다. 마찬가지로 의무의 모든 회피, 모든 자기 탐닉, 악과의 모든 타협, 모든 비열한 생각과 말과 행동이 나타나 주일날 아침 설교단 위에 있는 목사를 찾아와 그의 눈에서 광채를 그의 말씀에서 힘을, 그의 음성에서 감동을, 그의 마음에서 기쁨을 빼앗아 갈 것이다."

셋째, 가르치는 내용(Precept)과 관련하여

사람을 세우시는 성령님의 작업 터는 하나님의 말씀입니다. 교회학교 티칭의 내용이 되는 하나님의 진리의 근원은 하나님의 말씀입니다. 하나님은 자신의 말씀을 통해 하나님이 누구시며 하나님의 계획이 무엇인지를 우리에게 알려주십니다. 이것을 신학적으로는 계시라고 부릅니다. 성령님은 이 계시를 기록하시는 과정을 주도하셨습니다. 그것을 신학적으로 영감이라고 부릅니다. 영감은 진리의 오류 없는 기록에 관해 말합니다. 계시 된 진리로 인류를 가르치시기 위해 진리를 기록하신 성령님은 그 진리를 사람들의 필요와 부합시키십니다. 이것을 적용이라고 말합니다. 우리가 최근의 것이라고 해도 약 2천 년이나 되는 고대 문서를 오늘의 삶의 지침서로 붙들고 살아가며, 배우고, 가르칠 수 있는 이유는 원저자이신 성령님이 계시기 때문입니다. 성경은 말합니다. "예언은 언제든지 사람의 뜻으로 낸 것이 아니요 오직 성령의 감동하심을 받은 사람들이 하나님께 받아 말한 것이라"(벧후1:21). "모든 성경은 하나님의 감동으로 된 것으로 교훈과 책망과 바르게 함과 의로 교육하기에 유익하니 이는 하나님의 사람으로 온전하게 하며 모든 선한 일을 행할 능력을 갖추게 하려 함이라"(딤후3:16~17).

그러므로 앞에서 이야기했듯이 가르치는 내용과 관련해서 우리는 성령님의 비추심을 간구해야 합니다. 우리에게 문제가 있기 때문입니다. 하나님의 말씀은 결코 부족하지 않습니다. 이것은 마치 시각 장애인이 태양을 보면서도 그 빛을 볼 수 없는 것은 태양의 잘못이 아니라 그의 문제인 것과 같습니다. 이점에 있어서 교회학교 교사나 학생들이나 본질적으로 영적인 시각 장애를 가지고 있습니다. 성령님이 비추사 눈을 열어주지 않으시면 우리는 하나님의 말씀에 담긴 진리를 제대로 가르칠 수도, 깨달을 수도 없습니다. 그래서 다윗은 자신을 위해 기도했습니다. "내 눈을 열어서 주의 율법에서 놀라운 것을 보게 하소서"(시119:18). 우리의 교회학교 교사 선배인 바울은 에베소의 학생들을 위해 기도했습니다. "우리 주 예수 그리스도의 하나님 영광의 아버지께서 지혜와 계시의 영을 너희에게 주사 하나님을 알게 하시고 너희 마음의 눈을 밝히 사 그의 부르심의 소망이 무엇이며 성도 안에서 그 기업의 영광의 풍성함이 무엇이며 그의 힘의 위력으로 역사하심을 따라 믿는 우리에게 베푸신 능력의 지극히 크심이 어떠한 것을 너희로 알게 하시기를 구하노라"(엡1:17~19). 티칭 내용을 준비할 때마다 내 책상 주위에는 세 인격이 모여 함께 준비합니다. 물론 가상 현실 속에서 일어나는 일입니다. 첫째는 성령님, 둘째는 나 자신 셋째는 내 가르침을 들을 학생들, 나는 하나님의 말씀으로 하나님의 사람을 세우는 그분의 동역자로서 진리와 학생들 그 둘 사이를 연결해야 하는 긴장감을 느낍니다. 성경 말씀은 역사적이고, 일반적이며, 객관적인 진리입니다. 학생들은 '지금 여기'(here and now)의 삶으로 그 말씀을 받고 반응해야 합니다. 이 둘 사이에 그랜드 캐니언보다 더 엄청난 차이가 존재합니다. 어떻게 객관적인 진리가 내 앞에 있는 바로 이 특정한 회중들의 필요를 채우는 특정한 진리로 제시될 수 있을까요? 해결책은 하나입니다. 성경의 원저자 성령님이 그 말씀을 각 학생의 버전으로 번역해주시는 것입니다. 성령님은 각 학생의 언어로 그 진리를 이해하고 받아들이고 믿고 순종하도록 인도하십니다. 성령님은 그 진리를 어떻게 전달하는 것이 가장 좋은지 그 그릇을 선택하는 일에도 지혜를 주십니다. 그래서 교회학교 교사는 언제나 겸손히 그분을 의지할 수밖에 없습니다.

넷째, 가르침을 받는 사람(Pupil)과 관련하여

성령님은 교회학교 교사를 사용하셔서 학생들을 세우십니다. 그리스도가 이루신 역사적이고 객관적인 사역을 주관적이고 실제적인 경험으로 연결 시키는 분은 성령님뿐이십니다. 성령님은 학생들이 복음을 듣게 하시고(이것을 신학적으로는 외적 소명이라고 부른다), 그것을 자신을 위한 것으로 들리게 하시며(이것을 신학적으로는 내적 소명이라고 부른다), 하나님이 원하시는 삶을 살 수 있는 생명을 창조하시고(이것을 신학적으로는 외적 중생이라고 부른다), 그들 안에서 인격적인 관계를 영원히 지속하십니다(이것을 신학적으로는 외적 내주라고 부른다). 그리고 그를 그리스도와 그분의 몸 된 교회 공동체 안에 붙이시고(이것을 신학적으로는 성령의 세례라고 부른다), 그들의 내면 속 왕좌에서 그의 모든 인격과 삶을 다스리십니다(이것을 신학적으로는 성령 충만이라고 부른다). 성령님 없이 단지 신학적 지식으로 사람을 변화시킬 수 있는 길은 없습니다. 성경은 말합니다. "그러나 진리의 성령이 오시면 그가 너희를 모든 진리 가운데로 인도하시리니 그가 스스로 말하지 않고 오직 들은 것을 말하며 장래 일을 너희에게 알리시리라"(요16:13).

다섯째, 가르치는 방법(Pattern)과 관련하여

어떤 이들은 자료나 방법은 인간적인 것일 뿐 성령님의 역사와 관계없는 것처럼 여깁니다. 그러나 우리가 사용하는 어떤 가르침의 방법이나 기술도 성령님의 사역과 무관할 수 없습니다. 예수님이 이 땅에서 가르치실 때 그분은 모든 만물, 모든 사건, 모든 사실을 그분의 진리를 담는 그릇으로 사용하셨습니다. 우리도 그래야 하지만 지혜가 부족하여 가장 적절한 그릇을 찾는 데도 어려움을 겪습니다. 가르침의 내용을 준비할 때, 그 내용을 담기에 가장 합당한 그릇을 생각나게 하시는 분도 성령님이십니다. 그 방법을 소도구로 사용하셔서 사람들의 마음에 변화를 일으키시는 분도 성령님이십니다.

성령님은 방법을 사용하십니다. 티칭을 준비할 때 방법까지 성령의 지혜와 인도를 구해야 합니다. 그러나 방법주의의 위험도 늘 경계해야 합니다. 성령님의 능력 대신 방법의 효력만을 신뢰할 때, 방법이 내용을 압도하거나 지배할 때, 방법이 목적 자체로 둔갑할 때, 하나님 말씀의 권위를 방법의 효과로 대체할 때 우리는 성령님을 우리의 가르침에서 제쳐놓는 실수를 하는 것입니다. 바울은 늘 그것을 염두에 두고 가르친 교사입니다. "내 말과 내 전도함이 설득력 있는 지혜의 말로 하지 아니하고 다만 성령의 나타나심과 능력으로 하여 너희 믿음이 사람의 지혜에 있지 아니하고 다만 하나님의 능력에 있게 하려 하였노라"(고전2:4~5).

교사로서의 부모

부모, 그들은 누구인가

(1) 자녀를 키우는 일에 있어서 부모는 어떤 존재일까? 자녀들의 양육(bringing up)과 부모의 문제를 생각할 때면 떠오르는 이

야기가 있습니다. 한 철학자가 고대 희랍의 장터를 배회하고 있었습니다. 십대 소년 둘이서 이 현자를 골려 주려고 한 가지 계획을 세웠습니다. 그것은 새를 손안에 넣고 있다가 새가 죽었는지, 살았는지를 물어서 난처하게 만들고자 하였던 것입니다. 즉, 철학자의 말이 새가 죽었다고 하면 살아 있는 새를 보여 주고, 만일 새가 살았다고 하면 주먹을 꼭 쥐어서 새를 죽여 보임으로써 철학자를 웃음거리로 만들려고 했던 것입니다. 이들은 계획대로 한 마리의 새를 손에 넣었습니다. 한 소년이 새를 주먹으로 감춘 다음에 장터로 나가 철학자에게 물었습니다. 희랍의 철학자는 소년들과 함께 앉았습니다. "현인이시여, 한 가지 여쭙겠습니다". "젊은 친구. 말해 보게나". "제 손 안에 한 마리의 새가 있습니다. 지금 이 새가 죽었을까요. 아니면 살아있을까요?". 소년들이 악동적인 질문과 현자의 대화를 듣기 위하여 사람들이 몰려 들었습니다. 소년들은 이제야말로 철학자를 골려줄 수 있겠다고 여기면서 웃음을 띠었습니다. 희랍의 철학자가 골똘히 생각에 잠기자 소년들은 더욱 득의 만만하였습니다. 철학자가 입을 열었습니다. 철학자의 대답은 소년들의 생각을 산산조각 내고도 남는 대답이었습니다. "새가 죽었는지 또 살았는지 나는 모른다. 그러나 아는 것이 있는데, 그 생명이 자네의 손에 달려 있다!". 과연 철학자다운 대답이었습니다. 새가 살고 죽는 것은 그 소년의 손에 달려있는 문제였던 것입니다. 소년은 새를 날려 보낼 수도 있고 죽일 수도 있었습니다. 그렇습니다. 소년은 새의 생명에 대한 책임을 지니고 있었습니다. 소년이 손에 힘을 주느냐, 아니면 손을 펴느냐에 따라 새의 운명이 달라지는 것입니다.

이 이야기는 부모와 자녀의 관계에서 부모란 무엇이냐를 선명하게 보여 줍니다. 부모, 그는 자기 자녀들의 생명에 대하여 책임을 지고 있는 사람입니다. 자녀들은 한결같이 그들의 부모에게 달려있습니다. 새의 생명이 소년의 손안에 있었듯이 자녀들은 부모에게 달려 있는 것입니다. 부모가 어떻게 하느냐에 따라 자녀의 모습이 결정되는 것입니다. 소년이 손을 풀어 새가 하늘 높이 날아오를 수 있는 것처럼, 부모는 자녀들의 장래(prospect)를 밝게 할수 있습니다. 반면에 소년이 새의 생명을 건드릴 수 있는 것과 같이 부모가 자녀의 앞날에 그림자를 드리울 수도 있습니다. 그러므로 부모는 하나님 앞에서 자녀에 대한 책임을 기피할 수 없는 것입니다. 그리고 하나님께서는 자녀들에 대한 책임을 그들 부모에게 물으실 것입니다.

(2) 하나님께서는 부모를 통해서 아이들에게 자신을 나타내시기를 기뻐하십니다. 부모는 자녀들에게 하나님을 만나도록 도와 줄수 있는 최초의 사람입니다. 아이들은 부모의 가르침과 부모와 함께 생활하면서 하나님을 뵙습니다. 또한 하나님의 말씀을 듣게 되는 것입니다. 부모야 말로 아이들이 전 생애를 통해 최초로 만나는 하나님의 학교 교사라는 사실을 잊어서는 안 됩니다. 부모는 그가 원하든 그러지 않든 아이들에게 "영원한 흔적을 남겨 놓게 될 것이다"라고 웰터 헨릭슨이 말하였습니다. 하나님께서는 아이들의 인격 형성이 부모의 영향 속에서 이루어지도록 부모가 자녀를 돌

보게 하신 것입니다. 이 기간에 자녀들의 눈에 비친 부모의 모습이 조금도 남김없이 그대로 '가르쳐지는' 것을 우리는 알고 있습니다. 부모의 됨됨이가 그 자신들의 말보다도 더 빠르게, 더욱 많이 아이들에게 전달되고 있습니다.

가정과 가정에서의 삶은 하나님의 학교라고 하겠습니다. 가정은 곧 교실이고, 하루의 삶은 교재(teaching-aids)가 되는 것입니다. 따라서 가정에 어린아이가 태어난다고 하는 사실은 한 사람이 하나님의 학교에 입학했다는 것과 다를 바 없습니다. 당신의 자녀들은 당신이 돌보아 주어야 하는 이들이면서 동시에 당신을 통해서 인생을 배우는 학생들입니다. 하나님의 학교인 가정에 대하여 해롤드 사라는 예배당이라는 표현을 썼습니다. 자녀들이 하나님을 만나고 삶 속에서 하나님을 경배하며 찬양하기 때문입니다. 그의 견해에 따른다면 당신은 바로 예배를 인도하는 목사요, 양무리를 보살피는 목자라고 하겠습니다. 그러므로 부모들은 누구나 그의 자녀들에게 하나님을 소개하는 사람들이라고 볼 수 있습니다. 아이들은 부모의 행위에서 하나님을 봅니다. 구약성경에는 이를 뒷받침해 주는 구절들이 기록되어 있습니다. 아버지가 그의 자녀들을 사랑하고 긍휼을 베푸는 일을 통해서 아이들은 하나님의 사랑하심과 긍휼을 발견할 수 있다는 내용이 시편 103:13에 기록되어 있습니다. "아비가 자식을 불쌍히 여김 같이 여호와께서 자기를 경외하는 자를 불쌍히 여기시나니". 그러므로 아버지의 사랑 속에서 커가는 아이들은 하나님의 사랑을 인식하게 되는 것입니다. 반대로 아버지의 사랑이 깊지 못한 가정에서 자라는 아이들은 하나님의 사랑을 깨닫지 못합니다.

(3) 부모가 삶 속에서 자녀들에게 하나님을 보여 주어야 하지만, 그는 동시에 자녀들을 보호(protection) 하면서 키워야 합니다. 이에 대하여서는 이런 이야기가 설명을 대신할 수 있을 것입니다. 즉, 어느 집에서나 금은 패물을 장농 속에 있는 서랍의 깊은 곳에 두게 마련입니다. 그 패물이 값나가는 것이거나 아주 희귀한 것일 경우에는 보자기에 꼭꼭 감추어 싸서 서랍에 넣고 열쇠로 채우기까지 합니다. 왜 이렇게 둘까요? 그것은 도둑맞을 것을 염려해서입니다. 금은 패물과 당신의 자녀들을 비교해 보자. 만일 당신에게 수억원에 이르는 패물이 있다고 하자. 그 패물과 당신의 자녀들을 바꿀 수 있는가? 당신의 자녀들은 수 억원짜리 패물보다 더 귀중합니다. 패륜에 가까운 아버지일지라도 자기 자녀를 다른 그 무엇과도 바꾸지 않습니다. 분명히 우리의 자녀들이 어떤 패물보다도 귀한데, 금은 패물은 서랍 속에 깊이 간직하면서 아이들에 대해서는 어떻게 하고 있는가? 아이들은 지금 온갖 위험에 내버려진 채로 있습니다. 어리석게도 오늘의 부모들은 돈을 간직하는 데만 힘을 다하고 아이들에 대해서는 방치하고 있는 것입니다.

오늘의 문화는 아이들의 영혼을 타락시키느라 갖은 방법으로, 계속하여 공격하고 있으며, 도덕의 문란은 아이들의 인격을 손상시키기에 충분합니다. 어디 그뿐인가? 대중 음악이 하나님을 거절하고 우상을 섬기도록 위협하고 있는 것이다. 특히 건전해야 될 스포츠와 취미, 오락에 성도덕의 문란이 편승하여, 사춘기의 호기심을 자극하며 청춘을 병들게 하고 있습니다. 그러니, 우리가 자녀의 양육에 있어서 책임 있는 부모라면, 금은 패물을 간직하는 것보다도 이 아이들을 지키기에 힘을 기울이고 하나님의 도우심을 구해야 하겠습니다. 하나님께서는 자녀 보호에 대한 책임을 부모에게 맡기셨습니다. 그러므로 당신은 자녀 양육에 대한 자기의 책임을 다하기 위해서 노력(encleavor) 하고 또 노력을 기울여야 하리라.

(4) 부모가 자녀들을 보호하고, 믿음의 사람으로 키우기 위하여 해야 할 구체적인 일들은 무엇일까? 자녀에게 형성되어야 하는 삶의 형태가 부모의 삶에서 있어야 한다고 하워드 헨드릭스(Howard G. Hedricks)가 권면하고 있습니다. "자녀들로 경건하게 살고 싶은 의욕을 갖게 하기 위해서는 부모 자신이 경건한 방법으로 살아야만 한다". 참으로 옳은 지적입니다. 디모데의 칭찬받을 만한 믿음이 사실은 그의 외할머니와 그의 어머니에게 있었던 믿음이었습니다. 그래서 바울은 "이 믿음은 먼저 네 외조모 로이스와 네 어머니 유니게 속에 있더니 네 속에도 있는 줄을 확신하노라"(딤후1:5)고 하였던 것입니다. 아이들은 부모의 말보다도 부모의 삶으로 배웁니다. 그러므로 자녀를 하나님의 인정받는 일꾼으로 키우기를 원하는 부모들은 그 자신의 삶이 교과서가 되도록 해야 합니다. 삶을 통해서 가르쳐야 하겠습니다. 기도하는 자녀를 원한다면 부모가 먼저 기도의 사람이 되어야 합니다. 찬송하는 자녀를 원한다면 부모의 생활이 찬송 속에서 이루어져야 합니다. 부모가 말씀을 묵상하면서 지낼 때 자녀들도 말씀을 묵상하는 것에

즐거워 할 것입니다. 경건한 자녀를 원할 때도 먼저 부모의 삶이 경건해지기에 힘써야 합니다.

부모, 그들은 자녀의 미래에 대한 거울입니다. 아이들은 부모라는 거울을 보면서 버릇을 지니고 삶의 태도가 갖추어집니다. 따라서 우리는 가르치려고 입을 크게 벌리기보다는, 가르치고자 하는 대로 그렇게 살아야 하겠습니다. 가르치고 싶은 대로 살라! 당신의 가르침보다 당신의 삶이 앞서야 한다는 사실을 기억하는 부모야말로 자녀들을 제대로 키울 수 있습니다. 하나님께 대항하였던 프로이드(S. Freud)도 아이들이 "어머니와 아버지를 보면서 하나님을 느낀다"라고 하였습니다. 하나님의 사람으로 사는 부모의 가정에서 하나님의 사람으로 자라나는 자녀들을 볼 수 있습니다. 이것은 무엇을 뜻하는 말일까요? 한마디로 부모의 생활이 자녀들에게 본보기가 된다는 사실입니다. 부모는 자녀들에게 어떻게 살아야 하는가에 대한 본보기로써 대답이 되어 줄 수 있으며 안내자(guider)가 되는 것입니다. "우리가 경건한 방법으로 상황들에 대처함으로써 우리 자녀들에게 경건함을 가르쳐야 한다"라고 강조한 월터 헨리슨이 말하기를, 부모의 삶의 태도가, 자녀들이 인격을 형성하는데 그대로 영향을 미친다고 하였습니다. 우리는 여기에서 부모의 지금이 자녀들의 미래라고 말할 수 있을 것입니다. 사진을 찍으면 피사체가 그대로 필름에 박히듯이 지금 부모의 삶이 아이들의 마음에 박혀지게 되는 것입니다.

(5) 지난날에 비하여, 오늘날 그리스도인의 가정이 많아졌습니

다. 그런데 그리스도께서 머무르시는 가정은 찾아보기 힘듭니다. 단지 집안에 성경과 찬송가가 비치되어 있고, 카세트 테이프 레코더에서는 복음 노래가 은혜스럽게 흘러나오지만 그리스도의 다스리심이 없는 가정들이 대부분입니다. 자녀들에 대한 부모의 말씨는 그리스도인인가 아닌가를 의심하도록 합니다. 이웃 사람들을 대하는 자세 역시 구별이 없습니다. 그래서 앞에서도 인용했던 하워드 헨드릭스가 "구별된 그리스도인 가정이 서서히 사라지고 있는 것을 경계해야 한다"라고 한 말에 주의를 기울여야 하겠습니다. 우리의 가정에 그리스도의 주님 되심이 있어야 하고, 부모와 자녀가 함께 그의 다스리심을 받아야 할 문제에 대하여 심각하게 생각해 보아야 합니다. 그래서 우리 가정에서 그리스도의 주님 되심이 회복되어야 합니다. 아울러 "그리스도의 말씀이 모든 삶의 영역에 적용되도록 해야 하겠습니다.

교사로서 하나님은 이스라엘 백성 - 하나님의 학습자들(learners)을 가르치셨을 뿐 아니라 그들에게 가르침을 명하셨습니다. 특히, 하나님은 이스라엘 백성의 리더 모세에게 자신의 계명으로 그들을 가르치라고 명하셨고 또 이스라엘의 모든 부모에게 가르치라고 명하셨습니다. 아브라함 시대로부터 히브리 부모들은 그들의 자녀를 여호와의 길로 교육하라는 하나님의 명령 아래 놓여 있다는 사실을 알았습니다. 모세는 흔히 히브리 교육의 핵심으로 여겨지는 "쉐마"(Shema)라고 불리는 신명기 6장 4~9절의 말씀을 말하기에 앞서 1절에서 이렇게 말합니다. "너희의 하나님 여호와께서 너희에게 가르치라고 명하신 명령과 규례와 법도라." 모세는 하나님의 명하신 것을 이스라엘에게 가르쳤습니다. 그 가르침에는 이스라엘 백성의 교육의 핵심 내용-하나님과 그분을 사랑하고 섬기고 순종하는 것과 자녀들을 가르치라는 이스라엘 부모들을 향한 명령도 포함되어 있었습니다. "이스라엘아 들으라 우리 하나님 여호와는 오직 유일한 여호와이시니 너는 마음을 다하고 뜻을 다하고 힘을 다하여 네 하나님 여호와를 사랑하라 오늘 내가 네게 명하신 이 말씀을 너는 마음에 새기고 네 자녀에게 부지런히 가르치며(impress) 집에 앉았을 때에든지 길을 갈 때에든지 누워 있을 때에든지 일어날 때에든지 말씀을 강론할 것(talk)이며"(4~7절)

하나님은 교사로서의 사명을 먼저 부모에게 주셨습니다. 성경에서 부모가 되었다는 사실은 육체적으로 자녀를 낳았다는 의미보다도 하나님의 말씀대로 자녀를 양육한다는 의미가 있습니다. "자식들은 여호와의 기업이요..."(시127:3). 자녀의 첫 번째 교사는 부모입니다. 이것은 하나님께서 하신 명령입니다. 하나님은 자신의 하나님 됨의 선포와 그의 백성으로서의 삶의 규례와 율례를 그 부모에게 위임하셨습니다. 구약의 부모들은 이스라엘 역사 속에서의 하나님의 활동에 관한 이야기를 들려주고 자녀들이 부모를 통해 하나님의 뜻을 이해하게 하는 중간자로 봉사하였습니다. 부모들은 하나님의 말씀을 소중히 여기고 그 말씀을 자녀들 마음 깊숙한 곳에 간직하도록 하는 책임이 있었습니다. 이들에게는 종교와 교육이 통합되었습니다. 그것은 토라(Torah)의 의미에서도 알 수 있는데 이것은 일반적으로 율법이라고 번역되지만 실제의 의미는 가르침입니다. 이스라엘은 종교가 생활에 배어 있습니다. 부모들은 가정에서 신앙의 전통과 예식을 지키며 자녀로 하여금 그것을 보면서 하나님께 초점이 맞춰지는 질문을 하도록 유도하고 그 질문에 대답하면서 가르칩니다(출12:26, 13:14, 신6:20 등). 자녀들은 출생 시부터 교육적 환경에서 성장하였던 것입니다.

가정에 기초를 둔 이러한 교육 과정은 이중적인 것이었습니다. 첫째는, 부모들이 이스라엘 역사 속에서의 하나님의 활동에 관한 이야기를 다시 들려주는 것이었습니다. 구원자이신 여호와는 히브리인들을 애굽의 노예로부터 건져 내셨습니다. 공급자이신 여호와는 광야의 위험에서 그들을 돌보아 주셨습니다. 승리자이신 여호와는 그들을 약속된 땅으로 주셨습니다. 어느 세대든지 전능하신 하나님께서 자기 백성들의 삶 가운데 어떻게 개입하셨는가를 잊어서는 안 되었기 때문에 하나님의 역사에 관한 암송은 매우 중요한 것이었습니다. 시편 기자는 이러한 교육적 전승을 엿보게 해 줍니다. "내 백성이여, 내 교훈을 들으며 내 입의 말에 귀를 기울일지어다 내가 입을 열고 비유를 베풀어서 옛 비밀한 말을 발표하리니 이는 우리가 들은 바요 아는 바요 우리 조가 우리에게 전한 바라 우리가 이를 그 자손에게 숨기지 아니하고 여호와의 영예와 그 능력과 기이한 사적을 후대에 전하리로다"(시78:1~4). 물론 그 다음으로는 율법이 바로 하나님의 음성으로 간주 되었기 때문에 어린이들은 율법을 알아야만 하였고, 그리고 부모는 어린이들이 부모를 통하여 하나님의 뜻을 이해하게 되는 통로로서 봉사하여야만 하였습니다. 구약성경 가운데서 신명기 6장 4~9절은 이러한 부모의 책임을 보다 명백하게 제시해 주고 있습니다. 이러한 권고와 관련하여 쉐릴은 다음과 같이 기록하였습니다. "아마도 어떠한 제도나 이와 비슷한 문서가 이방인들의 마음 속에 새겨진 것 보다도 더 깊게 한 구절이 유대인의 마음속에 새겨졌는데, 즉 그것은 〈쉐마〉(Shema)이다."

일반적으로 히브리 사회에서 아버지는 자기 자녀들의 교사로 간주 되었습니다. 그러나 잠언이 기록된 4세기 동안 어머니도 이러한 책임을 나누어졌습니다. 고대 현인들은 잠언 1장 8절과 31장 1절에서 이러한 사실에 대한 근거를 제시하고 있습니다. 가르침에 대한 소명은 고대 이스라엘에서 부모의 다른 책임과 동시에 생긴 것이었습니다. 현대의 부모들이 자녀를 낳는 것은 그들을 먹이고 돌보는 것까지 포함한다는 사실을 이해하는 것과 마찬가지로 구약시대의 부모들도 자기 자녀들을 신앙으로 가르쳐야 한다는 사실을 당연시 하였습니다. 무엇보다도, 이스라엘 백성의 교육은 하나님 중심적이고 하나님 우선적이었는데, 이런 점에서 그것은 종교교육/신앙교육이라고 말할 수 있습니다. 하나님이 교육의 출발점인 것입니다. 이와 같이, 이스라엘 백성의 교육은 "언제나 수평적이기 전에 수직적이고, 또 인간적인 차원에 대한 관심 이전에 인간과 하나님 간의 관계를 요청하였다"(갠글 & 벤슨)

자녀를 가르치는 일과 관련하여, 이스라엘 민족의 부모 세대들은 먼저 배우는 자들이 되어야 했습니다. 자신들이 먼저 하나님의 가르침을 받아야 했습니다. 그리고 하나님으로부터 가르침을 받는 것을 가지고 또 다른 배우는 자들이어야 하는 자녀들에게 그대로 가르쳐야 했습니다. 그래서 이스라엘 민족의 부모와 자녀는 함께 하나님의 가르침을 배우며 계속해서 믿음의 공동체를 형성해 가야 했습니다. 모세는 이것을 이렇게 표현했습니다. "너와 네 아들과 네 손자들이 평생에 네 하나님 여호와를 경외하며 내가 너희에게 명한 그 모든 규례와 명령을 지키게 하기 위한 것이며 또 네 날을 장구하게 하기 위한 것이라"(신6:2). 이스라엘 백성은 한마디로 말하면, 하나님으로부터 가르침을 받으며 다른 사람들과 자녀들을 가르치는 사람들이라고 말할 수 있습니다.

신앙의 배움은 일차적으로 배움의 내용을 귀로 듣는 것입니다(물론, 눈으로 보는 것도 중요합니다. 그러나 귀로 들어서 알아야 눈으로 보는 것을 바르게 이해할 수 있게 됩니다), 배움은 또한 듣고 받는 것을 내면에 심고 새기는 것입니다. 반면에 가르침은 듣고 받아 내면에 심고 새긴 사람(교사와 부모)이 그것을 다른 사람(학습자와 자녀)의 내면에 심고 새기는 것입니다. 그리고 가르치는 자와 배우는 자가 계속해서 그것에 관해 함께 이야기하는 것입니다. 그러한 상호 나눔/이야기함 속에서 듣고 받는 것이 심고 새기는 것이 마음에 뿌리를 내리고 자리 잡게 됩니다. 내면에 심고 새겨진 것, 마음에 뿌리를 내리고 자리 잡은 것은 삶으로 나타나기 마련입니다. 그것이 참된 배움의 힘이고 영향력입니다. 그래서 바른 것을 받고 바른 것을 내면에 심고 새길 필요가 있습니다. 내면에 잘못된 것이 심겨지고 새겨지면 삶에 잘못된 것이 나타나게 됩니다. 마음에 하나님의 말씀을 심고 새기면 말씀이 삶으로 나타납니다. 모세 자신이 그것에 대한 전형적인 예입니다. 모세는 하나님께 듣고 받은 것을 마음에 담고 그것을 이스라엘 백성에게 전했습니다.

영적 배움과 가르침은 그런 것입니다. 배움과 가르침이 그와 같을 때 신앙공동체는 희망이 있고 생명력이 있게 됩니다.

이스라엘 공동체 안에서 배움과 가르침은 대개 두 개의 장으로 구분되어 이루어졌는데, 하나는 종교 공동체와 종교 지도자들을 통해서이고, 다른 하나는 가정과 부모를 통해서였습니다. 제사장들이나 선지자들 같은 종교 지도자들은 하나님의 명령을 따라 이스라엘 백성을 가르쳐야 했습니다. 그들의 가르침은 이스라엘 민족이 하나님의 백성 공동체로서의 정체성을 지켜가는 데 절대적으로 중요했습니다. 뿐만 아니라 이스라엘 민족의 모든 부모들은 하나님의 학습자들이자 자녀의 교사들로서 하나님께 배우면서 자기 자녀들을 가르칠 책임이 있었습니다. 그러한 책임은 이스라엘 부모들에게 직접적이고도 분명하게 주어진 것이었고, 그것은 학교를 통한 형식적 교육이 이루어지기 이전이나 이후에도 동일하고 변함이 없었습니다(윌리엄 바클레이), 왜냐하면 이스라엘 백성에게 있어서 "진정한 교육은 가정이고," 예나 지금이나 "가정은 아동교육의 중심"(바클레이)이기 때문입니다. 그들의 책임은 막중한 것이었는데, 그것은 그들의 가르침을 통해 자녀들의 신앙관, 세계관, 인생관 그리고 가치관 등이 형성되었고, 다음 세대들에게 믿음이 전수될 수 있었기 때문입니다. 특히, 자녀들은 부모의 가정 신앙교육을 통해 어릴 때부터 모든 행동에는 하나님의 뜻이 담겨져 있다고 생각하면서 자랐는데(루이스 쉐릴), 그러한 인식은 그들로 하여금 믿음과 일상생활은 나뉠 수 없다는 확신을 갖게 했습니다. 이런 점에서, 이스라엘 백성의 교육은 "거룩에 대한 교육"(바클레이)이라고 말할 수 있습니다.

자녀들의 신앙 형성과 신앙 전수에서 가정과 부모의 역할이 그만큼 중요했습니다. 이스라엘 백성에게 있어서 "가정은 주님 안에 있었고 주님은 가정 안에 있었다"(쉐릴). 이스라엘 백성의 삶에서 하나님과 가정은 나뉠 수 없었습니다. 하나님은 가정을 통해서 알려지고 전해졌고, 가정은 하나님 중심으로 형성되고 세워졌습니다. 그것은 하나님이 의도하신 신앙생활의 방식이고 이스라엘 민족은 그러한 방식을 따랐습니다. 바클레이는 이와 관련하여 이렇게 말한다. "유대 가정에서 아버지와 어머니는 아동교육의 책임을 분담하였다. 유대 교육에 대한 어떤 검토에서도 다음 두 가지 사실을 기억하는 것은 필수이다. 먼저, 유대 교육은 거의 전적으로 종교교육이었다. 그리고 둘째, 어느 때고 간에 중심은 가정이며, 또 만일 아동이 하나님의 율법을 준행하려고 한다면 그를 교육 시킬 책임은 부모가 간단하게 넘길 수 없는 그 무엇이다." 가르침/교육은 신앙의 본질적인 차원입니다. 그리고 가르침은 교사이신 하나님이 신앙공동체 전체에게 부여하신 책임입니다. 가르침이 없는 신앙은 생각할 수 없고, 가르침이 없이는 신앙공동체의 형성과 존속이 거의 가능하지 않습니다. 그래서 신앙 공동체가 책임 있고 활력 있는 영적 공동체가 되려면, 그것에 속한 영적 지도자들은 하나님의 백성을 가르쳐야 하고 믿음의 부모들은 자녀들을 가르쳐야 합니다. 우리는 그것을 이스라엘 백성에게서 배우게 됩니다.

부모의 자녀 양육 기본 원칙

아이를 갖는다는 것은 큰 축복입니다. 그러면서 두려운 책임이 기도 합니다. 다른 어떤 기관보다 가정이 선악 간에 큰 영향을 아이에게 미치기 때문입니다. 기본적인 태도, 습관, 그리고 가치 등은 오직 가족의 돌봄과 지도 아래 있는 초기의 형성적 기간 동안에만 개발됩니다. 잠언은 다음과 같은 지혜의 말로 이런 의무와 책임을 부모에게 상기시키고 있습니다. "마땅히 행할 길을 아이에게 가르치라 그리하면 늙어도 그것을 떠나지 아니하리라"(잠22:6). 자녀에 대해 (하나님께 감사드리고, 부모로서의 책임을 받아들이는 그리스도인 부모는 어떻게 "여호와의 주신 기업"을 교육 시킬 것인가를 알 필요가 있습니다. 그러나 날마다의 자녀 훈련을 위한 교육 방법을 사용함에 있어서의 방향지침을 위한 몇 가지 기본적인 원칙을 제시하려고 합니다.

(1) 자녀훈련을 위한 권위와 책임은 주로 부모에게 위임되었습니다.

"너희 자녀를 노엽게 하지 말고 오직 주의 교양과 훈제로 양육하라"(엡6:4)는 명령은 부모에게 주어진 것입니다. 이 구절에서 두 단어를 특별히 유의해 볼 필요가 있습니다. 첫째는 '파이데이아'란 말을 옮긴 교양(nurture)이란 말로서 이는 성숙하도록 자라는 아이들, 따라서 지도와 가르침, 교훈 그리고 훈련과 심지어 징계의 방식으로 어느 정도의 강제가 필요한 아이들을 키우고 다룬다는 뜻입니다. 둘째 단어는 교정을 위한 훈계의 말이란 뜻을 지닌 말의 역어인 훈계(admonition)입니다. 에베소서 6:4의 문맥에서 나타난 이 두 단어는 예수 그리스도께서 부모를 통하여 아이를 성숙시키기 위하여 주시는 지도와 교훈과 의의 교정을 의미합니다. 이를 통해서 주님은 그 자신이 그 전체 삶의 영역에서 의식적으로 그리스도의 주권 아래 사는 것을 가능하게 하시는 것입니다. 그리고 여기에는 또 그의 자녀도 주의 교양과 훈계로 양육하는 것까지가 포함됩니다.

(2) 그리스도인인 부모의 주된 의무는 자녀를 성숙케 하여 그의 모든 삶의 영역에서 하나님께 영광을 돌릴 수 있도록 하게 함에 있습니다.

로마서의 교리에 대한 가르침의 끝부분을 바울은 다음의 장중한 말로 된 아름다운 송영으로 끝마치고 있습니다. "이는 만물이 주에게서 나오고 주로 말미암고 주에게로 돌아감이라 영광이 그에게 세세에 있으리로다 아멘"(롬11:36). 삶의 궁극적 목적은 또한 교육의 궁극 목적이기도 합니다. 이 목적은 개인으로 하여금 단순히 사람의 제일 된 목적은 하나님을 영화롭게 하는 것입니다 라고 외우게 하는 것이 아니라 그가 기독교적인 양육을 통하여 그의 존재의 심연에서와 그의 삶의 전 영역에서 실제로 하나님을 영화롭게 하는 데까지 이르도록 하는 것입니다. 이 포괄적인 목적은 다음과 같은 절대적으로 본질적인 목표들을 포괄하고 있는 것으로 요약할 수 있습니다. 아이들로 하여금 예수 그리스도에 대한 구원의 지식에로 인도하는 것, 그들은 자신들의 참된 인식에 이르도록 하는 것 – 즉 스스로 우주의 중심이라고 느끼는 것이 아니라 세상을 다스리게끔 하나님의 명령을 받은 한에서 우주의 중심임을 느끼도록 하는 것, 따라서 자신의 전 삶의 영역에서 세상을 다스리는 하나님의 대리자가 되도록 훈련시키는 것 등이 이에 포함됩니다. "세상을 다스린다"는 말과 같은 용어의 사용에 혼동이 있으므로 여기서 몇 가지 설명을 하는 것이 순서상 필요하리라고 생각됩니다. '다스린다'는 말은 우선 개개인의 그리스도인이 문화를 개혁하여 하나님을 영화롭게 하는 데 실제적인 관련을 지닌다는 단순한 의미를 가집니다. 그리스도인인 한 농부가 땅을 정복하라는 하나님의 명령(창1:28)에 따라서 마지기 당 수확량을 훨씬 높였다면 그는 "지배하라"는 명령을 잘 수행했다고 할 수 있을 것입니다. 이와 마찬가지로 법률이나 의학을 전문으로 하는 이들이나, 상인이나 목수 등 그 어떤 문화적 사역을 할지라도 하나님의 "지배하고 다스리라"는 명령을 수행할 수 있는 것입니다. 또한 한 아이가 장성한 그리스도인이 되어서 가정을 세워 가장이 되고, 그 자녀들을 주의 교양과 훈제로 양육한다면 그도 성경적인 의미의 다스리라는 명령을 잘 수행한 사람이 되는 것입니다.

(3) 교훈의 방법들은 아이들의 본성과 신학적 지위에 합당한 것이어야 합니다.

대부분의 사람들이 아이들과 어른은 같은 방법으로 가르칠 수 없고, 특히 깊이 있고 폭넓은 내용은 더욱 그렇다는 것을 인정하기는 하지만 실제에서는 이 구분이 종종 간과됩니다. 따라서 아동의 다양한 발달 단계가 무시되는 경우가 있으나 그렇게 되어서는 안 됩니다. 사실 이것은 성경적 가르침이기도 합니다. 잠언 22:6 상반절을 문자적으로 옮기면, "그의 방식에 따라 아이를 키우라"(Train up a child according to his way)입니다. 여기서 '그의 방식'이란 내가 이해하기로는 아이로서의 본성을 의미합니다. 이것은 어린이 양육이 그의 성숙도에 맞아서 가르쳐진 것이 그의 마음과 생각에 새겨져 그의 제2의 천성이 되고, 그리하여 영원히 그와 함께 있게 되는 것을 뜻하는 것입니다. 복음주의자들이 구약 주석가 중 최대의 학자의 한 사람으로 여기는 프란츠 델리취(Franz Delitzsch)는 이런 해석에 따라서 잠언 22:6 상반절을 다음과 같이 옮겼습니다. "그에게 맞도록 아이를 가르치라 그리하면 늙어서도 그것을 떠나지 아니하리라." 그리고 그 주석에서 그는 말하기를 젊은이들에 대한 교훈, 젊은이에 대한 교육은 그들의 본성에 맞는 것이어야 합니다. 교훈하는 문제, 교훈하는 방식은 그들의 연령층에 맞아야 하며 그들의 특성에 일치해야 합니다. 교육 방법도 젊은이들의 정신적, 신체적 발달 정도에 맞추어 사용되어야 하는 것이다 라고 했습니다.

우리가 잠언 22:6 상반절의 진리를 잘 지킨다면 우리는 아이들의 학습 능력을 과소평가하거나 과대평가하는 양극단의 오류를 피할 수 있을 것입니다. 조그만 아이들을 가르치는 이는 누구든지 그들의 학습능력에 끊임없이 놀랄 것입니다. 분명히 아이들은 그들의 전력을 다하도록 격려 받아야 할 것입니다. 반면 아주 어린 아이들에게 아주 어려운 진리를 추상적으로 가르치며, 그들이 준비되지도 않은 것에 대해 결단하게끔 해서는 안 됩니다. 그렇게 하는 것은 결국 그들의 진보를 막는 것이기 때문입니다. 놀라운 것은 성경에 나타난 하나님의 뜻과 하나님께서 지시하신 아동 성장의 법칙에 나타나는 하나님의 뜻 사이에는 전혀 갈등이 있지 않다는 것입니다. 그러므로 아동의 영적 진보는 아이들의 학습이 성경에 비추어 합당한 법칙들과 조화되는 방식으로 일어날 때 가장 잘 나타나는 것입니다. 그들의 방식에 맞게 하나님의 자녀들에게 하나님의 진리를 가르치는 것이 하나님의 방식입니다. 그리고 이 하나님의 방식이야말로 최선의 것이 아니겠는가?

기독교적 양육의 수단들

그렇다면 그리스도인인 부모들은 그리스도의 방식에 따라 자녀를 양육하는 언약적 책임을 어떻게 감당할 수 있을까요? 나는 다섯 가지 방법을 제시하려고 합니다.

(1) 징계 (Discipline)

① 자녀의 신앙교육에 있어서, 기독교 양육과 징계 (discipline) 의 관계를 우리 함께 살펴 보고자 합니다. 부모가 아이들을 가르친다고 할 때, 그 가르침은 두 개의 성격을 지니고 있습니다. 곧 그것은 예방적인 것과 교정적인 것입니다. 어떤 것들에 대해서 '하라' 또는 '해서는 안 된다'고 가르치는 것은 예방적인 양육이요, 무엇을 함으로써 잘못을 저질렀을 때 그 잘못에 대하여 책임을 지도록

하고 다시는 그와 같은 잘못을 되풀이 하지 않도록 바로 잡아 주는 것을 교정적인 양육이라고 할 수 있습니다. 아이들의 기독교 양육에 있어서 교정적인 수단을 우리는 징계라고 말하게 됩니다. 부모는 자신의 자녀들을 양육해야 하는 권위를 하나님께로부터 받고 있습니다. 그래서 사도 바울이 자녀들에게 이렇게 권고하고 있습니다. "자녀들아 모든 일에 부모에게 순종하라 이는 주 안에서 기쁘게 하는 것이니라"(골3:20). 자녀들은 부모에게 순종해야 하고, 부모는 자녀들을 하나님의 피조물로서 돌보아 주고, 그들이 늘 하나님 앞에 설 수 있도록 양육해야 할 책임을 갖고 있는 것입니다. 우리의 자녀들은 그리스도 안에서 새로운 피조물이 되어야 합니다. 그들은 부모의 양육적 책임에 의하여 하나님의 사람으로 자라야 하는 것입니다. 이때, 부모가 자녀들이 하나님 앞에 설 수 있도록 중보자의 사역을 담당해야 하고, 이 사역을 위한 수단으로서 '하나님의 징계'를 사용해야 합니다. 그리스도인 부모들은 자기의 자녀들이 예수 그리스도를 구주로 영접하고 새 생명을 지니도록 도와 주어야 합니다. 그리고 새 생명을 소유한 자녀들이 하나님의 사람으로 자라는 데 있어서 '징계'를 사용해야 하는 것입니다.

② 오늘날의 아이들을 보자. 오늘날, 아이들의 특징을 든다면 한마디로 '버릇이 없는 세대'라고 하겠습니다. 그리스도인의 가정이든 그리스도 밖의 가정이나 똑같이 아이들에게 버릇을 가르쳐 주지 못하고 있습니다. 어느 가정에서건 아이들을 한, 두 명 키우고 있는 까닭에 그들이 가정의 모든 것을 독차지하게 되었습니

다. 여기에서 아이들이 무분별해지고, 버릇없이 자라나고 있는 것입니다. 자녀의 수가 적다 보니, 부모들이 그들의 요구에 응해 주는 일이 그리 어렵지 않아서 무엇이든지 쉽게 해 줄 수 있고, 또한 아이들을 귀하게 여겨서 '오냐, 오냐'로 키우다 보니 '자기밖에 모르는' 아이들이 되고 있습니다. 여러 형제들 틈에서 부모의 사랑과 관심을 나누어 받고, 형제끼리의 사회생활을 통해 이웃 관계(neighbors)를 익히며 자랄 때 가장 기본적인 사회의식을 갖추게 됩니다. 또한 여기에서 질서를 알게 되고, 양보하며 이해하는 것을 배우는 것입니다. 유대인들은 아이들이 자라는 데 있어서 가정만큼 훌륭한 학교는 없다고 믿고 있습니다. 그들은 어린이가 태어나 성인이 되어 사회생활을 하는데 갖추어야 할 모든 것은 가정에서 다 배우는 것으로 여겼습니다.

근래에 부모들이 아이들에게 정성을 쏟는 현상은 바람직한 일이라고 하겠습니다. 과거에 우리들은 먹고 살아가는 일차적인 문제 해결에도 급급했었기 때문에 아이를 낳기만 했지 어떻게 키울 것인가에 대해서는 제대로 관심을 두지 못하였습니다. 그에 비해 오늘날의 아이들은 가히 낙원에서 자라고 있다고 볼 수 있습니다.

그런데 문제는, 응석받이로 자란 아이들이 예의를 모른다는 것입니다. 더불어 살아가기 위해서는 질서를 지키고 때에 따라 양보도 해야 하는데 전혀 그렇지 못합니다. 자기주장의 목소리만 크면 똑똑한 줄로 여기고 있습니다. 그리고 부모는 물론 주위 어른들의 이야기를 들으려 하지 않고 있습니다. 그 결과 부모들 가운데 더러는 자녀들의 일탈(omission)에 속수무책 일 수밖에 없는 지경에 이른 이들이 있게 되었습니다.

③ 부모는 자녀의 기독교 양육에 대하여 하나님 앞에서 책임을 지고 있습니다. 자녀들이 하나님 앞에 바로 서지 않게 될 때 그 책임은 부모에게 묻는 것입니다. 자녀들이 하나님과의 관계를 맺는데 대한 부모의 역할을 잭 페네마(Jack Femema)가 아주 선명하게 설명해 주었습니다. "자녀의 신앙교육에 있어서, 징계는 부모가 자녀들을 하나님과의 관계 속에서 자라도록 하는 일에 퍽 유익한 수단이 된다고 본다. 성경은 말하기를, 징계가 하나님의 자녀를 양육하는 일에 꼭 필요한 방법이라고 하였다". "네가 네 아들에게 소망이 있은즉 그를 징계하고 죽일 마음은 두지 말지니라"(잠 19:18). 이 말을 고쳐서 쉽게 풀어본다면, 아이에게 소망이 있을 때 징계하라는 것입니다.

자녀를 키운다고 할 때 성경에서 표현하고 있는 '양육'이라는 의미 속에는 훈육과 징계라는 두 개의 뜻이 들어 있습니다. 양육은 훈육으로 시작되고 징계로 완성된다고 보는 것입니다. 앞에서 인용했던 잭 페네마는 징계라는 말을 '바르게 하는 것' 혹은 '고쳐 주는 일'로 풀이하고 있습니다. 그렇다면 이것은 미래에 대한 교육이라고 볼 수 있습니다. 지금의 잘못이나 실수에 대한 책임을 묻는 것으로 그치지 않고 '앞으로는 그렇게 하지 말라'는 의미의 다음 행동(다음의 삶)을 기대하고 시행되는 교육 방법인 것입니다. 만일, 아이들의 잘못에 대하여 책임을 묻는데 그치면 그것은 처벌에 지나지 않습니다. 그들의 그릇된 행동을 교정해 주기 위해서 책임을 묻고, 바람직하고 바른 행동으로 방향을 잡아 주는 일이 징계인 것입니다. 따라서 징계에는 부모의 사랑과 관심이 내재(inherence) 되어 있게 됩니다. 우리는 징계의 실체를 구약성경 사사기에서 확연하게 볼 수 있습니다. 하나님께서는 죄를 범하는 이스라엘 백성들을 처벌하지 않으셨습니다. 그들이 하나님께 범죄 하였을 때, 그 죄의 심각성을 깨닫도록 벌을 내리시고(책임을 지우신 것이다) 그 벌 속에서 그들이 회개하고 하나님께 향하도록(바르게 잡음) 하셨습니다. 이스라엘을 향하신 하나님의 징계는 사실, 이스라엘을 사랑하시는 하나님의 일이 되신 것입니다.

④ 부모가 아이들을 키우는 데는 여러 가지의 방법들이 있을텐데, 왜 징계하라고 성경이 가르치고 있는가? 다윗은 징계에 이렇게 고백하고 있습니다. "여호와여 주의 징벌을 당하며 주의 법으로 교훈하심을 받는 자가 복이 있나니"(시94:12). 구부러진 철은 풀무불에 들어가 싯 벌겋게 달구어진 다음에라야 곧게 펴질 수 있습니다. 우리는 징계를 구부러진 철과 풀무불로 생각해 볼 수 있습니다. 즉 앞에서 살폈듯이 징계가 교정적인 양육의 수단이라면, 그것은 응당 우리의 인격을 성숙하게(온전한 사람) 하는 도구가 된다는 사실입니다. 어떤 잘못된 행동에 대하여 벌(체벌)이 가해진다면 그것은 단순한 보상의 처벌에 지나지 않습니다. 그러나 징계는 처벌하는 행위에 초점을 두고 있지 않은 것입니다. 앞으로는 바르게 고쳐진 행동을 하도록 기대하는 것에 목적을 지니고 있습니다. 잘못된 행동에 따른 책임을 묻는 일(그것이 벌의 형태일 수도 있다)

을 통하여 바람직하고 바른 행동으로 방향을 잡아 주는 데 목적을 두고 시행되는 것입니다.

따라서 징계는 사람을 변화시킨다고 봅니다. 징계를 통해서 한 인격이 바람직한 방향으로 성장됩니다. 처벌이 잘못된 행동에 대한 앙갚음인데 반해서 징계는 과거의 잘못된 행동보다 앞으로 바람직한 행동을 할 것을 기대하면서 그 책임을 묻게 되는 것입니다. 당신은 못을 박아 본 경험을 갖고 있을 것입니다. 우리가 못을 박을 때 간혹 볼 수 있는 대로, 박히지 않고 구부러지는 못들에 대해서는 망치로 두드려 구부러진 부분을 폅니다. 구부러진 못을 곧게 하는 까닭은 무엇인가? 다시 박기 위해서입니다. 이와 같이 징계도 한 사람의 성장과정에서 그릇된 것을 바로 잡아 주어 바람직하게 자라도록 하는 양육의 수단입니다. 구부러지지 않는다는 것을 보장할 수 있는 곳이 있을 수 없듯이, 아이들은 자라나는 과정에서 한 두 번 이상 실패를 겪기 마련입니다. 이때, 실패한 것에 대하여 처벌을 하기 일수인데, 이 처벌을 통해 자녀가 받은 죄책감, 두려움, 분노 따위의 상한 감정을 부모는 어떻게 치료해 줄 것인가? 대부분의 부모들이 처벌만이 능사(能事)인 것처럼 여기고, 자녀들이 받는 상처에 대해서는 생각조차 하지 않고 있습니다.

처벌을 받은 아이들 가운데는 처벌이 두려워(처벌에 대한 공포) 똑같은 잘못을 저지르는 일이 없게 될지 모릅니다. 그러나 처벌로서 야기된 상처받은 감정은 그대로 있게 됩니다. 그것은 아이들의 성장에 어떤 도움도 되지 못합니다. 오히려 처벌을 가한 어른에 대하여 분노를 품고 있을지도 모르는 것입니다. 우리는, 처벌이 분노를 가장한 얼굴이요, 징계는 관심과 사랑의 미소라고 생각해야 합니다. 그래서 다윗이 여호와께 징계받는 사람이 복이 있는 사람이라고 고백하였던 것입니다. 우리가 자녀를 사랑한다면, 진실로 그들의 앞날을 염려한다면 징계를 아끼지 말아야 합니다. 그리고 부모의 징계는 물론 하나님의 징계를 기뻐하도록 이끌어야 할 것입니다.

⑤ 이제, 징계의 실체를 새롭게 보고 자녀들의 앞날을 위해서 징계하기를 원하는 부모들은 어떻게 해야 할까요? 성경은 이에 대하여 무어라고 말하고 있는가? 그리스도 다음으로 위대한 스승이랄 수 있는 바울 사도가 친절히 가르쳐 주고 있습니다. "너희 자녀를 노엽게 하지 말고"(엡6:4) 이어서 그는 "오직 주의 교양으로 양육하라"고 하였습니다. 우리들이 아이들을 징계하는 데는 두 개의 원칙을 세워야 합니다. 노여워 하지 않도록 하는 것과 하나님의 말씀으로 가르치는 것입니다. 징계할 때 아이들이 부모의 사랑을 전달받을 수 있도록 해야 하며 징계를 하는 부모는 확고한 원리를 지니고 있어야 합니다. 그것을 곧 일관성, 명료성, 공정함입니다. 징계는 언제라도 일관되게 한결같은 모양으로 행해져야 합니다. 부모의 기분이나 그때, 그때의 환경에 따라 달라져서는 안 되는 것입니다. 그리고 징계의 방법은 분명해야 합니다. 잘못에 대한 책임을 묻는 것은 분명해져 있어야 합니다. 공정함의 원리는 잘못에 대한 책임과 징계의 크기가 같아야 한다는 것입니다. 잘못을 저지른 행위보다 징계가 더 엄해서는 안 될 것입니다. 이것은 도리어 아이들

로 하여금 분을 품게 합니다. 따라서 잘못한 것에 대하여 구체적으로 시행되는 징계의 내용(근신, 벌, 체벌 따위)이 공정해야 합니다.

⑥ 징계 후의 일들

징계가 행해진 다음에는 부모와 자녀가 상담하는 시간을 갖도록 합니다. 징계 후의 처리는 사실상 징계 자체보다 더욱 중요한 것입니다. 이 상담에서 부모는 징계가 징계를 받을 당시에는 고통스러운 것이었으나 자녀의 그릇된 행위에 대하여 교정하기 위한 수단이었음을 설명합니다. 그리고 징계 받은 것을 격려해 주어야 하겠습니다. 여기에서는, 만일 징계가 없었더라면 교정을 기대할 수 없을 뿐이었다는 사실을 기억하도록 합니다. 아울러, 자녀가 징계 받고 있는 동안에 부모의 마음이 아팠다든지, 또는 자녀를 위하여 기도하고 있었다든지 하는 것을 솔직히 말해 줄 필요가 있습니다. 이것은 부모와 자녀가 함께 징계를 나누는 일이 되기 때문에 큰 유익을 가져다 줍니다.

이어서 꼭 해야 할 일이 있습니다. 부모와 자녀가 기도하는 일로서, 하나님께 자녀의 앞날을 부탁드리는 것입니다. 그래서 하나님의 도우심으로 교정되어야 할 부분이 바로 잡혀짐이 가능해지도록 간구해야 합니다. "저가 사모하는 영혼을 만족케 하시며 주린 영혼에게 좋은 것으로 채워지심이로다"(시107:9). 징계가 교정적 양육의 수단이지만 최상의 교육방법은 아닙니다. 자녀를 그리스도의 믿음 안에서 훌륭히 키우고, 가르칠 수 있는 길은 오직 자녀를 하나님께서 돌보실 때인 것입니다. 그러므로 징계 이후에 자녀가 똑같은 잘못이나 실수를 저지르지 않도록 살피고, 하나님께 그의 앞날을 맡겨야 하겠습니다.

(2) 개인적인 모범

부모는 자신들의 삶으로 모범을 보임으로써 자녀로 하여금 언약의 삶의 축복과 책임을 깨닫도록 해야 합니다. 바울 서신을 대충 훑어만 보아도 사도 바울이 이 개인적인 모범을 얼마나 강조했는가를 알 수 있습니다. 장로들을 하나님의 방식대로 양 무리를 가르치는 필수적인 수단이라고 본 것입니다(살후3:9, 딤전4:12, 딛2:7, 벧전5:3). 이는 장로들에게 뿐 아니라 부모에게도 해당합니다. 만일 우리가 하나님을 참으로 사랑하고 신뢰하며 복종하지 않는다면, 우리의 자녀들이 하나님을 사랑하고 신뢰하며 복종하리라고 기대할 수 없는 것입니다. 우리 자녀들이 우리들에게서 독자적이고 철저한 신앙을 찾을 수 없다면 그들은 하나님의 자녀가 되려는 겸손하고 온유한 심령을 가질 수 없기 때문입니다.

부모들의 그리스도인다운 삶의 형태(life style)는 아이들의 종교적 신앙의 발달에 큰 영향력이 있는 가정 분위기를 형성합니다. 날마다 가족과 함께 기도하는 인자한 육신의 아버지는 아이들로 하여금 사랑하시는 하늘의 아버지를 잘 이해할 수 있도록 합니다. 두렵거나 다쳤을 때 따뜻한 어머니의 품을 경험한 아이는 하나님의 선하심을 깨달을 준비를 갖춘 것이며, 성경이 "어미가 자식을 위로함 같이 내가 너희를 위로할 것인즉 너희가 예루살렘에서 위로를 받으리니 너희가 이를 보고.."(사66:13)이라고 한 것이 무엇을 의미하는가를 알게 됩니다.

그러므로 아이는 아주 어린 유아 때부터 가정예배에 참여할 필요가 있습니다. 그러므로 그 아이는 그 인생의 초기부터 인격적 존재이신 하나님의 실재와 접촉할 기회를 얻는 것입니다. 물론 인격적이며 살아 계신 하나님의 실재(reality)는 부모와 오누이들이 함께 살면서, 하나님은 살아계시며 그리스도는 그들의 주님이라는 의식 중에서 문제를 해결하고, 해야 할 것을 다하며 미래를 준비하는 그리스도인의 가정에서 더 깊이 심화됩니다. 기드온 요더(Gideon Yoder)는 위대한 선교사인 요한 패튼(John Paton)이 이런 말을 한 적이 있다고 말합니다. '하나님은 내 아버지께 아주 실재적이었다. 그래서 하나님은 내게도 실재가 되셨다.'(God was so real to my father that He become real to me.)

(3) 상황에 따른 가르침

부모는 상황이 주어질 때마다 그 상황에 적절한 가르침을 베풂으로 자녀들의 산 신앙을 형성하도록 해야 합니다. 그 어떤 교육도 삶의 상황 전체를 포괄하여 그에 적절한 귀중한 교육적 경험을 제공할 수 있는(엡5:16) 곳으로서의 가정교육과 필적할 수는 없습니다. 제한된 예산으로 휴가를 보내기 위해 어디로 가야 할 것인가에 대한 선택을 하게 되었을 때, 가족 중 한 사람이 갑자기 병들었을 때, 부모는 이런 다양한 상황을 문제거리나 당면한 위기로만 볼 것이 아니라 아이들로 하여금 그들의 신앙을 어떻게 삶의 구체적인 문제에 적용 할 수 있는가를 교육 받을 수 있는 기회로 삼아야만 합니다.

기독교 교육을 위해 가장 좋은 상황은 아마도 아이들이 질문을 할 때 일 것입니다. 그 이상 신앙의 내용을 들을 준비가 될 수는 없습니다. 성경에는 이런 형태의 교육의 예가 상당히 많이 있습니다. 출애굽기 12:26,27절이 가장 적절한 예가 될 것입니다. 모세가 이스라엘 백성에게 유월절 예식을 지키라고 한 후에 그는 이런 특별한 권고를 덧붙이고 있습니다. "이후에 너희 자녀가 묻기를 이 예식이 무슨 뜻이냐 하거든 너희는 이르기를 이는 여호와의 유월절 제사라 여호와께서 애굽 사람을 치실 때에 애굽에 있는 이스라엘 자손의 집을 넘으사 우리의 집을 구원하셨느니라 하라"

아이가 질문을 했을 때, 아이는 깊이 있는 대답을 들어야만 합니다. 그래서 대부분의 부모들은 자녀에게 성경적인 대답을 해 주려고 신경 쓸 것입니다. 그러나 그들은 때로 아이들의 성숙의 정도에 맞는 대답을 해 주어야 함을 잊어버립니다. 한 목회자가 높은 강대상에서 설교자의 가운을 입고 설교하던 것을 항상 보아오던 3살짜리 꼬마가 어느 날 예배 후에 목사에게 오더니 "당신이 하나님이신가요?"라고 물어 온 적이 있었습니다. 이 돌연한 질문에 목사는 놀랐으나 잠시 후에 몸을 구푸려 손을 그의 어깨에 얹고서 이렇게 말했습니다. "아니란다. 나는 하나님이 아니고 단지 그분의 종이란다. 하나님께서는 여기 예배당에도 계시고 네가 사는 곳에도 계신단다." 이 대답으로 그 3살짜리 소년이 하나님의 모든 속성을 다 이해하게 된 것은 아닙니다. 그러나 하나님과 그 사역자들은 동일하지 않으며, 하나님께서는 예배당에 계신 것만이 아니라는 것은 이해할 수 있게 된 것입니다. 그와 같은 방식으로 부모는 부드럽게 아이들의 잘못된 개념을 바로 잡고 동시에 참된 지식을 제공함으로써 건전한 신앙의 교훈 가운데서 자라나도록 계속하여 도울 수 있습니다. 아이들은 흔히 문제의 핵심에 파고 들어 학식 있는 신학자들도 당황하게 하는 질문을 하곤 합니다. 예를 들어 "하나님은 어디서 나왔어요?" "누가 하나님을 만들었지요?" "아담과 하와는 어느 나라 사람인가요?" 이와 같은 질문들입니다. 대부분의 그리스도인 부모들은 자기 나름의 방식으로 적절한 대답을 할 수 있을 것입니다. 그러나 대답할 수 없는 질문이 있거든 솔직히 모른다고 대답해야 합니다. 부모가 모든 것을 다 알아야 하는 것은 아닙니다. 여기서 대답을 해 줄 수 있는 목사님이나 장로님을 말하여 줌으로써 아이들은 교회와 연결될 수 있는 기회를 얻을 수 있습니다.

(4) 계획된 정규 가르침

그리스도인 부모는 자녀 양육을 위한 세세한 계획을 세워야만 합니다. 교회학교에서 건전한 가르침을 받고 있는지, 또 가능하다면 기독교 학교에서 훈련을 받도록 할 것인지를 유념해야 합니다. 이상적인 기독교적 양육은 가정과 학교와 교회의 밀접한 협조 가운데서 이루어져야 함을 요구합니다.

또한 밤에 아이들이 자야 할 때 그리스도인 엄마 아빠는 그의 옆에 앉아 이야기하고 그들과 함께 기도할 시간을 가져야 합니다. 또 이 시간은 성경 이야기를 해 줄 아주 좋은 시간일 수도 있습니다.

성경 이야기를 해 주는 데는 조심스런 준비가 필요합니다. 성경 본문을 여러 번 읽고서는 자기 자신의 말로 해 주어야 하는 것입니다. 또 이이야기를 해 주는 동안 손에 성경을 들고 있음으로 이 이야기가 하나님의 말씀에서 나온 것임을 시각적으로 의식하게 해야 합니다.

어린 아이들은 성경 이야기를 반복해 듣기를 즐깁니다. 한 아이는 몇 가지 이유에서 빌립과 에디오피아의 내시 이야기를 다시 해달라고 여러 번 조릅니다. 이런 일은 흔히 있는 일입니다. 반복은 아이들로 하여금 학습하도록 합니다. 그래서 아이들이 좋아하는 성경 이야기를 다시 해 달라고 할 때 다시 해 주는 것은 아주 좋습니다.

아이들이 좀 더 자라 읽을 수 있게 되면 그들은 성경 이야기와 다른 기독교 문학 읽기를 즐길 것입니다. 청소년들은 천로역정과 같은 고전이나 요한 칼빈이나 마틴 루터 등의 전기를 읽음으로써 큰 유익과 즐거움을 얻을 수 있습니다. 그리스도인의 가정에는 각 연령층에 맞는 기독교 문학책이 있어서 쉽게 접촉할 수 있어야 합니다.

가정 양육에서 빼놓을 수 없는 귀한 부분은 일대일의 대화를 통한 가르침입니다. 아이들에게 하나님께서 그를 언약의 지체로 만드셨다는 약속을 상기하도록 해야 합니다. 이와 연관하여 부모는 그리스도가 누구시며, 우리의 삶에서 어떻게 역사하시는지를 자녀와 나누어야 합니다. 또한 세례와 같은 은혜의 수단(또는 방편 means of grace)들을 자세히 설명해 줄 필요가 있습니다. 자신의 세례와 연관하여 메튜 헨리 (Mathew Henry)는 이렇게 말했습니다. "나는 나의 유아 세례에 대해 하나님께 감사하지 않을 수 없다. 단지 눈에 보이는 그리스도의 몸(즉 교회)에 일찍 들어갈 수 있어서가 아니라 부모를 통한 좋은 교훈을 얻게 했기 때문이다. 나는 은혜를 통하여 부모와의 깊은 교훈의 대화로써 내가 어릴 때 자신을 하나님께 드릴 수 있었다고 믿는다. 만일 하나님께서 내 영혼에 어떤 일을 하셨다면, 나는 겸손히 감사하면서 그것은 유아세례의 영향력이라고 인정하고 싶다."

우리는 이제까지 기독교적 양육의 과제를 상세화 하려는 목적으로 몇 가지 방법을 제시했습니다. 그러나 이런 방법들을 기계적으로 나눌 수 있는 것은 아닙니다. 그것들은 서로 관련되어 있고 인생의 초기부터 아동에게 영향력을 행사하는 양육의 형태를 규정합니다. 이런 책임을 신중하게 생각하는 기독교 가정에서는 거짓말이나 속임과 같은 특정한 죄에 대한 아이들의 슬픔을 하나님께 대항하는 전체 반역의 표로서의 죄에 대한 슬픔으로 여기도록 하여 회개의 슬픔으로 발전시키며, 초기 단계의 신앙을 그리스도께 대한 신뢰의 삶과 그의 뜻에 대한 감사의 복종으로 발전시키도록 해야 합니다. 비록 모든 사람이 자의식적으로 자신의 죄를 회개하고 자신의 삶의 길을 그리스도께 맡겨야 하지만, 기독교 가정의 자녀에게는 그런 경우가 양육 과정의 절정이고, 구태여 어떤 위기의 경험을 할 필요가 없습니다. 그러므로 모든 은혜의 방도가 그 양육과정에서 충실히 사용된 기독교 가정에서 자라난 아이들은 성인이 되었을 때 진정으로 이렇게 말할 수 있는 것입니다. "나는 내가 주 예수 그리스도를 알지 못했거나 사랑하지 않은 적을 기억할 수 없습니다."

(5) 성경을 가까이 하는 사람

① 부모와 자녀의 관계에 있어서 성경은 어떻게 이해되어야 하겠는가? 머레이(Andrew Murray)는 말하고 있습니다. "부모들이여, 하나님의 말씀은 하늘에 계신 아버지로부터 오는 당신의 자녀들의 유산이다". 부모가 자녀들에게 물려 줄 것이 돈이나 집이 아니고 성경, 곧 하나님의 말씀이라는 것입니다. 머레이가 계속해서 말하기를, "당신은 자녀가 그 보화를 알고 사랑하고 소유하도록 인도할 사명이 있다"라고 하였습니다. 부모는 그의 자녀들에게 하나님의 말씀을 주어야 합니다. 주는 것으로 그치지 않고, 자녀로 하여금 하나님의 말씀을 사랑하도록 가르칠 의무가 있는 것입니다. 부모의 자녀를 향한 가르침은 가족의 전통을 잇도록 하는 것보다 하나님의 말씀을 알고, 하나님을 사랑하게 하는 것입니다. 하나님께서는 모세를 통하여 이스라엘 백성들에게 이렇게 말씀하셨습니다. "이러므로 너희는 나의 이 말을 너희 마음과 뜻에 두고 또 그것으로 너희 손목에 매어 기호를 삼고 너희 미간에 붙여 표를 삼으며 또 그것을 너희의 자녀에게 가르치며 집에 앉았을 때에든지 길에 행할 때에든지 누웠을 때에든지 일어날 때에든지 이 말씀을

강론하고 또 네 집 문설주와 바깥문에 기록하라 그리하면 여호와께서 너희 열조에게 주리라고 맹세하신 땅에서 너희의 날과 너희 자녀의 날이 많아서 하늘이 땅을 덮는 날의 장구함 같으리라"(신 11:18~21).

② 부모가 자녀들의 장래(prospects)를 위하여 재산을 물려 주어야 한다거나 물질적인 유산의 상속에 대하여 성경에서는 언급하고 있지 않습니다. 자녀들의 생활은 부모가 계획하고 염려할 것이 아니라 하나님께서 돌보신다는 사실을 성경에서 강조하고 있습니다. 부모가 자녀들을 위하여 할 일은 오직 하나님의 말씀을 가르치는 것입니다. 그리하여 자녀들이 부모가 섬기던 하나님을 믿으며 살아가도록 해야 하는 것입니다. 해스팅스(Robert J. Jastings)가 들려 준 헨리(P. Henry)의 이야기를 소개합니다. 그리스도인 부모들이 자녀들에게 어떻게 해야 할 것에 대하여 도전을 주고 있는 이야기라고 하겠습니다. "나는 이제 나의 모든 재산을 나의 가족들에게 양도하였다. 내가 저들에게 한 가지 더 주었으면 하는 것이 있는데 그것은 기독교 신앙이다. 만일 저들이 이를 가졌다면 내가 저들에게 한 푼도 준 것이 없다 하여도 저들은 부자일 것이고 만일 저들이 이를 갖지 못하였다면, 내가 저들에게 온 세상을 준다하여도 저들은 가난할 것이다". 부모들이여, 우리가 자녀들에게 물려 줄 가장 아름다운 유산이 성경이라는 사실을 잊지 말자.

③ 자녀들에게 성경을 가르친다는 것은 자녀들이 믿음의 사람으로 자라도록 하는 일이 됩니다. 하나님의 말씀을 듣고 배움에서 믿음이 생기고, 이 믿음은 하나님을 섬기며 살도록 합니다. 디모데

라는 이름의 뜻이 하나님을 공경한다는 것인데, 실로 그는 그의 이름처럼 하나님을 공경하였습니다. 디모데로 하여금 하나님을 믿는 믿음의 사람, 하나님을 공경하는 사람이 되게 한 동기가 무엇인가? 이에 대하여 사도 바울이 이렇게 썼습니다. "또 네가 어려서부터 성경을 알았나니 성경은 능히 너로 하여금 그리스도 예수 안에 있는 믿음으로 말미암아 구원에 이르는 지혜가 있게 하느니라"(딤후3:15). 당신은 당신의 자녀들이 어떤 사람으로 자라 주기를 기대하고 있는가? 하나님의 말씀을 거절했던 아합 왕인가, 아니면 디모데인가? 당신의 아이들이 디모데가 되어 주기를 원한다면, 당신은 하보이(Brian L. Harbour)가 말하는 대로, "자녀들에게 성경을 가르쳐 주는 일에 헌신해야 된다". 당신이 하나님의 말씀을 들려주는 일에 헌신하는 만큼 아이들이 믿음의 사람으로 자랄 것입니다. 그러므로 이제 부모들은 머레이와 함께 기도해야 하겠습니다. "은혜로우신 하나님, 우리가 부모로서 당신의 말씀을 자녀들에게 가져가는 일의 축복스러움을 깊이 인식시켜주시기를 간구합니다. 디모데가 가졌던 특권이 우리 자녀들의 것이 되게 해 주옵소서. 어려서부터 거룩한 성경 말씀의 해석자로서 사랑하는 부모의 거짓 없는 믿음을 갖게 하옵소서. 당신의 축복스러운 말씀에 대한 깊고 충만하고 아주 즐거운 믿음이 모든 성경의 가르침이 그들에게 이르도록 하는 능력이 되게 하옵소서. 그 말씀들이 그들 속에서 모든 거룩한 생각과 성경의 씨앗이 되도록 당신의 말씀으로 충만케 되기 위해 그들의 마음이 당신에 의해서 어떻게 청구되는가를 볼 수 있도록 우리를 도우소서".

④ 부모의 유일한 소망을 '자녀들이 하나님의 말씀을 사랑하고 그 계명을 지키고 살아가는 것'에 두어야 함이 마땅합니다. 자녀들이 하나님의 말씀을 마음에 두기 기뻐하며 그들이 하나님의 말씀을 행동의 기준(frame)으로 삼도록 해야 합니다. 우리의 자녀들이 하나님의 말씀 안에 있을 때, 하나님의 말씀이 그들 안에 거하게 되기 때문입니다. 사랑하는 자녀가 디모데로 자라 주기를 바랄 때, 당신이 만일 어머니라면 유니게가 되어야 할 것입니다. 그리고 손자, 손녀를 둔 모든 할머니들에게는 로이스가 되기를 부탁드리고 싶습니다. 우리가 알다시피, 사도 바울이 디모데를 두고 말할 때 그의 믿음에 대하여 유니게 또한 로이스를 지적하고 있지 않은가! "이 믿음은 먼저 네 외조모 로이스와 네 어머니 유니게 속에도 있는 줄을 확신 하노라"(딤후1:5). 디모데의 거짓이 없는 믿음은 세대를 거슬러 그의 어머니 유니게 및 외할머니 로이스에게 있는 믿음과 동일한 것이었습니다. 로이스-유니게-디모데의 세대(generation)와를 연결시키고 있는 것은 무엇일까요? 그것은 다름 아닌 성경이었습니다. 디모데가 어려서부터 안 성경이 그에게 거짓이 없는 믿음을 갖게 하였습니다. 성경, 하나님의 말씀이 그를 믿음의 사람으로 세워 주고 있는 것입니다. 누가 디모데의 이름을 지어 주었는지는 몰라도, 디모데가 어려서부터 들어서 알게 된 하나님의 말씀은 그의 삶에 믿음을 심어 준 것이 되었습니다. 그리하여 그가 하나님을 공경하는 사람이 될 수 있었습니다. 앞에서 인용했던 하보이는 말하기를, "디모데의 마음속에는 어려서부터 믿음이라는 씨가 심어졌는데 이것은 전적으로 그이 외조모 로이스나

그의 어머니 유니게로 말미암은 일"이라고 하였습니다.

⑤ 어버이 된 우리가 자녀들에게 좀 최상의 선물이 있다면 그것은 곧 아버지, 어머니의 하나님을 물려 주는 일일 것입니다. 그리하여 자녀들이 '아버지의 하나님'이 나의 하나님이라고 고백할 수 있어야 하겠습니다. 야곱이 이삭에게 말할 때 "아버지의 하나님 여호와께서 나로 순적히 만나게 하셨음이니이다"(창27:20) 라고 하였습니다. 또한 룻도 시어머니인 나오미에게 "어머니의 하나님이 나의 하나님이 되시리니"(룻1:16) 라고 말하였습니다. 우리의 아이들도 하나님을 말할 때 처음으로 알게 된 사람처럼 낯선 느낌으로 하나님을 부르지 않고 '어머니의 하나님이 나의 하나님'이심을 고백하도록 해야 하겠습니다. 오스본(Cecil G. Osborne)은 "부모가 죽으면, 부모의 집을 자녀들이 물려 받게 된다"라고 하면서, 자녀들에게 하나님을 믿는 믿음을 유산으로 상속해 주는 것도 이와 같다고 설명하였습니다. 부모의 믿음이 고스란히 자녀들의 믿음이 되는 것입니다. 디모데가 어려서부터 성경을 배웠기 때문에 그것이 로이스나 유니게의 믿음을 물려 받을 수 있는 '씨앗'이 되었습니다. 따라서, 이제 부모들이 자녀들에게 할 일이란 "마땅히 가정에서 하나님의 말씀을 가르치는 일이다". 이스라엘의 아버지들이 하나님의 말씀에 대하여 자녀들에게 가졌던 의무, 곧 "네 자녀에게 부지런히 가르치며 집에 앉았을 때에든지 길에 누웠을 때에든지 행할 때에든지 일어날 때에든지 이 말씀을 강론할 것이며"의 일은 성경을 통해서 오늘의 어버이들에게도 부과(levy) 되고 있는 의무라고 하겠습니다. 오고 또 오는 세대 속에서 모든 어버이들

은 그들의 자녀에게 하나님의 말씀을 부지런히 가르쳐야 합니다.

자라나는 아이들에게 성경을 가르치고 그들이 하나님의 말씀을 사랑하며 살도록 하는 일은 오로지 부모가 해야 합니다. 다른 누구나 이 축복스러운 의무를 대신해줄 수 없습니다. 부모들 가운데는 교회학교나 성경 공부 그룹이 도와준다고 믿고 있습니다. 그러나 그렇지 않습니다. 쉴러(Lyle E. Schaller)가 말합니다. "우리 부모들은 가정에서 해결되어야만 할 책임들을 다른 기구(교회학교)에 위임할 수 없다. 이 기구는 우리들이 가정에서 해야 하는 일들을 대신 해 주는 것이 아니라, 우리들이 가정에서 하는 일을 보완해 주는 것이다". 하나님께서 그의 사랑하시는 백성들에게 이루시는 것은 그의 언약의 약속 안에 있는 것입니다. 우리의 아이들이 하나님의 말씀을 읽고 '주의 뜻을 행하기를 즐길 때' 하나님께서 언약의 약속을 이루실 것입니다.

⑥ 우리의 소망은 지금 자라나는 아이들이 하나님의 말씀을 믿는 것입니다. 그리고 하나님의 말씀을 아는 것입니다. "믿음보다 더 하나님을 기쁘시게 하는 것은 없다"라고 머레이는 말하고 있습니다. 하나님의 말씀은 그 말씀을 전달해 줄 사람을 요구하고 있습니다. 이 요구에 바로 당신이 선택된 것입니다. 그러면, 하나님께서는 이 말씀이 누구에게 전달(clelivery) 되기를 원하시는가? 다름 아닌 당신의 자녀들입니다. 하나님께서는 당신의 자녀들이 믿음의 사람이 되기를 바라시기 때문입니다. 솔로몬이, "마땅히 행할 길을 아이에게 가르치라 그리하면 늙어도 그것을 떠나지 아니하리라"(잠22:6)고 교회학교 교사에게 말하지 않았습니다. 그는

자녀를 두고 있는 모든 부모들에게 말한 것입니다. 자녀들이 하나님의 사람으로 세움을 입는 출발(start)은 부모로부터 되어야 합니다. 이것이 성경적인 원리입니다. 그래서, 모세가 "네 자녀에게 부지런히 가르치며"(신6:7) 라고 부모들에게 충고하였던 것입니다. "아이들이 하나님의 사람으로 살아남게 하기 위한 우선적인 지침은 부지런히 하나님의 말씀을 가르치는 것"이라고 스윈돌(Charles R. Swindoll)이 일러 주고 있습니다. 아이들도 성장하여 하나님의 사람으로 세워져야 하는데, 다윗의 말처럼 "여호와께서 집을 세우지 아니하시면 세우는 자의 수고가 헛되기"(시127:1) 때문에 하나님의 말씀을 가져야 합니다. 시편 119편을 보자. 9절에 "청년이 무엇으로 그 행실을 깨끗케 하리이까 주의 말씀을 따라 삼갈 것이니이다"라고 하였습니다. 세상은 사람들을 재물로 살아가도록 합니다. 그래서 청소년들도 세상에서 성공을 거두어 부자가 되기를 꿈꾸고 있습니다. 그러나 성경은 단호히 말하고 있습니다. 하나님의 사람들은 오직 주의 말씀을 따라 살아간다고 하였습니다. 우리의 아이들이 그들의 심중에 하나님의 말씀을 두고, 하나님의 말씀이 삶에 있어서 기준이 되도록 해야 합니다.

⑦ 부모들이여, 착각하지 말라! 우리 자녀들에게 필요한 것은 재물이나 명예, 부귀나 권세가 아닙니다. 만일 당신이 재물을 꼽는다면 그것은 아이들을 핑계로 당신의 재물에 대한 욕구가 아닌가. 자신에게 물어보라! 지금 우리의 청소년들에게 있어야 할 것은 하나님의 말씀입니다. 당신이 아이들을 사랑하는 한 그들에게 하나님의 말씀으로 살아가도록 하라. 그들이 하루 시간의 절반 이상을

보내는 학교에서, 또한 도서실에서, 친구들과의 지냄에서 주의 말씀을 따라 행하도록 도와주어야 하겠습니다. 당신의 자녀들이 말씀 안에서 지낼 때 성경이 약속하고 있는 축복을 받을 것입니다. "저는 시냇가에 심은 나무가 시절을 좇아 과실을 맺으며 그 잎사귀가 마르지 아니함 같으니 그 행사가 다 형통하리로다"(시1:3).

가정에서 부모가 가르쳐야 할 5가지

아마 이런 말을 들은 적이 있을 것입니다. "자녀는 무서울 만큼 그 부모를 닮는다!". 아이들은 어린 시절부터 부모의 작은 행동까지 다 관찰합니다. 연구에 따르면, 생후 1개월 아이도 부모가 혀를 내밀면 똑같이 혀를 내미는 놀라운 모방 능력을 보입니다. 그러니 아이들이 성장하면서 부모의 많은 부분들을 얼마나 닮아갈지 떠올리면 아찔하기가 그지없습니다. 부모와 유전적으로도 굉장히 유사한 부분이 많습니다. 부모의 체질과 체형을 물려받고, 신체적 장점뿐 아니라 '가족력'이라 불리는 육체의 질병 또한 비슷하게 경험하기 마련입니다. 같은 환경 속에서, 같은 음식을 먹으며, 같은 생활 패턴으로 살아가기 때문에 자녀들은 부모의 거의 모든 부분을 닮습니다. 때때로 자녀가 다른 친구와 잘 어울리지 못하거나 폭력을 휘두르는 모습을 자세히 관찰해 보면 가정에서 부모와의 관계나 자녀 양육 방법에 문제가 있을 가능성이 무척 높습니다. 부모는 자녀의 거울입니다. 그러므로 부모는 자녀 앞에서 하나님의 말씀대로 살아 내야 하는 책임과 의무를 가집니다. 그렇다면 가정에서 부모는 아이들에게 무엇을 가르쳐야 하는가? 부모가 일상의 행동으로 가르칠 영역과 의도성을 가지고 가르쳐야 할 영역으로 나누어서 설명하고자 합니다.

① 예배의 소중함을 가르치라.

먼저, 부모는 아이에게 예배의 소중함을 가르쳐야 합니다. 가정에서 부모가 매일 짧은 시간이라도 아이의 손을 잡고 찬양하고 기도하며 대화하는 시간을 가진다면, 예배가 무엇인지, 예배가 왜 소중한지 자연스럽게 아이의 마음과 머리에 새겨지게 될 것입니다. 예배는 강의를 통해 그 개념이 무엇인지를 배우고 난 후에야 드리는 것이 아닙니다. 우리는 예배를 드리면서 예배하는 법을 배웁니다. 어린 시절부터 진지한 마음으로 가족이 함께 모여 찬양하고 기도한다면, 어린이의 부드러운 마음속에 잊히지 않는 기억으로 남게 될 것입니다. 가정 내에 기독교적 분위기를 형성하는 것은 매우 중요합니다. 거룩한 습관이 어린 시절부터 바로 심겨야 합니다.

② 부모가 기도하는 모습을 보이라.

아무리 부모가 기도를 강조해도 아이들은 기도하지 않습니다. 부모가 하나님께 간절히 기도하는 모습을 보여 주는 것이 아이에게는 보다 효과적인 가르침입니다. 자녀에게 기도하는 모습을 보이라. 자녀가 아플 때 머리에 손을 올리고 기도하라. 100점을 받았다고 자랑스럽게 집에 들어오는 아이들을 맞이할 때 하나님께 감사의 기도를 올리라. 중요한 결정을 앞둔 아이와 대화하며 하나님께 함께 기도해 보라. 그만큼 탁월한 신앙 교육이 없을 것입니다. 이 세상 모든 일에는 하나님의 역사와 간섭하심이 있어야 한다는 진리가 자녀의 삶에 새겨질 것입니다.

③ 부모의 삶으로 가르치라.

부모의 언어와 행동, 그리고 삶의 태도가 교회 안에서만이 아니라 일상에서도 동일함을 보여 주라. 아이들은 머리가 커갈수록 자신의 부모를 평가하게 됩니다. 아무리 교회에서 훌륭한 신자의 모습이라 할지라도, 아이들은 부모의 언어생활, 취미, 엄마와 아빠의 관계, 일상에서의 모습을 봅니다. 부모는 자녀들에게 말씀대로 사는 삶이 무엇인지를 보여 주어야 할 책무가 따릅니다. 부모의 신앙이 삶으로 이어지는 모습을 보고 자란 아이들은 자신의 부모를 존경하게 됩니다. 그 마음은 부모의 가르침과 조언에 더욱 마음 문을 열게 합니다. 아무리 사춘기, 질풍노도의 시기를 겪는다 할지라도, 부모를 존경하는 아이들은 겉으로는 혹 그 가르침에 반기를 든다 할지라도 마음 깊은 곳에는 부모의 조언이 심겨 있습니다.

④ 자녀와 많은 대화의 시간을 가지라.

부모는 자녀에게 말씀과 주요 교리들을 가르칠 뿐 아니라, 성경적 세계관으로 세상을 바라보게 하는 대화의 시간을 가져야 합니다. 세상은 날로 어두워져 갑니다. 세속적인 가치관이 사회 분위기와 교육 체계를 형성해 나갑니다. 전통적인 가치 체계를 무너뜨리고 상대주의에 근거해 모든 것의 자유를 인정하는 방식으로 진행

되고 있습니다. 최근 대두되는 동성애 이슈나 차별 금지법, 학교에서의 체벌 금지, 초등학생 성교육 교재 논란 등을 살펴보라. 사람의 인권과 자유를 존중하는 취지라고 주장하지만, 기독교 가치관을 교묘하게 공격합니다. 우리의 다음 세대에게 하나님의 말씀을 바르게 가르치고, 그 관점으로 세상을 바라보게 하고, 성경대로 살도록 가르쳐야 합니다. "하나님! 이 땅에서의 생존만 추구하지 않게 하시고, 주님의 뜻을 위해 명예롭게 죽게 하옵소서".

⑤ 공동체 속에서 어울리는 법을 가르치라.

공동체 속에서 함께하는 법은 교회 안의 다양한 활동에 참여함으로 그리고 다른 가족과의 교류를 통해 배울 수 있습니다. 코로나19 바이러스로 사람이 사람을 부담스러워하고 두려워하는 시대입니다. 4차 산업혁명은 코로나 이후에도 비대면의 사회적 분위기를 유지해 나갈 것입니다. 이와 같은 전망 속에서 많은 신학자들과 사회학자들은 교회도 시대의 변화에 발맞추어 변화를 추구해야 한다고 목소리를 높입니다. 예를 들면, 전통적인 교회론을 재고하고, 온라인 시대에 맞는 새로운 교회 플랫폼을 구성하자는 것입니다. 그들의 주장은 설득력이 있습니다. 그러나 결국 교회 공동체성에는 큰 해를 미칠 것입니다. 공동체성보다 정체성이 더 중요하다는 말도 하는데, 공동체성 없는 정체성이 가능한지 반문하고 싶습니다. 개인의 정체성은 공동체 속에서 형성됩니다. 자신이 어디에 소속되어 있는지가 결국 그 사람의 정체성입니다. 물론 유비쿼터스(Ubiquitous) 시대에 영적인 안목으로 보면 결국 하나님께 속했다는 정체성이 중요하지 않느냐고 반문할 수 있습니다. 그러나 사람은 가시적으로 보고 느끼고 경험해야 하는 존재입니다. 사람이 가진 이 육체성은 타인과 부대껴야 한다는 특성을 지닙니다. 세상이 비대면, 온라인 시대로 진입한다 해도 교회는 전통적인 교회론과 공동체성을 포기해서는 안 됩니다. 부모는 자녀가 교회예배와 부서 모임, 소그룹 등의 공동체에 자유롭게 참여하도록 권유하고 여건을 마련해야 합니다. 교회 공동체야말로 좋은 곳, 즐거운 곳이라는 관념은 앞으로의 신앙생활에 중요한 요인으로 작용할 것입니다.

요약

첫 번째 교사는 부모입니다. 부모가 하나님을 섬기며 말씀대로 따라 사는 삶을 통해 자녀는 하나님을 경외하는 삶을 배웁니다. 식탁에서 질문과 대답을 통한 가르침과 배움, 부모의 "오직 주의 교훈과 훈계로 인한 양육"으로 자녀는 좌로나 우로나 치우치지 않게 됩니다. 자녀는 부모를 통하여 삶의 전 영역에서 하나님의 주권을 인정하는 삶을 배우게 됩니다.

교사로서의 이스라엘 제사장들

히브리 부모들이 그들의 자녀를 가르쳤다고 한다면, 그 부모들은 누가 가르쳤는가? 이스라엘 백성을 가르치는 일은 초기 히브리 역사 가운데서 교사, 제사장, 그리고 레위인들에게 위임되었습니다. 그들에게는 율법을 보존해야 하는 책임이 있었기 때문에 이러한 교육적 기능을 수행 하도록 기대된 것은 극히 당연한 일이었습니다.

하나님께서 제사장 아론에게 명령하시기를 "나 여호와가 모세를 통하여 모든 규례를 이스라엘 자손에게 가르치리라"(레10:11)고 하였는데, 이 명령에 대한 책임이 계속하여 제사장의 책임이 되었습니다(신24:8, 31:9, 33:8). 제사장은 민족의 지도자로서 율법을 가르치고 전수할 책임이 있었습니다. 가르침의 형식과 그 이유에 대해서도 자세히 나와 있습니다.

모세의 소임이 끝날 무렵 이스라엘 백성들이 약속된 땅을 차지하기 위하여 가기 직전에 모세는 이러한 제사장의 임무의 중요성을 다음과 같이 강조하였습니다. "모세가 이 율법을 써서 여호와의 언약궤를 메는 레위 자손 제사장들과 이스라엘 모든 장로에게 주고 그들에게 명하여 이르기를 매 칠 년 끝 해 곧 정기 면제년의 초막절에 온 이스라엘이 네 하나님 여호와 앞 그 택하신 곳에 모일 때에 이 율법을 낭독하여 온 이스라엘로 듣게 할지니 곧 백성의 남녀와 유치와 네 성안에 우거 하는 타국인을 모으고 그들로 듣고 배우고 네 하나님 여호와를 경외하며 이 율법의 모든 말씀을 지켜 행하게 하고 또 너희가 요단을 건너가서 얻을 땅에 거할 동안에 이 말씀을 알지 못하는 그들의 자녀로 듣고 네 하나님 여호와 경외하기를 배우게 할지니라"(신31:9~13).

제사장들이 가르치는 대상은 이스라엘 온 백성뿐만 아니라 그곳에 함께 거하는 타국인도 포함되었고, 가르치는 내용은 율법의 모든 말씀이었습니다. 가르침의 이유는 하나님의 백성으로 하여금 하나님의 하나님 됨을 잊지 않고 그분을 경외하게 하며 하나님의 백성으로서 살게 하기 위해서입니다. 인간은 하나님의 역사를 곧 잊어버리고 무디게 되고 타성에 젖는 악한 본성이 있기 때문에 신앙이 전수되기 위해서도 가르침은 필요한 것입니다. 제사장은 하나님과의 관계에서 인간을 위하여 일하기 위해 임명된 사람입니다(히5:1). 특히 제사의식 교육을 통해 교훈을 주며 인도자가 됩니다. 제사장들은 하나님의 택하신 백성의 성결을 보존하고 확보하며 재확립하면서 사람을 하나님께로 나아갈 수 있게 하고 이로써 그들이 완전함에 이르도록 하는(히10:14) 역할을 합니다.

제사장은 정결함과 거룩함의 상징으로서 이들의 존재로 말미암아 하나님의 의로우신 요구 사항이 상기되는 그 자체가 교육 과정이라고 볼 수 있습니다. 이들은 또한 에봇(Ephod)을 사용하여 하나님의 뜻을 분별하여 알아내고(삼상23:6~12) 율법을 가르치는 일에 종사하였습니다(말2:6~7).

제사장들과 레위인들은 도래하는 여러 세대 동안 심지어 포로 후의 시대까지 계속해서 이스라엘의 교육자가 되었습니다. 여호사밧의 통치 기간 동안(약 849~837, B.C.) 제사장들과 레위인들의 그룹은 순회 교사가 되었습니다. 궁전에서 어떤 방백들을 보내어 그들의 교과서인 여호와의 율법책을 가지고 유다에서 가르치되 그 모든 성읍으로 순행하며 인민을 가르쳤습니다(대하17:7~9). 2세기 후 요시아의 통치 하에서 레위인들은 여전히 모든 이스라엘의 교사로 알려져 있었습니다(대하35:3).

느헤미야 8장 5~9절은 레위인들이 바벨론으로부터 귀환한 후에도 계속해서 교사로 간주 되었다는 사실을 제시해 주고 있습니다. 이 구절은 레위인들이 모든 백성으로 하여금 그들이 들은 것을 깨닫도록 돕기 위하여 그들 사이를 순회한 후, 학사 에스라가 백성들의 목전에서 율법을 낭독하는 흥미 있는 교육적인 사건을 묘사해 주고 있습니다. "하나님의 율법책을 낭독하고 그 뜻을 해석하여 백성으로 그 낭독하는 것을 다 깨닫게 하매"(8절).

그리고 일상생활 중에 발생하는 법률상의 문제에 대해서도 율법에 비추어 판별하는(신 17:8~9, 21:5), 즉 삶과 말씀을 연결시키는 역할을 하였다고 볼 수 있습니다.

요약

제사장의 직무는 하나님의 백성으로 하여금 하나님을 경외하며 말씀을 따라 살 것을 계속적으로 가르치는 사람입니다. 제사장은 스스로 정결함과 거룩함의 상징으로 하나님의 의로우신 요구사항을 상기케 하는 교육과정입니다. 제사장들은 하나님의 뜻을 분별하며 가르치는 일에 종사한 자들입니다. 또한 일상생활 가운데 율법에 비추어 시비를 분별하므로 삶과 말씀을 연결시키는 역할을 도운 자들입니다.

교사로서의 선지자

선지자는 여호와 이름으로 하나님의 뜻과 말씀을 받아 선포하는 동시에 그의 명령에 따라서 그 말씀을 기록, 전달하는 사람입니다. 이들의 선포는 미래와 관련된 것이었지만 반드시 이루어졌습니다.

현대의 어떤 설교가가 에스겔 37장의 〈마른 뼈의 골짜기〉라는 구절을 읽고 있었습니다. 그는 동사 〈예언하다〉(4,7.9,12절)을 읽게 될 때마다 그의 청중들을 위하여 이 동사와 같은 의미로 취급되는 동사 〈전파하다〉로 번역해서 읽었습니다. 〈예언하다〉의 보다 정확한 번역은 가르치다 였을 것입니다. 왜냐하면 표준 히브리어 사전에서 그 히브리어는 원래 〈종교적 황홀경을 나타냈지만 후에는 상황에 따라 서술하는 본질적인 기독교 교육을 뜻하게 된 〈나바〉이기 때문입니다.

오늘날 우리가 알고 있는 것과 마찬가지로 선지자적 기능이 가르치는 개념보다 전파하는 개념으로 알려져 있는 것은 매우 이상한 일입니다. 왜냐하면 이스라엘에서 선지자들은 카리스마적인 교사로 알려졌기 때문입니다. 제사장들과 레위인들이 성전 예배 활동과 관련하여 주로 교육자로서 봉사하는 동안 선지자들은 지역을 순회하며 사회의 정의나 경화 등과 같은 주제를 강조하면서 백성들을 가르쳤습니다.

선지자들의 무리, 혹은 동료들에 대한 구약성경의 참조문을 보면 선지자들이 그들의 제자를 체계적으로 교육하였던 〈선지자 학교〉가 실제로 있었다는 증거가 있습니다. 이러한 증거가 결정적인 것은 아니지만, 그것은 선지자들이 선지자로 부름 받은 사람들에게 필요한 지식과 기술을 가르쳤다는 가정을 지지해 주는 것 같습니다.

예언과 교육의 두 기능이 모세라는 인물에 근거하였다는 사실의 관점에서 예언과 교육의 병행은 아주 당연한 일이었습니다. 여호와를 직접적으로 만났던 모세는 매우 탁월한 선지자였습니다(신 34:10). 시내산에서 받은 하나님의 말씀으로 백성을 지도하였던 율법의 전수자로서 모세는 이스라엘의 대표적인 교사였습니다.

요한 칼빈(John Calvin)은 이러한 관계를 명확하게 보았습니다. 헨더슨(Henderson)은 칼빈의 입장을 설명하면서 다음과 같이 말하였습니다. "성경의 선지자들에 대한 칼빈의 견해는 흥미롭고 결정적인 것입니다. 본질적으로 그는 구약 성경의 선지자들의 기능을 이중적인 것으로 이해하였습니다. 첫째, 선지자들은 율법의 안내자, 해설자 복음의 원리를 심는 자(거두는 자가 아니다. 그 강조점을 그리스도의 예언에 둔 교사로 보았습니다. 환언하면 그들은 교훈적인 일을 수행하며, 그리고 그들의 교훈의 원리는 칼빈이 교장(summus doctor)이라고 일컫는 모세의 가르침에 근거를 두고 있습니다. 오직 이차적으로 그리고 문맥상의 필연성으로써 칼빈은 미래의 사건을 예언하는 자로서의 선지자의 역할을 이해하였습니다."

구약성경의 선지자- 교사를 결정짓는 특징은 하나님의 소명 의식이었습니다. 타오르는 가시 떨기나무의 불꽃 가운데서 하나님의 음성을 우연히 들었을 때부터(출3장), 모세는 여호와의 말씀을 전하라는 하나님의 명령 아래서 살았습니다. 여호와의 말씀이 엘리야에게 일하여 위험을 무릅쓰는 사명을 주어 아합의 궁에 보냈습니다(왕상18:1). 자신이 여호와의 사자임을 인식하였던 이사야는 "이제 여호와께서 말씀하여 가라사대…"(사16:14)라는 문구로 그의 선지자적 가르침을 시작하였습니다. 예레미야는 적의에 찬 청중들에게도 자신감을 가지고 "여호와의 말씀이 내게 임하니라… 여호와께서 이같이 말씀하시기를"(렘2:1~2)이라고 말하였습니다. 이와 비슷한 방식으로 에스겔(겔28:1), 미가(1:1) 스바냐(습1:1), 학개(학1:1) 스가랴(슥1:1)에게 여호와의 말씀이 임하였습니다. 아모스의 예언은 중단된 간격이 있고 그리고 다시 "여호와께서 가라사대"(암1:3,6,9,11,13)라는 반복구로 시작됩니다.

예외 없이, 이스라엘의 선지자적 교사들은 그들의 사명이 여호와의 말씀에 충실하고, 또한 그것을 정확하게 해석함으로써 그 백성들로 하여금 여호와의 뜻을 정확하게 이해하도록 돕는 것이라는 전제 하에서 그 역할을 수행 하였습니다. 그들은 그들 스스로가 일을 시작한 것이 아니었고 보내심을 받은 자들이었습니다. 그들 스스로가 메시지를 창작한 것이 아니라 그들은 이스라엘의 선생, 즉 하나님을 대신하여 말씀을 선포하였습니다. 그들은 자원자들의 서열에서 이탈하지 않았으며, 그들은 하나님의 부르심의 음성을 들었습니다.

따라서 이들의 가르침은 하나님 중심의 교육이었습니다. 이들의 예언의 목적은 당시의 죄악을 지적하고 회개를 촉구함으로 구원에 이르는 길을 제시할 뿐만 아니라 책망과 더불어 축복과 격려도 잊지 않았습니다(사1:31~2:5). 또한 하나님의 본성과 그의 창조에 대한 사실들이 계시 되었고, 특수한 기회에 취해야 할 행동에 대한 정보도 있었습니다(출16:4~33, 17:1~7). 그럼에도 이들 예언의 중심에는 오실 메시야를 선포하는 것이 중심에 있었습니다.

우리가 고대 이스라엘의 교육적 유산을 살펴 볼 때 최초의 성경 시대로부터 하나님께서는 가정에서, 장막이나 성전에서, 그리고 길가의 집회소에서 하나님의 말씀을 해석하는 해석자가 되도록 교사들을 지명하셨다는 한 가지 사실만은 명백한 것 같습니다. 그리고 이러한 하나님의 부르심에 응답한 사람들은 구약성경 역사의 드라마 속에서 중요한 역할을 하였습니다.

요약

선지자는 여호와의 이름으로 하나님의 말씀을 미래와 관련하여 선포하는 자입니다. 백성들의 죄악을 지적하고 회개를 촉구하며 구원의 길을 제시하는 자들입니다. 선지자는 하나님의 말씀대로 정의와 사랑을 드러내는 자입니다.

초기 기독교 교사들

우리가 이미 살펴 본 것처럼 예수께서는 가르치시기 위하여 오셨습니다. 물론 예수께서는 말씀이 육신이 되셨기 때문에(요1:14) 그의 사명은 독특했습니다. 그러나 예수의 목적은 구약시대의 선지자들과 마찬가지로 이 세계 속에 하나님의 뜻을 제시하는 것이었기 때문에 어떤 의미에서 예수께서는 구약 성경의 선지자의 전 승을 영속화 하셨습니다. 그리고 선지자들과 마찬가지로 예수께 서는 이러한 목적을 달성하기 위하여 기본적인 수행전략으로서 가 르치는 것을 사용하셨습니다.

복음서의 기사를 주의 깊게 살펴보면 예수께서는 자신이 이 세 상을 떠나신 후에도 계속해서 그의 사명을 수행할 사람들을 준비 하는 데에 상당한 관심을 기울였다는 것을 명백하게 알 수 있습니 다. 예수께서는 말씀과 본을 보임으로써 하나님 나라의 사자인 열 두 제자를 훈련 시키셨습니다. 그리고 그들의 준비에는 선생 예수 의 지도 아래 가르치는 사역이 포함되었다(막6:30).

예수께서 승천하신 후 제자들은 그들의 선생께서 여러 상황에서 행하셨던 것을 본 그대로 행하면서 예수의 사역의 형태를 모방했 던 것은 아주 당연한 일이었습니다. 그들은 교사로서의 역할을 수 행 하였습니다. 그들은 성전 지역에서 시장에서, 길거리에서, 가 정에서, 그리고 회당에서 가르쳤습니다. 그들의 메시지는 하나님 의 것이었으며, 그들의 형식은 카리스마적인 것이었고 그들의 전 달 수단은 성격상 교육적인 것이었습니다.

그러나 그들은 반드시 해야 할 일이었기 때문에 가르친 것은 아 닙니다. 그들은 말씀을 가르치라는 하나님의 명령을 받았습니다. 예수께서는 자신이 그들에게 가르친 모든 것을 가르치도록 그들을 임명하셨습니다(마28:19~20). 예수께서는 그들이 그러한 사역을 수행하는 데에 성령께서 도와줄 것이라고 그들에게 확신시켰습니 다(요14:25, 16:12~15).

이것은 사도들이 교훈적인 대화에나 교육학의 기술적인 면에서 전문가가 되도록 부름 받았다는 것을 의미하는가? 그렇지 않습니다. 그러한 질문은 기독교 교육의 본질에 관하여 이미 언급한 것을 무시하는 것입니다. 기독교 교육은 단순한 기술이 아닙니다. 기독교 교육은 말씀에 근거한 예수 그리스도의 인물에 중심을 두고 있는 의사전달 과정이며, 사람들을 변화된 삶의 헌신으로 인도하려는 목적에 전념하는 것입니다.

설교와 관련하여 동일한 질문이 제기될 수도 있을 것입니다. 설교가들은 대중적인 웅변술이나 고전적인 수사학에서 전문가가 되기 위해 부름 받은 것인가? 결코 그렇지 않습니다. 기독교 교육과 마찬가지로 말씀을 선포하는 사역은 그것의 메시지와 목적 그리고 그리스도에 대한 관계성 등에 의하여 특징지어집니다. 만일 교육과 설교가 단순한 기교적인 기술로 보인다면 어떤 것이든지 그것이 하나님의 부르심을 받은 것으로 생각하는 것은 합당한 일이 아닙니다. 그러나 양자의 기능을 특징적인 기독교의 성격에 비추어 볼 때 이것들은 모두 말씀의 사역으로 볼 수 있습니다. 사실, 교육과 설교는 자주 동시에 발생합니다.

초대교회 교육

신약성경 교회에서의 교육적 기능의 중요성을 강조하면서 플로이드 필슨(Floyd Filson)은 다음과 같이 말하였습니다. "그 기능은 처음부터 본질적인 것이었으며, 초대교회를 생각해 볼 때 우리는 교육의 기능을 그 밖의 다른 일을 할 수 없다고 생각되거나 다른 소명을 받을 수 없다고 생각되는 사람들에게 부여하려는 오늘날의 경향성을 배제해야만 한다. 교육은 필수불가결한 것이었으므로 모든 지도자는 교사였다".

참으로 교육은 필수불가결한 것이었습니다. 그러나 처음에 교육의 기능은 공동의 책임이었던 것 같습니다. 사도들은 예수의 개인지도 아래 그들이 해왔던 일을 계속하면서 그들은 가르쳤습니다. 그러나 그들은 또한 전파하고 복음을 전하고, 병자를 고치고, 그리고 회중들의 일거리를 돌보아 주었습니다. 그들은 자신의 사도적 소명을 수행하는 데에 필요한 것은 무엇이든지 다 하였습니다.

바울은 자신을 사도로 생각하였습니다(고전 1:1). 그는 선지자적 역할을 수행하였지만(고전14:37) 그러나 그는 교사였습니다(고전4:17). 사도행전에서 바울은 사도로 알려져 있으나(14:14) 그는 안디옥에 있는 선지자와 교사들의 무리 가운데에도 그의 이름이 들어 있습니다(13:1). 그리고 바울의 고린도에서의 18개월 간의 사역은 특히 교육적 사역으로 묘사되어 있습니다(18:11). 모든 사도들에 의하여 기능이 각양각색으로 수행된 것은 매우 가능성이 있는 일입니다.

결국 그와 같은 기능은 더욱 더 세분화되었습니다. 어떤 사람들은 모인 회중들에게 하나님의 직접적인 말씀을 나타내 주는 예언의 은사를 행사하였습니다. 어떤 사람들은 신앙의 공동체에 속하지 않은 사람들에게 복음을 전하는 복음 전도자로서 뛰어난 활약을 하였습니다. 또 어떤 사람들은 강력하고 효과적으로 가르치는 능력을 나타내 보였습니다. 이것들은 교회 안에서 필요로 하는 이러한 많은 은사들을 행사하는 그들의 능력으로 인정되고 존중되었습니다.(교육적 용어인 〈누쎄테오〉를 권고하다로 번역한 살전 5:12~13 보라)

바울이 고린도서신을 쓸 당시에(약 A.D. 50 혹은 55) 교육은 회중의 생활 가운데에서 기본적인 사역 중의 하나로 설정되었습니다. 고린도전서 12장 4~11절에 기록된 성령의 은사 중에서 사도 바울은 그 목록의 서두에 〈지혜의 말씀〉과 〈지식의 말씀〉을 언급하고 있습니다. 이 두 가지는 교육과 관련되어 있습니다. 브라운(Brown)은 이 구절을 주석하면서 다음과 같이 말하였습니다. "무엇보다도 먼저, 바울은 감정이 아닌 지성을 포함하는 은사를 언급했다는 것은 주목할 만한 일이다(참고, 14:19) 고린도 교인들은 감정을 포함하는 은사를 더 강조하였다. 바울은 이러한 두 가지 교육적인 은사를 첫째로 꼽았다"."

가르치는 것은 로마서 12장 6~8절의 비슷한 구절에서 처음 세 가지 은사 가운데 나타나 있습니다. 여기서 예언과 가르치는 은사는 구별되어 취급되고 있습니다. 그러나 이 두 은사는 성령의 영감에 의존한 것이기 때문에(고전12:8~11) 구약성경 시대에서와 마찬가지로 이 두 가지 은사의 기능이 여전히 서로 밀접하게 연관되어 있다고 생각하는 것이 타당할 것입니다.

예언과 가르치는 일 사이의 구분은 그들 각자의 권위의 토대의 관계 속에서 가장 잘 이해될 수 있을 것입니다. 선지자의 권위는 성령의 직접적인 영감에 대한 자신의 분별력에 기초한 것이었습니다. 예지자의 기능은 회중에게 새로운 영적 통찰력을 전달하는 것이었습니다. 그러나 가르치는 일은 전통(케리그마와 예수의 교훈을 포함)을 계승하고 해석하는 이중적인 기능을 가지고 있었습니다. 그래서 교사의 권위는 우선, 교회 생활에 있어서 매우 중요하였던 전통으로부터 비롯되었습니다. 그러나 그 전통을 해석함에 있어서 새로운 상황과 논제가 전통의 새로운 해석을 요구하였으므로 교사는 종종 성령의 직접적인 영감에 의존해야 할 필요가 있었습니다. 이와 관련하여 둔(Dunn)은 다음과 같이 기록하였습니다. "교사가 전통을 단순히 전달하는 것을 넘어서 그것을 해석함에 따라 그의 권위의 위치도 전통에서 은사로 옮겨 갔다. 여기서 교사의 권위는 사도의 권위보다 선지자의 권위에 더 가깝다. 선지자가 예언의 권위를 위하여 믿음의 은사에 의존한 것과 마찬가지로(롬12:6). 교사는 가르치는 권위를 위하여 가르침의 은사에 의존하였다"(롬12:7).

에베소서 4장에 언급된 성령의 은사에 대한 목록에는 사도, 선지자, 복음 전하는 자, 그리고 목사와 교사 등의 명칭이 나타나 있습니다. 헬라어 본문에 보면 〈목사와 교사〉(11절)는 동일한 정관사를 공유하고 있습니다. 이것은 해석자로 하여금 이 두 가지 은사가 동일한 사람에 의하여 행사 되어진다는 결론에 이르게 합니다. 마틴(Martin)은 목사와 교사가 "사도들이나 기타 다른 사람들의 복음 전파로 인하여 세워진 교회의 책임을 맡은 개교회의 회중 지도자들"이라고 주장해 왔습니다.

에베소서 4장의 뒷부분에서 우리는 초대교회의 가르치는 일에 대한 또 하나의 중요한 언급을 발견하게 됩니다. 에베소 교인들은 17절에서 "이방인이 그 마음의 허망한 것으로 행함 같이 너희는 행하지 말라"고 경고 받았습니다. 이것은 18~19절에 부연 설명되어 있습니다. 20~21절에는 "오직 너희는 그리스도를 이같이 배우지 아니하였느니라 진리가 예수 안에 있는 것 같이 너희가 과연 그에게서 듣고 또한 그 안에서 가르침을 받았을진대"라고 기록되어 있습니다. 이러한 진술은 교회 교육이 모든 신자의 경험 중에서 일상적인 것이었다는 강력한 증거를 제시해 줍니다. 그들이 그 안에서 가르침을 받았던 것은 반드시 이해해야만 하였습니다.

이와 같이 조사된 신약성경의 자료를 토대로 하여 다음과 같은 결론을 내리는 것은 타당한 일일 것입니다.

첫째, 교육은 초대교회에서 필수적인 기능이었으며, 너무나 중요한 것이어서 우연에 맡길 수 없었고, 그리고 너무나 중대한 것이어서 자격이 없는 사람에게 위임할 수 없는 일이었습니다.

둘째, 교육은 사도, 선지자, 복음 전하는 자, 그리고 목사를 포함하는 다양한 교회 지도자들의 공동 책임이었습니다. 신약성경 시대 동안에 교사로서 공식적으로 지명된 사람들이 있었는지는 정확하게 알 수 없지만, 그러나 어떤 사람들은 교회에서 그들의 교육적 재능을 인정받고 존경받았다는 것은 사실인 것 같습니다.

셋째, 교육은 하나님으로부터 임명받고, 성령으로 무장한 사람들에게 주어진 과업이었습니다. 고린도전서 12장 7~11절, 로마서 12장 6~8절 그리고 에베소서 4장 11절 등과 같은 구절들은 다른 영적 은사들이 그 밖의 다른 사람들에게 주어지는 것과 마찬가지로 가르치는 은사가 어떤 회중들에게 선별적으로 주어졌다는 사실을 강하게 암시해 주고 있습니다.

바울이 설립한 여러 교회 내에서의 교육적 기능을 개괄적으로 살펴본 후, 둔은 다음과 같이 요약 제시하였습니다. "교육적인 기능은 다른 어떤 정규적인 사역보다는 더 공적인 특성을 지녔다. 왜냐하면 교육의 기능은 그 순간의 은사에 의해서만 이루어지는 것이 아니라 주로 과거의 전통에 의해서 이루어졌기 때문이다. 따라서 교사의 역할이 그 전통을 보존하고 이해하며, 교육적인 재능을 가진 사람들에게 제한되었을 것이 거의 명백하다".

목회서신의 증거

신약 성경시대의 기독교에 대하여 비교적 발달 된 형태를 보여주는 목회서신에는 교회의 교육적 사역에 관한 참조문이 많이 있습니다. 감독은 "미쁜 말씀의 가르침을 그대로 지켜야 하리니 이는 능히 바른 교훈으로 권면하게 하려 함이라"(딛1:9)라고 디도에게 말하였습니다. 디도는 "바른 교훈에 합한 것을 가르치고"(딛2:1) 그리고 그 교훈에 "부패치 아니함과 경건함과 책망할 것이 없는 바른말"을 하도록 권고 받았습니다(7~8절).

디도서에 나오는 특별히 재미있는 하나의 구절은 선한 것을 가르치며 젊은 여자들을 교훈하는 늙은 여자들에 관하여 언급한 것입니다(2:3~4). 어떤 주석가들은 이들 늙은 여자들이 교회에서 어떤 종류의 공식적인 가르침에 종사하였다고 결론을 내렸습니다.

만일 그렇다면 여기서 디도에게 부여된 교육은 현대 그리스도인들이 교사 훈련이라고 부를 수 있는 것의 범주에 속합니다.

디도서 1장 10~11절은 "더러운 이를 취하려고 마땅치 아니한 것을 가르쳐 집들을 온통 엎드러지는" "복종치 아니하고 헛된 말을 하며 속이는 자"에 대하여 언급하고 있습니다. 이러한 언급은 교회의 발달 단계에 있어서 교회의 교육적 기능이 조심스럽게 감시되고 가장 신중한 것으로 간주 되었다는 사실을 강하게 암시해 주고 있습니다. 디모데전서 서두에 잘못된 교육에 대한 비슷한 표현이 나타나 있습니다. 여기서 디모데는 "에베소에 머물라 한 것은 어떤 사람들을 명하여 다른 교훈을 가르치지 말며 신화와 끝없는 족보에 착념치 말게 하려 함이라. 이런 것은 믿음 안에 있는 하나님의 경륜을 이름보다 도리어 변론을 내는 것이라"(딤전1:3~4)는 말을 들었습니다. 이 말 뒤에는 "헛된 말에 빠져 율법의 선생이 되려 하나 자기의 말하는 것이나 자기의 확증하는 것도 깨닫지 못하는"(6~7절) 어떤 사람들에 대한 경고가 따랐습니다.

바울이 "전파하는 자와 사도로 세움을 입고... 믿음과 진리 안에서 이방인의 스승(디다스칼로스)이 되었다"고 말하였을 때(딤전2:7) 디모데의 교사인 바울은 목회 사역에 있어서 이미 지적된 사도의 다중적인 기능에 관하여 비중을 두었습니다.

디도에게 보낸 서신에서처럼 디모데전서 3장 1절에서 감독은 가르치기를 잘해야 하며, 디모데는 "읽는 것과 권하는 것과 가르치는 것(디다스칼리아)에 착념하라"(4:13)고 권고 받았습니다.

디모데후서 2장 2절은 젊은 여자를 교훈하는 〈늙은 여자〉〈딛

2:3~4)에 관하여 디도에게 교훈한 것을 어느 정도 생각나게 하는 구절로서, "또 네가 많은 증인 앞에서 내게 들은 바를 충성된 사람들에게 부탁하라 저희가 또 다른 사람들을 가르칠 수 있으리라"고 말합니다. 이것은 디모데에게 부여된 다른 목회적 임무와 함께 교회에서 다른 교사들을 훈련시킬 책임이 있다는 것을 의미하는가?

복음 전파자이며 동시에 교사인 사람은 자신에게 맡겨진 말씀을 확신 있게 그리고 옳게 분별할 수 있어야 합니다. 이것은 디모데후서 2장 15절의 요점입니다. 진리의 말씀을 옳게 분별하라는 권고는 다음의 구절에 의하여 강조되었습니다. "망령되고 헛된 말을 버리라. 저희는 경건치 아니함에 점점 나아가나니"(16절).

디모데후서 4장 2절에서 말씀을 전파하라는 권고의 말씀은 많은 안수식 설교의 주제로 사용 되었습니다. 그러나 그 구절은 또한 전파하는 것을 포함하여 다른 형태로 의사 전달하는 것도 제시해 주고 있습니다('확신시키는 것' '정책' '권면' '가르침'). 여기에 신약 성경시대 동안 목사가 전형적으로 교사로서의 역할을 수행하였다는 보다 분명한 증거가 있습니다.

우리는 목회서신에서 교육적 기능이 이전의 시기에서보다 더 공식화 되어 있는 교회를 살펴 보았습니다. 목회자의 역할에 봉사하는 사람들은 주로 교사들이었습니다. 그러나 그들은 또한 디모데후서에 언급된 충성된 사람들이나 디도서에 언급된 늙은 여자들과 같이 다른 교사들을 훈련시키고 감독하는 자들이었습니다. 명백하게도 말씀을 옳게 분별하려는 관심은 그 시기 동안 거짓 교사들이 늘어남에 따라 더 증가 되었습니다.

그리고 이것은 교사들이 진리의 말씀에 충실하고 무지나 태만으로 인하여 잘못을 범하지 않도록 주의해야 할 의무가 있다는 사실을 강조하고 있습니다.

요약

성경의 하나님은 교육하시는 하나님이십니다. 태초부터 하나님은 인간의 마음속에 뿌리를 내리도록 계획된 지성적인 상징을 통하여 하나님의 뜻을 인류에게 나타내시고자 하셨습니다. 그리고 태초부터 하나님은 이러한 사역에 협력자가 되도록 교사들을 임명하셨습니다. 부모, 제사장, 선지자, 그리고 현인들은 이스라엘의 참 선생이신 하나님의 명령 아래서 교사로서의 기능을 수행하였다.

신약성경에서 예수께서는 최초이며 가장 탁월한 교사이셨습니다. 예수께서는 온 세상을 다니며 가르치도록 제자들을 임명하셨습니다. 그러나 여호와께서 언제나 이스라엘의 참교육자이시다고 생각 되었던 것처럼 예수 그리스도는 계속해서 성령의 역사를 통하여 교회의 교사이십니다. 예수께서는 지상 사역에서 교육의 본이 되셨습니다. 예수께서는 초대교회에 교육의 과정을 제공해 주셨습니다. 그리고 예수께서는 교육의 사역에 선택된 사람들에게 성령의 은사를 나누어 줌으로써 그들을 무장시켰습니다.

교육적 사역에 동참한 이러한 모든 협력자들, 즉 부모, 제사장, 선지자, 사도, 목사, 그리고 교사는 하나님의 소명 의식을 깊이 간직하였습니다. 성경의 기록을 주의 깊게 살펴보면 하나님께서 가르쳐야 할 메시지를 항상 공급하시고, 협동 교사들을 선발하시며, 그 일을 위해 교사들을 준비시키시는 교육적 역할을 시작하셨다는 사실을 알 수 있습니다.

오늘날에도 마찬가지입니다. 교회의 교육적 기능은 여전히 하나님의 주도권으로부터 시작됩니다. 여호와께서는 여전히 이 일을 위하여 사람들을 부르고 계십니다. 이것은 너무나 중대한 일이어서 우연에 맡겨 버리거나 흑심을 품은 지원자들에게 맡길 수 없는 일입니다. 오늘날 교회에서 교사의 모집은 성령께서 여전히 봉사하는 일에 교사를 부르시며, 그들에게 그 일에 필요한 은사를 주신다는 전제 위에 기초하여야 합니다. 이것은 〈전문적인 사역자〉에게 뿐만 아니라 〈평신도 지도자〉에게도 적용됩니다.

교회 교육은 교회가 교사 선발에 대하여 완강히 거부하는 자들을 타이르는 것이 아니라 〈소명 받은 자들〉을 불러내는 것으로 생각되어 질 때 신약성경 시대에 누렸던 탁월성을 계속해서 누리게 될 것입니다.

교사에 대한 신학적인 근거

1) 고린도전서 12장 28절에 나타난 교사 이해

"하나님이 교회 중에 몇을 세우셨으니 첫째는 사도요, 둘째는 선지자요, 셋째는 교사…"

① 교회 (ecclesia)의 시작은 그 자체 안에 있는 어떤 힘과 동기

에서 보다는 예수 그리스도의 십자가와 부활 사건에 의한 것입니다. 존 낙스(John Xnox)는 '교회와 십자가의 실재'라는 글에서 교회는 예수 그리스도의 유일한 사건에서 생성되었다고 정의했습니다. 그런 의미에서 교회의 존재 근거가 예수 그리스도의 사건이었다면 교회는 예수 그리스도의 말씀과 삶에 의하여 형성 되어지는 신앙인의 공동체라고 할 수 있습니다.

교회는 인간의 공동체였으나 복음에 의하여 이루어진 신앙 공동체였습니다. 아울러 교회는 신앙을 경험하는 성령의 공동체로서 그 공동체가 존재하기 위해서 표현한 존재 양식은 여러 가지이고 또 다양할 수밖에 없었던 것입니다. 교회는 처음부터 다양한 직능과 은사를 통하여 하나의 주이신 예수 그리스도를 고백한 신앙인들의 공동체였습니다. 이렇게 양면적 차원으로 이루어진 교회는 예수 그리스도를 주로 고백하는 예배, 그 행위와 깊이 관계되면서도(worship) 제자와 초신자를 특별히 가르치는 교육적 행위(didache)라는 두 기능을 대행할 수밖에 없었습니다.

예수를 주로 고백한 초대 기독교 공동체는 전 세계에 예수를 그리스도로 선포하는 선교를 위하여 불리워졌으며 이 사명을 대행하여 가는 동안 교회는 비로소 교회화(becoming)되어져 갔던 것입니다. 그리하여 교회가 계속 모였던 것은(congregatio, 회중) 공동체가 함께 고백하는 일과 그들의 생활 속에서 예수 그리스도와의 만남을 위함이었고 동시에 그 교회는 온 세계를 향하여 복음을 선포하는 흩어짐(missiodiaspora)으로 점점 세계 속에 그리스도의 몸이 되어져 갔던 것입니다.

여기에서 궁극적인 증언의 사명을 이루어 가는 데 가장 중요한 매개가 설교(preaching)와 가르침(teaching)으로 나타납니다. 이 설교와 가르침은 예수 그리스도의 복음 케리그마, (kerygma)를 내용 구조로 하여 신자를 훈련하는 일과 이방인을 전도하는 매개가 되었던 것입니다.

이처럼 설교와 함께 선교를 위한 복음 선포의 다른 매개는 교육이었는데 초대교회의 선교는 주로 사도, 예언자(선지자), 교사에 의해서 수행 되어졌으며 이중 디다스카로스(Didaskalos)라고 하는 교사는 신에 의해 임명된 영적 지도자로 널리 알려져 있습니다. 이렇게 초대 교회는 선교와 가르치는 일에만 열중할 뿐 기구와 조직에는 등한시 하였으며 후대에 가서야 교회 조직의 확충에 따라서 감독, 장로, 집사 제도가 강화되게 된 것입니다.

② 교사의 직무 (officio doctoris)는 제1급에 속하며 사도의 직무(officio apostle)는 제2급에 속한다고 할 수 있습니다. 그 이유인즉 주님께서 사도들을 임명하신 것은 그들로 하여금 복음을 온 세상에 두루 전파하게 하기 위함이었습니다. 그런데 주님은 그들에게 어떤 특정 지역이나 교구를 담당하여 주신 것이 아니라 그들이 어디를 가든지 모든 나라와 모든 언어를 사용하는 백성들 속에 들어가 주님을 위한 대사로서 일하기를 원하셨습니다. 이에 반해서 교사들은 일정한 영역 즉 교회라고 하는 테두리를 가지고서 한정된 범위 안에서 활동하였던 것입니다. 그러므로 교사들은 복음을 온 세상에 전하라는 사명을 받은 것이 아니라 그의 책임은 맡겨진 교회를 돌보는 데 있기 때문에 교사의 직무는 제1급에 속하

며 사도들의 직무는 제 2 급에 속한다고 할 수 있습니다(존 칼빈).

더 나아가서 교사들의 임무는 종교의 순수성이 교회에서 보존되도록 건전한 교리(sana dogmatai vocatio)를 전하도록 봉사하고, 헌신하는 직무이며, 사도들의 임무는 직업적인 일이라고 할 수 있습니다. 그렇기 때문에 가르친다는 것은 세기를 통하여 기독교 교사직의 가장 보편적이고 보람 있는 작업으로 인식되어 왔습니다. 즉 그리스도인이 봉사직에 가담하고 나설 때에 가장 중요한 과업이 이루어져 이 땅에 하나님나라가 건설되게 되는 것입니다.

2) 교회 조직 속에서의 교사의 직책

교회사에서 교회 직제의 기원과 발전 과정의 문제는 지금까지 다룬 어떤 문제보다 더 심각한 논쟁거리였습니다. 그 이유는 남아 있는 증거가 빈약하기 때문에 더욱더 그런 것이었습니다. 그런데도 2세기 중엽에는 각 지역의 교회 안에 있는 제도가 많은 유사성을 지니면서 서서히 직제가 나타나기 시작한 것을 볼 수 있습니다.

① 최초의 이방 교회들은 엄밀히 말해서 직원(officer)이라고 할 만한 지도계층을 가지고 있지 못하였습니다. 바울은 갈라디아서, 고린도서, 로마서 등에서 지역 개체 교회의 직원에 대해서 아무런 언급도 하지 않고 있습니다. 단지 "주 안에서 너희를 다스리는 자(살전 5:12)"라는 단어가 나오는데 이것이 교회 안의 직원이라고 보기에는 불확실하고 불충분합니다.

② 바울의 모든 초기 서신에서 시사하고 있는 것은 모든 교회의

직분은 그 종류 여하를 막론하고 성령의 직접적인 은사로 생각되었고 성령은 이들 각자에게 교회의 예배를 위해 때때로 필요한 영감을 주는 것으로 인식했던 것입니다.

바울은 특별한 성령의 은사를 받은 교회 지도자들을 사도(apostle), 선지자(prophet), 교사(teacher)의 세 가지로 분류하고 자신은 하나님으로부터 사도직을 직접 부여받은 은사라고 생각했습니다. 이중 사도의 임무가 기독교를 설립하는데 있었다면 선지자의 임무와 교사의 임무는 하나님으로부터 영감을 받은 말씀을 선포하거나 해석하는 데 있는 것입니다. 여기에서 선지자와 교사의 정확한 차이점을 규명한다는 것은 불가능합니다 - 그러나 이들 모두는 은사를 받은 사람들임에는 틀림없는 사실이었습니다.

③ 사도의 보훈서에 보면 하나님의 인도하심을 거역하는 이기적이고 사기적인 자들이 일찍이 교회를 괴롭히고 있었음을 알게 됩니다. 여기에 대응하여 거짓으로부터 참된 것을 구분하기 위한 표준이 설정 되게 되었습니다. '교훈서'와 '헤르마스서'에서는 그 표준이 - 인격이라고 나타나 있습니다.

사도 시대에는 예언을 하나님의 영이 교회에 주시는 최고의 은사라고 생각했었는데 그렇다고 모든 영을 다 믿지는 말라고 충고도 곁들이고 있습니다. 요한1서 4장 1절에서 4절을 보면 "사랑하는 자들아 영을 다 믿지 말고 오직 영들이 하나님께 속하였나 시험하라 많은 거짓 선지자들이 세상에 나왔음이니라."라고 기록하고 있는데 이 말은 거짓 선지자들의 거짓 예언을 경고하는 말입니다. 바울 사도도 모든 영들이 다 진리를 말한다고는 믿지 않았습니다(고전12:13, 고후11:4). 예수님께서도 제자들에게 거짓 선지자(마7:15)를 경고하시면서 그들은 마지막 때 다시 속이는 표정과 거짓 교훈을 가지고 나타날 것을 말씀하셨습니다(마24:11,24, 막13:22). 그러나 영을 바르게 말하는 예언자를 테스트하기란 결코 쉬운 일이 아닙니다. 혹 잘못하다 하나님을 테스트하는 일이 되어 버릴 수 있기 때문입니다. 그러므로 본문에서는 2가지 표준을 보여 주고 있습니다. 그 첫째는 교리, 특히 예수의 본성과 인격에 대한 선지자의 교훈, 둘째는 생활태도인데 곧 선지자가 세상에 속하였나 아니면 하나님께 속하였나를 보는 것입니다.

④ 은사는 하늘에서부터 내려지는 것이지만 일단 은사를 받은 사람들은 항구적인 직분을 가지기 시작했습니다. 어떻게 해서 성도, 집사, 감독이라고 하는 직제가 되어졌는지는 분명하지 않으나 교회 생활의 질서, 예배의 준비, 회중의 모범자 설정에 대한 필요성 때문에 그 직제가 이루어진 것으로 간주됩니다. 후대에 접어들면서 장로(elder), 감독(bishop), 집사(deacon)로 구성된 3중 직제가 나타나게 됩니다(이것은 분명한 것은 아니지만 디모데전서와 디도서에 암시가 나타납니다).

3세기가 될 무렵 사제직과 평신도직이 엄격하게 구분되게 됩니다. 라이코스(laikos)와 클레로스(kleros)라는 말이 함축하고 있는 차이에서 알 수 있는데 라이코스를 처음 사용한 사람은 로마의 클레멘트였습니다. 클레로스란 라틴어의 오르도(ordo)와 같은 순서라는 말인데 이 말은 로마 제국의 행정장관들과 고관들의 서열을 가리키는 말이 되었습니다. 이 말이 기독교에 도입되면서 그와 같은 의미로 사용되었던 것입니다. 터툴리안이 클레로스를 사제직의 서열, 성직의 서열이라고 말했습니다. 사제직의 허입은 안수례를 거침으로서(오늘날 목사 안수와 같은 것) 이루어졌는데 이 의식은 초대교회에까지 그 기원을 거슬러 올라가는 것으로서 카리스마적인(charismatic) 은사를 부여하는 상징이었거나, 아니면 특별한 의무를 위한 성별을 상징하는 것이었습니다. 이때 서임은 이전에 적어도 한 번은 주교직을 역임한 인물의 손에 의하여 이루어졌고, 3세기 말엽에는 최소한 3명의 인원으로 확정 되었습니다. 장로, 집사의 하급직은 그들 자신이 선택한 교구 주교가 주관하였습니다. 장로들은 주교의 동의하에 성례를 집행하기도 하였으며 설교도 하였습니다. 한 도시 안에 교회가 여럿으로 증가하자 한 장로가 한 구역을 직접 책임지게 되었으며, 장로들의 수효는 고정되지 않았습니다. 집사들 역시 주교로부터 직접 책임을 위임받았으며 가난한 자를 돌보거나 다른 일반사무를 처리하기도 하였습니다.

동방에서는 여러 면에서 성직의 하나로 간주 될 수 있는 여집사 제도가 있었음을 볼 수 있습니다. 이 직책의 기원은 아마도 하늘로부터 받은 은사와 관련된 것이었으리라고 추측됩니다. 아주 오래 전부터 존재했었던 것 같습니다. 여집사들의 의무는 기도하는 것과 병자, 특히 여자 환자를 돌보는 일이었습니다. 이들을 성직자로 인정하기에는 다소 무리가 있다 하더라도 회중으로부터 많은 존경을 받고 있었음이 분명합니다. 이들의 생계는 전적으로 또는 부분적으로 교회의 연보에 의존하였는데 이 연보의 주관은 주교가 하였습니다. 세월이 지나면서 성직자는 평신도와 구별되었고 그리하여 전속된 영적인 계층이 되어갔고, 평신도는 이러한 성직자들에게 종교적, 신앙적으로 의존하는 반면 성직자들의 생활 문제를 그들의 연보에 의해서 해결하는 것이 3세기 중엽의 상황인 것입니다. 이상에서 언급된 성직자들이 교회의 우선 순위가 된 것이나. 집사들이 많은 회중들로부터 존경의 대상이 된 것은 그들의 자리가 인위적인 직위가 아니고 하나님께서 직접 세우셨다고 하는 영적인 은사를 받은 자라는 데에 있었던 것입니다.

이와 같이 교사들도 하나님께서 직접 세우신 자리라고 할 때 교사 자신들의 영적인 자부심과 함께 천직(calling)이라고 하는 소명의식을 결코 망각해서는 아니 될 것입니다.

교사의 삼중적 기능

그리스도께서는 우리의 구속자로서 선지자와 제사장과 왕의 삼중직을 수행하셨습니다. 그리스도 안에서 모든 신자들은 그의 종으로서 수행하여야 할 왕과 제사장과 선지자로서의 기능을 가집니다. 이제 아래에서는 이들 삼중 기능을 그리스도인 교사의 사역과 연관시켜 보려고 합니다.

(1) 왕적 기능

교사는 왕적 직분을 가진 사람입니다. 왕적 직분이란 권위를 행사하여 명령을 할 수 있는 지위를 말합니다. 왕으로서의 기능은 권위의 사용을 합의합니다. 이러한 왕적 직분을 교회학교 교사에게 어떻게 적용할 수 있을까요? 교사의 어떠한 사역이 이 직분에 속한 사역으로 분류 될 수 있을까요?

교사의 일상적인 사역에서 본다면 교사는 숙제를 내주고, 학업 목표를 설정하고, 학습자들에게 성경 구절을 암송하게 하고, 용납할 만한 행동의 경계를 수립하고 강조하며, 교회 안에서 지켜야 할 기본 규칙을 만드는 것입니다. 교사는 학급 내의 질서 유지와 학업 분위기의 조성을 위하여 그의 왕적 권한을 행사합니다. 한마디로 말하여 교사는 학급 전체를 다스리는 것입니다. 그러나 이러한 왕적 권한은 교육적이며 합당한 권한 행사이어야 함을 전제합니다. 교사가 왕적 지위를 가지고 권한을 행사하더라도 지나치게 되면 왕적 직분의 행사가 아니라 직권의 남용이 됩니다.

만일 어떤 이가 한 사람이 다른 이를 다스리며 그 위에 군림하는 것은 비인도적(非人的)인 것이라고 이의를 제기한다면, 우리는 그 것은 오직 교사가 그 권위를 잘못 사용하는 때에 한하는 이야기라고 대답할 수 있을 것입니다. 예를 들어서 수업 시간에 교사가 '너는 내가 얼마나 많이 설명해 주었는데도 그것도 못하니? 넌 아무리 많이 가르쳐 주어도 아무것도 바르게 할 수 없을 거야'라고 경멸조의 말을 너무나도 쉽게 사용한다든가, 자주 신경질을 내면서 자신을 기분 나쁘게 한 학생에게 지휘봉을 내던지는 고등학교 밴드부를 담당한 교사가 있다면, 바로 그와 같은 것이 권위를 남용한 예라고 하는 것을 쉽게 알 수 있습니다. 말하자면 그와 같은 것들은 건강한 자아상(Self-image)을 개발하는 데 도움을 주는 학교 분위기가 되지 못하는 것입니다.

그러나 권위는 그와는 다르게 아주 올바른 방식으로 사용될 수도 있습니다. 그리스도인 교사는 자신보다 더 크신 분이신 예수 그리스도의 권위 아래서 다스리는 것입니다. 이런 다스림 아래서는 학생들이 사랑의 분위기에서 양육 받을 수 있습니다. 즉 그는 하나님의 형상으로서의 정당한 대우를 받을 것이고, 흔히 현대의 수업에서 있기 쉬운 대중의 한 사람 취급에서 벗어날 수 있고, 그가 궁극적으로 순종해야만 하는 교사 이상의 인격자를 가지는 것입니다.

교사의 권위는 가르침을 통하여 지시하는 말을 통하여 모든 행동을 통하여 행사됩니다. 반학생들을 가르칠 때 교사에게 필요한 권위는 가르치는 내용 사용하는 언어, 행동에 근거합니다. 그러므로 교사의 가르침이 부실하면 권위를 상실하게 됩니다. 교사가 권위를 가지려면 먼저 가르치는 내용인 성경에 대한 해박한 지식을 가져야 합니다. 그리고 사용하는 언어, 행동 등이 교사로서의 체통을 지키지 못하고 천박하게 되면 아무리 좋은 내용을 교수하더라도 교육적인 효과를 얻기가 어려울 뿐 아니라 그 권위도 상실하게 됩니다. 교회학교 교사들 가운데서도 교사의 이러한 왕적 직분을 포기하는 경우들이 많이 있습니다. 이러한 경우는 교사 자신을 단순한 학습의 촉진자(facilitator)로 생각하여 교사의 왕적 직분을 스스로 포기합니다. 교사는 반학생들이 알아야 할 성경 지식을 가르쳐 알게 하고 지키게 해야 합니다. 이는 교사의 권리이며 동시에 의무인 것입니다.

소크라테스의 철학이 주장하는 것처럼 사람은 모든 지식을 무의식 속에 가지고 태어나는 것이 아닙니다. 하나님을 알기 위해서는 성경을 배워야 하고, 하나님을 잘 알아야 하나님을 잘 섬기고 기쁘게 할 수 있습니다. 인도주의적 교육자에게는 권위가 옳게 사용되는가 남용되느냐가 문제가 아니라, 권위의 사용이 있는가 없는가가 문제입니다. 루소(Rousseau)는 그의 책 「에밀」에서 자연주의적 교육철학을 제시했습니다. 여기서 그는 인격이란 마치 정원에서 자라나는 꽃과 같다고 하였습니다. 아무런 제한도 그에게 가하지 말라. 그가 묻지 않는 것에 대해서는 아무런 지식을 주입하려 들지 말라. 오히려 그의 가능성이 자라는 한 그가 자연적으로 자라도록 내버려 두고서, 교사는 그가 스스로 다루기 어려운 장애를 제거하고, 배후에서 에밀이 필요로 할 때면 언제나 필요한 도움을 제공하는 정도로만 머물러 있어야 한다는 것입니다. 그러나 이런 인격과 훈련이란 루소 자신의 상상력의 소산 일 뿐입니다.

그럼에도 불구하고 이런 사상은 진보주의 교육에 만연하게 되었습니다. 그것은 세계 도처에 그 영향력을 미치고 있습니다. 특히 대도시 주변에서 더욱 그렇습니다. 학생들에게 어떠한 제한도 가해서는 안 된다는 원칙은 학생들이 근본적으로 선하며, 따라서 그대로 놓아두면 자연적으로 완전하게 된 것이란 가정에 근거한 것입니다.

자연주의 철학에서 주장하는 것과 같이 사람은 선하게 태어나는 것이 아니라 하나님의 긍휼과 그리스도의 속죄 사역을 필요로 하는 죄인으로 태어납니다. 그리스도인들은 어린 자녀들일지라도 하나님 앞에서 죄인이며, 따라서 자연대로 내어 버려두면 온전하게(perfection) 되기는 커녕, 영원한 파멸(perdition)에 빠질 것임을 믿고 있습니다. 즉 그대로 내버려 두면 지식이 아니라 무지에, 지혜가 아니라 어리석음에 빠지고 말 것입니다.

세상의 모든 사람들 특히 교회학교 학생들이 구원의 새 생명을 얻기 위해서는 "유일하신 참 하나님과 그가 보내신 자 예수 그리스도를 아는"(요17:3) 지식이 필요합니다. 그러므로 어린 아이들의 삶에서도 근본적인 변화가 필요하며, 그 후에야 주의 교훈의 방식으로 양육될 것입니다. 이러한 지식의 전수는 교사의 왕적 권한입니다. 따라서 권위가 사용되어야만 합니다. 물론 사랑과 아동의 성숙도를 고려하면서 수행되어야 하지만 권위는 필요한 것입니다. 교사는 이 책임을 저버리지 않도록 해야 하는 것입니다. 교회학교 교사로서 내가 가르치는 어린이들이 알아야 할 지식이 무엇임을 알고 있으며, 그들이 이해할 수 있게 전하고 있는지를 생각해 보아야 합니다.

(2) 선지자적 기능

교사는 선지자적 직분을 가진 사람입니다. 선지자의 직분이란 하나님의 뜻을 선포하고, 그 뜻에 불순종하는 자에게 임할 하나님의 진노를 선포하는 지위를 말합니다. 구약시대의 선지자는 하나님의 편에서 하나님의 뜻을 백성들에게 선포하는 사람이었습니다. 그러나 시대마다 하나님의 백성들이 하나님의 뜻대로 행하기보다 배반하는 삶을 살았기 때문에 선지자들은 불순종하는 그들에게 하나님의 진노를 외칠 수밖에 없었습니다. 그래서 선지자들은 백성들에게 복이 아니라 하나님의 진노를 선포하는 사람으로 인식되어 이스라엘 백성들에게 무서운 존재로 비춰졌습니다.

이러한 선지자 직분을 교회학교 교사에게 어떻게 적용될 수 있을까요? 교사의 어떠한 사역이 선지자 사역으로 분류될 수 있을까요? 교회학교 교사의 구체적인 사역에서 볼 때 그리스도인으로서 행하여야 할 것과 하지 말아야 할 것을 가르치고, 가르친 대로 하였을 때 주어지는 상과 그대로 하지 않았을 때 받게 되는 벌을 미리 알려주는 일이 선지자적 사역입니다.

선지자적 직분을 가진 교사는 반학생들에게 그들이 무엇을 해야 하며 무엇을 하지 말아야 할 것인지를 가르쳐 주어야 하고 그에 따른 상과 벌을 보여 주어야 합니다. 이때 상과 벌은 미리 제시한 기준에 도달하였느냐 하지 못하였느냐에 근거해야 합니다. 그렇지 않고 그때그때의 교사 기분 여하에 따라 상과 벌의 시행기준이 달라지면 교사로서의 권위를 훼손당할 뿐 아니라 직분의 남용이 됩니다. 상을 주어야 할 때 상을 주지 않는다던가 벌을 주어야 할 때 벌을 주지 않는 것은 교사로서의 선지자적 직분을 망각하는 것입니다. 교회학교 교사는 자기에게 맡겨진 반학생들에게 하나님의 뜻을 가르쳐 알게 해야 합니다. 그 이유는 축복과 경고에 관한 하나님의 뜻을 가르치는 의무과 권한이 교사에게 있기 때문입니다.

일부 교회학교 교사들은 축복에만 관심을 두고 죄에 대한 지적이나 그 결과로 따르는 경고와 징계에 대하여 가르치기를 소홀히 합니다. 예를 들면, 교사에 대한 비유로써 용기를 북돋우는 사람(encourager)을 강조하고 긍정적인 피드백(feedback)을 주는 사람으로 강조하여 상(賞)을 베풀기만 좋아하는 것은 옳지 않습니다. 인류 역사에서 최고의 지혜를 지녔던 솔로몬 왕은 "내 아들아 여호와의 징계를 경히 여기지 말라 그 꾸지람을 싫어하지 말라 대저 여호와께서 그 사랑하시는 자를 징계하시기를 마치 아비가 그 기뻐하는 아들을 징계함 같이 하시느니라"(잠3:11~12)고 하였습니다.

수업을 담당하는 교사에게 선지자적 기능을 말하기 위해서는 신학 뿐 아니라 모든 학문이 그것이 수학, 역사, 자연과학, 언어, 그 무엇이든 간에 하나님의 진리의 한 분야라는 것을 전제해야만 합니다. 이것은 성경과 예술, 과학 사이에 아무런 구별이 없다는 말은 아닙니다. 성경만이 신앙과 생활에 무오한 권위입니다. 그러나 진리는 거룩한 것과 속된 것으로 나눌 수 없는 것입니다. 모든 진리가 하나님께로서 왔다면 그 모든 것이 거룩한 것입니다. 따라서 그 진리를 그 원천이신 하나님의 지도 아래서 전달하는 자는 그가 누군가를 막론하고, 모두 참된 하나님의 대변자인 것입니다. 물론 모든 학문을 기독교적 접근으로 다시 편성해야 함은 선결적인 문제입니다.

이와 연관하여 기독교 교육에 있어서의 성경의 규범적인 사용에 관하여 몇 가지 하여야 할 말이 있습니다. 학교에서 가르치는 교육 과정에 포함된 모든 학문의 전반적 내용과 그 학문의 방법론 그리고 가르치는 방법을 성경에서 찾아낼 수는 없습니다. 그러나 우리는 성경에서 그 기원과 의미, 목적에 대한 해답을 찾을 수는 있습니다. 그러므로 신앙과 학문의 통합(integration)은 그리스도인 교육자의 가장 근본적인 과제인 것입니다.

그런 통합은 분명히 찬양할 만한 목표이지만, 어떻게 그것을 성취할 것인가? 결국 통합은 교육 프로그램의 전 국면, 즉 교육 과정 교수 방법론 등을 포함한 전체와 관련되는 매우 복합적인 과제입니다. 심지어 건물의 설계까지도 그 기관이 가진 철학을 반영하는 것입니다. 그러나 시작은 역시 영적으로 성숙한 그리스도인 교사를 확보하는 일입니다. 그 마음과 정신이 제시된 진리로 형성되어 있을 정도로 성경에 푹 파묻힌 교사가 수업을 하게 된다면, 날마다의 수업 상황에서 신앙과 학습의 통합이 이루어지게 될 것입니다. 예를 들어 학급에서 근본적인 가치와 연관된 질문이 제기되었다면, 이렇게 준비된 교사는 적어도 기독교적 대답의 근거는 가지고 있는 셈이기 때문입니다. 학생이나 동료 상호 간의 관계에 관한 질문이 제기되었을 때도, 이런 교사의 자연스런 반응은 그가 날마다 동행하는 그리스도의 영향을 받게 될 것이기 때문입니다. 교사의 삶에 그런 그리스도의 진리와 사랑의 참다운 체험이 없으면, 신앙과 학문을 통합하려는 모든 계획된 시도는 인위적인 것이 되고 불행을 불러 일으키는 것이 될 것입니다.

스토니 브룩 학교(Stony Brook School)의 창설자이며, 오랫동안 교장을 역임하였던 존경할 만한 프랑크 게블라이언(Frank Gaebelein)에 의하면 교사가 세속 학문과 성경 과목을 동시에 담당할 때, 이 학문(학)과 신앙의 통합이 효과적으로 이루어진다고 합니다. 그는 이렇게 말합니다. "모든 진리를 하나님의 진리라고 믿으며, 그 교육 과정을 그리스도와 성령과 통합시키려고 하는 일에 신중을 기하는 기독교 학교는 완전히 독립된 성경 과목에 대한 개념을 버려야만 한다. 그 대신에 수학, 자연과학, 언어, 또는 사회과에 유능한 헌신적인 그리스도인 교사를 찾고, 개발시켜 그로하여금 성경도 가르치도록 해야 한다. 내가 판단하기로 이 원칙은 유능한 교과 전문가가 자기 반 전체를 책임지는 것이 아동의 발달 수준으로 보아 가장 적절한 초등학교 수준에서 가장 효과적으로 사용될 수 있으리라고 생각된다".

노만 E 하퍼가 처음으로 기독교 초등학교 교장을 맡게 되었을 때, 우리는 기독교 교육 책임자(director of christian education)를 청빙하여, 그 학교와 관련된 교회의 일을 하면서 저학년에서 성경을 가르치도록 한 일이 있었습니다. 각 학년마다 한 시간씩 그 기독교 교육 책임자가 담당하여 가르치는 성경 시간을 만들었습니다. 행정적으로 이런 조치는 아주 좋은 결과를 낼 것 같았습니다. 아주 유능한 전문가에 의해 성경이 가르쳐지고, 그 시간에 담임교사는 계획하고, 사무 처리를 하며, 잠시 쉴 수 있었기 때문입니다. 그러나 거룩한 것과 세속적인 것을 아직 구분하지 못하는 아이들이 성경 시간에 배운 것을 학교생활의 다른 활동에 잘 적용하지 못하는 것을 발견하고서, 우리는 우리의 계획이 실패한 것인 줄 알게 되었습니다. 그것이 작문 시간이든지, 학급 토의 중 가치판단을 하게 될 때에도 성경 시간에 배운 것은 그것대로 머물러 있기 일 수 있습니다. 그래서 그 다음 해에는 담임교사들에게 성경을 가르쳐 줄 것을 요청하였습니다. 그러자 교사들이 하나님의 말씀을 적용하며 다루는 일에 큰 유익을 주게 되었고, 동시에 학생들이 성경과 일반교과목 사이에 연관을 지으려고 할 때 교사가 아주 훌륭한 도움을 줄 수 있게 되었습니다.

또한 더 중요한 것은 교사가 각 교과목을 다룰 때 그 기원과 본질과 목적에 대해 성경적으로 접근하게 되었다는 점입니다. 이것에 대해 가끔 이의가 제기됩니다. 그러나 수학과 역사와 언어는 모든 사람에게 같지 않은가?(기독교인이라고 특별한 접근을 할 수 있는가?) 이에 답하기 위해 어떤 사람은 현행 교과서들을 훑어볼 것입니다. 그렇게 보면, 세계사 교과서는 역사에 대한 진화론적 관점에 근거하여 쓰여졌고, 생물 교과서는 사람은 보다 복잡한 동물일 뿐이라는 가정에서 쓰여졌음을 보게 될 것입니다. 결국 각 교과서 집필가들은 자료들을 자기 나름의 신앙 원칙에 의거하여 해석하고 있는 것입니다.

그리스도인 교사가 자신의 신앙적 관점을 자신이 가르치는 교과에 적용하면 어떤 변화가 일어날까? 예를 들어서 언어에 관한 기독교적 관심을 생각해 보기로 하자. 그리스도인 교사는 언어는 하나님의 선물이며, 하나님께서는 그 언어를 바르게 사용할 수 있도록 인간을 만드셨음을 이해합니다. 더구나 그는 언어는 실재에 관한 진리를 전달하게끔 하기 위해 하나님께서 주신 것임을 믿습니다. 이는 단어들이 의미로 충만해 있음을 의미합니다. 또한 언어 소통은 그 내용에서 뿐 아니라 그 형식과 문제(style)에서도 인격적이며, 명백하고, 진리를 전달하기 위한 것임을 뜻합니다. 그리고 모든 언어는 그 표현 형식이 어떠하든지 - 구어이든 문어이든 시이든 산문이든지 - 하나님의 영광을 위하여 사용되어야 함을 의미합니다.

오직 그리스도인들만이 전체로서의 교육 과정을 하나로 묶을 수 있는 원칙을 제공하는 인생관과 세계관을 가집니다. 그러므로 자신의 세계관을 상상력을 발휘하고 창의적인 방법으로 수업 사태에 적용하여, 학생들로 하여금 자신들의 신앙의 빛에서 인생의 전체 국면을 바라보며 사고할 수 있도록 도전하는 것이 그리스도인 교사의 과제인 것입니다. "그리스도의 주권 아래서의 전체 삶을 위한 전인을 위한 전체 진리" 이것이야말로 기독교 교육자가 세속주의의 세력과의 끊임 없는 투쟁을 통하여 외쳐야 할 가장 정확한 표어인 것입니다.

(3) 제사장적 기능

교사는 제사장적 직분을 가진 사람입니다. 제사장적 직분이란 하나님의 백성들의 잘못과 부족함을 대신하여 늘 하나님께 기도를 드리는 지위입니다. 구약의 제사장은 백성들의 죄를 대신하여 하나님께 나아가 그 죄를 용서를 받기 위하여 제사를 드렸습니다. 이러한 제사장적 직분이 그리스도인 교사에게 어떻게 적용될 수 있을까요? 교사의 어떠한 사역이 제사장적 사역으로 분류될 수 있을까요?

제사장적 기능이란 수많은 책임을 포괄하나, 여기서는 그것 중

몇 가지만을 언급하려고 합니다. 무엇보다도 먼저, 교회학교 교사는 학생들에게 자신이 지금 전달하려고 하는 진리를 몸소 삶으로써 보여 줄 책임이 있습니다. 자신이 가르치는 진리대로 살아 반 학생들에게 영적인 모본이 됩니다. 이것은 그가 그것을 위해 살고, 그것을 위해 죽으려고 하는 것에 대한 진정한 신앙을 가져야 함을 의미합니다.

그러므로 교회의 교육 프로그램에서나 기독교 학교에서 교사를 찾으려고 할 때 가장 먼저 생각해야 하는 본질적인 자질은 영적인 성숙도입니다. 아주 이상스럽게도, 기독교 학교보다는 교회에서 교사를 충원하려고 할 때 이 자질을 별로 신중하게 고려하지 않습니다. 오히려 교회에서는 비정규직이고 책임이 없는 이가 교회학교에서 가르치는 일을 하게 되면 그것이 그가 정규적인 회원이 되어 책임 있는 사람이 되도록 하는 첩경이라고 생각합니다. 그러나 그런 식으로 일을 해서는 안 됩니다. 대개 신뢰할 수 없는 교회원은 신뢰할 수 없는 교사가 되기 때문입니다. 의문시되는 교회원은 학생들에게 도움을 줄 수 없으며, 그렇게 되면 학생들은 자격 있는 교사 없이 방치되게 됩니다.

그러나 사도 바울은 교회의 직분자가 될 사람들에게 신앙 경험의 중요성을 상당히 강조하였습니다. 그는 경계하기를 감독이 될 사람은 "새로 입교한 자도 말지니 교만하여져서 마귀를 정죄하는 그 정죄에 빠질까 함이요"(딤전3:6)라고 하였습니다. 또한 집사의 직무에 대해 언급하면서 말하기를 "이 사람들을 먼저 시험하여 보고 그 후에 책망할 것이 없으면 집사의 직분을 하게 할 것이요"(

딤전3:10)라고 합니다. 바울이 여기서 제시한 원리는 명백합니다. 이미 영적인 성장을 나타내고 있는 사람만이 교회의 직분을 맡아야 한다는 것입니다. 이 원칙은 사역의 다른 부분에서도 적용되어야 합니다. 가르치는 사역의 본질상이 원칙은 분명히 기독교 교사에게도 적용됩니다. 만일 학생들이 "교사의 어떠함"으로부터 진리를 배우지 못한다면, 아이들은 그가 말하는 것으로부터 아무 것도 배우려 하지 않을 것입니다.

둘째, 교회학교 교사는 자신의 일을 하나님 앞에서 감당해야 합니다(골3:23,24). 그는 그의 힘씀에 상당한 보상을 받지만 봉급을 얻기 위해 일하는 사람이어선 안되며, 다른 사람들에게 정직히 행하는 일을 힘써야 하지만 사람들 앞에서만 일해서는 안 됩니다. 또한 그것을 통해 큰 축복인 자아실현을 할 수도 있지만, 그것이 주된 동기가 되어 자기만족을 위해 일해서도 안 되는 것입니다. 오히려 그는 자신의 일을 자기 자신보다 더 크신 이인 예수 그리스도를 위하여 수행해야 하고 그럴 때 모든 필요가 채워짐을 알아야만 합니다.

셋째, 교회학교 교사는 자기 학생들을 위한 기도를 하나님께 드려야 합니다. 존경하는 신학교 교수 한 분이 중보기도와 관련된 자신의 경험을 말씀해 주신 일이 있습니다. 그가 목회를 할 때 그는 주일 아침 매우 일찍이 교회에 가서 교회 교인 명부를 가져다가 무릎을 꿇고, 한 사람 한 사람 이름을 들어가며 간절히 기도했다고 합니다. 그가 주일 아침 예배를 위해 준비할 때, 그는 교인들을 위하여 얼마나 놀라운 사역을 하였는가!

중보기도는 교사의 사역 전체를 통합하는 부분이라는 생각까지
듭니다. 한 학급의 교사가 매일 아침 하나님 앞에서 그의 학생들을
은혜의 보좌로 이끌고 가, 그의 이름을 대며 주님께 그의 특별한
필요를 아룀으로서 하루를 시작한다고 생각해 보라! 사도 야고보
는 이렇게 말씀하셨습니다. "의인의 간구는 역사하는 힘이 많으니
라"(약5:16). 이런 중보기도가 없이는 참으로 가치 있는 것이 이루
어지기 어렵습니다. 그러나 중보기도가 있으면, 하나님께서만 아
시는 크고 비밀 한 것들이 이루어질 것입니다.

교회학교 교사로서 나는 자격이 있는가를 돌이켜 보자. 초중등
학교의 교사가 되려면 교사자격증이 있어야 합니다. 그런데 초·중
등학교 교육보다 더 중요하고 힘든 영적 교육을 담당하는 교회학
교 교사인 나는 어떤 자격증을 가지고 있는가?

근래에는 중요한 교단과 교회들이 교사대학이나 교사 양성 과
정을 두어서 교회학교 교사가 되기 원하는 성도들이 합당한 자격
을 구비 할 수 있도록 준비시키고 있습니다. 그러나 대부분의 교단
이나 교회들이 이러한 과정을 두고는 있으나 스스로 정한 규칙대
로 시행하는 경우는 많지 않습니다. 바울 사도는 디모데에게 교회
의 지도자를 세울 때 "사람들을 먼저 시험하여 보고 그 후에 책망
할 것이 없으면 집사의 직분을 하게 할 것"(딤전3:10)이라고 권면
하였습니다. 봉사하는 집사의 직분보다 더 중요한 교사의 직분을
맡길 때 먼저 시험하여 보고 난 후에 교사직을 맡기고 있는 교회가
얼마나 될까요? 이미 교회학교 교사직을 감당하는 있는 나는 이러
한 시험을 통과할 수 있을까를 생각해보자.

교사로서 자신의 사역을 하나님께서 받으실 만한 향기와 제물이 되도록 하는 것이 교회학교 교사의 제사장적 사역입니다. 학습자들을 즐겁게 하는 가르침이나 자신의 성취감을 위한 사역이 아니라 하나님께 영광과 기쁨을 드리는 사역이어야 합니다. 오랫동안 교회학교에서 가르친 교사들은 한 주간 동안 자신이 맡은 아이들을 위하여 기도하고 성경 말씀을 준비하여 아이들을 가르칠 때와 한 주간 내내 바쁜 일에 밀려서 허둥지둥 지내다가 아이들을 가르칠 때의 차이를 느낀 적이 있을 것입니다. 가르치는 학습자들을 위한 공부 준비와 기도는 교사의 제사장적 사역에 속합니다. 교회학교 사역의 핵심은 프로그램이나 이벤트의 진행이 아니라 기도입니다.

이러한 제사장적 직분을 지닌 교회학교 교사는 영적으로 성숙해야 합니다. 그리고 교회학교에서도 미션스쿨이나 기독교 학교 못지않게 성숙하고 헌신 된 교사를 선발해야 합니다. 그것이 가장 바람직하지만 교회학교라는 특수성을 고려할 때 영적 성숙에 대한 요구가 미션스쿨이나 기독교 학교에 미치지 못합니다. 여러 이유를 찾아볼 수 있습니다.

첫째 이유는, 교회학교 교사는 교회에서 교사의 직분과 함께 성도라는 직분을 가지고 있기 때문입니다. 둘째 이유는, 교사의 자질 기준과 교회의 현실은 다르기 때문입니다. 영적으로 성숙한 사람만이 교사가 되어야 한다는 생각은 타당하고 올바릅니다. 그러나 문제는 교회의 현실입니다. 영적으로 성숙한 사람을 교회학교 교사로 선발하는 것은 비록 이상적인 생각이기는 하지만 그러한 사람이 교회에 얼마나 있느냐가 문제입니다. 그래서 영적으로 성숙하지 못한 사람도 어쩔 수 없이 교사로 세우게 됩니다. 셋째 이유는, 영적으로 부족한 사람도 교사로 섬김을 통하여 성숙해질 것을 기대하고 그렇게 된다면 교회 전체로 볼 때도 성도의 성숙이라는 관점에서 그리고 교회학교 교사의 확보라는 점에서 큰 유익이 되기 때문입니다. 물론 교회학교 교사 사역을 통하여 많은 사람들이 성숙해가는 것도 사실입니다. 그러나 여기에서 놓치지 말아야 할 것은 한 사람의 교회 일꾼을 세우기 위하여 많은 후세대들이 영적 교육을 제대로 받지 못하게 된다는 점입니다. 영적으로 잘 무장된 교사가 교육한다면 그들을 훌륭한 미래의 교회와 사회의 지도자로 키울 수가 있는데 성숙하지 못한 교사가 교육함으로써 교회학교 반학생들이 영적으로 성숙할 기회를 놓치게 된다는 것입니다.

미국 뉴욕에 있는 한인교회에 다니는 40대의 한 집사 부부의 사례입니다. 이 부부는 아직도 그들이 30년 전 중학생이었을 때 지도하던 전도사님에 대하여 이야기를 한다는 것입니다. 이 부부는 고국을 떠나 미국에서 이민 생활을 하고 있지만 자주 그들을 영적으로 지도해주시던 전도사님에 대하여 이야기를 하면서 위로와 힘을 얻는다고 합니다. 지금 우리 주위에서도 이와 같은 실제적인 예들을 많이 볼 수 있을 것입니다. "사람들을 먼저 시험하여 보고 그 후에 책망할 것이 없으면 집사의 직분을 하게 할 것"(딤전 3:10)이라는 위에서 인용한 사도 바울의 말씀대로 사람들을 시험하여 보고 책망할 것이 없을 때 교회학교 교사로 세우라는 교훈을 기억해야 합니다.

참고문헌

• J. M. 프라이스, 선생 예수, 박영록 역, 침례회출판사, 1981.

• 강정훈, 교회교사론, 늘빛출판사, 1994.

• 교사의 벗, 교회 교육 현장백과 1, 말씀과 만남, 1994.

• 김문철, 교회 교육 교사론, 종로서적, 1991.

• 김희자, 교사론, 대한예수교장로회 총회, 2014.

• 노르만 E. 하퍼, 제자훈련을 통한 현대 교회 교육, 이승구 역, 엠마오출판사, 1984.

• 로이 B. 쥬크, 성령과 교육, 권성수 역, 한국 교회 교육 연구원, 1988.

• 루시언 E. 콜만 II세, 교육하는 교회, 박영철 역, 요단출판사, 1987.

• 문화랑, 미래 교회 교육 지도 그리기, 생명의말씀사, 2021.

• 박민희, 나는 교사다, 드림북, 2017.

• 양승헌, 크리스천 티칭, 디모데, 2012.

• 임계빈, 성장하는 주일학교는 이런 교사를 원한다, 엘맨, 1998.

• 찰스 R. 포스터, 교회학교 교사의 사명, 장신대 기독교 교육연구원 역, 성지출판사, 1994.

• 케네스 갱글, 하워드 헨드릭스 외 달라스 신학교 교수진, 교수법 베이직, 유명복, 홍미경 역, 디모데, 1999.

• 한춘기, 교사 마스터링, 생명의 양식, 2008.

- 한춘기, 교회 교육의 이해, 한국로고스연구원, 1996.
- 한치호, 어린이 분반사역, 크리스챤 서적, 1991.
- 한치호, 자녀를 믿음으로 키우십니까, 베들레헴, 1991.

5장

교사의 소명 (부르심)

- 하나님의 인도
- 소명감이 사라져 간다
- 소명이라는 말의 의미
- 소명의 성격
- 사람을 부르시는 하나님
- 하나님께서는 학생들을 가르치기 위하여 사람들을 부르시는가.
- 교회학교 교사는 부르심을 받는다
- 교사의 소명의식
- 어떻게 소명을 알 수 있는가
- 가치 있는 일
- 중간에 탈락한 사람, 재 사역은 어떻게
- 태만에 대한 무서운 대가
- 숭고한 소명

하나님의 인도

무척이나 후덥지근한 밤이었고 교회 안은 열기로 가득했습니다. 어린이들은 의자에 앉아 이리저리 몸을 뒤척이다가 자기 차례가 되면 한 명씩 앞으로 불려 나가 사람들 앞에서 자신 있게 성경 구절을 암송하기도 하고, 찬송을 부르기도 하고, 성경 이야기나 선교사들의 이야기를 재미있게 들려주기도 했습니다.

그러나 에디(Eddie)는 그런 분위기에 전혀 어울리지 못하고 있었습니다. 에디는 혼자 외톨이로 앉아서 고개를 푹 숙인 채 바닥의 무늬를 따라 맨발로 무언가를 그리고 있었습니다. 겉으로 보기에 에디는 지금 강대상 앞에 나가 자신 있게 발표하는 그의 친구들과 별다른 점이 없었습니다. 그런데도 에디는 그의 친구들과 다른 것 같았습니다. 물론 그는 친구들처럼 성경 공부와 놀이시간에 한 시간도 빠지지 않았습니다. 그는 친구들처럼 성경 공부 시간에도 매우 열심이었습니다. 에디는 성경 이야기와 선교사 이야기에도 귀를 기울여 잘 들었습니다. 또 찬송가를 배우는 시간에도 열심으로 배웠습니다. 그러나 그에 대한 어른들의 기대는 그에게 너무 벅찬 것이었습니다.

지금 교회 안에는 그런 기대로 가득찬 극성스런 부모들과 친구들로 가득 차 있습니다. 그래서 에디는 지금 혼자 외롭게 앉아 있어야만 합니다. 다른 아이들처럼 선생님의 기준을 만족시켜 주지 못했기 때문입니다.

다른 쪽 의자에는 한 여자가 서 있습니다. 그녀는 지금 에디가 느끼고 있을 상처를 생각하자 울음이 왈칵 솟구쳤습니다. 그녀는 매주마다 어린이들을 열심히 가르쳤을 뿐 아니라, 에디에게 특별한 관심을 기울이려고 최대한 애를 썼던 것입니다. 매주마다 그녀는 에디에 대한 안타까운 생각으로, 차 올라오는 울음을 참으며 다짐합니다.

"내가 어린이들을 가르치는 교사로 있는 한 내 반에서는 결코 에디 같은 어린이는 없도록 해야지! 내가 맡은 어린이들은 어떤 일에서든지 반드시 잘하게 할테야!"

이렇게 해서 어떤 사람이 어린이들을 잘 가르치는 교사가 되고자 결심했다고 합시다. 그녀의 처음 생각은 어린이들을 위한 것이었습니다. 그렇다면 이 사람은 어린이 교육에로 부르시는 소명을 경험한 사람인가? 십중팔구 이런 경험은, 하나님께서 어린이들에게 자신을 알리시기 위하여 어린이들을 가르치는 교사로 자신을 불러 그 재능을 사용하려고 하신다는 것을 알리는 여러 가지 일들 가운데 시작일 것입니다.

소명감이 사라져 간다.

요즈음 교육 관계의 이야기들을 할 때 교육의 위기라는 말을 쓰게 되는 것을 봅니다. 교육은 사람의 도리를 가르치는 것이며, 인간다운 삶을 살도록 도와주고 계발해 주는 것이라 할 수 있습니다. 그럼에도 불구하고 이 땅의 교육은 성공과 출세가 목표인 것처럼 되어버렸습니다. 참 교육을 시도해 보려는 좋은 교사들이 있음에도 불구하고 자신들의 교육적 이상을 펼쳐보기에는 이 땅의 교육 현장이 너무도 세속화되어 있습니다. 권위에 가득 찬 행정 당국자들, 학생을 상품과 물건으로 계산해 버리려는 일부 교사들, 여기에 편승하여 날뛰는 학부모들, 참 교육이라는 미명 하에 학교를 이념 투쟁의 전쟁터로 만들어 버린 소위 운동권 교사들 - 이들에 의해 한국의 교육현장은 황폐화되어 가고, 위기라고 서슴지 않고 진단해 버릴 정도의 단계에까지 내려와 있습니다.

그렇다면 오늘의 교회 교육, 교회 교육은 어떤가? 교회 교육은 안전하며 자기의 길을 걷고 있는가? 여기에 대한 우리의 대답 역시 우울할 수밖에 없습니다. 교회 교육도 안팎으로 위기를 맞고 있기 때문입니다. 인본주의에 입각한 세속교육, 그로 인해 파생되어지는 점수 위주의 교육, 비인간화의 풍조, 매스미디어의 악영향 등이 외부에서 교회 교육을 위협하는 요소라면, 교회 교육에 대한 목회자들의 인식 부족, 교육비 투자의 인색, 교육환경의 협소, 교사의 소명감 결여 등은 내부적인 위기라고 볼 수 있습니다.

그 중에서도 교사들의 소명 의식 결여는 교회 교육의 치명적 위기라고 아니할 수 없습니다. 왜 그런가 하면, 교회학교 교사들의 뜨거운 열정과 한 영혼을 향한 관심은 교회 교육을 지탱해낼 수 있는 결정적 힘이기 때문입니다.

일반교육에 비해 교회 교육은 대단히 열악한 형편에 놓여 있습니다. 일반학교 교사들은 초급대 혹은 4년제의 대학과정을 거쳐 나름대로의 자질을 갖추고 있고 급료도 있으며 학생과 학부모들의 열의도 대단합니다. 그에 비해 교회 교육은 모든 면에서 일반교육에 뒤떨어져 있는 형편입니다. 교회 교사들의 자질은 초졸 자로부터 대학원생에 이르기까지 다양하며 그에 대한 교회의 보상은 전혀 없는 형편입니다. 교실이나 교재, 교육 자료 역시도 거의 없고 오로지 입 하나만 가지고 교육에 임하고 있다 해도 과언이 아닙니다.

이와 같은 악조건 속에서도 교회 교육이 일반교육을 선도해 왔고 일반교육이 감당하지 못한 부분을 훌륭하게 감당할 수 있었던 것은 교회학교 교사들의 뜨거운 사명감 때문이었습니다. 교사들은 우리를 구원해 주신 하나님 아버지로부터 교육을 위하여 부름을 받았고 이것이 우리들에게 주어진 지상 최대의 과업인 줄 알고 있기에 한 푼의 월급도 없이 어린 학생들을 위한 교육에 전념해 왔습니다. 성적 위주의 교육이 아니라 어떻게 하나님의 자녀로서 살아갈 수 있는 것인가, 인간의 존재 이유는 무엇인가? 등의 영적인 교육을 위하여 헌신해 왔습니다.

교회학교 교사, 교회학교 선생님 - 법적으로, 사회적으로 지위를 보장받지 못하는 교사라고 하여 가르치는 학생으로부터, 학부모들로부터 심지어는 교회에서까지 알아주지 않고 푸대접을 하지만 그래도 견딜 수 있었던 것은 오직 사명감 하나 때문이었습니다. 사명감이 있었기에 눈이 오나 비가 오나 가르치기 위해 집을 나섰고, 사명감이 있을 때, 부족한 모든 점이 보완되고 교회 교육은 그 나름대로 일반교육이 미치지 못하고 있는 인격교육, 정서교육에 이바지할 수 있었던 것입니다.

그런데 근래에 들어오면서 교회 교육의 최후 보루인 사명감에 이상 신호가 오고 있습니다. 교사강습회에 가보면 가장 예민하게 그런 현상을 느끼게 됩니다. 수년 전만 해도 교사강습회 헌신예배의 열기는 놀랍도록 뜨거웠습니다. 그들은 주님을 위해, 어린이들의 영혼을 위해 헌신하기로 굳게 결심하는 생동력을 보였습니다.

하지만 요즈음 교사들에게는 그런 뜨거움이 많이 사라지고 있는 것 같습니다. 교사강습회에 참석하여 열심히 수강하고 있는 교사들이 있는 반면 마지못해 그 자리에 나와 앉은 듯한 분들도 많습니다. 그들의 모습에서 보여지는 것은 따분함, 억지, 무기력증 바로 그런 것들이었습니다. 교실 밖에 나와서 서성거리며 잡담을 나누고 있는 교사들도 의외로 많습니다.

교회학교 예배에서도 같은 현상을 봅니다. 예배에 참석한 교사들이라면 그 시간, 하나님 앞에 나와 서 있는 모습을 보여 주어야 합니다. 내가 맡고 있는 어린이들과 함께 하나님 앞에 서 있는 모습을 보여 주어야 할 텐데 방관자로 앉아 있는 분들이 많습니다. 모든 예배순서가 끝나고 공과를 빨리 마치고 자기의 임무가 어서 끝나기를 기다리는 표정으로 그곳에 앉아 있습니다.

이런 교사들에게서 무엇을 기대할 수 있을 것인가. 이런 교사들이 세상으로 달려가는 어린이들을 어찌 막을 수 있으며 어린이들의 영혼을 해하는 세속적인 사상과 이념의 공격 앞에서 어찌 그들을 보호해 줄 수 있을 것인가? 교회 교사들이 일반학교의 교사보다 실력이 떨어지고 모든 자격이 부족함에도 불구하고 일반 교사들이 감당할 수 없는 인격 교육을 훌륭히 해낼 수 있었던 것은 성령의 능력과 함께 사명감 하나 때문이었습니다. 그런데 이제 그 사명감마저 일반 교사들에게 밀리고 있습니다.

일반 교사들은 교육을 천직으로 삼고 자기의 학생들을 훌륭한 인격자로 키우기 위해 온갖 애를 쓰고 있습니다. 충분히 준비하여 가르치고 학생들의 행동 하나하나를 파악하고 학부모들과 긴밀한 관계를 갖고 적당하게 숙제를 내줍니다. 모두가 좋은 학생들을 만들기 위한 교사들의 사도적 헌신입니다.

아이 중 초등학교 1학년 짜리가 있습니다. 아이의 담임이 여교사인데 그렇게 헌신적일 수가 없습니다. 숙제를 해가면 거기에 대한 채점은 물론 교사의 의견을 적어 줍니다. 그 의견들은 형식적인 것이 아니라 하나하나에 대한 자세한 관찰과 과제물들을 면밀히 검토해 본 내용들입니다. 그분은 크리스천인데 부활절에는 모든 어린이에게 색계란 두 개씩을 나눠 주었습니다. 계란에는 부활을 알리는 성구를 써 놓았습니다.

같은 크리스천으로 그 교사에 대한 고마움을 느끼면서 아울러 교사들의 사명감에 감탄했습니다. 한 어린이가 아닙니다. 적어도 30명 이상의 어린이에게 하나하나 관심을 보이고 그에 맞는 지도를 한다는 것은 단순히 직업이나 월급 때문만은 아닐 것입니다. 한 어린이에 대한 교사로서의 사명감과 기대가 있기 때문일 것입니다.

단순히 인격교육을 위해서도 일반 교사들이 자기의 사명에 충실하고 있다면 교회학교 교사들이야말로 더더욱 사명감 혹은 소명의식이 있어야 하는 것이 아닐까요? 교회학교 교사직은 기능에 의한 직분이 아닙니다. 그것은 전적으로 하나님의 부르심이 동기가 되는 직분입니다. 교사의 사역에 대한 소명의 인식은 그만큼 그 직무를 분명하게 해줍니다.

하나님께서는 나를 교사로 부르셨습니다. 그것은 교회에 위임되어있는 교육의 사명이 교사가 된 나에 의하여 교회학교 현장에서 수행되도록 하기 위함입니다. 이제 교사 된 내가 할 일은 오로지 "가서 과실을 맺게 하는"(요15:16) 것입니다. 이처럼 소명의 인식은 자신의 사명을 분명하게 드러나도록 합니다.

일본의「부스러기 목사의 행장기」의 저자 가꾸 구니오(加來國生) 목사는 무학의 사람이지만 놀라운 교회의 부흥을 일으킨 분입니다. 그는 18세에 복음을 받고 19세에 교회학교 교사가 되기를 희망하여 본 교회 목사를 찾아가 교회학교를 도울 수 있게 해 달라고 간청 하였지만 거절을 당하였습니다. 학력이나 신앙경력이 미숙한 것으로 여기고 거절한 것입니다. 그러나 그는 그의 가슴에 타오르는 열정 때문에 그냥 있을 수가 없었습니다. 그리하여 그는 교회 밖에서 학생들을 모아 가르치기 시작하였습니다. 수 백명의 어린이를 모을 수 있었고 차분하게 교회학교 교육을 시행하였습니다. 그리고 그 해 성탄절에 목사님을 초청하여 교회학교를 보이므로 놀라게 하였습니다.

소명의 인식 없이 교사의 직분을 수행할 수 없습니다. 설령 교사의 직무를 다한다 해도 그것은 한낱 자기 열심에 지나지 않게 됩니다. 맥레난(D. A. Mac Lennan)이 "우리에게 복음을 맡기셨다는 확신이 목회를 안정시킬 것이다"라고 말한 것은 하나님께서 직무를 맡기셨다는 사실의 인식이 교사의 교사 된 직분을 흔들림 없이 수행할 수 있도록 한다는 것입니다.

우리가 맡은 어린이들은 10명 이내입니다. 이들에 대하여 우리가 책임을 지고 그리스도인으로 살아갈 수 있도록 도와야 하며, 이일을 위해 부르심을 받았다는 소명 의식이 있어야 합니다. 이런 소명 의식이 있는 자들로 교사진이 이루어져야 합니다. 안된 말이지만 소명의 인식이 결여 된 교사들이 교회학교 현장에는 더러 있습니다. 교사 된 직분에 대하여 하나님과의 관계에서 생각해 보려 하지 않는 자들도 있습니다. 우리의 현실을 돌아보아야 합니다. 지금 교사 직분을 감당하고 있는 분들을 보면 천태만상입니다. 교사라는 직분이 좋아서 하는 사람, 강요에 의해서 억지로 하는 사람, 제직의 자녀이기에 체면 때문에 하는 사람, 권면을 거절하지 못해서 하는 사람, 여러 해 동안 계속해 왔기에 그만둘 수 없어서 하는 사람들 – 이들은 자기의 일을 때우기에 바쁩니다. 그것은 오래 가지 못하고 직무에 대하여 불안정하며, 비전을 기대할 수 없게 만듭니다. 비전이 없다는 사실은 교회학교에 치명적이 아닐 수 없습니다. 이런 교사들이 많아질수록 교회 교육에는 형식만 남게 됩니다. 그것은 교회학교를 병들게 하는 것이요, 교회학교는 생명을 잃어갑니다.

사명감, 소명 의식의 결여는 구원에 대한 확신의 결여요, 부르심의 체험에 대한 결여입니다. 뚜렷한 소명 의식이 없는 한 생명력이 넘치는 사역을 기대할 수 없습니다. 교사라는 직분이 얼마나 영광스러운 직분인가라는 사실을 뉴톤(John Newton)의 한 마디가 잘 드러내 주고 있습니다. "세상을 창조하신 하나님 외에는 아무도 복음의 사역자를 만들 수 없다."

하나님께서는 자기 백성을 부르십니다. 하나님의 부르심이 없으면 그 누구도 하나님의 백성이 될 수 없습니다. 부르심을 받은 하나님의 백성들에게는 보내심이 있습니다. 이 보내어지는 현장들은 각자가 다릅니다. 정치가로, 사업가로 공무원으로, 직업인으로... 모든 그리스도인들은 어떤 직업을 택하든 이곳은 하나님께서 보내신 일터요, 선교의 현장임을 알아야 합니다. 단순히 돈을 벌고 월급을 타기 위한 일이 아니라 하나님께서 보내신 바로 그곳임을 알고 하나님을 드러내기 위해, 거룩한 하나님을 드러내기 위해 최선을 다하여야 합니다. 이것이 소명 의식입니다.

아울러 하나님의 백성에게는 또 하나의 소명감이 있어야 합니다. 그것은 교회(예배당의 의미만이 아닌) 안에서 감당해야 할 소명감으로서 바로 가르침의 소명 의식입니다. 하나님은 자기 백성들에게 이런 명령을 내리십니다. "이스라엘아 들으라 우리 하나님 여호와는 오직 하나인 여호와시니 너는 마음을 다하고 성품을 다하고 힘을 다하여 네 하나님 여호와를 사랑하라 오늘날 내가 네게 명하는 이 말씀을 너는 마음에 새기고 네 자녀에게 부지런히 가르치며 집에 앉았을 때에든지 길에 행할 때에든지 누웠을 때에든지 일어날 때에든지 이 말씀을 강론할 것이며"(신6:4~7).

예수 그리스도 역시 이런 명령을 주셨습니다. "그러므로 너희는 가서 모든 족속으로 제자를 삼아 아버지와 아들과 성령의 이름으로 세례를 주고 내가 너희에게 분부한 모든 것을 가르쳐 지키게 하라 볼지어다 내가 세상 끝날까지 너희와 항상 함께 있으리라 하시니라"(마28:19,20).

성부 하나님도, 우리의 구세주 예수 그리스도께서도 가르치는 일을 우리에게 맡기셨습니다. 교사로서의 사명 의식은 교육으로 되어지는 것이 아니고, 의욕으로 되는 것이 아니며, 열심으로 되는 것도 아닙니다. 취미나 소질로 되는 것은 더욱 아닙니다. 그것은 믿음입니다. 그것은 은혜입니다. 믿음이 확실할 때 은혜를 받게 되고 은혜를 받을 때 소명 의식이 생겨나게 됩니다. 소명감은 저절로 생기는 것이 아니고 하나님께서 주십니다. 하나님께서 소명을 주실 때 교사직을 받게 되고, 교사직을 받을 때 감당할 능력도 함께 받습니다.

가르치는 일은 어느 한 두 사람에게만 주신 것이 아니라 모든 하나님의 백성들에게 주신 것입니다. 모든 그리스도인들은 이런 명령에 대한 소명 의식이 있어야 합니다. 가정에서든지 어디에서든지 가르침에 대한 소명감을 가져야 합니다.

교사는 교회에서 가르침의 사역을 위임받은 직책입니다. 그 어떤 사람들보다도 더 뚜렷한 소명 의식이 있어야 합니다. 이런 의식이 없이 교사의 일을 감당한다는 것은 보람도 없거니와 효과도 없습니다. 하나님께로부터 구원의 은총을 받은 자들은 모두들 소명을 체험해야 하며 어디서든 가르치는 일에 최선을 다해야 할 일입니다. 그런데도 우리들 주변에서 게으르고 무책임하고 열심이 없고 억지로 교사의 일을 하는 이들을 보는 것은 불행한 일입니다.

교회 교육은 위기에 처해 있으며 사방으로 많은 적들을 갖고 있습니다. 그중에서도 가장 큰 적은 교사 자신들 속에, 사명감 결여라는 이름으로 도사리고 있는 것입니다. 모든 교사들이 예수 그리스도를 인격적으로 체험했을 때처럼 '내 어린양을 먹이라', '내 양을 치라', '내 양을 먹이라'는 그분의 부르심을 듣고 다시 소명 의식을 회복해야만 한국 교회는 더 큰 성장을 할 수 있을 것입니다.

소명이라는 말의 의미

부르심(소명)이라는 단어는 성경에서 중요한 의미를 지닌 낱말 중 하나로 등장합니다. 이것은 구약성경과 신약성경에서 12가지 이상의 의미를 지니고 있지만, 그 중에서도 기본적인 네 가지의 의미에 초점을 맞추고자 합니다.

첫째, 기도할 때 부르짖음을 의미합니다. "너는 내게 부르짖으라 내가 네게 응답하겠고"(렘33:3).

둘째, 불러내거나 지명함을 의미합니다. "내가 북방 모든 나라의 족속을 부를 것인즉"(렘1:15).

셋째, 사람이나 어떤 것에 이름을 부여함을 의미합니다. "빛을 낮이라 칭하시고"(창1:5).

넷째, 예수 그리스도를 통한 구원에로의 초청을 의미합니다.

'소명' 이라는 말은 신약에서 자주 사용되는 말입니다. 이것은 봉사(service)를 위해 어떤 사람을 부르는 것뿐 아니라 무엇보다도 먼저 예수 그리스도를 통해 하나님과의 새로운 관계를 이루는 것을 의미합니다. 어떤 사람이 하나님의 부르심에 응답할 때는 그는 먼저 그리스도의 제사장직의 한 부분을 감당하게 됩니다

(히3:1).

우리가 신자가 된 후에는 반드시 목회자가 되어야 합니다. 헬라어의 '디아코노스'(diakonos)는 목회의 의미를 지니고 있습니다. 그 말 자체는 계급이나 신분 혹은 삶에 있어서의 어떤 지위를 의미하지는 않습니다. 이 말은 예수 그리스도를 구주로 영접함으로써 예수 그리스도와 새로운 관계를 갖게 된 사람이 목회와 섬김에로 부름 받았음을 의미합니다.

'디아코노스'라는 말은 '종'(servant)의 모습을 나타내 주고 있습니다. 이 말에는 '종'이라는 뜻 외에 그리스도와 그리스도께서 사랑하셔서 그에게로 부르신 모든 사람들에게 봉사의 일을 수행하는 '시종'(attendant)의 의미도 포함되어 있습니다.

오늘날에는 '종'이라는 말이 그렇게 보편적인 말은 아닙니다. 세계 역사를 들추어 볼 때 '종'이라는 말은 한 사람의 생애에서 가장 낮고 겸손한 상태를 나타내는 말입니다. 그리스도께서 종이라는 말을 좋은 의미로 사용하였음에도 불구하고, 세상은 아직도 이것을 비천하고 낮은 지위를 나타내는 말로 생각합니다.

더 나아가 '디아코노스'라는 말은 기쁨을 가지고 그리스도의 부르심에 복종하는 사역을 통하여 자신을 자발적으로 드리는 종이나 시종의 모습으로 보여 주고 있습니다. 바울은 이것을 고린도교회에 보낸 편지에서 명확하게 말하고 있습니다. "고린도에 있는 하나님의 교회 곧 그리스도 예수 안에서 거룩하여지고 성도라 부르심을 입은 자들과 또 각처에서 우리의 주 곧 저희와 우리의 주 되신 예수 그리스도의 이름을 부르는 모든 자들에게 하나님 우리

아버지와 주 예수 그리스도로 좇아 은혜와 평강이 있기를 원하노라 그리스도 예수 안에서 너희에게 주신 하나님의 은혜를 인하여 내가 너희를 위하여 항상 하나님께 감사하노니 이는 너희가 그의 안에서 모든 일 곧 구변과 모든 지식에 풍족하므로"(고전1:2~5).

소명(부르심)의 성격

하나님께서는 자기 백성을 부르십니다. 하나님의 부르심이 없이는 그 누구도 하나님의 백성이 될 수 없습니다. 목사와 그 교회의 장로 사이의 다음 대화를 주의해서 듣고 생각해보라. 얼마 전에 부임해 와서 교구민들의 집을 처음으로 방문한 젊은 목사에게 장로님은 이렇게 묻습니다. "왜 설교자가 되셨는지요?" 이제 막 목회 사역을 시작한 젊은 목사는 확신에 차서 이런 대답을 합니다. "예 장로님, 하나님께서 나로 하여금 복음을 선포하도록 부르셨기에 나는 설교자가 되었습니다." 이 목사님의 대답은 하나님께서 선포하도록 불러주시지 않으면, 그는 강단과 아무런 관계가 없다는 복음주의적 그리스도인들의 일반적인 생각과 일치할 것입니다. 나도 이런 판단에 동의합니다.

그러나 교회에 의해서 안수를 받지 않는 직업들에 대해서는 어떠한가? 법률이나 의학이나 농업에나 교육에 종사하는 것은 하나님의 소명과는 관계가 없는가? 나는 그렇지 않다고 생각합니다. 한 사람이 어떤 사람인가, 그가 무엇을 하고 있는가 하는 것을 포함한 소명은 모두 예수 그리스도에게 속한 것입니다(롬1:6). 부르심을 받은 하나님의 백성들에게는 '보내심'이 있어 집니다. 보내지는 현장들은 각자가 다릅니다. 그러므로 모든 인간의 합법적인 직업은 하나님의 소명으로 알고 임해야 합니다. 칼 헨리(Carl Henry)는 이에 대해 다음과 같은 말을 했습니다. "평신도도 목사처럼 그리스도의 부르심(召命)을 가진다.... 소명 받은 삶의 다양성은 사람이 종사하고 있는 직업의 가치와 위엄에 있어서 하등 차별이 있을 수 없음을 함의한다. 인간을 부르신 하나님의 소명만이 결정적인 요소이지, 인간의 우열과 열등은 아무것도 아닌 것이다. 하나님께는 순종함으로 봉사하는 것이지, 자기가 선택한 직업으로 봉사하는 것은 아니다(참고, 사1:11~17,호6:6,마9:13,12:7). 소명 안에서, 소명을 통하여 사회에 봉사할 수 있는 것은 영육 간에 받은 은사에 의거한다. 하나님의 부르심에 대한 신실한 순종은 최선, 최고의 목사를 만들지만, 경건한 상인이나 구두 제조업자도 그에 못지 않은 것이다."

물론 교사에 대해서도 같은 말을 할 수 있습니다. 교사에게 "왜 선생님이 되셨습니까?"라고 물으면, 그도 "하나님께서 그의 진리를 가르치도록 부르셨기 때문이다"라고 대답해야 할 정도로 중요한 것입니다. 하나님께서 어떤 특정한 사역에로 부르셨는지도 규정할 수가 있습니다. 예를 들어서 베드로나 바울과 같은 사람을 하나님께서 다루신 방법을 잘 생각해 보면, 우리는 각 개인이 그 독특한 인성이나 상황에 따라 어떤 일을 해야 할 것인지를 결론지을 수 있습니다.

정치가, 사업가, 공무원, 농부, 장인(匠人)으로서 어떤 직업을 택하든지 이곳은 하나님께서 보내신 일터요, 선교의 현장임을 알아야 합니다. 이 말을 이렇게 사용하는 것은 고린도전서 7장 20절에서 나타납니다. "각 사람이 부르심을 받은 그 부르심대로 지내라." 모든 사람에게 주어진 소명(부름 받은 자리)에 남아 있으라는 부탁입니다. 즉 이 지상에서의 소명은 복음을 통하여 하나님의 자녀가 되는 길이며, 모든 사람은 자기의 위치와 직책을 갖고 있는데 그 위치, 그 직책에 만족하면서 최선을 다하라는 지상적이고 영적인 노동 개념을 뜻하는 말입니다.

부름 받은 것을 소명이라고 하는 것은 어떤 직책만이 아니라 그 행위까지를 포함합니다. 루터는 「설교집」에서 고린도전서 7장 20절의 의미를 설명하면서 각자가 위치한 그 자리에서 남편이나 아내, 아들이나 딸, 소년이나 소녀가 되는 것이라고 말하고 있습니다. 위의 말을 바꾸어 말할 때 어떤 여자나 남자의 소명은 정숙하고 온전한 사람이 되는 것입니다.

교황이나 감독, 교사는 지금 하고 있는 그대로의 질서에 임하는 것이 자기의 소명을 다하는 것이며 전투하는 군인은 거기에 합당하게 봉사하는 일이며 그리고 그에 대한 노동의 댓가를 받는 것입니다. 왜냐하면 노동 역시 사랑의 법으로부터 나오는 하나의 소명이기 때문입니다.

소명의 성격을 보여주는 성경 구절이 에베소서 4장 7절 이하에 있습니다. "우리 각 사람에게 그리스도의 선물의 분량대로 은혜를 주셨나니, 그러므로 이르기를 그가 위로 올라 가실 때에 사로잡힌 자를 사로잡고 사람들에게 선물을 주셨다 하였도다. 올라가셨다 하였은 즉 땅 아랫 곳으로 내리셨던 것이 아니면 무엇이냐, 내리셨던 그가 곧 모든 하늘 위에 오르신 자니 이는 만물을 충만케 하려 하심이니라. 그가 혹은 사도로, 혹은 선지자로, 혹은 복음 전하는 자로, 혹은 목사와 교사로 주셨으니, 이는 성도를 온전케 하며 봉사의 일을 하게 하며 그리스도의 몸을 세우려 하심이라"(엡4:7~12).

소명의 성격은 첫째, 각 사람에게 주셨습니다(에베소서 4장 7절 "각 사람에게"). 하나님께서는 우리 모두를 도매금으로 한 묶음에 처리하시는 분이 아닙니다. 예수 그리스도는 자기 백성을 잘 아실 뿐만 아니라 그들에게 필요한 역할을 맡기십니다. 하나님의 교회에 속한 사람은 누구나 주님의 명령을 감당해야 합니다. 단지 그 역할과 사명이 각각 다를 뿐입니다. 하나님의 교회에 속한 사람은 누구나 사명을 받은 자입니다. 따라서 자기에게 주어진 사명이 무엇인가를 숙고하고 잘 분변하여 시작해야 하며, 나아가 자기에게 주어진 것에 대해서는 확신을 가지고 신실하게 봉사해야 합니다.

둘째, 은혜의 선물로 소명을 주셨습니다. 우리에게 주어진 사명은 우리의 자질 때문이 아닙니다. 내가 다른 사람 보다 상대적으로 거룩하거나 특출하여서 주신 것이 아니라 무조건적으로 주신 최고의 선물이며, 하나님의 필요에 의한 것입니다. '은혜의 선물'은 교사의 사명을 수행함에 있어서 하나님의 주도적 입장을 암시합니다. 하나님의 선물은 무조건적입니다. 바울의 "모든 성도 중에 지극히 작은 자보다 더 작은 나에게 이 은혜를 주신 것은 측량할 수 없는 그리스도의 풍성을 이방인에게 전하게 하시고, 영원부터 만물을 창조하신 하나님 속에 감추었던 비밀의 경륜이 어떠한 것을 드러내게 하려 하심이라."(엡3:8~9)고 말한 고백처럼 미천한 우리에게 감히 주신 귀한 선물이라 할 수 있습니다.

셋째, 소명을 주신 이유는 성도를 온전케 하기 위함입니다. 교사는 학생들의 지적인 성장을 도모해야 합니다. 그러나 이것이 전부는 아닙니다. 하나님의 사람으로 온전케 되기 위하여 갖추어야 할 모든 것을 가르치고 배워야 합니다. 누가복음 2장 52절에서 언급하고 있듯이 신체적 성장과 함께 정신적, 사회적, 영적 성장을 도모해야 합니다.

넷째, 소명을 주신 이유는 "봉사의 일을 하게" 하기 위함입니다. 사람은 누구나 혼자서 자랄 수 없으며 누군가의 도움으로 살아가게 되어 있습니다. 우리가 성장하기 위해서는 위로는 하나님의 도우심과 아래로는 셀 수 없는 많은 분들의 도움이 필요합니다. 이렇듯 타인의 도움으로 성장한 우리가 이제 남을 위하여 도움을 줄 수 있는 사람으로 변화되고 봉사의 일을 하게 하신 것은 하나님이 우리에게 주신 특권입니다.

다섯째, 그리스도의 몸을 세우게 하기 위함입니다. 교회의 머리 되신 주님께서 우리를 통하여 그의 몸을 세우기 원하십니다. 만왕의 왕이시며, 만주의 주되신 주님께서 우리를 부르시며 우리를 통해 우리와 함께 주님의 몸을 세우시기 원하신다는 것은 세상에서 가장 불가사의한 일을 행하신 것일 뿐만 아니라 우리에게는 가장 영광스러운 것입니다.

사람을 부르시는 하나님

어떤 일을 성취함에 있어서 사람들은 먼저 방법을 찾지만 하나님은 그 일을 담당할 사람을 찾으십니다. 하나님은 역사를 주장하시되 사람을 통하여 일하십니다. 하나님이 찾으셨던 인물들을 많이 찾아볼 수 있지만 대표적인 사례 몇을 살펴보기로 합니다.

선택 받은 이스라엘 백성이 애굽에서 노예의 생활을 하며 고역으로 인하여 부르짖음이 들렸을 때 하나님께서 모세를 부르셨습니다. 모세는 불타는 가시덤불의 경험과 하나님의 거룩하심을 본 뒤에 하나님의 백성을 위한 지도자가 되었습니다. 그리하여 이스라엘 백성은 모세에 의하여 하나님의 약속을 받았으며 출애굽의 구원 사역이 그를 통하여 이루어졌던 것입니다.

아주 어려서 하나님의 전에 바쳐진 사무엘을 하나님께서 부르셨습니다. 사무엘은 하나님의 부르심에 응답하여 이스라엘 민족을 위한 선지자와 제사장의 사역에 헌신하였습니다. 하나님은 사무엘을 통하여 하나님의 인도하심을 이스라엘 백성들과 열방 가운데 나타내 보이셨습니다.

또한 이사야를 부르시는 하나님의 모습을 볼 수 있습니다. 그는 웃시야 왕이 죽던 해에 높이 들린 보좌에 앉으신 하나님을 보았고 하나님의 부르심을 들었습니다. "내가 누구를 보내며 누가 우리를 위하여 갈꼬"(사6:8). 이에 이사야가 대답하기를 "내가 여기 있나이다 나를 보내소서"라고 하였습니다. 이때로부터 그의 사역이 시작되었습니다. 이사야 선지자는 그의 이름처럼 '구원은 여호와의 것이다'라고 외쳤습니다. 요담, 아하스, 히스기야 시대까지 이른 그의 활동은 이스라엘을 하나님께로 돌아오도록 하는 것이었습니다. 하나님께서는 이사야를 통하여서 유다의 죄악을 심판하시겠다고 경고하셨으며 구주와 주권자로 오시는 메시아에 대한 약속으로 소망을 주셨습니다.

제사장이었던 에스라는 "여호와를 대단히 신뢰하고 도덕적으로 순전하여 죄에 대하여 비통해 하는 경건한 사람이었습니다." 에스라의 선포는 "하나님이 이스라엘 백성을 70년 동안의 포로에서 다시 약속의 땅으로 귀환시키겠다고 하신 약속을 어떻게 지키시는가"에 대한 것이었습니다. 바벨론 포로 생활에서 돌아온 그들의 생활은 피폐할 대로 피폐해 있었습니다. 이 피폐가 하나님의 말씀을 멀리한 데서 기인 되었다고 여긴 에스라는 여호와의 말씀을 가르쳤습니다. 그가 여호와의 율례와 규례를 가르친바 이스라엘이 되살아나게 되었습니다.

고레스 왕의 임명으로 유다 총독이 되었지만 여호와의 구속의 역사를 이루려고 성전을 재건한 스룹바벨은 목자의 심정을 가지고 이스라엘의 절박한 파멸에 대하여 백성들에게 경고하는 한편, 하나님의 용서를 탄원하였던 아모스 선지자는 한결같이 하나님의 부르심으로 사역을 담당하였습니다.

하나님의 사람을 부르시는 부르심은 예수 그리스도에 의해서도 일치되었습니다. 갈릴리 바다에서 예수님은 베드로와 안드레 그리고 야고보와 요한을 발견하셨습니다. 그리고 그는 "나를 따라오너라 내가 너희로 사람을 낚는 어부가 되게 하리라"(마 4:19)고 부르셨습니다.

신약에서 부름 받은 대표적인 한 사람을 더 지적한다면 사도 바울입니다. 그는 그의 편지 서두에서 자신이 복음의 일꾼이 된 것에 대하여 철저하게 하나님의 부르심이라고 증거하고 있습니다(롬1:1, 고전1:1, 갈1:1, 빌1:1, 딤전1:1, 딛1:1, 몬1:1). 바울은 자신을 말할 때, '하나님의 복음을 위하여 택정함을 입었으니', '하나님의 뜻을 따라', '하나님 아버지로 말미암아', '그리스도 예수의 명령을 따라' 등등의 수식어를 자신의 이름 앞에 쓴 것을 볼 수 있습니다. 그뿐 아니라 채드윅(W. Edwad Chadwick)가 일러주는 대로 바울은 자신의 신분에 대하여 하나님의 뜻에 따른 소명이었음을 강조하였습니다. 고린도전서 9:16, 17에서 보여주듯이 "내가 복음을 전할지라도 자랑할 것이 없음은 내가 부득불 할 일임이라 만일 복음을 전하지 아니하면 내게 화가 있을 것임이로라. 내가 내 임의로 이것을 행하면 상을 얻으려니와 임의로 아니한다 할지라도 나는 직분을 맡았노라." 하나님의 부르심에 대한 통찰은 사도행전에도 여러 번 언급되고 있습니다. 그는 소명을 깊이 인식하였고 이 직무를 위하여 자신을 기꺼이 헌신하였습니다.

하나님께서는 학생들을 가르치기 위하여 사람들을 부르시는가.

우리는 하나님께서 당신의 말씀을 가르치도록 과거에도 사람들을 부르셨고, 지금도 부르고 계시며, 앞으로도 부르실 것인가를 자세히 살펴보아야 합니다.

수년 전에 지역교회의 몇 가지 활동들의 중요도를 알아보기 위해 1500여명의 목회자에게 설문조사를 한 적이 있었습니다. 이 설문조사의 응답 가운데서 가장 많은 비중을 차지한 것은 예수님을 주님으로 받아들이고 하나님을 알게 하는 것은 교회학교 교육이었습니다.

가르치는 일, 즉 교육은 그분의 말씀과 그분의 뜻을 오늘의 우리에게 알리기 위한 하나님의 계획 안에 포함되어 있습니다. 이 계획은 최근에 알려진 것이 아닙니다. 오래전부터 교육하는 일, 가르치는 일은 사람에게 진리를 전달하는 하나님의 수단이었습니다. 우리가 구약에서 볼 수 있는 대로 많은 훈계들이 가르침과 관계가 있다는 것을 볼 수 있습니다. 우리가 성구 사전에서 '가르친다'(teach)라는 단어의 용례를 살펴보면, 하나님의 말씀 가운데서 가르치는 일이 얼마나 중요한 의미를 갖고 있는지를 잘 알 수가 있습니다.

구약성경에 나타난 다음의 몇 구절들을 살펴보자.

"내가 너의 행할 일을 가르치리라"(출4:15). "나를 위하여 백성을 모으라 내가 그들에게 내 말을 들려서 그들로 세상에 사는 날 동안 나 경외함을 배우게 하며 그 자녀에게 가르치게 하려 하노라"(신4:10). "너는 마음을 다하고 성품을 다하고 힘을 다하여 네 하나님 여호와를 사랑하라 오늘날 내가 네게 명하는 이 말씀을 너는 마음에 새기고 네 자녀에게 부지런히 가르치며 집에 앉았을 때에든지 길에 행할 때에든지 누웠을 때에든지 일어날 때에든지 이 말씀을 강론할 것이며"(신6:5~7). "나는 선하고 의로운 도로 너희를 가르칠 것인즉"(삼상12:23). "하나님은 그 권능으로 큰일을 행하시나니 누가 그같이 교훈을 베풀겠느냐"(욥36:22).

우리는 가르치는 일에 대해서는 구약보다 신약에서 더 많이 강조되고 있음을 볼 수 있습니다. 이러한 가르침에 있어서 예수님께서 우리에게 보여주신 교사의 모본(Master Teacher)보다 더 좋은 예는 없습니다.

주님은 참으로 교사들의 교사였습니다. 일정한 형식을 갖춘 가르침은 그분의 사역의 한 분야였습니다. "예수께서 산에 올라가 앉으시니… 입을 열어 가르쳐 가라사대"(마5:1~2). 이 말들은 우리에게 산상수훈으로 알려진 예수님의 가르침의 시작 부분입니다.

그러나 우리가 아는 바와 같이 예수님의 사역은 모두가 형식을 갖춘 가르침에 국한되지는 않았습니다. 예수님의 생애에 나타난 모든 관계와 사건들은 곧 가르침과 배움의 상황으로 이어지는 것이었습니다. 그는 자신의 주변에 모여든 사람들의 필요를 정확하게 파악하고 계셨습니다. 그분은 사람들을 업신여기거나 책망하지 않으셨습니다. 그분은 사람들을 사랑했고, 더 좋은 방법으로 가르치셨습니다. 그리고 아무리 바쁘시더라도 가르칠 수 있는 기회를 놓치지는 않으셨습니다. 진실로 예수님은 교사의 교사로서 우리에게 교사의 모본을 보여 주신 것입니다.

예수님이야말로 어린이와 학생들을 가르치기 위해서 부름을 받은 우리의 모범이신 것입니다. 그러므로 우리의 첫 번째 과제는 주님을 본받는 것입니다. 그분의 관심의 초점은 사람들에게 있었습니다. 예수께서는 사람들의 고독을 꿰뚫어 보셨기에 사랑과 동정심을 가지고 말씀하셨습니다. 그는 단순하지만 참되게 가르치셨습니다. 그는 올바로 생각하셨고, 올바로 판단하여 말씀하셨습니다. 그분은 하나님의 마음과 모든 사람을 위한 하나님의 뜻을 잘 알고 계셨기 때문에 그의 가르침에는 권위가 있었습니다.

예수님이 관심이 전 인류를 위한 것이었음에도 불구하고, 각 개인들을 향하신 그분의 접근에는 아름다운 제스츄어가 있었습니다. 그는 자신의 주위에 몰려드는 사람들에게 하나님의 진리를 가르치기 위하여 많은 방법들을 동원하셨습니다. 그리고 사람들이 잘 알고 있는 경험들과 상징, 비유 그리고 예화를 사용하셨습니다.

그는 양과 목자의 비유, 포도나무와 포도원 지기의 비유, 씨 뿌리는 사람의 비유, 알곡과 가라지 등의 비유를 들어 말씀하셨습니다. 이런 것들이 그 당시 사람들이 가장 잘 알아들을 수 있는 언어였습니다. 그분은 사람들이 스스로 대답을 찾고 발견할 수 있는 방법을 택하셔서 가르치셨습니다. 예수께서는 사람들이 스스로 대답을 찾음으로써, 사람들의 마음속 깊이 그 의미가 심어지고 간직된다는 것을 잘 알고 계셨습니다.

예수께서 어떤 사람에게 나를 따르라고 부르실 때에 그들이 아무런 의심 없이 즉시 예수님께 순종했다는 사실이 놀랍지 않은가? 어떻게 그렇게 할 수 있는가? 이것은 그 사람들이 예수님을 참된 진리의 길을 가르치는 선생으로 여겼기 때문일 것입니다.

예수님께서 그 시대에 가르치셨던 메시지는 오늘날에도 변함 없는 진리입니다. 따라서 이천년이 지난 오늘에도 예수님은 모든 교사의 교사가 되십니다. 학생들을 가르치는 교사로 하나님께서 우리를 부르신다는 사실에 우리가 응답할 때 예수님께서 보여주신 모범은 우리가 본 받아야 될 도전이며 과제인 것입니다.

예수님은 모든 교사의 교사(Master Teacher)로서 항상 우리의 모범이 되십니다. 우리는 예수님께서 가르치셨던 것처럼 가르칠 수는 없지만, 그의 방법과 또한 신약의 많은 교사들이 사용했던 방법들을 본보기로 삼을 수 있습니다.

신약성경에 나타난 초대교회는 교사(teachers)와 가르침 (teachings)에 대해 지대한 관심을 갖고 있었습니다. 그리스도께서는 아버지께로 돌아가셨지만, 그는 그의 제자들에게 주위에 있는 모든 사람들에게 복음을 가르치는 일을 위임하셨습니다. 바울 사도는 그가 쓴 글과 가르침 속에서 예수님께서 남기신 가르침에 대한 중요성에 대해 명확하게 말하고 있습니다.

"그가 혹은 사도로, 혹은 선지자로, 혹은 복음 전하는 자로, 혹은 목사와 교사(teachers)로 주셨으니"(엡4:11)

그러나 여러분은 성경에 언급된 사람들은 모두 특별한 능력을 가진 사람들이었다!라고 반문할지도 모릅니다. 그렇습니다. 그들 중 몇몇은 특별한 능력을 지닌 사람들이었습니다.

그러나 그들 대부분은 오늘날 우리들처럼 특별한 능력을 갖지 못한 보통 사람들이었습니다. 이런 사실을 통해서 하나님께서는 "누구든지 봉사할 수 있는 자리가 있다"라는 사실을 우리에게 가르쳐주고 계십니다. 몇몇 사람들이 하나님의 뜻을 이루기 위하여 특별한 재능(talents)을 받은 것은 사실입니다. 그러나 우리들 가운데 대부분의 사람들은 그처럼 특별한 재능을 받지 못했습니다. 이러한 이유로 우리는 우리가 감당해야 할 책임을 회피하려 들기도 합니다. 그러나 하나님의 일을 하도록 부르심을 받은 사람들을 평가하는 참된 기준은 "그 사람이 어떠한 일에 봉사하고 있는가?" 하는 것이 아니라, "그에게 주어진 일에 얼마나 최선을 다하고 있는가?" 하는데 있다는 사실을 알아야 합니다. 오랜 세월을 통해 증명되어진 것은 가르치는 일을 하기 위해 준비할 수 있는 가장 효과적인 방법은 학습과 훈련을 통하여 얻을 수 있다는 것입니다. 이것은 꼭 대학이나 신학교의 정식 교육을 통한 정규 훈련만이 반드시 중요한 것이 아니라는 것을 보여줍니다. 개인적인 생활 속에서 어떤 목표를 갖고 스스로 연구하는 사람들을 통해서도 배울 수 있고, 교회에서 가르치는 일에 참여함으로써도 배울 수 있는 것입니다.

그렇습니다. 하나님께서는 신약시대에도 가르치는 일을 위하여 사람들을 부르셨고, 또한 오늘날도 여전히 가르치는 일을 위하여 사람들을 부르십니다. 이러한 부르심은 초대교회를 위해 바울이 일한 것 만큼이나 실제적인 하나님의 사역인 것입니다. 고린도전서 12:28에는 교사라는 직분이 다른 직분들과 구별되어 기록되어 있습니다. "하나님이 교회 중에 몇을 세우셨으니 첫째는 사도요, 둘째는 선지자요, 셋째는 교사요, 그 다음은 능력이요. 그 다음은 병고치는 은사와 서로 돕는 것과 다스리는 것과 각종 방언을 하는 것이라"

이것은 교사의 역할이 특별히 중요하다는 것을 보여주는 것입니다.

교회학교 교사는 부르심을 받는다.

기독교 교육에서 하나의 고전서로 생각되는 저서에서 페브르 (Le Fevre, 1958)는 기독교 교사의 소명 (vocation)에 관해 언급했습니다. 그에 의하면, 그리스도인에게 있어 가르치는 일이란 하나의 사역 (ministry)입니다. 그것은 그리스도인의 다른 소명과 동일하게 중요합니다. 또한 가르치는 일은 일반적으로 말하는 기독교적 소명의 특수화된 형식입니다. 그런 의미에서 교회학교 교사가 된다는 것은 단순히 "훌륭한 선생"이 된다는 의미와는 다릅니다. 그의 기독교적 소명이 그의 가르침 속에 드러나게 되는 것입니다

성경을 피상적으로 읽는다고 해도 하나님께서 사람들을 창조와 화해의 사역으로 끌어 들이시는 데에 많은 접근 방법들을 사용하신다는 것을 알 수 있습니다. 하나님은 사람들을 부르시되 다양한 방법들을 사용하십니다. 어떤 사람에게는 위기의 경험이 있었습니다. 모세는 불이 붙었으나 타지 아니하는 떨기나무 가운데서, 이사야는 성전에서 이를 경험하였습니다. 예레미야와 세례 요한에 대한 하나님의 목적은 그들이 태어나기 전부터 분명하였습니다. 몇몇 제자들에게 있어서 선교의 뚜렷한 의식보다는 예수님과의 우정이 앞서는 것이었습니다. 어머니와 할머니의 사랑과 가르침이 디모데를 하나님의 일을 하도록 양육했습니다. 그러나 대부분의 사람들은 하나님이 그의 손을 우리 위에 두셨다는 피할 수 없는 확신이 있을 뿐입니다. 바울은 이것을 다음과 같이 표현하고 있

습니다. "내가 부득불 할 일임이라 만일 복음을 전하지 아니하면 내게 화가 있을 것임이로다!"(고전9:16).

오늘날 가르치는 일을 맡은 우리들 역시 여러 경로를 통하여 그 사역으로 부르심을 받았습니다. 우리 가운데 어떤 이들은 하나님에 의해 그 사역으로 인도되었다고 느꼈기 때문에 가르치고 있습니다. 우리는 응답할 때까지 우리를 놓아주지 않는 내적 강요에 응답한 것입니다. 우리는 예수 그리스도의 제자가 된다는 것이 가르쳐야 할 책임을 내포하는 것임을 가리키는 표를 가지고 있었는지도 모릅니다. 우리는 극적 경험을 통해 이런 깨달음에 이르게 되었을 수도 있고 그 깨달음이 조용히 그리고 끊임없이 우리의 의식으로 들어왔을 수도 있습니다.

우리 경험의 특성이 어떤 것이든지 간에, 성령의 인도하심에 충실하다면 우리가 가르쳐야 하는 사실은 분명해집니다. 이런 면에서 우리는 이사야나 바울의 선지자적 사명에서 보게 되는 하나님의 뜻을 따라야 할 절박성을 공유하게 됩니다.

어떤 이들은 가르치는 일을 하도록 새로 모집되었습니다. 예수님은 시골길을 가시며 한 사람씩 그를 따르도록 초대하셨습니다. 유사한 방법으로 담임 목사들과 교회 교육 지도자들, 부서장들과 타 교사들, 교사 모집위원회의 구성원들 아니면 어린이나 청년그룹에 이르는 사람들의 편지, 전화, 집에 찾아와 그들의 요구 사항을 표현했습니다. 그들은 우리가 갖고 있을 자원(resourse)들을 확인했습니다. 그들은 우리에게 도전하거나 우리를 설득했습니다. 우리는 교회의 교사가 되는 데에 동의했습니다. 그러나 우리가 그 초대를 받아들인 이유는 당연히 복합적입니다. 교회학교 교사가 되어 달라고 부탁을 하는 사람이 좋아서 가르치는 일을 시작한 사람들과 얘기해 본 적이 있습니다. 그들은 어떻게 거절을 해야 하는 지를 몰랐습니다. 어떤 사람들은 맡겨진 연령의 집단과 공부하는 것을 좋아했기 때문에 승낙했습니다. 또 어떤이들은 단지 가르치는 것을 좋아해서 기꺼이 받아들였습니다. 어떤 교사들은 의무감 때문에 응했습니다. 비록 그들이 그 일을 싫어하고 두려워해도 가르칠 차례가 되었기 때문이었습니다. 또 다른 무리는 가르치는 일이 그들이 하나님의 관계에서 경험한 기쁨을 다른 사람들과 나눌 기회를 제공하는 것이기 때문에 기꺼이 응했습니다. 다른 어떤 유능한 교사보다 더 일을 잘 할 수 있다는 것을 알았기 때문에 그 책임을 수락한 교사들도 나는 만난 적이 있습니다. 교육적인 경험이 갖는 특성에 대한 그들의 헌신이 그들로 하여금 그 초청을 수락하게 했습니다. 그리고 어떤 이들은 단순히 교회의 신념과 가치에 대해 더 많이 배우기 위해 수락했습니다.

어떤 면에서 우리가 가르치는 일을 맡기로 동의했다면 우리가 어떻게 부탁받았는지 혹은 우리의 동기나 느낌이 무엇이었는지는 별로 중요하지 않습니다. 처음으로 어떤 학급이나 그룹과 만났을 때, 우리는 그리스도의 가르치는 사역에 동참하기 위해 교회의 대표자로서 나섰던 것입니다.

우리들 중 어떤 사람들은 가르치는 임무를 맡겠다고 자원했습니다. 우리들 가운데 어떤 사람들은 교사로 초청될 때까지 기다리지 않았습니다. 우리는 자신을 제공했습니다. 마찬가지로 우리가 가르치기로 결정한 이유는 다양할 지도 모릅니다. 많은 교회학교 교사들에게 있어서 그 이유는 교육에 대한 사랑이나 맡은 연령 그룹과 공부하는 가운데서 얻은 기쁨과 관련이 있습니다. 그것은 기독교의 이야기와 경험을 다른 사람들과 나누는 깊은 헌신 속에 뿌리를 둔 것일지도 모릅니다. 우리가 교회의 사역에서 약점이나 빈자리를 보고 그것을 채워 줄 사람이 아무도 없다는 것을 알았기 때문일 지도 모릅니다. 그러나 우리는 우리의 관심과 헌신, 흥미나 재능을 다른 사람들이 알아주기를 기다리지 않았습니다. 우리는 단지 교회나 교구의 교육 프로그램을 담당하는 사람에게 우리가 유용하다는 것을 밝혔을 뿐입니다.

우리 가운데 또 어떤 사람들은 우연히 교육에 뛰어들었습니다. 또 어떤 이들은 공동체 안에서 우리의 위치가 그 책임을 내포하기 때문에 가르칩니다. 아무런 보수가 없다는 점에서 이 일은 자발적입니다. 그러나 그 책임이 아무렇게나 선택된 것은 아닙니다. 전에 미국에 있는 많은 도시와 마을에서는 공립 학교 교사들이 교회학교에서도 가르치는 것으로 되어 있었습니다. 그 두 가지 역할 속에서 그들은 시민교육과 종교교육 사이의 연속성을 제공했습니다. 전 세계의 많은 부족 마을에서는 가족의 추장이나 우두머리가 전통에 의해 종교적, 도덕적 가치와 관행을 가르치는 교사로 지명됩니다. 마찬가지로 규모가 작은 많은 교회에서는 어린이들과 청년들이 연장자들을 기독교의 신앙과 가치에 부합되는 생활양식 안에서 행동하도록 가르치고 신앙에 관한 얘기를 들려주는 사람으로 인식합니다.

기독교 교육 지도자들은 그들이 교회나 교구에서 가장 중요한 교사로서 간주된다는 것을 종종 발견하게 됩니다. 그런 사람들로 하여금 가르치도록 고무하는 것은 개인적인 흥미나 기술, 헌신이 아니라 바로 공동체의 기대입니다.

우리 모두가 가르치는 임무를 열광적으로 받아들이지는 않았습니다. 또 우리 모두가 바울 사도가 그의 이야기를 듣는 사람을 만날 때마다. 어디서든지 가르치고 설교를 하도록 몰아갔던 그 열정으로 불타올랐던 것도 아닙니다. 사실 솔직히 말하자면, 아마도 우리 중 많은 사람들은 가르치는 일 대신 다른 일 하기를 더 바랄 것입니다. 우리는 관련된 그 일을 최소화 하거나 교회나 교구 간부들의 기대에 반발하려고 합니다. 집에 머물러 있기를 바라기도 합니다. 우리가 생각했던 것보다 일을 더 어렵게 만드는 근원에 대해 우리는 비판합니다. 우리는 일에 대해 변명을 합니다. 그러나 뒤로 한 발짝 물러서서 우리의 생각들을 돌아볼 때, 여러 시대를 통해 하나님께서 부르신 이들 역시 유사한 양식으로 반응해 왔음을 우리는 발견하게 됩니다.

어떤 이들은 하나님께서 우리에게 요청하신 것을 해낼 수 없다고 하는 모세의 두려움을 가지고 있습니다. 또 어떤 이들은 요나와 같습니다. 책임으로부터 숨으려고 하지만 어쨌든 우리는 그 책임들을 피할 수 없습니다. 우리 중 어떤 사람들은 우리가 가르치는 이들의 냉담과 반항의 짐을 지게 됩니다. 그러나 엘리야, 예레미야, 예수님, 그 제자들 그리고 사도들도 마찬가지였습니다. 우리 중 어떤 이들은 훌륭한 교사의 발아래 앉아 있기를 원하지만,

마르다의 의무감으로 인해 우리가 해야 할 일들로 분주하기도 합니다. 달리 말하면 우리 자신도 모르게, 하나님께서는 우리를 사용하십니다. 어떻게 우리가 교회학교 교사가 되었든지 간에, 하나님의 시각에서 볼 때 우리 모두는 이 사역에로 부르심을 받은 것입니다. 하나님의 부르심은 성직을 수여 받게 된 사람들을 위해서만 예비 된 것은 아닙니다.

부르심은 하나님께서 모든 사람들을 소명에 참여하게 하시는 수단인 것입니다. 하나님의 부르심을 경험한다는 것은 성찬을 기념하는 데에 사용되는 빵과 포도주와 같이 일상적인 것입니다. 그것은 또한 성령의 교통하심을 경험하는 것처럼 특별한 것이기도 합니다. 제임스 더닝(James Dunning)은 소명에로의 부르심은 우리가 하나님의 형상을 따라 창조되었다는 사실을 드러내 줄 수 있는 것임을 상기시켜 주었습니다. 세례 받을 때 우리는 하나님의 형상을 지닌 자가 된 책임을 맡는 것입니다. 바로 우리 존재에 새겨진 하나님의 현존에 대한 증인이 되는 것이 우리의 소명인 것입니다. 우리 중에 어떤 사람들에게 있어서 가르치는 일은 우리가 그런 현존을 다른 사람들과 함께 나누는 방법입니다.

우리는 여러 가지 방법을 통해서 우리가 다른 사람들에게 하나님의 현존이 될 수 있는 방식을 깨닫기에 이르렀습니다. 이런 인식 혹은 부르심은 성전에서 이사야가 경험한 환상처럼 극적일 수도 있고, 어떤 소년이 아무것도 없는 사람들과 그의 점심인 빵과 생선을 나누어 먹도록 요청받는 것처럼 평범한 것일 수 있습니다. 이사야가 받은 응답의 놀라운 결과는 우리 가운데 어느 누구도 하나님과 우리를 섬기게 하는 자발성에 다다르게 하는 응답의 결과를 예측할 수 없게 합니다.

우리 대부분은 하나님의 은총의 어떤 평범하고 일상적인 통로를 통해 가르치도록 부르심을 받았습니다. 우리는 요구를 알았고 응답했습니다. 우리는 그 임무에 선출되었습니다. 우리는 교회나 교구의 어떤 사람에 의해 가르치는 일을 부탁받았습니다. 때로 이것은 교회의 요구와 우리의 지도력에 대한 신중한 분석을 수반한 것이었습니다. 때로 그것은 빈자리를 채우려고 하는 교회 임원의 행위였습니다. 이런 노력들은 모두 조직적인 교회에서 진행 중인 역할처럼 보일 수 있습니다.

그러나 그리스도의 몸으로서, 위원회와 절차를 통해 움직이는 교회나 교구가 하나님의 부르심의 가장 일반적인 도구가 됩니다. 그것은 바울이 어려움이 있는 고린도 교회에 보낸 그의 편지에서 지적한 점입니다. 교회의 구성원으로서 우리는 그리스도의 몸입니다. 우리 각각은 그 몸의 지체입니다. 우리는 그 몸 안에서 위치와 임무를 갖게 됩니다. 교회구조에 대한 우리의 인간적인 간섭에 상관없이 사도, 선지자 그리고 교사를 있게 하시는 분은 하나님이십니다. 우리가 그 책임을 맡게 되는 것은 교회 생활의 구조를 통해서입니다. 그 구조들은 우리에게 일상적인 것처럼 보일 수도 있고 흠이 될 수도 있지만, 지역 교구나 교회를 유지하고 조직하기 위한 그런 매우 친숙한 구조들은 하나님의 은총의 가장 일반적인 통로들에 속합니다. 이런 면에서 가르치는 일에 대한 우리의 응답은 그리스도의 몸 된 교회의 보다 큰 사역 안에 개입한다는 표현이 됩니다. 가르치는 일은 여분으로 하는 일이나, 남는 시간을 헌신하는 것이 아닙니다. 그것은 우리를 창조하시고 구속하신 분께 우리의 충성을 표현하기 위한 분출구가 됩니다.

가르치는 일에 대한 선생님의 소명에 대해 생각해 보시는 데에 다음 질문을 활용해 보십시요.

1. 선생님께서는 언제 가르치는 일을 시작하셨습니까?

2. 선생님께서는 가르치는 일로 인도되었다고 느끼십니까? 모집되신 것입니까? 자원하셨습니까? 가르치는 일에 우연히 뛰어들게 되셨습니까? 그것은 다른 역할이나 책임의 일부였습니까?

3. 어떤 일이 일어났습니까?

4. 자원교사가 된 것에 대해 어떻게 느끼십니까?

5. 성경의 인물들 중에서 자신의 책임에 대해 선생님과 유사한 감정을 가졌던 이들을 생각해 볼 수 있습니까? 있다면 누구입니까?

그들의 감정이 그들의 사역(성경 기자들에 의해 평가 되어진)에 어떤 영향을 미쳤습니까?

6. 어떤 통로로 선생님께서 교사가 되셨든지, 자신을 가르치는 사명으로 부르심을 받은 자라고 생각하는 것은 어떤 중요성을 줍니까?

무엇보다도 먼저

주님,

저에게도 할 수 있는 일을 주시고
어린이들의 영혼을 보살피도록 부르셨다는
놀라운 확신을 주시니 감사하나이다.

저로 하여금
땀 흘리는 만큼 추수하게 하시고
주님을 위하여 자신의 생업을 부수적인 것으로 여겼던
브리스길라와 아굴라, 그리고 바울의 열정을 갖게 하소서.

제가 해야 할 참된 일은
예수 그리스도의 복음을
어린이들과 함께 나누는 일임을
무엇보다도 먼저 깨닫게 하소서.

뮤리엘 블랙웰

교사의 소명 의식

교회학교 교사는 소명에 대한 확신이 있어야 합니다. 소명이 무엇인가? 오스 기니스(Guinness)는 소명을 다음과 같이 정의합니다. "소명이란, 하나님이 우리를 그분께로 부르셨기에, 우리의 존재 전체, 우리의 행위 전체, 우리의 소유 전체가 특별한 헌신과 역동성으로 그분의 소환에 응답하여 그분을 섬기는데 투자된다는 진리이다". 소명은 우리를 부르신 하나님께 응답하여 그분의 뜻에 맞게 인생을 투자하여 책임 있게 살아가는 것을 의미합니다. 하나님께서 여러분들을 교회학교 교사로서 어린 학생들을 말씀의 양식을 먹이라고 부르셨습니다. 이 사실을 믿는가? 하나님께서 우리를 교사의 사명으로 부르셨다는 소명 의식을 가지고 섬기는 교사와 그렇지 않은 교사는 큰 차이가 있습니다. 소명 의식이 견고한 교사는 어떤 상황 가운데서도 교사직을 가벼이 여기지 않고 끝까지 수행할 것이나, 그렇지 않은 교사는 자신의 상황에 따라 언제든 자신의 교사직을 내려놓으려 할 것입니다.

하나님께서 목회자들을 소명으로 부르시는 것처럼 교회학교 교사들도 동일한 가르침의 소명으로 부르십니다. 물론, 생업을 포기하고 "목회자로서 전적으로 부름을 받는 것과 자신의 직업을 가지고 교회학교 교사로 부르시는 것에는 차이가 있지만, 가르침의 일로 부르신 것에는 차이가 없습니다. 교회학교 교사들은 하나님의 나라를 확장하기 위해서 하나님으로부터 사명을 받았습니다(마28:20, 딤후2:2, 신6:7). 그러므로, 가르치는 일은 귀하고 거룩한 소명이며 하나님이 주신 특권이자 영광입니다. 하나님의 말씀을 가르치는 일은 하나님으로부터 신령한 특권을 부여받은 사람만이 할 수 있는 존귀한 사명입니다. 바로 잃어버린 세상을 향해 그분의 말씀으로 화목케 하는 일을 섬기는 동역자로 부르신 것입니다.

어떻게 소명을 알 수 있는가?

어떤 사람에게는 위기의 경험이 있었습니다. 모세는 떨기나무에서, 이사야는 성전에서 이를 경험하였습니다. 그러나 대부분의 사람들에게는 이러한 경험이 많이 있지 않습니다.

이 시점에서 여러분은 이렇게 묻고 싶을 것입니다. "하나님께서 내가 학생들을 가르치는 교사로 부르셨음을 어떻게 알 수 있습니까? 내가 교사로 소명 받는 순간 특별한 느낌이나 신비한 체험을 하게 됩니까?"(모세의 떨기나무 체험이나, 이사야 6장의 소명 순간처럼).

소명은 개인적인 경험들을 통하여 역사합니다. 하나님께서 교회학교 학생들을 가르치는 교사로 어떤 한 사람을 부르실 때 천편일률적이 아니라는 사실을 기억해야 합니다. 교회학교 교사로 소명 받은 여부를 확실히 하기 위하여 다음과 같은 질문을 자신에게 던져보라.

첫째, 나는 예수 그리스도를 개인의 구주로 영접한 경험이 있는가?

둘째, 나는 하나님의 말씀인 성경을 믿음과 생활을 위해 주신 권위의 말씀으로 인정하며, 이 말씀을 교회학교 학생들과 나누기 원하는 헌신 된 마음이 있는가?

셋째, 나는 영혼에 대한 사랑과 관심을 가지고 있으며, 예수 그리스도를 통하여 그들도 거듭나야 하고 하나님의 말씀을 알고 믿어야 한다고 확신하는가?

넷째, 나는 성경이 학생들을 위한 하나님의 계획을 분명하게 말해 주고 있음을 알고, 학생들의 이해 수준에 맞추어 그들에게 이 성경 말씀을 이해하도록 도와줄 자세를 갖추고 있는가?

다섯째, 나는 학생들이 장년들과는 다르게 배우고 이해한다는 것을 받아들이고, 학생들을 가르치는 교사로서 이러한 사실을 수용하는 자세로 가르칠 준비가 되어 있는가?

여섯째, 나는 연구하고, 계획하고, 조직하는 팀의 구성원으로서 함께 동역하는 일에 어느 정도의 능력을 가지고 있는가?

일곱째, 나는 학생들의 정상적인 활동들을 이해하고 있으며, 그들과 함께 즐거이 활동할 수 있는가?

여덟째, 나는 계속해서 가르치기 위해 자신이 끊임없이 배우려는 열정을 지니고 있는가?

위의 질문들은 교회학교 교사로 부르심을 받은 사람들에 대한 전체적인 증거를 포괄하는 것은 아니지만 '나는 교회학교 교사로 부름 받았는가?'라는 질문과 관련하여 상당한 도움을 줄 수 있을 것입니다. 우리가 교회학교 교사로의 부르심을 확증하는데 있어서 기억해야 할 중요한 사실은, 하나님께서 성령을 통하여 특별한 방법으로 우리를 부르실 때 우리 각자는 그 부르심을 알 수 있다는 것입니다. 만일 사역 현장에서 교사의 역할을 담당하는 당신이 한 학생과 하나님을 만나는 중간 다리 역할을 감당함으로 그 학생을 향한 하나님의 뜻과 섭리를 믿도록 하며, 그렇게 한 일이 하나님의 부르심으로 이루어졌다는 사실을 인식한다면 당신은 깊은 만족감을 갖게 될 것입니다.

만약 이러한 기회를 통하여 당신의 관심이 고조되는 느낌을 받고 이러한 느낌에 응답하여 교회학교 교사가 되고, 부르심에 순종함으로 당신이 만족스러운 경험을 하게 된다면 당신은 교회학교 교사로 성령이 부르셨음을 인정하여도 될 것입니다.

그러나 우리는 최종적으로 한 가지의 질문을 더 해야 합니다. "나를 교회학교 교사로 부르심은 과연 성경에 근거한 것인가?" 이미 언급한 대로 하나님의 말씀은 "교회학교 교사는 부르심을 받는다"는 사실이 명확하게 나타나 있습니다.

우리 스스로에게 자문자답하여 보자. "나는 교회학교 교사로 부르심을 받았는가? 그 부르심은 성경적인 근거를 가지고 있는가?"

교회학교 교사의 소명은 그의 위임의 삶(commitment)으로 나타납니다. 그러므로 교회학교 교사에게 있어서는 그가 위대한 교사냐 아니냐가 중요한 것이 아니라, 그가 얼마나 하나님의 부르심에 진지하게 응답하여 자기 삶을 위임하느냐에 달려 있는 것입니다. … 교사의 부름 받음은 자기 노력의 과제(self-imposed task)의 결과도 아니며, 자기 삶에 대한 이성적 분석의 반응도 아닙니다. 그리스도인 자신과 그의 세계와 그의 동기에 관한 이해는 그리스도 안에 근거해 왔습니다. 이것이 곧 교회학교 교사의 소명의 근거입니다.

영역	자가진단 설문내용	전혀 아님	아님	보통	그렇다	매우 그렇다
소명영역	하나님께서 나를 교회학교 교사로 부르신 것을 확신한다.	1	2	3	4	5
	부족함이 있지만 하나님께서 아이들을 가르치는 일에 은사를 주셨다고 생각한다.	1	2	3	4	5
	교회학교 교사가 누구이며 무엇을 하는지 성경적 의미를 알고 있다.	1	2	3	4	5
	교사로 섬기는 것을 하나님께서 기뻐하신다고 생각한다.	1	2	3	4	5
	나는 교사의 사역이 교회 안의 어떤 사역보다도 중요한 사역이라고 생각한다.	1	2	3	4	5
신앙영역	나는 관리해야 할 내 영혼이 있음을 인식하고 성령님과 동행하기 위해 매일 말씀읽기와 묵상, 기도 등의 훈련에 최선을 다한다(경건훈련).	1	2	3	4	5
	공예배(주일예배) 및 기도회모임 등(수요일)에 빠지지 않고 참석하며 전심으로 예배드리고 있다(공예배참석).	1	2	3	4	5
	나는 악한 생각들(미움, 다툼, 질투, 시기, 육체의 욕심, 죄 등)이나 부정적인 감정들(슬픔, 분노, 외로움 등)이 밀려올 때 믿음으로 잘 극복하는 편이다(생각, 마음관리).	1	2	3	4	5
	나는 모든 일에 내가 기뻐하는 것보다는 하나님이 기뻐하시는 것을 선택하려고 노력 하는 편이다(신앙적 선택).	1	2	3	4	5
	나는 내 몸이 하나님의 소유이며, 내 몸을 지배하는 정욕과 탐심에 비교적 지배받지 않는 편이다(전인격).	1	2	3	4	5
	교사로서 나는 비교적 하나님과의 좋은 관계를 유지하는 편이다(하나님과의 관계인식).	1	2	3	4	5

<교회학교 교사로서의 신앙과 소명적 측면 자가 진단표>

• 자료출처 : 함영주 전병철 조철현 신승범 이현철(2015).
• [채점 및 해석] : 해당 설문지가 전체 버전이 아님으로 해당 항목을 온전하게 측정하는 것은 불가능하지만 대략적인 수준을 파악하는 것에 집중한다. 전체 점수 1~10점 : 해당 항목 수준 낮음, 11~20점 : 해당 항목 수준 보통, 21점 이상 : 해당 항목 수준 높음.

기꺼이 하게 하소서

그들의 가슴은 주님,
당신의 손으로 만들어진 것이니
주여, 지혜를 주시사 오늘의 어린이들을 보게 하소서.
예수의 복음을 그들과 나누게 하시고,
그들을 인도하사 그들의 생활속에서
당신을 찾고자 하는 불꽃이 피어나게 하소서.

지금까지 당신의 종들로 이 사명을 감당케 하시고
이제 당신은 저를 이 소명에로 부르셔서
이 아이들의 생명을 위탁하셨읍니다.

주여, 오늘은 바로 당신의 것입니다.

뮤리엘 블랙웰

가치 있는 일

학생들을 가르치기 위해 어떤 대가를 지불 해야 하는지 생각해 보라. 당신은 그러한 일이 시간과 노력을 들일만한 가치가 있다고 보는가? 분명 학생들을 가르치는 일은 가치 있는 일입니다. 거기 엔 지름길이 없습니다.

당신이 뜬구름을 잡는 것과 같은 일을 즐기는 성격을 지녔다면 당신은 학생들을 가르치는 일에 대해서 망설이게 될 것입니다. 당 신의 교회가 학생을 가르치는 교사나 지도자로 당신을 받아들인 다면 교회는 당신이 뜬구름을 잡는 듯한 일에 빠지도록 놔두지 않 을 권리가 있는 것입니다.

첫째, 하나님께서는 당신에게 학생들을 가르치는 재능을 주셨 는가?

둘째, 하나님께서는 당신에게 학생들을 사랑하는 은사를 주셨 는가?

셋째, 당신은 하나님께서 당신의 생애를 위해 계획하신 일을 보 여 주시도록 끊임없이 기도하고 간구했는가?

넷째, 당신은 성경 속에 나타난 하나님의 약속들을 연구해 본 적 이 있는가?

다섯째, 당신은 학생들을 가르쳐야 한다는 책임감을 가져본 적 이 있는가?

이러한 사실들을 주의 깊게 살펴볼 때, 당신은 당신의 삶 속에 하나님께서 간섭하시고 인도하고 계신다는 사실을 의심할 수 없게 됩니다. 이러한 것들은 또한 하나님께서 교회를 통하여 당신의 삶에 대한 계획을 보여 주시는 하나의 방법이기도 합니다. 그러나 당신 자신도 어떠한 의무감을 갖게 됩니다. 그리고 당신은 하나님과 교회를 위하여 당신의 능력의 범위 안에서 최선을 다하여 이 일들을 감당하여야 합니다.

하나님께서는 당신에게 주신 모든 능력과 재능들을 당신이 사용하는 것 이상으로 많이 주셔서 당신을 사용하실 것입니다. 또한 당신이 더 많은 책임을 감당하는 만큼, 당신은 교회에서 능력 있는 일꾼이 될 것입니다. 하나님께서는 당신에게 어린이들을 가르치고 사랑하는 능력을 주셨습니다. 그러나 만약 당신이 학생들을 가르치기 위해 성경을 연구하고 준비하는데 몰두하지 않거나, 학생들을 이해하는 일을 게을리 하고, 어떻게 해야 학생들에게 성경을 올바로 이해시킬 수 있을까 하는 방법들을 배우지 않는다면 당신은 하나님과 당신의 교회에 무익한 종이 되고 말 것입니다. 또한 당신이 당신의 삶을 향한 하나님의 계획에 마지못해 끌려가는 자세로 그분의 계획과 경륜을 이루어 드릴 수 없다는 사실을 명심해야 할 것입니다.

그렇다면 교회는 당신이 갖고 있는 지도자적인 자질을 확인하고 당신에게 이 일을 맡겼는가? 아닙니다. 본래부터 가지고 있는 지도력에 의해 일꾼으로 뽑힌 사람은 아무도 없습니다. 물론 어떤 사람이 지도자의 위치나 그러한 신분 때문에 선택될 수도 있습니다. 그러나 그 자격이나 신분 자체가 지도력을 갖게 하지는 않습니다.

우리는 봉사와 섬김의 훈련 과정을 통해 지도자의 자격을 얻어야만 합니다. 참된 봉사는 지도자가 갖추어야 할 자질의 기본적인 요소가 됩니다. 그리고 어린이들을 진실 되게 사랑하는 헌신적인 교사가 참된 지도자가 될 수 있습니다. 우리는 지도자의 자격을 갖고 태어나는 것이 아니라, 훈련을 통해 지도자의 자격을 얻게 되는 것입니다. 당신이 이러한 책임을 감당할 때, 그리고 책임감 있게 어린이들을 가르치게 될 때 교회는 당신을 지도자로 부르게 되는 것입니다.

중간에 탈락한 사람, 재 사역은 어떻게

자신을 살피고 진지하게 기도하며 당신이 알고 신뢰하는 사역자와 상담하는 일부터 시작할 수 있습니다. 당신은 정직하게 대답해야 할 질문이 있습니다. "나는 왜 중간에 교회학교 교사직을 그만 두었는가? 그만둘 수밖에 없게 했던 문제는 해결이 되었는가? 내가 주었던 그 손상을 보수함에 필요한 단계들을 밟았는가? 내가 다시 교회학교 교사직을 시작하기 전에 처리해야 할 성격상의 결함이 있는가?"

"자기 의견에 선한 대로 다른 그릇을 만들더라"(렘18:1~4) 베드로는 부르심에서 낙오되었으나 하나님이 용서하시고 회복시키셨습니다. 엘리야도 마찬가지였으며, 다윗도 그러했습니다. 무엇보다도 하나님의 말씀에 의존하고 사람의 의견에 좌우되지 말아야 합니다.

봉사의 기회가 다시금 왔다고 무작정 뛰어들지 말라. 당신은 하나님이 원하시는 곳에서 일해야 할 사람임을 명심해야 합니다. 당신은 또 다시 위기나 실패를 허용해서는 안 됩니다. 경험이 풍부한 사역자들과 한동안 함께 일하는 것은 자신을 회복 하는데 도움을 줄 것입니다.

태만에 대한 무서운 대가

내가 어린이들을 가르치기 시작하던 초기 시절의 부족했던 경험을 함께 나누고자 합니다. 이 사건은 한 어린이와의 관계에 있어서 태만의 결과가 나의 젊은 친구인 롭 (Rob)을 마지막으로 보았을 때 느꼈던 것과 같은 감정들을 유발시킬 정도로 나의 삶에 충격을 주는 것이었습니다.

목이 메이고 당황한 나는 그가 복도를 터벅터벅 걸어서 사라져 가는 모습을 지켜보고 있었습니다. 그의 어깨는 축 늘어졌고, 머리를 숙인 채 손을 짧은 자켓 소매에 쑤셔 넣고 있었습니다. 그는 좌절한 모습이었습니다. 이 젊은이는 행복하고 즐거운 아동기와 책임을 져야 하는 청년기 사이에서 심한 충격을 받은 모습을 하고 있습니다.

그가 헤어지면서 하던 말이 나의 뇌리에 계속해서 메아리치고 있었습니다. 마치 고장 난 축음기가 똑같은 소리를 반복하듯이 소리쳤습니다. "소용이 없어. 너무 늦어 버렸어. 내가 몇 년만 빨리 시작할 수 있었다면, 아무도 내가 하려는 것을 진심으로 믿지 않았어." 나의 신념 어린 이론들과 항변조차도 그 불안하고 굳어져 버린 마음을 변화시키지 못했습니다.

그는 단 한번 나를 향해 뒤를 돌아볼 뿐이었습니다. 그는 무엇엔가 뒤틀려 버린 자아로 인해 냉담하게 손을 흔들면서 어색한 웃음을 지어 보였습니다. 나는 그가 구석으로 가서 울었다는 것을 알았습니다. 그리고는 내 시야에서 사라져 갔습니다. 뭔가 잘못된 결말이 오고 있었습니다. 그것은 나를 비참하게 했고 오열케 했습니다.

계단을 내려가고 있을 때 나는 처음 롭을 만나던 일이 생각나서 번민에 휩싸이기 시작했습니다. 그는 키가 컸고, 여러 번 낙제한 경험을 가지고 있었고, 수시로 교장실에 불려가는 호리호리한 중학교 2학년생이었습니다. 그가 하는 모든 일은 의심을 받았습니다. 심지어 그가 진실로 노력한 일도 그랬습니다. 그는 내가 학교에서 첫 주 영어 수업을 시작하면서 출석부를 가지고 한 사람씩 이름을 부르며 얼굴을 익히려고 노력하고 있을 때 그 자리에 있던 아이 중의 하나였습니다.

내가 롭의 진면목을 처음 알게 되었을 때 그의 행동은 아주 유별났습니다. 이른 아침 책상에 앉아 무언가를 하고 있을 때, 2층 창문을 두드리는 소리에 깜짝 놀랐습니다. 난 힐끗 쳐다 보았습니다. 그때 한 어린 소년이 내가 있는 건물 가까이에 있는 큰 나무 꼭대기에 매달려 있는 것이었습니다. 그가 어느 순간에 떨어질지도 모른다는 공포감으로 급히 창문을 열고 그를 안으로 끌어들였습니다. 나는 위험하게 나무 꼭대기에 올라간 일에 대해 그에게 심한 꾸지람을 했습니다. 그러나 그의 매혹적인 웃음은 나의 잔소리를 무색하게 하는 것이었습니다. "저는 롭이에요." 그는 헐떡거리고 있었습니다.

"저는 선생님에게 할 이야기가 있어요." "너의 집에서는 문을 사용하지 않니?"라고 나는 말을 꺼내기 시작했습니다.

이때부터 나는 조금씩 웃기 시작했고 그도 자세가 조금 풀어졌습니다. 그는 오랫동안 이야기를 했고 그가 나에게 특별한 인상을 주려고 나무에 올라갔었다는 것을 알게 되었습니다. 그는 말을 많이 했습니다. 그러나 말을 조리 있게 잘하는 것은 아니었습니다. 나는 그가 사람들의 따뜻한 애정과 사랑에 무척 목말라 있다는 것을 알게 되었습니다.

그와 사귄 그 주간에 몸은 계속해서 느닷없이 아무 때나, 어디든지 갑자기 나타났습니다. 그는 칠판을 자진해서 닦으려 했고, 지우개를 털었고, 같은 반 어린이들을 큰 소리로 부르는 등의 행동을 했습니다. 그가 혼자 있을 때에는 신중했고 긴장이 풀린 것 같았습니다. 그러나 우리 반이나 다른 반 어린이들과 함께 있을 때에는 반 아이들에게 끊임없이 장난을 걸었고, 그때마다 그는 긴장되어 있었습니다. 매주 나는 그에게 내가 다니는 교회학교에 나오도록 초대했습니다. 그러나 그는 몇 번 나오지도 않고서 자신은 교회학교에 다닐만한 체질이 아니라는 것을 알려주는 행동들을 했습니다. 주정뱅이 아버지가 한번 나가면 몇 달씩 없어졌던 그의 불우한 어린 시절은 금방 지나가 버렸습니다.

어느 주일 아침 그가 우리 집에 와서 수줍어하며 문을 두드리고 있을 때 나는 거의 포기 상태였습니다. 나는 문을 열었습니다. 롭은 양복을 입고 넥타이를 맨 채 의식적으로 웃고 있었습니다. 그것이 시작이었습니다.

사실 그것이 그 아이가 새로 출발할 수 있는 시작이었으나, 나는 그때부터 그 아이를 무시해 버렸습니다. 나는 그것이 마지막이었다고 믿기를 거부하며 내가 앉아 있었던 계단에서 일어나 몸의 마지막 모습과 그의 온갖 따돌림을 잊으려고 몇 주간 동안 필사적으로 노력했으나, 아직도 나는 실패와 두려움으로 고통을 받고 있습니다.

나는 이 이야기가 될 수 있는 한 좋은 결과를 맺기를 바랍니다. 나는 롭이 돌아와서 예수님을 구주로 영접하고 아름다운 세례식에 참석했노라고 말할 수 있기를 바랍니다. 나는 그가 젊을 때 훌륭한 그리스도인이 되어 하나님의 나라를 위해 봉사하는데 그의 삶을 바쳤다고 말할 수 있다면 얼마나 좋을까 하는 생각을 해 봅니다. 마지막으로 내가 할 수 있는 이야기는 그의 실패와 좌절에 대한 이야기가 주 정부의 감옥 벽에서 계속되고 있다는 것입니다.

예수님께 돌아와 구원받기에는 "너무 늦었다"고 말할 수 있는 인생은 없지만, 사랑과 봉사로서 성숙한 크리스천의 삶을 살기에는 너무 늦어 버린 삶은 있을 수 있습니다. 이것이 바로 세월과 기회를 낭비한 데 대한 돌이킬 수 없는 후회, 대가인 것입니다.

요즘 몇 년간 나는 이 이야기를 몇 번이나 곰곰이 생각해 보았습니다. "몇 년만 빨리 시작할 수 있었더라면." 이 말은 태만에 대한 대가가 얼마나 큰가를 심각하게 생각하게 하는 것이었습니다. 관심을 가져야 되는 일을 망설이고 태만할 때 치뤄야 하는 대가가 얼마나 큰 것인가?

이 사건은 어린이들을 가르치는 교사와 지도자로 일하고 있는 동안 내가 하는 일 가운데 항상 긴박감을 갖게 하는 것이었습니다. 그것은 다른 어떤 시기보다도 바로 이 어린 시절에 그들의 삶에 대해 하나님께서 하시고자 하는 일에 촉각을 곤두세워야 하며, 어린이들의 삶을 무시했을 때 엄청난 대가를 치뤄야 한다는 사실을 교훈하는 사건이 되었습니다. 그것은 어린 시절이 의심과 불신으로 혼란에 빠지지 않고 사랑과 신뢰로 형성 되어져야 할 귀중한 시기라는 것도 깨닫게 해주었습니다. 그것은 또한 어떤 어린이들은 스스로 하나님의 구원계획을 이해하고 충분히 성숙한 뒤에 예수님을 구주로 영접하는 것이 바람직하다는 나의 생각을 전면 수정하게 한 것이기도 했습니다.

오랜 시간 동안 우리는 어린이들에게 봉사해오면서 이미 성경의 가르침을 따르는 어린이들에게만 그 초점을 맞춰왔습니다. 그러므로 이러한 부류에 속하지 않는 어린이들은 무시해 버리면서 여기에 대한 책임을 늘 합리화시켜 버렸습니다. 그러면서도 "우리는 실제로 매년 어린이들의 수가 더욱 많아지도록 우리의 힘을 다 기울이고 있다"라고 그럴듯하게 둘러댑니다. 그러나 그들이 아동기를 지나게 되면 우리가 그들에게 영향을 미칠 기회는 영원히 사라져 버립니다.

공포, 의심, 그리고 불신 같은 것이 몸의 젊은 시절에 그렇게 확고하게 자리를 잡기 전에 그가 올바른 진리의 가르침을 받았다면 그의 인생은 얼마나 달라졌을까요! 그가 성경 공부를 할 기회도 가져보지 못하고, 교회에 출석하는 습관을 가질 사이도 없이 그리고 그를 사랑하시는 하나님을 알기도 전에, 아동기를 보내버렸다는 사실은 얼마나 슬픈 일인가?

우리 사회에 얼마나 많은 어린이들이 있는가. 지금도 수백만의 어린이들이 도시의 거리를 활보하고 있고, 학교 책상에 앉아 있고, 어린이 야구단에 속해 뛰고 있고, 우리의 사랑과 관심을 받기 위해 안간힘을 쓰고 있습니다. 이 시기를 지내는 어린이들의 명랑한 웃음 소리가 학교 운동장과 경기장, 그들의 집안에서 울려 퍼지면서 끝없이 우리 가슴에 부딪쳐 오고 있습니다. 어린이들은 예수님에 관한 이야기, 성경 공부 그리스도인의 삶의 모범적인 인물들에 관해 스스로 알아보려고 기다리지 않습니다. 그들에게 이토록 중요한 시기는 금방 지나가 버립니다.

우리는 시간이 얼마나 빨리 흘러가 버리는지를 깨달아야 합니다. 지금 이 시간들은 얼마나 중요한가? 우리는 공포와 실패로 좌절을 경험하기 전에 또 다른 롭(Rob)을 구해내야 합니다. 그리고 우리는 어린이들에게 예수님이 얼마나 필요한지를 절실히 깨닫게 해야 합니다. 우리는 우리에게 맡겨진 어린이들을 지도하는 일에 있어서 하나님과 동역자로서 우리의 맡은 바 역할을 잘 감당해 나가야 합니다. 지금이 아니면 언제 할 것인가? 당신이 아니면 누가 할 것인가?

숭고한 소명

교육의 중요성은 다른 어떤 성경 구절보다도 "내 형제들아 너희는 선생 된 우리가 더 큰 심판 받은 줄을 알고 많이 선생이 되지 말라"는 야고보서 3장 1절의 말씀에서 가장 명백하게 묘사되어 있습니다. 이러한 강력한 어조는 교육을 부수적인 것으로 간주하려는 경향이 있는 사람들에게는 아주 못마땅한 것이었습니다. 그리고 이것은 교사 지원자들을 그와 같은 극단적인 경고하지 않고서 부드러운 몸짓으로 교회학교 일꾼들을 적재적소에 배치하는 것이 어려운 일임을 알고 있는 기독교 교육자들이 잘 모르고 있는 것 같습니다.

17세기 영국의 독자들에게 그러했던 것과 마찬가지로 흠정역에서 "많이 선생이 되지 말라"(be not many teachers)는 구절은 교사를 주님이라고 부르는 데에 익숙하지 않은 현대의 독자들에게도 그 의미가 모호해지는 경향이 있습니다. 헬라어 〈디다스칼로이〉는 〈교사들〉을 의미합니다. 따라서 성경 기자가 다른 사람을 다스리기를 원하는 사람에게 경고한 것이 아니라 가르치기를 열망하는 자들에게 경고한 것이었습니다. 그리고 표면상 그 메시지는 "선생이 되기 전에 다시 한 번 더 생각해 보라. 왜냐하면 선생들은 더 엄격하게 심판 받게 될 것이기 때문이다"라는 의미로 평가되어야 합니다.

교사들에 대한 심판이 그렇게도 엄중해야 하는 이유는 무엇인가? 아마도 교사들은 그들이 만일 실수를 하게 되면 막대한 피해를 끼치는 위치에 서 있기 때문일 것입니다. 개개인은 자신 외에는 어느 누구에게도 피해를 주지 않고 진리를 곡해할 수도 있습니다. 그러나 거짓 교사는 수백 번 반복해서 그 실수를 확산시킬 수 있습니다.

이러한 해석은 신약 성경시대 동안 자격이 없는 비천한 교사들이 광범위하게 증가 되어 가는 문제에 대하여 암시를 주는 다른 성경 구절에 의해서 지지 되었습니다. 야고보서 3장 1절의 "헛된 말에 빠져 율법의 선생이 되려 하나 자기의 말하는 것이나 자기의 확증하는 것도 깨닫지 못하는 도다"라는 말씀은 디모데전서 1장 6~7절에 언급된 〈어떤 사람들〉에게도 아주 잘 적용될 수 있습니다.

디모데후서 4장 3절은 "때가 이르리니 사람이 바른 교훈을 받지 아니하며 귀가 가려워서 자기의 사욕을 좇을 스승을 많이 두고"라고 경고하고 있습니다.

그리고 바울이 밀레도에서 에베소 장로들에게 말하였던 자신의 감동적인 고별사에서(행20장) 그는 "제자들을 끌어 자기를 좋게 하려고 어그러진 말을 함"으로서 회중을 삼키려고 들어오는 어떤 〈흉악한 이리〉에 대하여 경고하였습니다(29~30절).

이것들과 그리고 다른 성경 구절은 자격이 없고, 자기 욕심만을 채우려는 동기를 지닌 채 교사가 되려고 하는 자들이 교회에 득실거렸다는 분명한 인상을 나타내고 있습니다. 아마도 이들 중의 일부는 신실하였을지도 모르나 가르치는 은사가 결핍되었기 때문에 그들은 교사에게 요구 되는 높은 수준까지 도달하지 못하였습니다. 다른 사람들은 개인적인 욕심이나 자기 세력의 확대를 위하여 교사인 체하는 신실하지 못한 사기꾼들이었습니다. 어느 경우에서든지 그들은 그리스도의 이름을 욕되게 하였습니다.

신약성경 시대에 교사직은 매우 신중하고 합당한 이유가 있는 것으로 간주 되었습니다. 기독교 전통의 관리인으로서 교사는 최종적인 분석에 있어서 자신의 것이 아니라 하나님의 말씀인 메시지에 대하여 책임이 있었습니다. 그와 같은 메시지는 확고한 신념으로써 가르쳐져야 했습니다. 전통의 해석자로서 교사는 또한 전통의 〈생성자〉(maker)였습니다. 진리를 왜곡하는 것은 자신의 말을 직접적으로 듣는 청중들을 잘못 지도할 뿐만 아니라 후세대의 그리스도인들을 위한 전통을 오염시킬 수도 있었습니다.

참고문헌

• 강정훈, 교회 교사론, 늘빛출판사, 1994.
• 교사의 벗, 교회 교육 현장백과 3, 말씀과 만남, 1994.
• 김문철, 교회 교육 교사론, 종로서적, 1991.
• 김희자, 교사론, 대한예수교장로회 총회, 2014.
• 노르만 E. 하퍼, 현대 기독교 교육, 이승구 역, 엠마오, 1984.
• 루시언 E. 콜만 II세, 교육하는 교회, 박영철 역, 요단출판사, 1987.
• 뮤리엘 블랙웰, 어린이 사역 소명론, 최기운 역, 파이디온선교회, 1993.
• 오인탁,정웅섭 공저, 교회 교사 교육의 현실과 방향, 대한기독교출판사, 1987.
• 워런 W. 위어스비, 하워드 F. 서그든, 목회자 지침서, 조천영

역, 나침반, 1985.

• 원준자, 효과적인 반목회, 파이디온선교회, 1991.

• 이정현, 교사 베이직, 생명의말씀사, 2018.

• 이현철, 조철현, 박신웅, 교회학교 교사의 전문성과 리더십, 고신대학교 출판부, 2016.

• 임계빈, 성장하는 주일학교는 이런 교사를 원한다, 엘맨, 1998.

• 챨스 R. 포스터, 교회학교 교사의 사명, 장신대 교회 교육연구원 역, 성지출판사, 1994.

• 한치호, 어린이 분반사역, 크리스챤 서적, 1991.

• 한치호, 열정의 교사, 10가지 반목회 코칭, 크리스천 리더, 2009.